la grande dépression

BARRY BROADFOOT

la grande dépression

TÉMOIGNAGES DES ANNÉES PERDUES

TRADUIT DE L'ANGLAIS PAR JACQUES FONTAINE

ÉDITIONS QUÉBEC|AMÉRIQUE
450 est, rue Sherbrooke, suite 801
Montréal H2L 1J8 (514) 288-2371

ÉDITION ORIGINALE PUBLIÉE PAR *DOUBLEDAY*
SOUS LE TITRE: *TEN LOST YEARS 1929-1939*
© COPYRIGHT 1973 BY BARRY BROADFOOT

ÉDITION EN LANGUE FRANÇAISE:
TOUS DROITS RÉSERVÉS: ÉDITIONS QUÉBEC/AMÉRIQUE
© COPYRIGHT OTTAWA 1978

DÉPÔT LÉGAL
BIBLIOTHÈQUE NATIONALE DU QUÉBEC
2ᵉ TRIMESTRE 1978
ISBN 0-88552-040-8

Préface

J'étais un enfant de la Crise, né à Winnipeg, en 1926. J'avais 13 ans quand le début de la Seconde Guerre mondiale a mis fin à la Crise. En trois ans, 400 000 hommes se sont enrôlés dans les forces armées et des centaines de milliers d'hommes et de femmes ont été embauchés dans la production de guerre. De sorte que c'est par le truchement de la guerre que le Canada, en réalité, a mis fin à la Crise, dont la manifestation première, en fin de compte, fut le chômage.

La Crise, en tant que telle, m'a toujours intéressé. Durant toute ma carrière de journaliste, j'ai étudié tout ce que j'ai pu trouver sur la question et j'ai parlé à ceux qui l'ont vécue. Au début des années '70, je me suis rendu compte que 75 pour 100 des Canadiens ne savaient probablement rien ou très peu des années 1929 à 1939.

On ne peut pas tenir responsables de leur ignorance les Canadiens âgés de moins de 40 ans. Pour une raison quelconque, on semble avoir tenté par une conspiration du silence de leur cacher la Crise; d'avoir voulu balayer sous le tapis les dix années les plus traumatisantes, les plus démoralisantes et les plus affreuses de notre histoire nationale. Je n'emploie pas ces mots à la légère. Les manuels en usage dans les écoles canadiennes ont tendance à écarter l'histoire de ces dix années en n'y consacrant qu'une demi-page, trois paragraphes, ou même une seule ligne. Et l'étudiant intéressé à en savoir davantage ne trouvera à peu près rien dans nos bibliothèques.

Jamie est un étudiant très intelligent de dixième année, à Calgary, à qui l'on a beaucoup enseigné au sujet des rois et des reines d'Angleterre, des guerres obscures d'Europe, des premières explorations et découvertes sur la planète, sur l'histoire des États-Unis et la colonisation du Canada, à partir de Jacques Cartier jusqu'au Rapport Durham et la rébellion de Louis Riel, en 1885; alors, je l'ai questionné sur la Crise:

«On nous l'a jamais enseignée, la Crise... les temps durs. Y a rien dans nos manuels, y a peut-être quelque chose à la bibliothèque mais j'ai rien vu. Ils nous l'enseignent pas, du moins, pas jusqu'à maintenant. Non, je sais pas pourquoi. Peut-être qu'ils veulent pas qu'on le sache, tout simplement. Je sais que c'est une *époque où personne avait d'argent, même pas le pays. Oui, je sais ça. Ma mère me l'a dit. Elle m'en a un peu parlé, mais rien d'autre. »*

Pourquoi ne l'enseigne-t-on pas? Voilà un sujet d'étude pour toute une année au niveau supérieur et il y a des professeurs dans toutes les écoles qui pourraient y apporter leurs témoignages personnels. Peut-on simplement laisser tomber dix années de l'histoire d'une nation? Ces dix années doivent-elles demeurées un vide dans la connaissance qu'ont les jeunes de leur pays?

Plus j'ai réfléchi à la question, plus je suis devenu convaincu que tout Canadien âgé de moins de 40 ans devrait avoir la chance de connaître l'histoire de cette époque où une femme pouvait travailler de 54 à 60 heures par semaine pour $5 dans une usine de textile, au Québec; où les gens de l'Ontario expédiaient des trains entiers chargés de fruits, de légumes et de vêtements aux sinistrés de la Saskatchewan; où la sécheresse a brûlé des millions d'acre de blé et où les familles abandonnaient leur terre pour ne plus y revenir; cette époque, où le pêcheur de Vancouver vendait son saumon du printemps à un cent la livre; et où le revenu net du cultivateur moyen du Nouveau-Brunswick, une année, n'a pas dépassé $20.

Après que le pays eut survécu à la guerre et qu'il s'en fut sorti d'autant plus fort, le sentiment général, semble-t-il, était qu'il ne fallait plus parler de la Crise. On avait gagné la guerre, on avait des buts grandioses à atteindre, alors il valait mieux oublier que tout cela était arrivé et espérer que la honte des années 30 se dissipe dans les temps meilleurs. On a donc voulu taire la Crise, mais on n'a quand même pas réussi à l'oublier.

Non, la Crise n'a pas disparu sans laisser de trace. Au contraire. Même aujourd'hui, la Crise affecte encore la vie quotidienne des Canadiens. Elle affecte encore le septuagénaire à sa retraite de même que son fils de 42 ans qui, lorsqu'il était enfant, a subi le traumatisme de l'insécurité pendant et après la Crise, et elle a atteint aussi sa fille de 17 ans. J'espère que ce livre fera ressortir les différentes façons dont la Crise nous touche encore si subtilement.

J'espère maintenant que l'on comprend clairement pourquoi j'ai décidé d'écrire ce livre.

L'étape suivante consistait à trouver la façon de procéder. Depuis des années, j'interrogeais les gens sur la question — sans savoir consciemment pourquoi je le faisais — et je rangeais tout ça mentalement dans ma mémoire. J'avais aussi quelques souvenirs vivaces de cette époque, mais il était évident que, pour connaître l'avis des survivants de la Crise au Canada, il me faudrait les chercher et les trouver. Aussi, pendant neuf mois, j'ai voyagé à travers le pays, du Pacifique à l'Atlantique, en automobile, en train, en avion, en autobus et en bateau — j'ai même fait de l'auto-stop pendant quelques milles, ce qui m'a valu d'entendre une bonne histoire de la part du type qui m'a fait monter. J'ai parcouru au moins 15 000 milles, au printemps, en été et à l'automne.

J'ai interviewé des centaines de gens, tant et si bien que j'ai cessé de les compter. Souvent, tout en parlant de choses et d'autres comme le font deux étrangers, j'en arrivais à parler de la Crise sans que mes interlocuteurs sachent pourquoi. Certaines interviews ont été très intenses et ont duré une ou deux heures sans qu'on s'éloigne du sujet.

J'ai interviewé les gens chez eux, au bureau, dans les magasins, les bars, les cafés, dans la rue et en voyageant. J'ai même interrogé des auditeurs d'émissions à lignes ouvertes à la radio et, chaque fois, les lignes téléphoniques étaient surchargées par les nombreux appels de gens avides de raconter leur histoire de la Crise.

À maintes reprises, mes interlocuteurs ont commencé par pouffer de rire à l'idée de la Crise, disant qu'ils ne se souvenaient de rien. Puis, inévitablement, une histoire leur revenait soudainement, un incident qu'il leur était arrivé, ou à un ami ou un parent, une vieille anecdote demeurée bien vivace dans leur mémoire.

J'ai été surpris par les petits détails dont ils se sont souvenus. Certaines fois, c'était plutôt confus, on le comprend, mais c'étaient les exceptions. La plupart se sont souvenu immédiatement et avec certitude des dates, de l'heure, du lieu, des noms, des physionomies et des conversations. Pour plusieurs, c'était comme si l'événement qu'ils racontaient était survenu la veille. D'autres disaient: «J'ai oublié ce que j'ai fait mardi dernier mais je me souviens de ce jour-là.» Et, 'ce jour-là' pouvait être en juillet 1932, ou en octobre 1935.

J'ai utilisé mon magnétophone aussi souvent que possible, mais j'ai aussi pris des notes ou, encore, j'ai fait l'effort de me souvenir d'une conversation et des mots employés, que je mettais sur papier aussi fidèlement que possible, aussitôt l'interview terminée. J'ai dû épurer la plupart des témoignages parce que les gens ne parlent pas simplement et en peu de mots. Écoutez attentivement n'importe qui raconter une histoire et vous comprendrez: c'est toujours décousu. Alors, j'ai abrégé des histoires quand c'était nécessaire, mais j'ai toujours cherché à conserver la saveur personnelle du style de chacun.

Si j'ai raccourci bien des histoires, je n'ai par contre jamais changé les faits ou omis un détail essentiel à l'histoire. Certains témoignages m'ont été livrés à la condition que je ne mentionne aucun nom. Ceci est arrivé assez souvent et vous verrez pourquoi en lisant certaines interviews.

Dans presque tous les cas, l'identité du raconteur n'est pas révélée et ses souvenirs nous sont livrés sans présentation. Dans d'autres cas, je n'ai même jamais su leur nom ou leur occupation. Mais j'ai choisi délibérément de ne pas présenter chaque interlocuteur individuellement, parce que je crois que ces témoignages sont complets en eux-mêmes. Si cet anonymat vous gêne et que vous avez l'impression que telle ou telle histoire aurait pu être racontée par votre voisine au coin de la rue, c'est que vous avez saisi le message de ce livre; à savoir que, durant la Crise au Canda, des gens que vous croisez tous les jours dans la rue, des gens aussi ordinaires que votre voisine ont vécu des moments dramatiques, merveilleux, fous, drôles et tragiques.

Les gens à qui j'ai parlé sont des Canadiens ordinaires. Si vous voulez connaître les souvenirs des meneurs de jeu, de ceux qui ont façonné les événements de cette époque terrible — les premiers ministres et ministres, les juges, les millionnaires et les financiers — il vous faudra chercher ailleurs. Et si vous voulez lire une étude académique des conditions économiques mondiales qui ont engendré la Crise en Amérique du Nord et un compte rendu des gestes qui ont été posés en haut lieux, à Ottawa, dans les capitales provinciales et dans les villes, il vous faudra encore chercher ailleurs. Ce livre est raconté par les gens ordinaires. Les survivants. Les soldats, en d'autres mots, et non les généraux.

Quand j'ai décidé de partir à la recherche des survivants, je voulais rencontrer le vieux cultivateur de l'Ouest et son fils, l'épouse du pasteur et le commis de la Bourse, la maîtresse d'école qui se faisait payer $8.50 par mois, l'épicier accablé, le médecin, le camionneur, le pêcheur, la veuve ayant des petits enfants, le policier des chemins de fer, le jeune homme qui n'avait aucun espoir de se trouver du travail et sa blonde qui, par conséquent, n'avait aucun espoir de l'épouser un jour, le couple vivant sur une terre à souches dans le nord de l'Ontario, l'adolescent voyageant éperdument à bord des trains de marchandise et sa sœur travaillant comme serveuse 10 heures par jour pour $4 par semaine. Je savais que ce sont les gens qui peuvent nous parler de la Crise avec l'accent de la vérité et nous faire comprendre aujourd'hui ce que fut la vie durant ces dix années maigres. J'espère que la lecture de ce livre vous fera entendre l'écho des voix des années 30.

J'espère aussi avoir atteint et touché tous ces gens, car je sais qu'ils m'ont touché. Ils m'ont raconté leurs histoires avec enthousiasme, honnêteté et aussi précisément que leur âge et leur mémoire le leur permettaient. En apprenant que j'étais en train de faire ce livre, bien des gens ont voulu me rejoindre pour me raconter leur expérience. Je ne peux plus compter le nombre de fois où je me suis fait dire d'aller voir telle ou telle personne pour me faire raconter une histoire merveilleuse, sans avoir pu y donner suite. Je remercie tous ceux qui sont venus à moi et, quant à ceux qui n'ont pas réussi à me rejoindre, je le regrette avec eux. Peut-être y aura-t-il un autre livre.

Dans l'esprit de tous ceux que j'ai rencontrés, la Crise ne doit pas être balayée sous le tapis. Pour eux, le fait d'avoir survécu à cette époque est un titre d'honneur qu'ils affichent fièrement.

Durant tout le temps que j'ai mis aux recherches et à la rédaction de ce livre, je sais, pour ma part, que je me suis réveillé chaque matin animé d'un vif sentiment d'anticipation.

Barry Broadfoot
Vancouver

Introduction

Les choses allaient très bien, au Canada, vers la fin des années 20. Les récoltes de l'Ouest étaient bonnes, et les pêcheries, les industries minières et forestières étaient florissantes. La fabrication industrielle battait son plein. Le marché du travail était stable et si, comparés à aujourd'hui, les salaires étaient bas, tout était cependant proportionnel, car les biens et services étaient également bon marché. La vie n'était peut-être pas facile, mais elle n'était certainement pas dure, non plus.

Mais déjà il y avait des sons de cloche. Partout dans le monde il y avait surproduction de blé et, au Canada, en 1929, la récolte de 1928 n'était toujours pas vendue. L'économie de plusieurs pays d'Europe était demeurée fragile depuis la Première Guerre mondiale. Les usines, surtout aux États-Unis, surproduisaient et, comme le marché n'arrivait pas à écouler tous ces biens, les entrepôts regorgeaient. Les valeurs des actions à la Bourse de New York étaient grossièrement gonflées, mais le gouvernement et le milieu des affaires semblaient ne pas entendre tous ces sons de cloche. Ils prédisaient, au contraire, que tout irait mieux et en plus grand.

Le Canada était dans une position très vulnérable. Malgré la grandeur du pays, il n'y avait pas plus de 10 000 000 d'habitants. Les revenus du pays provenaient des ventes d'exportations dans des secteurs vulnérables: grain, pulpe, papier et métaux. Les États-Unis achetaient 40 pour 100 de nos exportations et le Canada comptait sur les Américains pour tout l'argent nécessaire à son expansion.

En octobre 1929, tous les nuages se sont accumulés au même endroit, soit à la Bourse de New York, et la foudre a éclaté. Les prix des actions ont dégringolé de façon désastreuse, c'était le signe que le système économique américain s'était effondré. Désormais, les choses ne seraient plus jamais les mêmes, aux États-Unis, au Canada et dans le monde entier.

Les marchés canadiens se mirent à s'écrouler et, pour protéger les leurs, les États-Unis haussèrent leurs tarifs douaniers, fermant ainsi la porte aux produits canadiens. Dans les Prairies, l'économie du blé s'écroula et le boisseau qui se vendait $1.60, en 1929, ne valait plus que 38 sous deux ans et demi plus tard. À la même époque, les éléments se mirent eux aussi contre nous: la sécheresse avait commencé à détruire les Prairies et le Canada, *comme le reste du monde, s'enfonçait dans la pire crise de l'histoire.*

La destruction du blé de l'Ouest signifiait la destruction du Canada. Les cultivateurs cessèrent d'acheter. Les usines de l'Est fermèrent leurs portes ou mirent des centaines de travailleurs à pied. La construction s'arrêta complètement. Les banques ne prêtaient plus et exigeaient plutôt le remboursement des prêts. Il y eut de moins en moins d'argent en circulation, on produisit de moins en moins de biens au fur et à mesure que les usines se fermaient, et les pauvres devinrent de plus en plus nombreux, c'était le désespoir.

La Dépression est une spirale descendante et il n'y avait rien pour l'arrêter. On parvint à la ralentir à certains moments mais jamais à la freiner complètement. Quand le tournant s'est amorcé vers 1937 ou 1938, la lutte fut très longue. Les pluies revinrent dans les Prairies, ce qui aida incontestablement, et de plus en plus d'hommes retournèrent au travail, mais les salaires demeuraient misérables. Des centaines de milliers de citoyens vivaient encore du Secours direct — ce qui drainait massivement les coffres du pays dont les revenus étaient déjà fort minces. On avait commencé à ranimer certains secteurs de l'économie par des projets et programmes spéciaux et l'avenir apparaissait meilleur, mais personne n'aurait pu dire qu'on sentait que la Crise était finie.

Par contre, en Europe, les troupes d'Hitler envahissaient l'Autriche, puis la Tchécoslovaquie et les plus avertis savaient bien que ce n'était plus qu'une question de temps avant que l'Allemagne prenne possession de la Pologne. Le 1er septembre 1939, Hitler lança ses ordres et les chars d'assaut s'ébranlèrent. La Deuxième Guerre mondiale était commencée. Le 10 septembre, le Canada entrait en guerre et ce fut la mise en branle d'un immense effort militaire qui allait exiger les services de tous les hommes et femmes disponibles pendant les six années suivantes, dans les forces armées, les usines de guerre et toutes les fabriques et les fermes à travers le pays. Tout le monde travaillait.

La Grande Dépression était terminée. Elle n'avait pas été résolue par les meilleurs cerveaux du pays jonglant avec les théories économiques, mais par les exigences d'une guerre totale, gracieuseté d'Adolf Hitler.

Chapitre premier

Comment c'était ?

J'ai regroupé en chapitres les témoignages qui traitent d'un même sujet. Comme je l'ai expliqué dans ma préface, les interlocuteurs gardent l'anonymat. En outre, les noms des personnages mentionnés dans des récits d'histoire (ainsi que les lieux où se déroulent ces histoires) ont été changés dans bien des cas afin de protéger les coupables. La grande majorité des interlocuteurs ne parlent qu'une seule fois dans ce livre et aucun ne prend la parole plus de deux fois.

Je débute presque tous les chapitres en présentant le nouveau sujet en un ou deux paragraphes. Pour ce premier chapitre, cependant, qui traite des différentes façons dont les gens ont été affectés par la Crise — je cède la parole à un vieil homme que j'ai rencontré dans une brasserie de Vancouver. Voici ce qu'il a dit.

Écrivez ça !

« Les maudites années 30 ! Mettez dans vot' livre que vous avez rencontré Henry Jacobson et qu'il a 78 ans. Vous pouvez dire que j'avais jamais fait un pas en arrière dans ma vie jusqu'au jour où la Dépression m'a frappé, m'a enlevé ma femme, ma maison et une bonne ferme en Saskatchewan. Me suis retrouvé avec rien. Écrivez ça. »

Laissez-les démissionner

« C'était la Mohawk Handle Company, à New Westminster, et ça faisait partie de la Mohawk Lumber Company, une pas mal grosse affaire. On y faisait beaucoup de choses en bois, y compris des manches à balai. Mon travail, c'était justement de peinturer des manches à balai, on les trempait un par un dans un tuyau rempli de peinture. On avait une patente à plusieurs tuyaux et, en faisant tourner les bâtons en les retirant, ça donnait un bel effet de spirale en deux couleurs.

« On recevait 15 cents de l'heure pour ça, alors que le salaire minimum dans la province à ce moment-là était de 35 cents l'heure. On était à peu près 300 travailleurs à la Mohawk dans ce temps-là et on voulait tous faire la grève. On voulait avoir ce qu'on était en droit de recevoir.

« Alors les directeurs se sont rencontrés pour discuter de l'affaire et le surintendant leur a dit: 'Laissez-les démissionner! Je peux tous les remplacer demain matin.' Tout le monde a beaucoup rouspété, mais qu'est-ce qu'on pouvait faire? Les gars ont continué à travailler à 15 cents de l'heure. C'était ça, la Dépression. »

Le reçu

« Ma mère, qui était veuve, avait envoyé un bouvillon, une grosse bête de première classe, de la Saskatchewan à Winnipeg parce qu'ils lui avaient dit qu'elle aurait un meilleur prix. Mais avec les prix de l'époque, la perte de poids, le coût du camionnage, la commission au vendeur et quoi encore, elle a reçu une lettre lui disant qu'elle leur devait $6. Ça, c'est la vérité vraie.

« C'était une femme fière qui payait toujours ses dettes. Elle a vraiment gueulé mais elle a fini par envoyer les $6. Et quand le reçu est arrivé par la poste, elle l'a encadré et il est resté suspendu dans le salon jusqu'à ce qu'elle meure et qu'on vende la maison. Pas mal fort, hein? »

L'entrée dans le monde

« Évidemment, on était plein d'espoir et de rêves. On était la classe des finissants de 1935, à Newcastle, et on nous a remis nos diplômes et on nous a dit: gauche, droite, en avant marche et débrouillez-vous.

« On connaissait pas le monde. Personne nous avait parlé de la Dépression. On savait que très peu de gens avaient de l'argent. Les docteurs, oui. Les dentistes aussi. Les marchands de la place. Ceux-là vivaient bien. Les gens qui avaient de l'argent, ils le gardaient et le faisaient profiter. Parmi ceux qui détenaient ce qu'on appelle les vieilles fortunes, je crois qu'il y en a très peu qui ont souffert.

« J'ai commencé à travailler vers la fin novembre. Pas du travail comme on l'entend, à tant de l'heure pour chaque travailleur à la hauteur de son emploi, mais de l'ouvrage à la tâche, à la hache et à la scie, à couper du bois mou pour le moulin. Dans le bois. Il y avait beaucoup de neige cette année-là, la pulpe se vendait pas cher et il fallait être un homme super-sacrement bon pour gagner un dollar par jour. Vous croyez que je blague? Fallait être bâti comme un bœuf, avoir des yeux d'aigle, l'endurance d'un mulet et la peau d'un éléphant. C'était une bonne chose aussi d'avoir une femme et huit enfants à la maison parce que, comme ça, un gars savait que s'il travaillait pas pour la compagnie, les siens crèveraient de faim. Un gars avait pas le choix parce qu'on crevait de faim sur le secours direct. Le premier mois où j'ai vécu chez mon cousin, à Doaktown, j'ai marché six milles matin et soir avec ma jarre de bouillie de pain pour mon lunch et j'ai travaillé dix heures par jour pour à peu près 50 cents. Ça, c'est par jour. Cinq sous de l'heure. Pas riche, direz-vous ? C'était rien, ça. Moi, si j'ai vécu chez mon cousin et que j'ai marché, travaillé et marché 14 heures par jour, c'est bien parce que je voulais pas vivre dans les baraques.

« Vous croyez que les baraques ont disparu vers 1910 ou 1920 ? Absolument pas. Les baraques en bois rond existaient encore et les hommes qui vivaient là, des Suédois, des Finlandais, des Slaves, des Français, ils mangeaient de la merde. Un type qui avait travaillé à la construction du chemin de fer Trans-Sibérien m'a déjà dit qu'il avait jamais vu dans sa vie des conditions pareilles. Aujourd'hui, il y a encore des gros bonnets dans les Maritimes qui, à l'époque, étaient mêlés à l'exploitation de ces baraques. Dormir le sommeil de l'épuisé, avaler une sale bouillie comme petit déjeuner, travailler, travailler, travailler, suer sang et eau dans un labeur tout à fait inutile et, la nuit venue, retourner dans la puanteur des baraques... et après y avoir passé l'hiver, ces hommes se retrouvaient avec rien du tout.

« Ils étaient forcés d'acheter au magasin de la compagnie, sur les lieux. Tout se faisait sur papier. On déduisait de leur salaire au fur et à mesure de leurs achats et on manquait pas non plus de déduire la valeur de l'outil de la compagnie qu'un gars avait le malheur de briser. Et, Seigneur Dieu, les bottes qui se vendaient à Newcastle pour $4, la compagnie, qui les achetait dans le gros, les vendait à $7 dans les baraques parce que, à moins de faire 300 pour 100 de profit sur les bottes, les pantalons et les lacets de cuir, la compagnie aurait fermé boutique. C'était du vol en plein jour et c'étaient les Écossais et les Anglais du Nouveau-Brunswick, de Halifax, de Montréal et de Québec qui menaient ces compagnies. Oubliez pas que les écœurants ne venaient pas tous de Halifax ou de Saint-Jean.

« J'irais même jusqu'à dire que, dans certains camps de années 30, ces magasins où les hommes étaient forcés d'acheter, représentaient en définitive la seule source de profit pour la compagnie. »

La misère de l'Olympe

« En 1933, j'étais professeur associé à Toronto et je gagnais $3 000. C'était un bon salaire si vous faisiez attention, mais n'oubliez pas qu'un jeune professeur était soumis à certaines normes sociales et j'avais 36 ans à l'époque. Certaines façons de faire les choses, de mener ses affaires, un certain style de vie très rigide. Même l'université la plus libérale n'est jamais très libérale.

« J'anticipais de devenir professeur d'histoire dans dix ans, puis, merveille des merveilles, d'être nommé peut-être recteur d'une petite université, au Manitoba, à Dalhousie, ou ailleurs. Ces $3 000 représentaient $250 par mois, moins les impôts, les cotisations du club, etc. J'étais marié, deux garçons, deux filles, ni chien, ni chat.

« En avril, le président annonçait une baisse de salaire de 15 pour 100 et on m'a retranché $6.50 par année, ce qui me faisait $200 par mois. Et c'était pas si mal pour un homme sans trop d'obligations financières, mais pour un universitaire, laissez-moi vous dire que c'était dur.

« Cependant, il y a les deux côtés de la médaille. Ces pauvres diables, les simples maîtres de conférence qui touchaient à peine $1 000 par année — comment mieux démontrer son amour de la connaissance ? — ceux-là ont subi une baisse de 5 pour 100 tandis que l'exalté, perché bien haut sur son Olympe à $8 000 et plus, on l'a amputé de 35 pour 100 et ça, c'est toute une claque, une vraie de vraie. Nous avons survécu. »

La vie de roi

« Je gagnais $15 par mois et je vivais mieux qu'un millionnaire au Canada.

« En 1942, j'étais commis d'un poste de la Compagnie de la Baie d'Hudson, à l'île Somerset. Sur la carte, c'est à plusieurs centaines de milles du pôle magnétique. Le Grand Nord. Je gagnais $15 par mois mais je mangeais de la farine qui, une fois sur place, coûtait $100 les cent livres à la compagnie. Et c'était comme ça pour tout ce qu'on mangeait. Montrez-moi un millionnaire de ce temps-là qui mangeait de la farine à $1 la livre.

« Pour quelques minables fourrures. Un monde fou. »

Le catalogue Eaton's et l'école nouvelle

« Quand je suis sortie de l'école normale à 18 ans, ce qui n'était pas trop jeune pour enseigner dans ce temps-là, on était en 1935. Vous savez ce que ça voulait dire ? Eh bien, moi, je le sais. Ça voulait dire que j'étais très chanceuse d'enseigner dans une école de rang au sud de Wynyard, en Saskatchewan.

« Le secrétaire de l'école m'avait écrit que le district avait été durement frappé et qu'il leur était impossible de respecter l'échelle salariale des enseignants, mais qu'ils me paieraient $30 par mois. Je savais que la subvention du gouvernement était de $300 par année, donc que ce district ne donnait rien de plus. Ma mère m'a dit d'accepter, que ce serait de l'expérience acquise.

« C'était pas une mauvaise école, huit classes, environ 24 élèves, de bons enfants. Comme le district était anglo-saxon, je n'avais pas les difficultés des autres filles qui devaient enseigner à des enfants ukrainiens qui comprenaient à peine l'anglais.

« La première nuit, j'ai dormi dans le vestiaire avec mon manteau et une couverture à cheval, en attendant que le comité se réunisse pour décider de l'endroit où je logerais cette année-là. J'ai abouti dans la maison d'un fermier voisin, juste en face de l'école et, si je me souviens bien, les autres payaient leur part de ma pension en travaillant pour lui deux ou trois jours chacun, à faire les foins ou à déneiger. Aucun échange en argent, il n'y en avait pas. Ha !

« C'était un plaisir d'enseigner aux enfants et les gens chez qui j'habitais étaient gentils. Tous cherchaient à s'entraider et j'ai organisé une danse à l'école pour l'Halloween et un concert à Noël et, le dernier jour de l'année, nous avons fait un pique-nique avec des jeux et des courses, course à l'œuf dans la cuillère, course avec de vieux souliers, des choses comme ça. Il y a eu des temps durs, mais du bon temps aussi, d'une manière.

« Je me souviens d'avoir eu une inspiration fantastique. Les manuels étaient tout déchirés, pratiquement inutilisables, et je me demandais ce que j'allais faire. Puis j'ai eu cette idée lumineuse : j'ai dit à chacun de rapporter le catalogue Eaton's à l'école, le lendemain. Celui de la maison, vous comprenez. J'ai cru que ça ferait de l'excellente matière à lecture pour les enfants et ç'a été un succès. Chacun était libre de choisir le passage qu'il voulait lire. Les filles lisaient à haute voix dans la section des vêtements, des objets ménagers, la porcelaine, les rideaux, des choses comme ça, et les garçons lisaient la section des harnais, des armes à feu, etc., et les plus jeunes tournaient immédiatement à la section des jouets. Les plus petits ont dû lire le boniment sur la poupée Shirley Temple au moins 25 fois chacun.

« C'était de l'étude, de l'apprentissage, c'était amusant. En d'autres mots, c'était pas comme à l'école. Puis je me suis rendu compte que, quand un groupe, disons ceux de la cinquième, c'est-à-dire quatre ou cinq élèves, faisait la lecture du catalogue, que tous les autres s'arrêtaient pour écouter. J'ai découvert que le seul travail qui se faisait dans cette petite école des plaines de la Saskatchewan, c'était la lecture du catalogue.

« Tous écoutaient, tous savaient ce que chacun aimait et désirait et aucun travail ne se faisait. J'ai dû arrêter tout ça, leur faire rapporter les catalogues à la maison et reprendre les vieux manuels. Dommage, c'était tellement amusant, pour eux comme pour moi.

« Je me demande souvent pourquoi on ne fait pas des manuels d'école aussi agréables que le catalogue Eaton's. Pour les enfants, dans ce temps-là, c'était ouvrir tout un nouveau monde de couleurs et de joie, et voilà ce que devraient être les livres d'école, vous ne pensez pas?»

Domestiques à vendre

«Nous avons déménagé à Montréal en 1933 et nous avons trouvé ce que nous cherchions dès le premier jour, une maison tout à fait charmante dans Westmount. Il y avait des maisons à louer et à vendre partout. En attendant l'arrivée de nos meubles de la Côte ouest, nous avons logé au Ritz. C'était un grand hôtel à l'époque et ce l'est encore.

«J'ai téléphoné à une agence d'embauche parce que je cherchais des domestiques. Le lendemain, une femme s'est présentée à l'hôtel. Je lui ai dit que je ne savais pas tenir une maison et que je voulais les meilleurs domestiques qu'elle puisse trouver. Or, voici comment elle a organisé toute l'affaire. D'abord, un chef, puis ma femme de chambre qui servirait aussi la table, deux autres domestiques et un jardinier, car nous avions un très grand terrain et, enfin, une blanchisseuse qui viendrait les lundi, mercredi et vendredi.

«Quand nos meubles sont arrivés, l'agence avait trouvé le personnel. Le chef, à $40 par mois, plus chambre et pension. Ma femme de chambre, à $30, plus chambre et pension. La première bonne, à $25 et la seconde, à $15. Le jardinier, qui faisait aussi le chauffeur, à $25 par mois. La blanchisseuse recevait $2 par jour, elle lavait et repassait à la main et vivait chez elle. Je lui payais ses frais de tramway: dix sous par jour.

«Parfaitement ridicule, n'est-ce pas? Acheter un être humain, un excellent chef, pour $10 par semaine, ou une petite bonne à 50 sous par jour. Pourtant, personne ne s'en formalisait.»

Le commerce du charbon

«Je peux pas vous en dire tellement sur le bon vieux temps mais je pourrais vous parler pendant un mois des mauvais jours. Une fois, j'ai décidé de me lancer dans la vente du charbon. C'était l'hiver. Sapristi qu'il faisait froid. J'avais deux charrettes et huit chevaux, quatre empruntés du père de Norman Scott et les quatre autres, empruntés également. Huit chevaux. Je charroyais le charbon d'ici jusqu'aux environs de Taber. Ça faisait 39 milles. En hiver. Un hiver terriblement froid, cette année-là. Je prenais le charbon d'une mine, à l'ouest de Raymond. Fallait que j'achète le charbon et que je le revende. Avec deux charrettes sur ces routes-là, ça me prenait toute une journée pour m'y rendre et ensuite il fallait que je le charge. À la pelle. Puis revenir à la maison, des fois en deux jours, et le charbon se vendait pas cher. Pour une semaine de travail, le temps de me rendre là-bas, de charger, de transporter et de livrer, je pense que j'ai jamais fait plus que quelques dollars par semaine. Il faisait bien trop froid pour monter à cheval, je marchais à côté des chevaux, en piétinant et en sautant pour me réchauffer. Oui, je peux vous en parler, moi, de la vie dure de ce temps-là. »

Un été à la ferme

« J'avais à peu près 13 ans quand mon oncle de Weyburn a écrit disant qu'un célibataire cherchait un garçon pour l'aider. Le type s'appelait Coolihan ou Cowlan, quelque chose comme ça. Un dollar par semaine. À une piasse par semaine, garanti que c'était pas pour l'argent, mais ça voulait dire une bouche de moins à nourrir et je commençais à être costaud.

« Papa m'a amené à la cour de triage et a convaincu le garde-frein de me laisser monter à bord de la caboose. Gratuitement. Ça se faisait des fois dans ce temps-là. À Weyburn, j'ai dû marcher six milles jusqu'à la ferme. Ouache! quelle ferme! Une maison de deux pièces et, moi, je dormais dans la grange avec six malheureux chevaux de labeur, les plus misérables picouilles que vous ayez jamais vues.

« On mangeait de la moulée à cochon mélangée avec de l'eau bouillante et de la mélasse. Une de mes tâches, c'était de marcher la nuit jusque chez le voisin, à un mille de chez nous, et de voler des carottes, des radis et tout ce qui poussait. Je me suis jamais fait prendre parce que leur chien était amical. Gardez jamais un chien amical durant une dépression.

« Le samedi soir, Coolihan allait chercher de la viande au village. La viande la moins chère qui soit. Bon Dieu, vous pouviez en acheter un plein baril pour un dollar. De la graisse de bacon en grande partie, mais ça pouvait aller. Il faisait son pain, presque pas mangeable et, quand on avait fini, il donnait les restants aux chiens et zip! lançait ce qui restait de pain dans l'armoire comme un lanceur de base-ball et disait: 'Eh bien, Coolihan, c'est ça qui est ça pour aujourd'hui.' Et on se couchait.

« J'ai travaillé tout l'été, un travail sacrement dur, croyez-moi, et il me payait pas. Pendant ces sept ou huit semaines, j'ai reçu quelques sous par-ci par-là, peut-être un dollar en tout. Au fond ça me faisait pas grand-chose et quand je suis revenu à la maison et que j'ai dit ça à mon père, ça l'a pas dérangé non plus. Il a ri. Mais savez-vous quoi? ç'a été un des plus beaux étés de ma vie. »

La dernière goutte

« Mon voisin, qui avait un quart de lot au nord de chez moi, arrivait pas à rejoindre les deux bouts. Il avait un espace creux sur son terrain où l'eau du dégel s'amassait chaque printemps et ça servait d'abreuvoir à ses quelques têtes de bétail.

« En 1937, il avait huit beaux bouvillons, mais vers le début de juillet la chaleur s'est installée, son eau s'est évaporée, son foin a séché et Aspinall a essayé de creuser des puits mais ç'a pas réussi. Y avait carrément pas d'eau. Il s'est amené chez moi avec une time de chevaux et a emprunté mon charriot-citerne. Je pense que ça contenait 400 gallons et il espérait pouvoir garder son bétail en vie jusqu'en septembre, quand le temps se serait rafraîchi. Il a conduit le charriot jusqu'à Maple Creek, environ neuf milles plus loin, où il y avait un marécage, de l'eau sale, mais au moins c'était mouillé et il a rempli le réservoir avec une pompe à main. Ça lui a pris trois ou quatre heures, puis il est revenu chez lui. Il comptait s'en sortir comme ça. De toutes façons, sa récolte était perdue.

« Il est rentré vers quatre heures et, une fois dans sa cour, il a découvert une fuite dans le réservoir en bois. Ça faisait tellement longtemps que je m'en étais pas servi que ça s'était ouvert aux jointures et il avait perdu les trois quarts de son eau en cours de route. J'étais là pour l'aider à pomper et quand il a regardé dans le réservoir, l'odeur de l'eau l'a presque repoussé et il a dit : 'Au diable toute l'affaire, Mac, j'en ai assez', et le lendemain il a amené ses bêtes au marché et les a vendues telles quelles, des beaux bouvillons pour l'époque et pesant 600 livres debout, pour à peu près un sou la livre. Il s'est fait $63 et il espérait se faire cinq ou six cents la livre.

« En moins de deux semaines, les Aspinall étaient en route vers la vallée de l'Okanagan et leur place est restée vide jusqu'à la fin de la guerre. C'est un vétéran qui l'a achetée. »

Le meilleur maudit Canadien

« La Dépression ne m'a pas touché. Mon père travaillait pour la ville de Toronto comme inspecteur au service de l'entretien, ce qui fait que si je voulais un train électrique pour Noël, je l'avais.

« Non, il m'est rien arrivé.

(Il réfléchit quelques instants et dit...)

« Attendez. Il y avait ce type, Steve Metarski. Il était venu de la Pologne ou de l'Ukraine à l'âge de 14 ans, avait travaillé à la construction des chemins de fer, était devenu sous-contracteur et quand il a épousé ma cousine, il avait 45 ans. C'était ce qu'on appelle un bon citoyen. Sa femme était morte et il avait une belle maison dans un quartier bien de Hamilton. Je me souviens qu'une fois il avait dit en riant : 'J'ai changé mon nom pour Marsh et je suis le meilleur maudit Canadien que t'as jamais vu.' Je pense qu'il voulait nous sonder. Pour moi, Metarski, c'était bien correct.

« Vers 1930 — et ça je le tiens de Sally, sa femme, parce que j'étais trop jeune — la construction s'est complètement arrêtée et

Steve a tout perdu en six mois. Apparemment, c'était la grosse merde. La faillite complète. Ses biens immobiliers ne couvraient pas la somme de ses dettes, alors ils ont saisi sa maison (je sais pas qui 'ils' étaient — mais son avocat a réussi à ce que Steve demeure propriétaire aussi longtemps qu'il ferait ses versements mensuels. Mais il avait acheté sa maison dans les années 20, il lui restait encore un gros morceau à payer, parce que c'était toute une sacrée maison, avec un intérêt de 8 ou 9%. 9% aujourd'hui, on trouve ça fort. Imaginez dans le temps! Moi, je suis dans l'immeuble et je vois bien que ça devait être écrasant.

« En tout cas, Steve s'est retrouvé sans emploi, sans argent, poigné dans une affaire louche entre la banque et ses créanciers et sans aucune porte de sortie.

« Sally dit qu'il a réussi à faire deux paiements seulement en vendant de leurs meubles. Alors la maison lui a glissé entre les mains quand un type de Burlington l'a achetée au quart de sa valeur réelle. Il s'est installé avec sa femme et ses enfants et a permis à Steve et Sally d'habiter le sous-sol. Sally faisait la bonne et Steve faisait le jardinier et le chauffeur de monsieur. Un chauffeur, pour l'amour du Christ!

« Ce qui fait qu'en juillet 1930, disons, Steve était en affaires, avait une belle maison et vivait heureux avec sa femme. Six mois plus tard, crac! fini, plus rien, et le voilà habitant la cave de sa propre maison tandis que sa femme faisait la bonne au rez-de-chaussée. »

Bon pour le cirque

« Je ne savais pas que le monde existait — et encore moins la Dépression — avant d'avoir 17 ans, presque 18. Si vous regardez sur la carte du Nouveau-Brunswick, il y a un grand espace vert au nord-est de Fredericton. Quelques routes seulement, très peu, et les vieilles pistes ont probablement disparu aujourd'hui. Il y a 35 ans de cela.

« On vivait au bout d'une vieille route à bois, à des milles de la fin de la route publique, dans une clairière. Au début du siècle, y avait eu un camp de bûcherons à cet endroit-là. De 1900 à 1915, je pense.

« On vivait là. C'était confortable. On avait du foin pour les chevaux, deux vaches, des poules — des poules qui pondaient probablement les plus petits œufs au monde. À peu près de la grosseur de votre ongle de pouce. Parce que, voyez-vous, elles n'avaient pas de grain. Notre maison était chaude et on avait plein de bois tout autour. Le printemps, on coupait du bois pendant trois semaines et, à l'automne, il était bien sec, tout prêt pour le poêle. Y avait du chevreuil tant qu'on en voulait et des ruisseaux pleins de poissons.

« On a grandi comme ça, mon frère et moi, et je savais qu'il y avait un endroit qu'on appelait Fredericton mais je savais pas qu'il y avait une ville appelée Montréal, ou Toronto, ou Londres, ou Paris ou New York. Je ne mens pas quand je dis qu'on a grandi dans l'isolement le plus total. Pourquoi, je le sais pas.

« L'automne, papa partait pendant une semaine pour faire engrosser les deux vaches, ça fait qu'on avait habituellement un ou deux veaux. Il rapportait deux ou trois sacs de viande de porc et une couple de sacs de maïs. Pas de farine. Du sucre. Du café. Des bottes de caoutchouc pour tout le monde. J'ai les pieds déformés à force d'avoir porté des bottes trop serrées. Il rapportait des balles de .22 et de 30:30, des nouveaux pièges, de la corde, de la peinture à poêle, de l'huile à lampe. Des choses comme ça.

« Notre vie, c'était de trapper, couper du bois et nourrir les animaux et je me souviens pas d'avoir pensé à un autre monde. On croyait tout simplement que tous les autres vivaient comme nous. Ah! j'oubliais, on avait pas de mère. Elle était morte depuis des années. Si elle avait été là, je suis sûr que ça aurait changé les choses. Pendant toutes les années que j'ai vécu là, personne est monté sur la route à bois et on l'a jamais descendue. Demandez-moi pas pourquoi. La seule curiosité qu'on avait concernait notre vie immédiate.

« Puis papa s'est ouvert le pied d'un coup de hache. Il devait avoir les haches les plus tranchantes du Nouveau-Brunswick et, bon Dieu, c'était toute une entaille. Il a perdu du sang, pas trop, mais c'était une grosse blessure. Il nous a dit de remplir un sceau avec de la boue du ruisseau et de rapporter de la mousse, on a tout mélangé ensemble, et il a enfoncé son pied dans la chaudière. On a bien entassé la bouette tout autour et, en durcissant, ç'a fait comme un plâtre.

« Je me souviens que mon père a dit: 'O.K. les gars, ça va faire l'affaire. Je vas être debout dans queq' jours.' En français, évidemment, on parlait français. Il était assis dans la grosse berceuse qu'il avait fabriquée il y avait longtemps, avec son pied dans la chaudière et on lui apportait à manger. Mais il s'est mis à parler de plus en plus lentement, il avait des grosses sueurs et au bout de trois jours il est mort. Il avait fait comme le renard et le loup qui guérissent leurs blessures avec de la boue, mais ce vieux truc de la nature fonctionne pas chez les humains. Empoisonnement du sang.

« On l'a enterré dans une couverture à cheval après lui avoir entouré la tête d'un morceau de couverture pour le protéger des insectes. On avait pas de bible, on savait même pas ce que c'était la bible, on savait pas lire évidemment.

« Comme j'étais le plus vieux, je me suis dit qu'il fallait que je descende la route pour le dire à quelqu'un. Je me suis dit qu'il fallait que quelqu'un sache une chose comme ça.

« On aurait dû me mettre dans un cirque à côté de la grosse femme et du garçon à tête de chien. Je parlais pas anglais, mais il y avait beaucoup d'Acadiens en ville. J'avais jamais vu une automobile, un camion, un policier, un livre ou un film. Je pouvais tirer un écureuil dans l'œil à cent pieds de distance, mais la première fois qu'on m'a offert un cornet de crème glacée je savais pas quoi en faire. J'avais 18 ans, c'était écrit dans le registre de l'hôtel de ville. C'est là que je suis né avant que le bonhomme s'en aille dans le bois. Au fond, je savais rien. J'étais le seul garçon de 18 ans qui savait pas ce que c'était une fille, une femme. Croyez-moi.»

Pasteur des Prairies

«Monsieur Wade, mon défunt mari, était pasteur baptiste. Mais dans les années 30, tout le monde était bienvenu, comme il se doit. L'église était dans le village de Bassano et, je me souviens, le service du dimanche était à 9h 30, ce qui était un peu tôt pour certains. À 10h 30, monsieur Wade, notre fils Alex et moi, nous partions en voiture, une vieille Chandler qui avait fait son temps, vers une petite école de rang à 12 milles de chez nous, sur une colline le long de la route et, là, le service avait lieu à midi. C'était pas une heure idéale mais on y pouvait rien. Il y avait de dix à quinze personnes. Quand une jolie maîtresse d'école logeait de l'autre côté de la route, nous avions alors jusqu'à vingt personnes et vous devinez bien qu'il s'agissait alors de jeunes célibataires. Après l'office, nous déjeunions chez une famille du voisinage.

«Puis vers 2h 00, nous repartions vers un autre petit village 20 milles plus loin, à l'ouest, passé toutes les maisons abandonnées, pour donner un autre service. Là aussi, il y avait entre dix et quinze personnes. Non, ils étaient plus nombreux. Les baptistes étaient assez nombreux dans cette région-là mais pas assez tout de même pour supporter un ministère. Il y avait seulement les mormons et les catholiques qui pouvaient se permettre ça. Puis, nous repartions vers une autre école, il devait être alors 4h 30 et c'était comme ça tous les dimanches, hiver comme été, pas de congé pour nous, et la Chandler tenait le coup. Après le service, nous soupions légèrement chez des fidèles, pour nous remonter un peu, et en voiture vers Bassano pour le service du soir à 7h 30.

«Comme l'assistance à l'office du soir n'était pas la même que le matin, monsieur Wade avait la chance de pouvoir répéter le même sermon toute la journée.

«À l'arrière de la voiture, nous transportions un petit orgue portatif recouvert d'une toile cirée. Ses sermons n'auraient pas donné grand-chose sans un hymne ou deux. Les gens voulaient de la musique et quand l'orgue n'y était pas, ils s'en plaignaient. Monsieur Wade n'a jamais été ce que vous appelleriez un orateur inspiré. Avec le temps, il parvenait à toucher le cœur des gens, mais sans éclat. Parfois, il y avait un billet d'un dollar dans le panier de la quête et nous savions alors que quelqu'un avait été touché par ses paroles. Un monsieur Parton, je crois, à la première école, donnait toujours un dollar. Nous pouvions toujours compter sur ce bon homme. Un bon fermier, un bon père de famille et un bon chrétien. Un homme bien. Mais, tout compte fait, la quête ne rapportait jamais plus de trois ou quatre dollars, sauf à Noël et à Pâques. En y repensant maintenant, quatre dollars c'était bien. Je crois que nous vivions avec vingt-cinq dollars par mois et le logement était gratuit, vous comprenez. Les gens nous apportaient toujours de la nourriture, des œufs, de la viande, un poulet et nous leur en étions reconnaissants.

« Nous faisions de notre mieux. Des fois, c'était loin d'être ce que nous espérions et monsieur Wade se décourageait momentanément. Mais ça ne durait pas longtemps. Il était un homme tellement bien. Il faut pas oublier non plus que monsieur Aberhart était notre véritable concurrent, si vous me passez l'expression. C'était l'époque où monsieur Aberhart parlait pendant quatre heures tous les dimanches à la radio, avant d'être élu en 1935. Et il y avait d'autres prédicateurs, certains parmi les nôtres, mais d'autres de l'autre côté de la frontière, de sorte qu'il y avait toujours quelqu'un qui parlait à la radio. Les gens voulaient entendre monsieur Aberhart, c'était le grand favori, et c'est sans doute pourquoi nous avions si peu de fidèles. Jamais au grand jamais les gens ont perdu leur foi durant ces dures années mais, comme le disait monsieur Wade, il y en a qui portent leur foi mieux que d'autres. »

Ragoût de Bébé

« Ah oui, oui, oui, on vivait sur une petite ferme près de Summerside, sur l'île du Prince-Édouard. On était complètement coupé dans ce temps-là. On pouvait voir la Nouvelle-Écosse de l'autre côté du détroit, le détroit de Northumberland, mais c'était comme une gigantesque peinture qu'on aurait accrochée là. Personne n'allait là.

« On avait un poney, Bébé qu'il s'appelait. Les poneys Shetland sont merveilleux pour les enfants et Bébé avait servi à mon frère aîné et à mes deux sœurs avant que j'en hérite.

« En tout cas, mon père a perdu son travail à la ferme où on élevait des chevaux de course qui se vendaient partout aux États-Unis. Sauf que dans ce temps-là, y avait plus grand monde qui voulait un trotteur et mon père ne connaissait rien à l'agriculture. Il connaissait les chevaux, un point c'est tout.

« J'arrive à ce que je veux vous dire. Un hiver, on a mangé rien que des patates. Ne riez pas. Et le printemps venu, on a mangé des germes de patates. On mangeait des patates en purée, bouillies, en purée et bouillies. J'ai pas vu de la viande bien souvent et je pense pas qu'on était sur le secours direct. Un Écossais insulaire, c'est un oiseau pas mal fier.

« Cet été-là, ma mère m'a envoyé passer une semaine chez ma tante, sa sœur de Charlottetown, et quand je suis revenu sur le vieux train à trolley, mon père m'attendait à la gare et il m'a dit que Bébé était mort de l'enflure — ils se mettent à enfler terriblement et il faut leur perforer l'estomac pour laisser le gaz s'échapper. On l'avait trouvé trop tard et on l'avait ramené en camion de chez le voisin. J'ai pleuré, naturellement, mais j'ai pas eu trop de peine, parce que sur une ferme, les animaux meurent et, à 12 ans, je comprenais ça. J'avais perdu un ami, bien sûr, mais c'était comme ça.

« L'été suivant, je suis allé à la plage parce que mon père avait repris son travail et que ma mère avait vendu plusieurs tapis crochetés aux touristes. Ils pouvaient donc se permettre de m'envoyer à la plage avec mes cousins. Un jour, une cousine, Marian, la petite peste, m'a demandé ce que mon poney avait goûté. Elle l'a pas dit carrément, évidemment, mais son frère m'a dit que leur père, mon oncle, s'était amené chez moi pendant que j'étais chez ma tante et qu'il avait tué et charcuté mon Bébé. Dès qu'il l'a dit, j'ai su que c'était vrai parce que, en y repensant, on avait mangé beaucoup de ragoûts de toutes sortes durant cette période. Et c'est Bébé qu'on mangeait, notre vieux poney qu'on avait tous aimé. Il avait pas été malade, il était pas allé chez le voisin.

« J'ai jamais demandé à mon père ou à ma mère si c'était vrai et, s'ils vivaient aujourd'hui, je sais qu'ils jureraient sur la bible que c'est pas vrai. Oui, oui, oui, j'en suis sûr. Mais, moi, je le savais. On pouvait plus me tromper. »

Imaginez tous les autres

« Je connaissais un professeur associé de l'Université de la Colombie britannique. Derrière sa grosse maison, il avait un poulailler, tout camouflé de vignes, d'arbres et de fleurs. Il avait à peu près 200 poules. Ses enfants s'en occupaient et les voisins achetaient leurs œufs frais à 10 cents la douzaine. Il m'a dit une fois que sans la vente des œufs il n'arriverait pas à rejoindre les deux bouts et il était professeur d'université. Imaginez tous les autres. »

Chapitre 2

Trois opinions générales

Comme l'a dit l'écrivain albertain, James Gray: «Quand la Crise est arrivée, notre monde s'est arrêté et nous avons débarqué.»

Parmi les centaines de gens que j'ai interviewés à travers le Canada, une poignée d'entre eux seulement ont prétendu connaître les causes de la Dépression et comprendre pourquoi une telle misère ait duré si longtemps. Peut-être font-ils partie d'un clan exceptionnel car, même aujourd'hui, les experts n'arrivent toujours pas à s'entendre sur la question.

Le Canadien ordinaire ne savait pas ce qui se passait, si ce n'est que l'économie ralentissait sans cesse. Au fur et à mesure que le nœud se resserrait, les usines fermaient leurs portes ou réduisaient leur main-d'œuvre de 25, 40 et 60 pour 100. La demande indispensable du vaste marché américain se mit à baisser lentement puis, soudain, s'étouffa complètement. Au moment où les prix des produits de la ferme déclinaient de façon alarmante, voilà que la sécheresse s'abattit sur les Prairies. De nombreuses mines furent abandonnées. C'était le vieux phénomène du domino, les désastres s'engendrant les uns les autres. Les municipalités étaient en faillite. L'aide sociale était dérisoire. Les gouvernements s'étiolaient successivement et rien ne changeait. La situation se détériorait d'année en année. Les gens ne savent toujours pas la cause de cette calamité et l'on enseigne encore diverses théories dans les facultés d'économie, du moins dans celles où l'on ose en parler.

Dix années perdues

« Y'en a qui veulent tout simplement oublier que cela est arrivé, que des Canadiens de troisième génération, d'honnêtes gens, vivant dans la crainte de Dieu, soient morts de faim dans les ruelles des villes ou sur leurs misérables fermes. Et pourtant, ça s'est bel et bien passé. La sécheresse, évidemment, personne n'a pu la surmonter — une misère par-dessus l'autre. Les gouvernements canadiens, les économistes, les experts, savaient-ils ce qui se passait? Non, pas plus qu'aujourd'hui.

« Quand Roosevelt a pris le pouvoir, en 1933, c'était le bordel général aux États-Unis. Mais les choses ont commencé à changer avec sa politique du « New Deal ». Comme il savait qu'il fallait faire circuler l'argent, il décida tout simplement d'en imprimer puisqu'il n'y en avait pas. Il fallait créer de l'emploi pour que les gens puissent dépenser et que l'argent se remette à circuler. Roosevelt n'a pas tellement bien réussi, mais y'a un point très important que tout le monde a oublié : c'est qu'il avait l'apparence du succès. Je répète : il avait l'apparence du succès. En d'autres mots : il inspirait confiance. Alors la peur a disparu. Souvenez-vous qu'il disait : 'Il n'y a rien à craindre, sinon la peur elle-même.' D'une manière, c'était le truc du grand sorcier, mais ç'a marché. Le monde voulait se faire dire que tout irait bien et, en trois ou quatre ans, il a commencé à relancer le pays et, y'a pas de doute là-dessus, le Canada en a profité, bien sûr.

« Mais Bennett *(le premier ministre du Canada)* n'a pas fait grand-chose pour nous et ce qu'il a fait, c'était mauvais, comme les camps de secours, par exemple. Et William Lyon Mackenzie King ? Ha ! un beau farceur ! Un homme petit, prudent, perdu dans le spiritualisme, pour qui la solution à tous les problèmes, c'était de créer des commissions d'enquête chargées de soumettre un rapport plusieurs années plus tard dans l'espoir qu'à ce moment-là le problème aurait disparu. Et puis des conférences fédérale-provinciales où les provinces les plus grosses ou les plus riches, comme le Québec, l'Ontario et la Colombie britannique, étaient toutes prêtes à sacrifier les provinces plus faibles et plus pauvres pour s'assurer une plus grande part des fonds fédéraux. Oh ! c'était joli. Y'a pas un libéral ou un conservateur de ce temps-là qui peut dire qu'il a servi son pays.

« Et puis, ça n'a pas si mal tourné. Grâce à la guerre, évidemment. Aujourd'hui, les gens vont jusqu'à parler du bon vieux temps. Oui, et ils n'ont pas compris que, même si le Canada s'est sorti des années 30 et 40 en aussi bonne forme, c'est pas tellement à cause de ce que nous avons fait nous-mêmes. La Deuxième Guerre mondiale, voilà ce qui nous a sauvés et, ensuite, cette folle prospérité d'après-guerre où tous les gens se sont mis à dépenser l'argent qu'ils n'avaient pu dépenser durant la guerre et où le monde entier avait besoin de nos ressources.

« Mais ne me dites pas que nous avons réellement surmonté la Crise. Non, elle nous a détruit pendant dix ans. De 1929 à 1939, le pays s'est arrêté. Rien ne bougeait. Bien des plans, mais très peu ont été réalisés. Et de ceux-là, combien ont réussi ? Oui, dix années perdues. »

La conspiration du silence

« J'ai toujours été étonné de la façon dont on parle de la Dépression dans les manuels scolaires et tous les livres du genre.

Même au niveau universitaire, on n'en parle pas en profondeur. Il y a des manuels d'histoire du Canada où l'on traite de la Crise en trois ou quatre paragraphes et j'ai déjà vu un livre où l'on vidait la question en une seule phrase, quelque chose comme: 'De 1929 à 1939, le peuple canadien a souffert d'une Grande Crise dont le cultivateur du blé de l'Ouest a été le plus durement frappé.' Point. C'était tout. Puis on enchaînait sur la guerre, comme si la guerre, par l'absurde, guérissait tous les maux.

«On dirait presque une conspiration du silence pour cacher ces dix années, même si je déteste employer le mot conspiration à cause de l'aspect criminel qu'il sous-entend. Évidemment, je ne pense pas ça. Mais... c'est comme si jusqu'à maintenant on s'était dit: 'Balayons tout ça sous le tapis, n'en parlons plus, n'admettons même pas que nous nous sommes promenés le cœur et les vêtements déchirés et n'admettons jamais le fait que nous ayons dû travailler pour un dollar par jour ou que nous ayons eu besoin du secours direct ou fait des choses que notre fierté, notre éducation et notre héritage ne nous auraient jamais permi de faire avant.' Je ne sais pas pourquoi cette attitude perdure.

«Je ne trouve pas de véritable explication, mais c'est un fait que cette même attitude se retrouve aux États-Unis et dans d'autres pays. C'est presque comme si on se disait qu'en ne parlant pas de la Grande Crise il n'y en aura jamais d'autre. Naturellement, il est vrai aussi que le monde avait honte, collectivement, qu'une telle chose ait pu avoir lieu, que tout le système se soit effondré sans qu'on ait pu faire quoi que ce soit. Mais pourquoi a-t-on virtuellement rayé de notre histoire contemporaine les dix années les plus traumatisantes que ce continent ait traversées, y compris toutes les guerres?

«N'oublions pas que, par certains côtés, ce fut une époque terriblement excitante. Les gens découvraient en eux des forces insoupçonnées. Ils ont appris qu'ils pouvaient endurer et endurer encore. Dans ce sens-là, le peuple canadien en est ressorti plus fort. Pensez-y. Y'avait là une base bien solide au départ, de l'intégrité, la volonté de travailler et de travailler dur, de la foi, un but bien défini et toute la richesse des divers héritages culturels, anglais, écossais, irlandais, français, allemand, scandinave, polonais, ukrainien, italien, une base bien solide sur laquelle construire.

«Mais qu'est-ce qu'on en sait aujourd'hui dans les écoles et les universités? Quelques paragraphes. Une ou deux pages, au plus. Et le plus souvent, rien du tout. Quand je demande aux moins de trente ans ce que représente pour eux la Crise, ils répondent: 'Oh, c'est quand les temps étaient durs', ou bien 'c'est dans le temps que mon père n'avait pas d'argent', ou 'c'est l'époque où mes parents ne pouvaient pas passer l'été à la campagne.' Quant aux plus jeunes, en général, ils se mettent à ricaner.

«Mais — faute d'un meilleur mot — j'appelle ça une conspiration et, par conséquent, la volonté délibérée d'enterrer le démon vivant. Pourtant, en ce qui concerne les Canadiens, ce n'était pas l'époque du mal. Le Canada était tout simplement coincé dans une impasse mondiale.»

Le crime d'être pauvre

«Je n'ai jamais volé ne serait-ce que dix sous, un pain ou un gallon de gaz, mais dans ce temps-là on me traitait comme un criminel. Dans l'esprit de certains hommes, les haut placés, il était devenu criminel d'être pauvre et cette idée tordue s'est infiltrée à travers toutes les couches du système et a rejoint le policier ou le cheminot, et si vous étiez sans travail et errant sur les routes, vous étiez automatiquement un criminel. C'était ça, l'ambiance, à l'époque.

«Je n'étais pas un vagabond. Un vagabond, par définition, c'est tout simplement un voyou, un voyou professionnel et les voyous ont probablement existé dans le temps des Croisades et il en existe encore. Y'a toujours eu du monde comme ça, que ce soit sur les routes ou dans les taudis, dans les ruelles mal famées ou dans Rosedale *(quartier huppé de Toronto)* où l'on sirote son Scotch-whisky au coin du feu, assis confortablement sur l'héritage de sa femme. Être vagabond, c'est un état d'esprit.

«J'étais, si on peut dire, un errant. Un des malchanceux. Une victime du système économique? Peut-être. Mais très certainement une victime du combat entre les hommes ignorants qui dirigeaient le pays. Y'a deux endroits en Ontario, dans la juste ville de Toronto et la non moins juste ville de London, où les dossiers montreront que je suis un criminel. Criminel parce que j'ai violé le Code criminel du Canada en mendiant. La prison.

«Une fois j'ai eu trente jours pour avoir sauté un train de marchandises, il y a très longtemps, dans une petite ville oubliée de la Saskatchewan et que les marées de l'économie des vingt dernières années ont, Dieu merci! réduite à l'impuissance. Je veux parler, monsieur, de la métropole de Moose Jaw. Je suis trop vieux pour aller vérifier — et j'en ai pas le moindre désir — si les dossiers de la police sont passés par l'incinérateur. Mais je sais que j'ai un dossier criminel et, pour moi, à titre de survivant de la Grande Crise canadienne, c'est une médaille d'honneur.

«Remarquez bien ce train dans lequel nous voyageons. Pour moi, c'est un signe des temps de constater que le service-passager d'il y a 40 ans était supérieur à celui d'aujourd'hui. Si ce n'était de cette consommation que je tiens dans ma main, assis dans ce wagon luxueux, je dirais qu'il n'y a même pas de comparaison possible.

«Pourquoi, je vous le demande, les trains ne peuvent-ils même pas partir et arriver à temps?

« Suffit. Revenons au pauvre criminel. Je suis né sur une petite ferme, le long de la rivière Rouge, en face du village de Morris, au Manitoba et, en 1932, quand j'avais 14 ans, mon père s'est noyé dans cette rivière. Le vieux câlice a déboulé dans la rivière et n'en est jamais ressorti. La ferme n'était pas à nous de toute façon, mais à la banque et ils ont bien vite établi la souveraineté du « Dollar Tout-Puissant ». Quatre jours après les funérailles, nous étions dehors. Non, pas évincés, pas de meubles sur la route, non. Les documents de saisie avaient été déposés à la cour en toute vitesse. Et les juges de l'époque semblaient tout aussi coopératifs envers les détenteurs du pouvoir qu'ils le sont aujourd'hui. L'appareil judiciaire et le club des banquiers marchaient main dans la main, s'arrêtant de temps à autre pour se sourire dans les yeux comme des amoureux dans le parc. Non, pas d'éviction. Au fait, ils nous ont demandé de rester. L'homme de la banque nous a dit : 'Madame Desjardins, vous et votre famille pouvez rester ici aussi longtemps que vous le voudrez.'

« Et pourquoi pas? Oui, pourquoi, mon ami? C'était plein de bon sens. Qui dans ce temps-là aurait loué 160 acres de pâturage avec maison et bâtiments? Personne, mon ami. Mais si la veuve Desjardins, qui était une femme honnête et industrieuse, avait décidé de rester avec ses six enfants, qui auraient continué de s'occuper de la ferme avec les moyens de fortune de l'époque en vendant quelques cochons, du lait et des œufs au village voisin, eh! bien, la maison, les bâtiments, les clôtures et la terre ne se seraient pas détériorés. C'était l'arrangement idéal, et pour la veuve et sa couvée et pour la banque. Mais ça n'a pas marché. Ma mère était une vieille poule rusée et elle a chassé cet homme de la maison avec un assortiment de mots que jamais je n'avais entendu une femme prononcer. Je ne sais toujours pas jusqu'à ce jour où elle a trouvé ces mots-là. Personnellement, j'ai mis des années avant de les maîtriser suffisamment pour les employer en public.

« Alors nous sommes partis. *(Il claque ses doigts.)* À Winnipeg. Avec nos pénates, cent quelque dollars, dans le ghetto de Winnipeg-Nord, le long des voies du Canadien Pacifique, où les trains secouaient la maison jour et nuit et où les petits garçons juifs travaillaient dans le magasin de leur père, rue Selkirk, alors qu'ils pouvaient à peine voir par-dessus le comptoir, et apprenaient les arts du commerce dans lesquels cette race excelle depuis bien longtemps avant que la chrétienté ne s'abatte sur nous.

« Mais je divague. De toute évidence, vous ne pensez pas qu'on doive cacher la Dépression comme la fille enceinte et non mariée le jour de Noël ou le fils retardé lors de la visite du curé. Pourquoi avons-nous fui ces dix années, lesquelles, soit dit en passant, auraient pu continuer et continuer, oui, en vérité, continuer jusqu'à la dernière syllabe d'histoire écrite, s'il n'y avait pas eu une guerre, un Hitler? Pour lui, cousin, mille mercis. Parce que les Canadiens, les Canadiens anglais comme vous, les Canadiens français comme moi, les Canadiens ukrainiens, les Canadiens chinois, nous avions honte de la Crise. Pourquoi ? À cause, évidemment, de ce qu'on appelle l'éthique protestante qui dit, essentiellement : 'Travaille comme un fou toute ta vie et fais tout ce que le boss te dit de faire et le bonhomme au ciel, quand ton jour arrivera, verra à ce que tu sois récompensé. Les routes du ciel sont pavées d'or et l'enfer est un four enflammé.' Nous croyons tous ça, vous savez. Même aujourd'hui, j'y crois. Vous y croyez aussi et le monsieur là-bas avec sa femme, ils y croient aussi. Je le sais.

« Alors quand j'ai découvert que je ne pouvais pas survivre à Winnipeg, je suis parti. J'ai quitté cette sale maison où le secours direct nous avait logés et, avant de partir, j'ai bouché les trous à rats avec des boîtes de conserve aplaties et j'ai dit à ma mère de ne pas déclarer à l'inspecteur du Secours direct que j'étais parti mais de continuer à réclamer ma part de l'allocation ; puis je lui ai fait mes adieux, et à Jean et à Marie, et à tous les autres et j'ai pris la route, avec mon baluchon, c'est-à-dire quelques vieux vêtements et une Bible enroulés dans deux couvertures. J'ai erré dans toutes les directions. J'ai participé à des batailles ; une, entre autres, impliquant une douzaine d'hommes dont l'un a succombé à ses blessures par la suite, mais nous nous étions déjà éparpillés aux quatre vents. Une autre victime de cette guerre silencieuse. C'était dur, très dur.

« J'ai fait les récoltes chez les fermiers les plus gratteux du Canada et j'ai travaillé aussi pour du maudit bon monde. J'ai fait la cueillette des pommes, du tabac, et la cueillette des pêches dans l'Okanagan. Dans ce temps-là, la vallée de l'Okanagan, c'était le paradis. Faudrait bien que je retourne au paradis un bon jour et je me demande si la bonne famille des Williams... ou Williamson, près de Penticton, se souviendra de moi ? J'ai travaillé pour eux pendant plusieurs mois et ils m'ont traité comme leur fils. J'étais un petit maigrichon de 16 ans à l'époque. Ce qui n'empêchait pas la police de m'interroger chaque fois que j'allais à Penticton, probablement à cause de mes vêtements, de mon accent français et de mon allure générale. J'étais de passage, mais j'étais pas un vagabond.

« S'ils avaient besoin de vous pour cueillir les fruits en vitesse et les sortir du pétrin, vous étiez leur sauveteur économique, mais pour le reste vous n'étiez que de la merde.

« Si vous étiez pauvre et que vous aviez une maison et que vous envoyiez vos enfants à l'église le dimanche, si vous n'aviez pas d'argent pour la nourriture, alors vous étiez un malheureux et l'on s'occupait de vous. Mais si vous quittiez la maison, comme je l'ai fait, pour que mes frères et sœurs aient plus à manger et plus d'espace pour dormir, alors vous deveniez un criminel. C'était pas nécessaire de commettre un acte criminel. Monsieur Bennett y avait vu. Vous n'aviez qu'à être vous-même, sans argent. Jetez-le en prison. Sortez-le de la ville à coups de bâton. Faites-le avancer. Y'a plus de soupe ni de pain et y'en aura pas plus demain, ça fait que sacre ton camp d'ici, t'as compris! Combien de fois j'ai entendu ces mots-là!

« J'étais pas amer dans le temps. Non, ça je peux le dire en toute honnêteté, mais j'étais pas plus fin. Les communistes venaient dans le bois ou sautaient les trains avec nous et ce qu'ils racontaient n'avait aucun sens pour moi ou pour les autres. S'ils avaient parlé d'avoir une petite ferme avec de bons pâturages et un beau petit ruisseau avec des poissons dedans et des gros arbres autour de la maison, quelques vaches et cochons et peut-être une voiture dans le garage, alors j'aurais compris. S'ils avaient parlé de ça et des choses que j'aurais pu avoir, j'aurais compris.

« Mais ça me faisait rien de pas comprendre quand ils parlaient de Lénine et de ce qui se passait en Russie et qu'ils disaient que nous devions aller détruire le poste de télégraphe à Vancouver et briser les vitrines des magasins et faire en sorte que les policiers dans leur colère cassent quelques centaines de gueules. Tout ça, c'était de la foutaise, de la grosse merde.

« Je suis allé à la guerre comme tous les autres, j'ai vu beaucoup, puis je suis revenu et je suis allé à l'université et je travaille depuis pour la même compagnie. Ils ont été bons pour moi et j'ai travaillé dur et j'ai fait beaucoup d'argent. On pourrait dire que j'ai réussi. Mes frères et sœurs s'en sont bien tirés aussi. Y'en a un qui est médecin. Y'a une fille qui est religieuse, mais elle m'écrit qu'elle commence à s'ennuyer. Mais c'est seulement avec le recul des années que je me suis rendu compte combien c'était terrible durant les années 30, que c'était criminel d'être seul, pauvre et errant sur les routes alors que, pour la plupart d'entre nous, y'avait pas d'autre endroit.

« Maintenant que vous avez entendu mon histoire, vous devez vous demander comment un type qui pense comme moi peut se contenter de voyager dans ce train en buvant du Scotch et oublier tout le reste. C'est simple et vous devez le savoir. La guerre a calmé pas mal de gars comme moi, elle nous a fait oublier les années 30 et elle a arrondi les coins en quelque sorte. En fin de compte, on l'avait jamais eu si belle. Quand on regarde ça, c'était toute une expérience, hein? Puis l'université. De l'argent dans les poches, des belles filles. Une grosse compagnie. Une bonne job. Gérant des ventes. Parfait, non?

« Je vais vous dire quelque chose, mon ami; si y'avait pas eu de guerre, y'aurait eu une révolution. Deux ou trois années de plus et crac! Des leaders auraient pris le dessus. Mais la guerre est arrivée et un tas de bons gars se sont faits tuer mais y'en a bien d'autres à qui ç'a profité. Peut-être que je ne dis pas exactement ce que je ressens, mais c'est tout fini maintenant. On n'y pense plus parce qu'il est encore honteux d'être pauvre au Canada. Les choses ont pas tellement changé. C'était alors honteux d'être pauvre, c'est encore honteux maintenant, sauf que ça dérange plus grand monde aujour-

d'hui. Voilà mon histoire et, pour ça, vous me devez un verre.
Du scotch. »

Chapitre 3

On aurait essayé n'importe quoi

Inéluctablement, la vie continuait. Il fallut quelques temps pour se faire à l'idée que la vie d'autrefois, celle des années 20, qu'on appelle le «Bon Vieux Temps», était révolue. Désormais, les temps allaient être durs.

Pour certains, n'importe quel travail pouvant servir à se sortir de l'impasse devenait acceptable, puisque nécessaire. Découvrant qu'aucun emploi n'offrait la sécurité, les gens faisaient subitement volte-face sur eux-mêmes et l'on vit des femmes se mettre à travailler pour quelques sous de l'heure, transformer leur salon en petite boutique ou prendre des pensionnaires. Dans le cadre de programmes de création d'emplois, on vit des comptables creuser des fossés. Tandis que les avocats et les enseignants s'arrachaient les postes de commis dans les grands magasins, des commerçants en faillite colportaient des aspirateurs de porte en porte. Le jeune livreur de journaux était souvent le membre le plus important de sa famille.

Faire de l'argent était devenu l'ultime enjeu. On acceptait n'importe quelle tâche, aussi dure et aussi servile qu'elle fût, pour faire de l'argent — pour survivre.

Limonade à vendre, pas chère

«Les étés étaient torrides, ces années-là, dans les Prairies, des étés où les gens passaient la nuit sur le bord de la rivière dans l'espoir de sentir une brise. Pendant trois ou quatre ans, ces chaleurs ont duré pendant des semaines, chaque été. J'ai toujours été bon pour trouver des idées et, puisqu'il faisait si chaud, n'importe quel moyen de rafraîchir le monde devait normalement être un succès. Après tout, c'est le premier principe en affaires, la loi de l'offre et de la demande. Tu demandes, je vends. Si le prix est bon. Évidemment, il faut d'abord que je te fasse vouloir et demander, mais quand il faisait 105 degrés à l'ombre à deux heures de l'après-midi, mère Nature était de mon bord.

«De la limonade, voilà l'affaire. C'est ma femme et moi qui avons pensé à ça. Froide et aussi citronnée que possible et offerte sur place, là où les gens étaient concentrés en plus grand nombre. C'est-à-dire dans les grands édifices à bureaux sur l'avenue Jasper et à la porte des grands magasins.

« J'avais pas beaucoup d'argent mais je suis allé chez le grossiste et j'ai acheté plusieurs boîtes de citrons. Ils étaient pas chers du tout. Le sucre était bon marché, environ deux ou trois sous la livre et un morceau de glace de 50 livres coûtait 50 cents, et l'eau était gratuite. On les a coupés en deux, puis en quatre, puis on les a écrasés avec un pilon en bois que j'ai fait, puis on a ajouté une bonne portion de sucre puis beaucoup de glace concassée et on a rempli les barils — de petits barils de cinq gallons — puis on a monté notre comptoir sur la rue Jasper. On savait pas combien demander mais nos verres étaient beaucoup plus grands qu'un Coca-Cola qui se vendait cinq sous la bouteille, alors on s'est dit qu'on ferait pareil.

« On avait la vraie 'guémik'. C'est nos enfants qui vendaient, les deux garçons et la fille, et c'est eux qui poussait la charrette rouge vif dans les corridors à bureaux. Il y en avait un qui remplissait les verres, l'autre prenait l'argent et la fille lavait et essuyait les verres. Il fallait qu'elle guette les verres parce qu'on en avait seulement une douzaine, mais ç'a marché. Voilà trois enfants qui faisaient une bonne affaire en vendant un bon produit à un prix raisonnable. Les temps étaient durs mais personne aurait refusé de payer cinq cents pour un verre de limonade froide quand la température se maintenait dans les 90 en montant.

« On avait un ami qui travaillait au quotidien *Edmonton Journal* et il a écrit un article avec photo sur les enfants et ça les a rendus encore plus populaires. Ils avaient appris à connaître les édifices où ils travaillaient et, leur mère et moi, on vendait dans la rue. On a fait ça pendant deux ans et la famille Lytle devait bien se faire cinq ou six dollars par jour. Les enfants ont travaillé dur et on a appris quelques trucs de même que deux ou trois choses sur la nature humaine, comme tout homme d'affaires. Cela a sûrement aidé les enfants et cette aventure m'a mené directement à l'emploi qui a permis à la famille de surmonter la Crise. C'est une histoire d'entraide familiale. »

Le motel à son père

« C'est un gros homme d'affaires de Vancouver qui nous a partis en affaires, ma femme pi moi. Quelles affaires ! Quand son père est mort, elle avait reçu en héritage un petit motel, sur la route de Fraser. À ce moment-là, j'avais seulement des jobs par-ci par-là, pi ma femme était pognée à travailler dans un bureau, pi on arrivait pas à rejoindre les deux bouts, à Vancouver, avec un loyer de $18 par mois, ça fait qu'on a déménagé là-bas.

« Ça faisait un peu abandonné. La maison était pas trop mal parce que le vieux l'avait entretenue. Pi y'avait six autres petites maisons autour, éparpillées sur quatre acres, à travers des vieux pommiers. Pi y'avait un petit ruisseau, c'était pas mal beau.

« Les fins de semaine, les affaires étaient pas trop pires. Le plus occupé, c'était en juillet et en août, mais en automne, en hiver et au printemps, c'était ben tranquille. Nous aut', tout ce qu'on voulait, c'était les $72 pour les taxes, pi de quoi payer les comptes d'eau, d'électricité pi les paiements sur le camion pi de quoi manger pi on demandait pas plus.

« Un jour, un type s'est amené dans une grosse voiture. Je m'en souviens, c'était une grosse Nash brune. Le gars voulait un chalet. Y'a payé sa piasse, i'est remonté dans son char, i'a conduit jusqu'au chalet pi deux heures plus tard i'repartait. I'avait une fille avec lui, voyez-vous. I' devait avoir à peu près 50 ans. I' est entré dans le bureau, pi on a vu tout de suite que c'était un homme d'affaires : c'était une belle petite place qu'on avait là, pas trop loin de la ville à une heure de voiture seulement, mais pourquoi est-ce qu'on mettrait pas un tapis sur le plancher, par exemple, pi qu'on mettrait pas un p'tit rond électrique avec du café pi du lait pi du sucre pi une couple de tasses dans les chambres, pi si on pouvait lui clairer une place derrière le chalet pour stationner sa voiture...

« Je savais de quoi i' parlait. Augmente ton investissement, augmente tes services, augmente tes prix. Ma femme pi moi, on s'était comme fermé les yeux devant du monde de même, ces gros hommes d'affaires de la ville qui viennent passer une couple d'heures le vendredi après-midi avec leur blonde ou ben leur secrétaire. C'est pas qu'on encourageait ça mais c'est qu'à partir de cinq heures, on avait seulement qu'à changer les draps, rincer les verres pi on pouvait relouer le chalet.

« Le gars a dit que tout le reste était ben correct, une belle chambre de bain, propre, que ça, c'était ben important, mais qu'on devrait peut-être avoir de la glace concassée. I'a dit qu'i'était prêt à payer $2.50 pour un après-midi par semaine, qu'i'avait un gros magasin pi qu'i nous apporterait un jambon fumé en cadeau, un gars ben aimable. I'a dit qu'i'savait que ses amis seraient prêts aussi à payer $2.50 pour un beau petit chalet tranquille dans le bois. A ben y penser, i' a dit que je pourrais leur charger $3.

« C'est de même que ç'a commencé. Quelques-uns, au début. Notre M. X pi ses amis, pi des hommes d'affaires de Seattle avec leurs blondes, des secrétaires. C'était propre chez nous, vous comprenez, pi c'était en dehors de la ville pi on se mêlait de nos affaires pi si, vers quatre heures, ils voulaient un goûter, ma femme leur apportait des sandwiches, des biscuits pi du thé qu'elle laissait au pied de la porte après avoir cogné trois fois. Ça faisait une aut' piasse.

« Pi une fois, M. X a téléphoné pour demander si un M. Truc avait téléphoné pour réserver un chalet pi on a dit oui pi i'a dit de pas lui en donner. De dire que c'était complet. J'ai demandé pourquoi pi i'a dit que c'était une ordure. Ma femme a pas aimé ça. Elle a dit qu'i'était pas question de mener un bordel pour cet homme et ses amis. Je lui ai dit qu'on faisait du service social, qu'on rendait un service vital à la communauté des affaires de Vancouver. Elle a pas trouvé ça drôle pi elle a déclaré qu'on vendait. Moi, j'ai dit d'accord, c'était à elle, que ç'avait été ben correct pendant trois ans mais que je pouvais très bien m'en passer.

«J'ai expliqué l'affaire au téléphone à M. X pi i'a dit c'est combien, pi j'ai dit qu'on prendrait $5,000 — pi ça c'était sacrement plus que ce que ça valait — pi i'a dit: «Je vais descendre cet après-midi. Dites à votre femme de se préparer à signer sur le pointillé.»

«l'avait flairé une affaire d'or: le sexe.»

Trappeur à $25 par mois

«Les fourrures se vendaient bien. Une fois par mois, un vieux Juif montait en camion de Lethbridge pour acheter tout ce qu'on avait. Il s'annonçait par une carte postale. Y'en a qui perdaient leur temps à trapper mais, moi, c'est mon père qui m'a appris pi lui, i' en avait fait beaucoup dans le Minnesota — la moitié du monde par ici sont venus du Minnesota vers 1908. Moi, je pouvais installer une trappe à blaireau aussi ben que n'importe qui, pi y'avait ben des bêtes puantes pi des fois deux, trois coyotes. Ça payait rien pour la belette, mais, à part ça, les prix étaient pas mal bons.

«Pendant les trois dernières années du cycle de sept ans, y'avait du lapin en masse. J'ai tué jusqu'à 25 gros lapins en un après-midi, juste comme ça, bang, bang, bang. Le gars qui connaissait ça pi qui avait pas peur de travailler, si i'avait une femme en plus pour l'aider à les peler, i' se débrouillait en maudit. Un hiver, j'ai fait à peu près $25 par mois à trapper pi ça, c'était bon.

«Le vieux Juif, Fewenberger ou quelque chose comme ça, i'a dit que je m'en venais trop bon pi qu'i' me mettrait à salaire. J'lui ai dit parfait, ça me va, mets-moi à salaire, mais i'était ben trop fin pour ça. C'est ben correct de trapper quand i' faut que tu le fasses, mais y a personne qui le ferait tout le temps.»

Pour aider la veuve

«Le gouvernement faisait des travaux le long d'une rivière, tout à fait au nord d'Ottawa. On redressait le cours de la rivière et on renflouait les rives en vue d'un barrage électrique et les meilleurs maçons étaient italiens. Chez les Italiens, la maçonnerie, ça remonte des siècles en arrière, et ils étaient les meilleurs. Et, en plus, ils travaillaient pour moins cher que n'importe qui, alors les entrepreneurs employaient des maçons italiens.

«Un homme s'était tué dans la construction et sa femme vivait dans un petit village pas loin avec ses deux enfants. Il y avait à peu près 400 travailleurs et chacun a donné un ou deux dollars pour la veuve et comme elle était bonne cuisinière et qu'il n'y avait pas de café au village, elle a ouvert un café dans une maison, juste à côté de l'hôtel.

«Je veux pas être dur envers les Italiens parce que ça devait être une question d'habitude, mais plutôt que d'employer les toilettes de l'hôtel, ils trouvaient plus facile de sortir par la porte arrière et de pisser sur le mur du café. Non seulement c'était une sale chose à faire, mais ça puait le diable et les clients de la veuve se plaignaient. Vous auriez fait pareil, non?

«Billy Gilroy pi moi, on est descendu sur le chantier chercher une grande feuille de fer galvanisé pi j'ai ramassé une batterie de douze volts dans un camion démoli pi on est revenu. Il faisait noir et on a appuyé la feuille sur le mur du café, on l'a reliée à la batterie avec des fils pi on est rentré dans la taverne. Ben, Jésus-Christ! Un gars se lève, passe la porte d'en arrière pi trois secondes après i'a lâché un de ces cris, comme quelqu'un qui est en train de se faire tuer. Le courant électrique avait remonté le jet de sa pisse, le sel étant un excellent conducteur, et l'avait quasiment fait éclater. J'aimerais pouvoir dire qu'on a pogné dix autres gars ce soir-là mais ça c'est arrêté après le troisième, tout le monde avait compris. Fini aussi le pissage sur le café de la veuve. Ils avaient bien appris leur leçon et, comme nous étions des foremen, ils pouvaient absolument rien faire.

«Essayer ça sur un arbre dans votre cour une bonne fois quand les chiens du voisinage vous envahissent. Homme, chien, ça fait pas de différence, c'est une partie bien sensible. Vous pouvez dire que pendant la Crise on prenait son plaisir où on le trouvait.»

Survivre sur des queues de siffleux

«Y'avait cette famille de Bohunks. Oh! pardon, on emploie plus ce mot-là. Je veux dire des Ukrainiens. Du bon monde, des gros travailleurs, mais quelqu'un dans le bureau des Terres en Europe ou à Winnipeg leur avait vendu le pire morceau de terre dans toute la région du lac Shoal. Même les bonnes années, i'pouvaient pas s'attendre à aut' chose que du chardon pi de la moutarde. Je dirais qu'i' pouvaient pas ensemencer plus que 50 acres de leur terre. I' s'étaient faits fourrer par l'agent des Terres, mais c'était de la terre, pi quand on vient de l'Ukraine, c'est tout ce qui compte.

«Pendant les temps durs, ce monde-là crevait quasiment de faim mais ils ont toujours eu une force intérieure pour les soutenir. Regardez leurs fils et leurs filles aujourd'hui, des médecins, des avocats, des comptables, des hommes d'affaires, des infirmières. Dommage qu'un si grand nombre ont senti le besoin de changer leur nom. Je peux les reconnaître quand même, juste par la forme de leur tête pi la manière que leur visage est organisé.

« Cette famille, les Bodnarchuk, avait 160 acres pas loin de chez nous, première classe pour les siffleux. Les siffleux se nourrissaient de mon blé, de l'autre côté de la clôture. Alors je leur ai offert une prime d'un sou pour chaque queue de siffleux. Le gouvernement, ou la municipalité, donnait un autre sou. Les balles coûtaient un demi-sou chacune ce qui fait qu'à deux balles par siffleux, vous faisiez un sou. Un des garçons travaillait le long de la route avec une carabine 22 pi i'en tuait une vingtaine par jour, un sacré bon tireur, c't'enfant-là. Le reste de la famille — Môman en pantoufles, le vieux Bod comme on l'appelait pi environ six enfants — s'occupaient des trous de siffleux. I' partaient avec trois barils de 45 gallons remplis d'eau sur une charrette tirée par un cheval.

« Tandis que la mère et les enfants bouchaient les trous avec leurs pieds et que les deux chiens en surveillaient deux autres, le vieux Bod versaient des sceaux d'eau dans les trous les plus fraîchement creusés, parce que les siffleux passent leur temps à se creuser des nouveaux trous. Ça prend pas de temps remplir des trous de siffleux pi ça panique ces affaires-là. On les entend se crier entre eux. Quand un des enfants poussait un cri c'est qu'i' avait senti quelque chose pousser son pied. Aussitôt son pied levé, crac ! le chien lui brisait le dos. Ça leur arrivait de prendre quatre ou cinq siffleux d'un coup, le père, la mère pi les p'tits.

« Ces gens-là lâchaient pas de la journée. Sous le soleil brûlant comme dans les nuages de poussière soulevée par le vent, ils étaient là, versant de l'eau et assommant des siffleux.

« Je calcule que j'ai fait manger ce monde-là pendant trois étés, moi pi le gouvernement. Mais i' faut que je reconnaisse aussi qu'ils m'ont aidé à sauver 10 ou 15 acres de bonne récolte. C'est vous dire comme c'était dur parce que ces gens-là pouvaient pas se faire plus que 80 sous ou une piasse par jour. Mais ces gens-là, i' pouvaient vivre avec presque rien. »

Ruée vers l'or

« J'ai fait partie une fois d'une ruée vers l'or. La plus grosse farce que j'ai vue, mais c'était amusant. J'avais été reçu avocat dans l'Est mais la ville de Vancouver était remplie d'avocats qui crevaient de faim. Dans les grosses études, on vous cédait volontiers un pupitre dans un petit bureau avec trois autres jeunes avocats, pourvu que vous soyez prêt à travailler six jours par semaine pour rien. Même pas de billets d'autobus. Ils avaient tout un système dans ce temps-là et il était pas question de le changer.

« Oui, la ruée vers l'or. C'est comme ça que j'appelle ça. Vous vous souviendrez que si vous aviez une mine d'or durant les années 30, c'était le meilleur des mondes. Dans les mines de l'Ontario et du Québec, c'était le gros boum, alors que tout s'effondrait ailleurs, mais le Manitoba avait une couple de mines aussi, si je me souviens bien, et dans la région autour de Lillooet, dans le bout de Bralorne, Bridge River, plus haut que les voies du Pacific Great Eastern, ça marchait par là aussi. Oui, ça marchait pour les promoteurs, les putains, les commerçants et les fournisseurs, mais pas pour le petit monde.

« C'était pas le Klondike, ou la Californie de 1849. Y'avait de l'or dans ce pays-là, en maudit, mais pas des gisements. Dans ce temps-là, pour le nono qui savait rien, l'or, ça voulait dire les deux pieds dans le ruisseau avec sa poêle pi des pépites à toutes les trois minutes. Vous savez, l'image du vieux qui sort du bois chaque automne pour dépenser sa fortune. Mais ceux qui ont pris part à la ruée vers l'or de 1934, c'était les perdants traditionnels, les commis de bureaux, les messagers de banque, les chauffeurs de taxi, les gars qui pouvaient se ramasser un petit moton, quêter, emprunter ou voler et se pousser dans les montagnes. Je me souviens pas pourquoi au juste tout le monde s'énervait tellement à propos de la région de Bridge River, parce que je suis sûr que tout avait été prospecté depuis longtemps. Mais on y allait.

« Mon père est monté avec deux cents dollars, beaucoup d'argent dans ce temps-là, et m'a dit de ne pas revenir avant l'automne.

« C'était sûrement pas la ruée vers l'or dans le sens classique de l'affaire — jusqu'à ce que je rencontre le Vieux. Je l'avais rencontré par l'intermédiaire d'un financier de Vancouver, un nommé Austin Taylor, qui avait fait des affaires avec mon père. Il m'avait suggéré de travailler avec le Vieux et, jusqu'à ce jour, je n'ai jamais connu ce type sous un autre nom. Je me demande comment il signait ses papiers. M. Taylor fournissait la nourriture à ce vieux fou et m'offrait d'embarquer dans le coup. J'avais 23 ans et M. Taylor m'a dit que si le domaine des mines me convenait, je pourrais peut-être entrer dans sa compagnie. Laquelle, je ne sais pas. Il en avait toute une série.

« Toujours est-il que nous voilà partis, le Vieux pi moi, à six heures du soir s'il vous plaît, en direction des montagnes. Le Vieux arrêtait pas de marmonner qu'il fallait se presser et rester en avant de la foule, que tout le monde le suivait toujours. Comme si le pactole nous attendait. On a marché pendant trois heures avec nos chevaux et même un aveugle aurait pu nous suivre. Vers neuf heures, juste avant la nuit, il s'est arrêté sur un petit plateau et a décidé que c'était là qu'on passerait la nuit. Il a allumé un petit feu à l'indienne, ouvert deux boîtes de bœuf salé avec son couteau, une boîte de fèves et une boîte de tomates et il a fait sauter toute l'affaire dans un poêlon au-dessus du feu.

« Savez-vous ce qu'il a a fait ensuite? Il a sorti une grosse cuillère et s'est mis à manger tout seul. Rien pour moi. Le vieux bâtard prenait tout. Des grosses bouchées, il en bavait. Puis il m'a passé le poêlon en disant: 'Kin, fiston. Manges tout ce que tu peux, on gardera le reste pour le déjeuner.'

« Y a bien des choses que j'aime pas, entre autres, me faire appeler fiston. Puis, j'aime la nourriture mais pas un affreux mélange comme celui-là. Je pourrais en dire long mais je vais m'arrêter, parce que de toute façon mon idée était faite: pour moi, le Vieux était fou, ce qui a mis fin à ma carrière de prospecteur. J'ai rien mangé ce soir-là et le lendemain matin non plus, et j'ai ramassé mes pénates et j'ai foutu le camp au village. Avant que je parte, le vieux bâtard m'a dit: 'Savais que tu tiendrais pas', et je lui ai répondu que je le soupçonnais de ne pas vouloir que j'aille avec lui. Il a hoché de la tête et il a dit: 'Ouais, quand je l'aurai trouvé, ça sera tout à moi. À moi pi M. Taylor.'

« Il a évidemment jamais rien trouvé, comme vous le pensez. J'ai passé l'été autour de Lillooet à faire des jobs ici et là et attendre septembre avant de pouvoir retourner chez mon père et lui dire que j'avais essayé. Tout compte fait, c'est un été que j'ai beaucoup aimé. Personne que je connais a fait de l'argent mais, par contre, personne a perdu. C'est encore un bien beau pays par là et ça va prendre plus que cette sorte de ruée vers l'or pour le gâcher. »

Les touristes du dimanche

« Mon père était féroce au sujet des dettes. Carrément féroce. Une fois, un de mes frères voulait un bicycle et un autre garçon le voulait aussi, et mon frère devait recevoir $5 dans une semaine pour avoir fait les foins chez un fermier, mais mon père a dit non, il fallait qu'il puisse payer comptant s'il prenait le bicycle. C'est comme ça que l'autre garçon a eu le bicycle.

« Dans notre maison, le salon et la salle à dîner étaient dans la même pièce, y avait une grande cuisine, oui, très grande, et trois petites chambres à coucher en haut. C'était pas assez parce que mon père et ma mère en avait une, mon grand-père et son gros chien en avait une autre, mais comme y avait six enfants, alors les trois garçons dormaient dans la remise de la maison, hiver comme été. Peu importe le froid qu'il faisait, c'est là qu'on dormait. Les enfants étaient élevés à la dure en Nouvelle-Écosse.

« Un matin, mon père est rentré de Pictou et il avait l'air troublé et il a dit aux enfants de sortir faire leurs travaux. J'étais caché dans le garde-manger de la cuisine et je l'ai entendu dire à ma mère que le gérant de banque avait déclaré que les prêts, c'était fini, surtout pour les gens de terre, comme nous, sans marché de poissons, et patati et patata. Papa était vraiment enragé contre le banquier et il l'a traité de 'maudit Canadien'. Il voulait dire que l'homme venait de l'Ontario, et ça, c'était pas bon. Il était pas de la Nouvelle-Écosse, il comprenait pas nos manières.

«Je me souviens que mon père a dit: 'Lorna, j'ai pas un sou en banque pi pas un sou dans ma poche.' Je pense que c'est la première fois que je l'ai vu perdre confiance en lui. Il était aussi bas qu'un flétan. Il marchait dans la cuisine en disant: 'Maudit soit cet homme.' C'était pas beau parce que mon père était presbytérien. Pas de blasphème, jamais. Des Écossais. Une vieille famille de la Nouvelle-Écosse.

«Ma mère a dit que c'était pas grave, qu'après tout la maison et la ferme étaient à nous, environ sept acres, et ça, la banque pouvait pas nous l'enlever, et mon père a répondu: 'Manger, femme, manger. Comment allons-nous manger? Des chaussures, des vêtements, le gaz pour le bateau.'

«Ma mère lui a dit de pas se fâcher, puis elle s'est mise à parler bas et très vite et, chaque fois qu'elle disait quelque chose que papa aimait pas, il envoyait une gifle au collant-à-mouches suspendu au plafond. Ils me voyaient pas. Évidemment. Quand maman a eu fini, papa a dit: 'T'as beaucoup réfléchi à ça, hein Lorna?' et elle a répondu: 'Père et moi.' C'était le grand-père, l'invité permanent avec son chien permanent.

«C'est comme ça qu'on s'est lancé dans la restauration. Tout le monde aidait. Sauf papa, au début. J'ai entendu répéter autant comme autant que dans les années 30 c'est les femmes qui prenaient les affaires en main. Les hommes devaient se sentir rabaissés, parce que c'est la femme qui menait.

«L'idée était bonne. Des dîners, le dimanche après-midi et en soirée. Des dîners de la Nouvelle-Écosse. Du poisson. Tant qu'on en voudrait. On avait appelé ça le Dîner de fruits de mer des McGregors. En-dessous, on avait écrit 'cuisine maison'. J'avais trouvé une enseigne de Coca-Cola de quatre pieds par quatre pieds et je l'avais peinturée en blanc et mon frère avait fait le lettrage avec la peinture verte du bateau et maman nous avait fait sortir tous les meubles de la salle à dîner sauf la table, les chaises et le buffet, et nous avons décidé ensemble de ce qu'on allait servir et papa, qui commençait à retomber sur ses pieds, a dit finalement: 'On va leur servir un festin de la mer et de la terre!'

«Combien allions-nous demander? À Pictou, à Inverness et même à Halifax, on pouvait avoir un repas pour vingt-cinq cents, mais c'est drôle, ces places-là servent pas tellement de poisson et pourtant la mer en est pleine. D'après mon frère aîné, Red, c'est pas les gens de la place qu'on voulait, parce qu'ils critiqueraient trop et que, de toute façon, ils étaient trop pingres pour manger au restaurant. Mais il nous fallait les touristes américains, de Boston et de New York, et les gens riches de Montréal et de l'Ontario. Personne était riche dans les Maritimes. Tout le monde était pauvre. Si vous vouliez un bon emploi, vous alliez aux États-Unis ou dans le Haut-Canada, en Ontario. On s'est mis d'accord pour cinquante cents.

«Je me souviens encore de cette table. Y avait de la soupe au poisson. Du hareng frais, en saison, du hareng salé bouilli. De la morue fraîche. De la morue pochée à petit feu dans du lait, et notre lait était comme de la crème. Du crabe et des moules dans une sauce à l'ail. Des maquereaux, des éperlans à pleine chaudière s'ils en voulaient. Y avait toujours un gros plat de patates fumantes, aussi délicieuses que le poisson et y avait une salade froide de patates avec des œufs durs et des épices. Ma mère connaissait bien ses herbes. Elle faisait ses brioches et son gros pain et on avait notre beurre, bien blanc, sans colorant. On avait les trois meilleures petites vaches Jersey de la région, grâce à mon grand-père qui les avait achetées. Y avait du pouding au riz et aux raisins. Tout ça pour cinquante sous et j'ai jamais vu un homme, même les gros, finir sa portion.

«On était pas fou du homard dans notre bout et, en fait, même aujourd'hui, le monde par chez nous aime pas tellement ça, même si ça se vend deux dollars la livre. Mais y en a qui voulaient du homard. Pas de problème, il suffisait d'aller les ramasser, alors on a ajouté du homard et c'est devenu tellement populaire que maman m'a fait ajouter sur l'affiche 'homard frais'. «La table pouvait asseoir seize personnes et c'était plein d'une heure à huit heures. Papa et les garçons pêchaient le jeudi et le vendredi et, j'ai oublié, on servait aussi le samedi. Les garçons ramenaient aussi les légumes: patates, pissenlits, cardes, navets et carrottes, et maman, avec nous, les filles, on travaillait pendant des heures à la fois. Grand-père s'installait devant la porte et encaissait les cinquante sous.

«Une affaire de même, ça finit par se faire connaître, vous savez. Les gens disaient qu'ils avaient entendu parler de notre dîner à Boston et, dans les bureaux de tourisme, on recommandait notre restaurant. On était débordé.

«Les Écossais sont économes et pas gourmands. J'imagine qu'on aurait pu demander soixante-quinze sous, mais on trouvait que cinquante sous, c'était juste correct. C'était un dimanche tranquille quand on servait pas jusqu'à cent personnes, et presque autant le samedi. On se débrouillait pas mal.

«Je me souviens qu'un hôtelier du Rhode Island avait demandé à ma mère comment elle s'y prenait pour y arriver à cinquante sous le repas. Maman qui connaissait rien aux affaires avait répondu tout simplement qu'on s'y mettait et qu'on faisait ce qu'il fallait. Il voulait connaître son inventaire et il a dû lui expliquer ce que c'est et alors elle a pointé en direction de la mer, du jardin et des pâturages et il a secoué la tête. Et ses frais généraux? Maman l'a regardé avec un drôle de sourire et elle a dit: 'Du savon pour la vaisselle et du sel et du poivre pour la table.' Il était tout consterné et il lui a dit qu'elle ferait facilement un million.

«Quand la guerre est arrivée, et surtout quand les Américains sont entrés en guerre, tout s'est arrêté. Red et le deuxième plus vieux sont entrés dans l'armée et papa s'est mis à pêcher à contrat sur un gros bateau et ça pouvait plus marcher. Comme le disait la dame, c'était amusant le temps que ç'a duré. »

Beaucoup d'offres, pas de demande

« Mon cher mari est mort en 1928 quand ses deux chevaux, attelés à la faucheuse, ont pris le mors aux dents et lui ont passé dessus. Il est pas rentré pour souper et, mon garçon et moi, on l'a trouvé. C'était horrible.

« On survivait péniblement. En 1933, je recevais $10 par mois du secours direct, pour moi, mon garçon et mes deux filles et, avec deux vaches, des poules et le jardin, je dirais qu'on se débrouillait. Mais mon frère de Vancouver est venu vivre avec nous et, quand le monde du secours direct ont entendu ça, ils m'ont coupé mon allocation en disant que j'avais maintenant un homme à la maison qui pouvait s'occuper de la ferme. C'était pas vrai. On avait pas de machines ni de chevaux, alors comment pouvait-on cultiver 80 acres, je vous le demande !

« Un nommé Wood m'a dit que je devrais faire des paniers d'osier et j'ai trouvé que c'était une bonne idée. Les enfants allaient me ramasser des joncs le long de la rivière Red Deer et, bientôt, j'ai fait de très bons paniers.· Comme les paniers des Indiens, avec des motifs. J'ai essayé d'en vendre à Red Deer mais d'autres avaient suivi le conseil de M. Wood et personne voulait de ces beaux paniers et Gerald — mon frère — est allé à Calgary avec le maquignon et il a essayé de vendre mes paniers dans le quartier riche de Mount Royal et je crois qu'il en avait soixante. Le travail de tout un hiver. Des bons paniers. On demandait 50 sous chacun et, en deux jours de porte-à-porte, il en a vendu deux. C'était pas mal clair que personne en voulait, alors Gerald les a ramenés à la maison et je les ai mis de côté, les 58. J'en ai fait 35 ou 40 l'hiver suivant pour me tenir occupée et on en a presque pas vendu l'été suivant.

« Dix ans plus tard, vers 1945, je les ai apportés à la Baie, à Calgary, où on avait déménagé, et ils étaient beaux et l'homme m'a offert un dollar le panier. Seigneur ! je vous dis que j'ai sauté. Presque cent dollars, c'était encore du bon argent, mais les affaires allaient bien à ce moment-là. Mais ce qu'on aurait pu faire avec cent dollars en 1934, j'ose même pas y penser ! Ça aurait fait vivre notre petite famille pendant un an. »

Maison de pension à Toronto

« Oui, oh ! oui. La Dépression. Quelle farce ! Monsieur M. était mort. Une histoire sur le traversier de l'île. J'sais pas trop si i'est tombé, ou si on l'a poussé ou si i'a sauté, le pauvre homme, mais je peux vous dire qu'y avait sûrement de la boisson là-dedans. I'était fort sur la bouteille.

« Je suis retournée chez moi parce que Halifax m'ennuyait, les gens sont tellement plates et la brume, ah! mon Dieu, la brume. La maudite brume. Est-ce que tout ça s'en va dans vot' p'tite radio? *(Mon magnétophone.)* Alors i' faut que je surveille mon langage. Ça fait que j'suis revenue, j'ai pris le train comme une grande, j'ai visité ma cousine à Kingston, quelle ville affreuse, toute cette roche et ces rues étroites et la prison remplie d'hommes prêts à vous couper la gorge dans vot' sommeil. Et les militaires. J'ai connu les militaires à Halifax, la Marine surtout, notre grande et glorieuse Marine à deux pour une cenne, de braves garçons mais de si petits navires, mais j'en avais jamais vus d'aussi empesés que ceux de Kingston.

« Alors qu'est-ce que j'allais faire à Toronto? Le ménage dans les bureaux ou les cafétérias? Laver les planchers chez Eaton ou Simpson? Non, pas de mon vivant. J'avais un p'tit peu d'argent, ce qui me restait de l'assurance de monsieur M. après avoir payé le croque-mort, et mon amie, madame Webb, m'a dit, comme ça, un beau jour, l'air de rien: 'Dulcie, tu sais cuisiner, tu sais boulanger, t'es bonne en chiffres et les jeunes t'aiment. Connais-tu ta vocation? Tu devrais acheter une maison de pension.' J'ai aimé ça. C'est vrai, je savais cuisiner et boulanger comme un ange et, si je pouvais trouver quelqu'un pour s'occuper de la fournaise, peut-être que je réussirais. Au moins, j'aurais un toit au-dessus de ma tête et c'est tout ce qu'une veuve demande.

« Pas eu de problème pour acheter une maison. Y en avait plein Toronto, tous ces gros châteaux de briques rouges qu'i' sont en train de démolir à toute vitesse aujourd'hui, tous ces Italiens avec leurs marteaux et leurs grosses machines qui démolissent à tour de bras, pi le lendemain, ils abattent les arbres et, le temps de le dire, y a déjà un édifice aussi haut que vous pouvez voir.

« Tout ça pour dire que j'ai acheté une maison. Rue Yonge, une bonne vieille maison. Quand j'en ai eu fini avec l'inspecteur, l'échelle de saufetage posée et la cuisine réparée, et après avoir versé le montant initial, j'en avais juste assez pour acheter une affiche 'Chambreurs demandés' et un gros cahier de comptes.

« Ils sont venus, oh! ils sont venus. Mes garçons et mes filles, de l'université, de Ryerson, de l'école normale, d'Osgoode. J'ai bien vu que je ferais pas tellement d'argent avec ces étudiants-là, mais j'en ai fait un p'tit peu. Tous aussi honnêtes que le jour est long, sauf peut-être pour quelques-uns. Je dirais un sur quatre. J'ai bien fait ça et je reçois encore une carte ou deux et des petites choses à Noël, et y a longtemps de ça.

« Si je vous disais ce qui se passait dans cette maison, ben... multipliez par dix et vous aurez une bonne idée.

« Je leur servais le déjeuner et le souper, à sept heures trente et à six heures. Tout le monde toujours à l'heure, tous affamés, avalant comme des alligators. J'en avais toujours entre 18 et 20. Les garçons ensemble et les filles ensemble, pas de mixage. Ha! pour ce que j'en savais. Oh, je savais, évidemment, je savais, mais j'y pouvais rien et ça me faisait rien.

« Les garçons payaient $22.50 la chambre double, $20 la chambre simple. Les filles payaient un dollar de plus, elles prenaient tellement d'eau chaude pour laver leur petite culotte chaque soir, surtout celles qui en avaient pas de rechange.

« Nous étions tous pauvres. Robert Kent, ses parents vivaient près d'Orillia, i' m' payait la moitié de sa note en pommes de terre, en navets et en pommes. I'est resté deux ans et, le Jour de l'Action de grâce, i'arrivait toujours avec une dinde comme j'en avais jamais vue. Les jeunes apportaient toutes sortes de choses. Le père de l'un d'entre eux avait une laiterie à Peterborough. Du beurre, du lait, de la crème, des œufs, des patates, des saucisses, de la choucroute, du boudin, tout ça était gratuit. Tard, le dimanche soir, ils entassaient tout ça dans le corridor en bas près de la porte, tout ce qu'ils rapportaient de leur fin de semaine chez eux. Pour dire la vérité, je payais une bonne partie de cette nourriture, parce qu'i' m'arrivait souvent de passer un cinquante sous à un étudiant, ce qui lui manquait pour rentrer chez lui. C'est comme on dit, si vous avez seulement 25 sous, alors 50 sous, c'est une bien grosse somme. J'ai été pauvre moi aussi, vous savez.

« Y avait Eunice. Elle étudiait à l'université mais elle était aussi prostituée. Elle me l'a dit un soir, en buvant du thé dans la cuisine. J'ai dit tut, tut, tut, vous savez, et elle a dit qu'y avait rien de mal à ça. J'lui ai demandé comment elle le savait. Elle m'a dit que sa mère lui avait dit. Qu'est-ce que vous voulez répondre à ça, je vous le demande. J'ai rien répondu et elle est restée. Je l'aimais bien.

« Y avait un type, Frank Mutter, Nutter, Nuther, quelque chose comme ça, on aurait dit un éléphant dans l'escalier quand i' rentrait aux petites heures du matin. Boum! Boum! Boum! J'ai enduré ça trois ou quatre fois et, un soir, je me suis levée, j'ai allumé les lumières et j'ai vu le Frank qui essayait de monter l'escalier avec une fille sur ses épaules. J'ai dit 'bonté divine' et j'suis retournée me coucher. Le lendemain, j'ai demandé à Frank si la fille était malade. I' m'a dit que non, que c'était sa blonde, qu'i' s'en allaient se coucher, voyez-vous, et qu'i' la portait sur son dos pour que j'entende les pas d'une seule personne. Brillant, hein? J'espère qu'i' est entré au gouvernement. Ça se ressemble au gouvernement, cet esprit-là. Boum! Crac! Bang!

« Une aut'fois, un drôle de garçon nous est arrivé, sorti tout droit des contes de Dickens, un grand dégingandé, la figure toute rouge, des grandes mains, laid mais gentil, avec de mauvaises dents. 'Terre-Neuvien?' je lui ai demandé, et i'a dit que oui, et alors j'ai dit: 'Entre et civilise-toi'. C'était une blague, je me moquais de nous. Un des meilleurs garçons que Dieu a faits et i'avait de très bonnes notes à l'université, si gentil, plein d'avenir devant lui et si beau à voir finalement, une fois dégrossi, lavé et repassé. Lui aussi est mort à la guerre. I' m'écrivait une fois par semaine d'Angleterre et d'Italie et j'ai pleuré toutes mes larmes quand sa mère m'a écrit qu'i' s'était fait tué.

« J'étais jamais seule, i' restaient à la maison, i' descendaient le soir après leurs études boire un chocolat, c'était du bon temps. I' causaient, jouaient au bridge, aux échecs, se lisaient les poèmes et les contes qu'i's avaient écrits et i's en discutaient. I's ont eu une meilleure éducation dans ma maison qu'à l'université, j'vous dis. J'ai encore une chambre pleine de livres qu'i's ont laissés. J'imagine que la plupart ont été volés aujourd'hui. Mais les livres, c'est pour tout le monde.

« Ça duré six ans, jusqu'en 1940. I' s'enrôlaient tous dans l'armée, l'aviation, la marine, tout le monde partait. J'ai fermé ça en 1941.

« Ça me prend tout pour pas pleurer quand je pense à ce temps-là. C'était ma famille. »

Chapitre 4

Pour le cultivateur, les calamités bibliques

Le cultivateur de l'Ouest canadien a autant d'endurance et de compétence que n'importe quel autre dans le monde. Il ne lâche pas facilement et sait accepter l'adversité. Mais durant les terribles années 30, alors que, d'année en année, il assistait impuissant à l'érosion de sa terre, que le vent incessant emportait son précieux humus, que sa récolte gelait au printemps, était envahie par les sauterelles en juin, calcinée en juillet et frappée d'un nouveau fléau à chaque nouvelle lune, même le cultivateur le plus endurci était forcé d'abandonner.

La région la plus durement éprouvée fut celle du fameux Triangle de Palliser, cette immense portion de pays du sud de la Saskatchewan et qui s'étend en Alberta et au Manitoba, d'une superficie d'environ trois millions d'acres et habitée par une population de près de deux millions. Ce fut véritablement une zone sinistrée et, selon les experts, la région du monde la plus durement frappée pendant ces années-là. Plusieurs experts affirment aujourd'hui que la région du Triangle aurait toujours dû servir uniquement de pâturage et ne jamais être cultivée. Mais cela n'a pas aidé les cultivateurs qui s'y trouvaient durant les années 30.

«Et, s'il parvenait à retirer une récolte — six boisseaux par acre tout au plus — le cultivateur n'obtenait pas grand-chose pour son blé, une fois celui-ci parvenu à l'élévateur. Quarante, cinquante sous, sans compter les frais de transport jusqu'aux Grands Lacs. Dans des conditions pareilles, l'agriculture était un bon moyen de crever lentement.

Le pays disparaissait sous nos pieds

«Voyez-vous, l'Est n'a pas vécu la Crise que nous avons eue dans les Prairies. Ils appelaient ça la Crise et, pour eux, c'en était une, mais ça se résumait pas mal à rester assis et attendre que les travaux reprennent, que les usines reçoivent des commandes, que les gens recommencent à s'acheter de nouvelles voitures et de nouveaux poêles. Ils restaient chez eux, dans leurs belles maisons de Toronto et de Hamilton, et suivaient les romans-savons et les parties de hockey.

«J'exagère et vous le savez comme moi, mais dans l'Est, en Colombie britannique et dans les Maritimes, ils n'ont pas eu une vraie

Dépression parce qu'ils n'ont pas eu de sécheresse. S-é-c-h-e-r-e-s-s-e. Si vous l'avez pas connue, c'est difficile à décrire. Les images en racontent une partie, mais fallait voir les récoltes, toutes vertes et pleines à la mi-juin, réduites à rien en deux, trois semaines.

« Les tempêtes de poussière. Personne pourra jamais écrire ce qu'étaient véritablement ces tempêtes de poussière. On pouvait même pas voir l'avant de sa voiture. Des millions d'acres emportés par le vent venant de partout, des états du Midwest américain, des Dakotas, du Wisconsin, du Minnesota, puis du Manitoba, de la Saskatchewan et de l'Alberta. Des choses qu'on oubliera jamais et qui pourraient revenir.

« J'en parlais à ma petite-fille y a pas longtemps et elle m'a demandé : 'Grand-papa, c'est quoi une sécheresse ?'. Ça m'a surpris, mais je lui ai dit parce qu'elle l'a jamais sue. C'est pour ça que je vous ai épelé le mot tantôt. Personne sait que ça veut dire cinq, six, sept ans de récoltes brûlées, un grand pays riche sans pluie, avec une chaleur à frire les semelles d'un cow-boy, tous les jours, sans répit, trop chaud pour réagir et trop chaud pour dormir la nuit. Comme vivre dans un sauna de motel. J'aurais dû dire à ma petite-fille que c'est comme le désert, comme en Arabie, et elle aurait compris, mais elle l'aurait pas senti.

« On a eu de grosses récoltes pendant des années, en 1926, 1928 et 1929 et Mackenzie King *(le premier ministre)* vendait le blé à $1.70 et jusqu'à $2.00. Le blé était roi et tout le monde oubliait qu'on était en train d'épuiser le sol.

« D'abord, la chaleur vient par cycles, et comment diable peut-on le prévoir ! Y avait pas tellement d'eau dans le sol, le niveau baissait. On aurait jamais dû labourer le Triangle de Palliser. On sait ça maintenant. Du pâturage seulement. Les buffles y vivaient très bien et le bétail en aurait fait autant. La terre était meuble et les vents sont arrivés. Pourquoi ? Personne le sait, mais je les ai vus souffler pendant deux semaines à la fois, et souffler fort. Le maudit pays disparaissait sous nos pieds et on y pouvait rien. Cette poussière, qui était notre terre et notre moyen de survivre, était emportée sur des dizaines de milles dans les airs et les avions devaient voler à des milliers de pieds pour l'éviter. Maltraitez la terre, enlevez-lui sa bonté essentielle et c'est ce qui arrivera. Ça s'est produit à travers l'histoire. Donc, on a eu la sécheresse et tout ce qui vient avec. C'est pour ça que je suis pas tellement en peine pour la Colombie britannique et l'Ontario. Tout le monde s'est trompé en croyant que les Prairies canadiennes vendraient toujours leur blé au prix fort. Quand les prix ont touché le fond, que le blé était à moins de cinquante cents, tout s'est arrêté et on a découvert que l'économie du Canada dépendait entièrement du blé de l'Ouest. Les Prairies fournissent le monde entier, l'Ontario produit des machines pour les cultivateurs des Prairies, la Colombie britannique a ses fruits, son poisson et son bois. Pas compliqué. Adieu Prairies, adieu Canada. »

Un vent chaud aspirant

« J'vais vous dire comment c'était la Dépression. Seuls les mieux adaptés survivaient et je lis ma Bible maintenant plus que jamais et je n'y ai jamais rien lu comme ce qu'on a eu dans les années 30. Des années maudites.

« Mon fils et moi, on cultivait près de Manyberries et c'était de la culture à sec, sans irrigation. On espérait toujours beaucoup de neige, une fonte graduelle, beaucoup de pluie en juin et juillet et du soleil au bon moment. On espérait tout ça, mais on avait jamais tout et on parvenait quand même à avoir une récolte. Tout juste. C'était de la terre à pâturage, le Triangle de Palliser, qu'on aurait jamais dû labourer, mais dans les années 1900, tout le monde s'arrachait la terre, les Américains et les immigrants, et mon père a pas fait mieux que les autres. On prenait tout.

« Laissez-moi vous dire comment c'était. Le vent soufflait tout le temps, des quatre coins de la terre. De l'est, un jour et, le lendemain, de l'ouest. On le remarquait pas tellement en travaillant mais demandez à ma femme — elle est morte maintenant — mais elle disait que le vent faisait vibrer la maison, et seulement un petit vent, mais qui soufflait tout le temps. Et toujours chaud. Un vent chaud, aspirant toute l'humidité. Ça soufflait, soufflait, on avait des tempêtes de poussière et parfois les lampes à l'huile restaient allumées toute la journée.

« Oh! oui, voilà comment c'était. En août, quand on aurait même pas pu faire pousser du chardon dans le lit d'un ruisseau, vous pouviez ramasser une motte de terre dans votre main et la voir disparaître graduellement comme de la fumée dans le vent. Affreux. En quelques minutes, la motte avait disparue et le vent vous polissait tous les creux de la main. Et c'était pas un ouragan, comprenez bien. Un simple vent qui soufflait sans arrêt.

« Et cette poussière qui disparaissait de ma main, c'était pas de la poussière, monsieur, c'était ma terre qui s'en allait vers le sud, dans le Montana, ou vers Regina, au nord, ou vers l'est ou l'ouest et pour ne jamais revenir. Le sol a disparu. »

Jamais de linge blanc

« J'avais beau essayer et essayer, mon linge était jamais blanc. Les choses des enfants, les rideaux et les draps, tout était aussi gris que le ciel dehors. Je me blessais les doigts à frotter pour rien. Nous avions la chance d'avoir un puits profond avec de la bonne eau, mais dans ce temps-là, l'eau était toujours sale. Mon mari, qui s'y connaît à ces choses-là, i' comprenait rien: de la poussière au fond du puits! Le vent soufflait tout le temps et s'arrêtait jamais. »

Éclaboussure de jus de sauterelles

« J'étais à bord d'un train du Canadien Pacifique, en route vers Napinka, au sud-est d'ici, quand on a rencontré un nuage de sauterelles. Le monde de la Bible l'ont jamais eu pire. Par millions, s'écrasant et s'éclaboussant sur le wagon. Le train avait un seul wagon-passagers, le reste, c'était des wagons de marchandises. Des petits trains, dans ce temps-là. On voyait rien à travers la fenêtre, puis le train s'est mis à ralentir, avançant avec peine et pas plus vite qu'un piéton.

« J'ai remarqué que mes verres s'embuaient, je voyais rien, et quand je les ai enlevés, j'ai découvert qu'ils étaient tout couverts d'huile. J'ai pas compris tout de suite ce que c'était, mais c'était de la buée de jus de sauterelles dont les roues du train nous aspergeaient. Je pouvais pas le croire. De la buée d'huile de sauterelles pénétrant le wagon et se déposant partout, sur les robes des dames, partout. Mais bientôt c'était fini — ça durait seulement quelques minutes — et le train se remettait en marche. Parce qu'il s'était arrêté, faute de traction. Toute une expérience. »

Spectacle terrifiant

« Le Sputnik, vous vous rappelez? Le monde sortait la nuit et scrutait le ciel dans l'espoir d'apercevoir le premier satellite russe. Nous, on sortait pour assister au passage des sauterelles au-dessus de notre ferme, au sud-ouest de Regina. Mes enfants me croiront pas quand je dis ça, mais quand les nuages de sauterelles passaient, on aurait dit un orage. Y en avait des milliards et quand elles décidaient d'atterrir tout à coup, les fermiers de l'endroit disaient adieu à leurs récoltes. Quand ils en avaient une.

« Nous les jeunes, on se trouvait des morceaux de verre teinté, des bouts de bouteilles de bière brisées, pour regarder à travers dans le soleil au moment où passaient les sauterelles. Y en avait des milliards, comme j'ai dit, et avec ça on pouvait presque discerner chaque sauterelle individuellement. C'était un spectacle terrifiant.

« La nature déboussolée. D'une manière, c'était beau aussi. »

La poussière de chez nous

« En 1933, je travaillais à bord d'un cargo de bétail en partance pour Liverpool avec toute une bande de jeunes mal léchés. Notre tâche consistait à nourrir et abreuver le bétail, garder les bêtes en bonne condition de façon à ce qu'on puisse les vendre à l'arrivée. De longues heures et pas de salaire. On travaillait pour payer son passage mais c'était pas très satisfaisant. Douze jours en mer. Le

bétail venait des Maritimes, de l'Ontario et des Prairies. Le charge-
ment se faisait à Halifax.

« J'étais sur le quai en train d'aider les débardeurs et je me suis
mis à causer avec le foreman et je lui ai dit que je venais des
Prairies. 'Ah! oui? Ben, regarde en l'air', qu'il me dit. Le soleil
était comme obscurci par de sales nuages. 'Ça vient peut-être de
par chez vous.' Je le croyais pas, mais c'était de la poussière de
l'Ouest que le vent avait soufflé jusqu'à l'Atlantique. C'est pas des
blaques. C'était de la poussière des Prairies et ça va peut-être vous
aider à comprendre un peu mieux ce que ç'a été. »

Une punition de Dieu?

« Par millions, par milliards. Oui, je me souviens des sauterelles.
Elles arrêtaient les trains. Quel pays! La poussière aussi faisait
arrêter les trains et les voitures. L'ingénieur pouvait pu voir sa cloche.
Mais les sauterelles! Le ciel devenait tout noir et quand elles
s'arrêtaient, i' restait plus rien. Après le passage des sauterelles,
une fois, j'ai voulu aller chercher le balai de cuisine que j'avais laissé
le long de la grange, mais i' restait plus que le manche, tout rongé,
sauf la bande de métal qui retenait les brindilles. Les sauterelles
mangeaient pas de métal mais je les ai vues manger le siège de cuir
d'un tracteur.

« Quand elles s'abattaient en gros nuages sur les maisons et les
granges, les murs restaient tachés d'une couleur brune. Une espèce
de jus huileux qu'on appelait du tabac. Une fois, j'ai lancé un gant
de cuir sur la maison et il est resté collé. Flouche! Je vous le dis,
le Bon Dieu devait nous punir pour les péchés du monde entier. »

Comme un voleur de banque

« La chaleur. Les sauterelles. Les gens qui mendiaient à la
porte, un sandwich, un repas, de quoi réparer leur crevaison, un
verre d'eau; et l'institutrice, qui pensionnait chez nous, qui pleurait
parce que la commission scolaire fermait l'école et qu'il lui fallait
quitter son amoureux. Cinq sous pour une douzaine d'œufs. Oh!
je me souviens de bien des choses.

« Les hivers terribles. Les gens restaient pris sur les routes et
y en a qui sont morts gelés. Oui, c'est arrivé. Des bons amis qui
partaient pour la Colombie et qui nous écrivaient, nous demandant
si les choses avaient changer et si ça valait la peine de revenir.
Mais surtout, les tempêtes de poussière. Quand vous étiez dedans,
c'était terrible, mais de loin, à l'horizon, c'était plutôt beau à voir,
surtout dans le soleil couchant: un gros nuage brun pâle entouré
d'une bordure rose et orange. Comme au cinéma.

« Et mon jardin. Chaque année, j'essayais de faire un jardin : des radis, de la laitue, des p'tits pois, les p'tites choses qu'une femme ensemence. Un été, le vent a soufflé tout le temps, mais dès que ça se calmait un p'tit peu, j'allais sarcler. Ça n'empêchait pas les mauvaises herbes de pousser. Je me mettais un linge à vaisselle trempé d'eau autour de la bouche comme un voleur de banque et je me mettais de la vasoline dans les narines. Oui, de la bonne vieille vasoline de la pharmacie. Ça empêchait la poussière de me rentrer dans le nez et dans les poumons. On parlait de la pneumonie de poussière. Y en a qui en sont morts. Mais je sarclais pour rien. Tout poussait un p'tit peu, puis mourait. »

Tout le monde était un peu fou

« La poussière finissait par s'amonceler et recouvrir complètement les clôtures et les fermiers s'amenaient avec des charrettes chargées de poteaux et ils plantaient leurs clôtures par-dessus les autres. J'ai jamais compris pourquoi, parce qu'y avait plus de bétail dans les champs, ça faisait longtemps que toutes les bêtes étaient passées par l'abattoir. Les fermiers faisaient de drôles de choses dans ce temps-là. Ils en font encore, mais dans le temps tout le monde était un peu fou dans le pays. »

Les saisons à l'envers

« Mon deuxième fils est né en janvier 1931, et c'était l'hiver où on a pas eu de neige. On vivait dans une vieille cabane et la terre du voisin d'en face était en jachère, oui, en janvier, ce qui fait que la moitié de son champ a abouti dans notre maison. I' ventait, ventait sans arrêt, jour après jour, ça s'arrêtait seulement à la tombée de la nuit. Je pouvais pas suspendre les couches du p'tit sur la corde à linge, elles auraient été toutes noires en cinq minutes. Fallait que je les suspende à la brunante et que je les retire avant l'aube et, même à ça, elles étaient grises. C'était une année folle. Toutes les saisons étaient à l'envers.

« J'étais à l'hôpital de Lethbridge quand il est né et, par ma fenêtre, je voyais un arbre qui bourgeonnait, alors que normalement il aurait fait 20 sous zéro. Tellement extraordinaire. On a pas eu de neige avant mars et le vent ne cessait pas de souffler et tout l'humus a été emporté à des milles et des milles dans le ciel. Jusqu'en Ontario. On est resté parce qu'on était des cultivateurs de l'Ouest. »

Et les experts, qu'en savaient-ils ?

« Le pire, c'est qu'on savait même pas ce qui se passait. Dans les années 20, tout avait été très bien, on avait acheter de la terre,

des machines, les récoltes étaient bonnes et se vendaient bien, pi...
KRAK!

« C'est pas tout le monde qui est allé à l'université et les éditoriaux du *Winnipeg Free Press*, ça, c'était écrit pour les professeurs
d'université.

« Y a une chose qu'on savait. La crise, la perte de millions
d'actions sur le marché de la bourse, ça nous dérangeait pas. On en
avait pas d'actions. Nous, nos actions pi nos valeurs, c'était la terre
pi nos enfants. Ce qu'on avait, c'est la sécheresse pi tout ce qui vient
avec. Évidemment, on pouvait pas vendre notre blé à un prix raisonnable, mais quand un fermier sait pas faire aut' chose, i' continue à
cultiver du blé. Les actions pi les valeurs, c'était pour le monde de la
ville. Mais c'était de pas savoir ce qui se passait. Nos champs
brûlaient en juin, quand normalement c'est le mois des pluies. Où
était la pluie? D'où venaient ces millions de sauterelles? Pi la rouille?

« I'm' semble que chaque année on lisait que quelqu'un dans
une université venait d'inventer un blé résistant à la rouille, mais
quelqu'un devait inventer du même coup une rouille plus résistante.

« L'affaire, c'est que personne parmi ceux qui auraient dû connaître ces choses, les hommes de science, les chimistes, les hommes
d'économie pi de gouvernement, i's ont tout simplement pas su quoi
faire pendant une couple d'années. Bien sûr qu'i pouvaient pas changer la température pi le prix du blé en Angleterre, mais câlice, i's
auraient pu aider ben du monde à se sentir un peu mieux. Voyez-
vous, tout ce qu'un cultivateur possède, c'est sa terre, pi quand i'
voit qu'i est en train de la perdre, c'est pas une bonne chose. »

Chapitre 5

L'abandon des fermes

Alors, par dizaines, par centaines et par milliers, les cultivateurs de l'Ouest canadien abandonnèrent leurs fermes et partirent vers la rivière de la Paix, au nord, ou vers la douce et verdoyante vallée du Fraser, en Colombie britannique.

Comment auraient-ils pu faire autrement? Ils n'avaient plus de récoltes depuis trois ans — et parfois, même cinq ans — et ils n'avaient plus d'argent pour se chauffer, se vêtir et se nourrir. Blessés dans leur corps et leur âme par les calamités successives, ces gens partaient presque sans regret.

Vous pouviez rouler sur des milles et des milles de routes de rangs sans voir de fumée dans une seule cheminée.

L'appel vers d'autres lieux

« J'aimais le long sifflement du train, la nuit, à travers la vallée, à six milles au sud de notre ferme. C'était toujours la nuit, alors que j'étais couchée dans le grenier. Je savais que c'était un train de passagers allant à Vancouver ou à Winnipeg et, ensuite, à Toronto. Fuir. Partir. Quitter la ferme.

« J'avais 20 ans, j'avais fait l'école normale et j'avais enseigner bénévolement dans l'espoir de pouvoir partir, mais non, y avait la famille, la famille qui mourait lentement du dedans.

« Je me disais que si le reste du pays était comme nous, perdus et mourants sur 320 acres de terre en Saskatchewan, alors c'en était fait du Canada. Et il y avait toujours ce train avec son long sifflement. Quelque chose en moi faisait que je me réveillais toujours la nuit quelques instants avant qu'il se mette à siffler.

« Ce train allait à Vancouver, à travers les Rocheuses, les montagnes Selkirks puis les montagnes Purcell, puis, enfin, vers la mer... où j'enlèverais mes souliers pour marcher dans le sable et laisser les vagues me caresser les pieds, et j'écrirais mes tristes pensées dans le sable avec un bâton et les vagues les effaceraient à jamais. Ou à Toronto, puis à Montréal, où la vie gauloise devait être gaie et romantique, remplie de musique et de rires, et nous nous embarquerions sur l'un des gros Empress tout blancs et voguerions vers l'Angleterre.

« Essayez d'imaginer la vie sur une ferme, dans une maison qui n'avait pas reçu une seule goutte de peinture depuis dix ans, où ma mère se débrouillait avec rien, comme une vieille femme qui amasse des bouts de ficelle dans l'espoir qu'un jour quelqu'un arrivera pour acheter des bouts de ficelle; où mon père essayait, jour après jour, sous un soleil écorchant, d'extirper quelque chose de la terre, alors que tout mourait depuis des années. Un mode de vie agonisait, et personne n'arrivait à en pleurer.

« Finalement, j'ai quitté, deux ans plus tard. Comme tout le monde. Mais j'étais restée trop longtemps. J'ai trouvé Vancouver comme je l'avais imaginée. Même mieux. Aujourd'hui, quand j'entends le sifflement d'un train, c'est plus fort que moi, je pense toujours à notre ferme en Saskatchewan. »

La femme a dit...

« La troisième année, la femme a dit qu'elle le prenait plus, ça fait qu'on a réussi à passer l'hiver pi, au printemps, on était parti dans la vallée de l'Okanagan.

« On a vendu ce qu'on pouvait, on a donné le reste, on a mis les deux malles sur le toit de la voiture pi on a tout laissé le reste derrière. Une maison remplie de meubles, des instruments, des harnais, le moulin à vent, des batteries, on pouvait même pas les donner. On a foncé tout droit sur la route et la femme s'est pas retournée une seule fois.

« J'avais 210 piasses dans ma poche. J'étais riche. J'ai même pas averti la banque. Quand on est arrivé en Alberta, la femme s'est mise à chanter: 'Encore une frontière à passer.' Pi quand on a traversé la frontière de la Colombie britannique, elle a chanté: 'La terre promise.'

« C'est elle qui donnait les ordres, c'était une femme forte, et quand on a décidé de partir, elle a dit: 'Alan, tout ce que je veux, c'est tout simplement de pouvoir me promener dans un verger et cueillir une belle pêche mûre à portée de la main.' Ben, cet été-là, elle l'a fait tant qu'elle l'a voulu parce que personne vendait ça, ces affaires-là. Au bout d'une semaine, elle en était malade.

« Je voyais ben qu'elle pensait à notre ancienne place en Saskatchewan ça fait que j'ai réglé ça tout de suite. On est ici, j'ai dit, pi c'est ici qu'on reste. Si tu pars, tu pars toute seule. On est resté. Ça lui a pris quelques années à s'habituer à la vallée pi on s'est construit une belle place. La guerre nous a beaucoup aidés, évidemment. Et après la guerre aussi ça marchait ben. Y a cinq ans, j'ai tout donné à mon fils pi la femme est morte y a trois ans. Je dirais qu'elle me manque. »

Un ennemi mortel

« On est arrivé dans le Dakota du Nord, un plein bateau de Suédois, quand j'étais tout petit. En 1909 environ, et vers 1922, un type s'est amené et il nous a offert un bon prix et le bonhomme a décidé qu'on déménageait au Canada et on a vidé la ferme dans trois wagons de train et on s'est trouvé une place près de Deloraine pour une couple d'années et, ensuite, on a déménagé en Alberta, une place à l'est d'Edmonton et ça c'est bien passé pendant quelques années, mais, ensuite, ç'a pas cessé d'empirer. Le gel, la grêle, la sécheresse, la rouille ; les sauterelles ont mangé les licous sur le dos des chevaux et le catalogue dans la bécosse et mon père était déjà mort à ce moment-là et j'avais la famille et la ferme.

« On sentait venir la saisie et, comme le gouvernement parlait de bonnes terres dans le Nord, alors on a tenu un conseil de guerre un soir dans la cuisine et on a tous décidé de partir. Même ma vieille mère qui avait fini par s'attacher à la région.

« Donc, direction nord. En charrette. Douze, quinze milles par jour. Si on voulait être charitable, on pourrait appeler ça des routes. En hiver, ça gelait, voyez-vous, et en été, c'était de la mousse.

« Y en a qui démissionnaient en chemin. Au-dessus de Peace River, par là, on a rencontré du monde sur le bord de la route qui avaient décidé de tout vendre, les chevaux compris, pour quelques dollars. Le problème, c'était pas la mousse mais ceux qui vivent dedans. Je veux dire les maringouins. Je pense pas que je puisse vous les décrire. Nous n'avions plus que deux chevaux, une jument de huit ans, Daisy, et Spook, un châtré. Ils étaient maigres, je leur donnais pas mon grain — on avait dû se débarrasser de notre écrèmeuse, d'une commode, de quelques sacs de charbon et d'autres objets lourds. Je voyais bien qu'on se rendrait jamais à destination, ces chevaux-là n'avaient plus ce qu'il fallait.

« Les maringouins, une vraie punition du Bon Dieu. Mon garçon disait que tous les maringouins du monde étaient à nos trousses. Les chevaux, ils les ont rendu fous. Vous avez déjà vu un cheval attelé en *time* se mettre à ruer tout d'un coup, en criant, et ruer, ruer, jusqu'à ce que l'autre cheval lui passe quasiment par-dessus. Il était devenu fou. Pourtant, dès qu'une petite brise chassait les maringouins, le cheval était tranquille. Le soir, on les recouvrait de sacs et on leur frottait le ventre avec de la boue et ils aimaient bien la fumée du feu.

« Je leur passais ma main sur le flanc et ma main devenait toute rouge et noire. Noire de maringouins écrasés et rouge, bien, vous savez de quoi. Et de la peau de cheval, c'est épais...

« Ç'a empiré. On était les seuls sur la route et, un moment donné, on savait plus si c'était la bonne route. Un matin, Daisy était tellement faible qu'elle pouvait même pas se lever. Mais, mes deux garçons et moi, on l'a fait lever et on l'a attelée, mais elle s'est écrasée un demi-mille plus loin. Pour vous, un demi-mille, ça veut dire la moitié d'une longueur de cinq milles pieds. Pour moi, ces jours-là, un demi-mille ça voulait dire le travail de deux, trois jours, construisant quasiment la route au fur et à mesure, les travaux forcés, pas faits pour un homme blanc.

« Le lendemain, les deux chevaux se mouraient et j'y comprenais rien. Ils étaient pas malades. Ils avaient pas l'air d'être fous, enfin, pas fous à plein temps.

« Je pouvais pas croire que c'est parce qu'ils avaient perdu trop de sang. Je sais bien qu'ils mangeaient pas assez pour pouvoir travailler, mais assez tout de même pour continuer. Pour moi, ces deux chevaux-là avaient décidé de mourir. Ils avaient perdu la volonté de vivre à cause des maringouins. C'est vrai, parce que ma femme et moi, on se sentait de même aussi. Sauf les deux garçons, trop jeunes et trop bêtes pour comprendre.

« J'ai décidé qu'on camperait pour une couple de jours. Y avait plein de pois sauvages et de vesce autour et un petit ruisseau plein de poissons. On a donné de l'avoine aux chevaux, on les a recouverts de boue et on a fait des feux de fumée.

« Ma femme a fait des bouillas. De la bouilla? Vous savez la soupe qu'on sert dans les grands restaurants? *(De la bouillabaisse.)* Dans le Nord, on appelle ça de la bouilla.

« Le troisième jour, les chevaux se levaient toujours pas, malgré la boue, la fumée et la brise. Le quatrième jour non plus. Le cinquième jour, au matin, j'ai dit je vais vous botter le cul jusqu'au Grand Lac des Esclaves mais vous allez bouger, vous entendez, et quand je suis arrivé devant Daisy avec mon fouet, elle était morte, vous comprenez. L'autre est mort dans l'après-midi. On était comme des naufragés sur une roche en plein océan, une roche toute nue, regardant le dernier bateau disparaître à l'horizon.

« J'ai regardé ma femme et j'ai dit: 'Ma vieille, ça finit là. On vient au monde tout nu et, à 44 ans, on est pas plus avancé.' On a pris les choses qu'on voulait, vêtements, casseroles, de la nourriture, la carabine et des petites choses et on a laissé tout le bataclan sur le bord de la route. Au bout de trois jours de marche, on est arrivé chez un fermier qui nous a amené à Peace River en voiture. Ça nous a pris dix-sept jours pour s'y rendre. C'était de ma faute. J'aurais dû me diriger d'après le soleil. On avait fait des milles et des milles dans la mauvaise direction. Le marchand de Rivière de la Paix nous a dit qu'on avait pris une route à bois et que si on avait attendu l'hiver, des bûcherons nous auraient ramassés avec leurs traîneaux. Y avait absolument rien par là et j'ai perdu deux chevaux et toute ma patience à le découvrir et, aujourd'hui, je chasse les maringouins à un demi-mille à la ronde. Un ennemi mortel. »

La Bible des ancêtres

« Y avait des endroits dans le sud où le monde ramassaient leurs affaires et partaient. Y en a qui lâchaient leurs chevaux en liberté. Vous pouviez rouler sur une route de rang — quand ça passait, parce que ces routes-là ont pas été entretenues pendant des années — et vous pouviez passer devant une dizaine de fermes de chaque côté du chemin sans voir de fumée dans une seule cheminée. Toutes abandonnées. Ils mettaient tout ce qu'ils pouvaient dans leur camion ou leur charrette et partaient vers la Colombie britannique. Y en a qui ont poussé vers le Nord, le gouvernement disait d'aller dans le bout de la Rivière de la Paix, et ils ont eu une misère noire.

« On cultivait dans le bout de Manyberries, au sud de Medecine Hat, et les temps étaient bien durs par là et on a abouti à Kamloops. Mon mari s'est trouvé une job dans un atelier et on s'est pas mal débrouillé.

« Je me souviens, quand il est revenu d'outre-mer, après la guerre, je l'ai rencontré à Winnipeg, son père nous a passé son auto et on s'est payé une deuxième lune de miel. L'essence était rationnée à ce moment-là, vous savez, mais y avait plein de trucs pour se procurer des coupons et le père de Bud, il cultivait près de Winnipeg, il les connaissait tous, croyez-moi. Arrivés à Medecine Hat, j'ai proposé d'aller voir notre vieille ferme. Bud a d'abord dit non mais ensuite il a changé d'idée et on est arrivé là et ç'avait pas changé depuis dix ans. Le toit du hangar s'était effondré mais la maison était encore habitable. Presque tous les meubles étaient encore là, du moins ce que les rats et les souris en avaient laissé. Dans le salon, les images de Jésus-Christ Notre Seigneur étaient encore aux murs. C'était épeurant. Bud s'est demandé si la Bible de famille y était encore et je l'ai retrouvée, à sa place, dans le tiroir de l'armoire à vaisselle.

« La Bible de la famille de ma mère depuis quatre générations et aussi bonne qu'avant. Rien avait changé. J'y ai tout de suite inscrit mes enfants nés à Kamloops et la mort de ma mère en 42, et nous sommes partis. Maintenant, cette Bible-là est chez moi.

Une place pour dormir

« J'ai travaillé sur les quais, lavé la vaisselle dans un restaurant sur Granville, puis j'ai été cuisinier, de onze heures du soir à onze heures du matin, j'ai fait bien des choses, et j'ai nourri ben des gars gratuitement, des galettes de sarrazin et du café, parce que ça, c'était en 1932.

« Un jour, un nommé Patterson, un cultivateur de la vallée du Fraser, est entré dans le restaurant où je travaillais et, quand il m'a vu, il m'a demandé si je voulais retourner travailler chez lui et j'ai dit oui. Il a dit que les temps avaient changé mais qu'il me donnerait un dollar par jour, pas de vache à traire, et j'ai dit d'accord. Il m'a dit aussi que j'aurais à surveiller de près tout le nouveau monde qui ne cessait d'arriver. Patterson parlait des gens de la Saskatchewan et de l'Alberta, chassés par la sécheresse. Ils ont vraiment commencé à entrer vers 1933.

« Y en a qui avaient coupé l'arrière de leur auto pour en faire une sorte de camionnette. Fallait voir ça. Je saurai jamais comment ils ont fait. Jusqu'ici, à travers les Rocheuses! et dans ce temps-là les routes étaient terribles, vous avez pas idée.

«Et ça n'arrêtait pas d'arriver, avec femmes, enfants, chiens, poules et tout le ménage attaché en équilibre derrière; matelas, casseroles, poêles. Ils voulaient travailler, mais ils voulaient surtout une place pour dormir. C'était pas des voleurs, mais fallait pas les pousser à la limite. Du bon monde, pour la plupart, mais en dérive.

«Il y avait pas mal de terres à Surrey à l'époque et bon nombre d'entre elles avaient été reprises par le fisc. Ils se construisaient des cabanes, avec les arbres qu'ils abattaient et les quelques planches qui leur collaient aux mains après être allés se promener le nuit dans la cour à bois. Ils voulaient travailler mais il n'y avait vraiment pas de travail. Un peu avec la voirie, mais pas beaucoup. Je pense qu'on construisait ou réparait des digues sur des rivières dans le temps, mais de toute façon ce monde-là, voyez-vous, ils étaient pas mieux que les étrangers des pays lointains et y avait même pas de travail pour les gens de la vallée.

«C'est pas qu'y avait tellement de haine, mais vous voyez la situation. Quand ça s'est mis à aller mieux, à partir de 1937 si je me souviens bien, quand les prix ont commencé à monter, alors là y avait du travail, puis la guerre, et les chantiers maritimes et d'autres usines ont rouvert leurs portes et ils ont pu acheter le petit coin de terre où ils s'étaient établis et, à ce moment-là, ils ont fait partie de la vallée.

«Mais, quand j'y pense, c'était tout un spectacle à voir, ces tas de vieilles voitures et de camions amoncelés. On dit qu'y en a qui sont arrivés avec cheval et charrette. Un coup partis, j'imagine que ça devait aller, mais ç'a dû être long. Au moins ces brûleurs d'avoine tombaient pas en panne, parce que sur les routes les autos se remorquaient les unes les autres. C'était du monde gai, par exemple, plein d'humour et je sais pas si j'aurais pu en faire autant dans leur situation. Tout laisser derrière, la terre, la parenté, les amis et tout ce qui leur était cher.»

Essayez voir avec du riz soufflé

«J'avais une ferme à 18 milles au sud-est de Regina et j'ai pas eu de récolte pendant quatre ans. Chaque printemps, les gars du gouvernement me donnaient de la semence, j'ensemençais 150 acres et à la mi-juillet, sûr comme le tonnerre, le Bon Dieu s'amenait avec la sécheresse et les sauterelles et emportait tout.

«Moi, j'étais vraiment éleveur dans l'âme. J'aimais avoir un bon troupeau et je m'arrangeais toujours pour garder les meilleures bêtes. En hiver, je les nourrissais au foin et, en été, je les laissais paître à leur guise et j'avais creuser une manière d'étang avec un étranger, du travail dur, mais ça contenait assez d'eau pour dix vaches et un bœuf jusqu'en septembre, alors qu'on pouvait espérer de la pluie.

« Eh bien, dès 1935, j'étais ruiné : y a pas mouillé en septembre. Pour ce qui est de l'eau, je me débrouillais en en transportant en camion, mais ça me prenait de la moulée pi les gars du gouvernement sont passés pi i' m'ont mis sur la liste. Savez-vous ce que c'était leur moulée ? De la paille. De la paille d'orge pi d'avoine. Pi c'est avec ça qu'i voulaient que j'engraisse dix vaches pi un bœuf. Le gouvernement pi ses experts, ça parle au diable !

« Savez-vous ce que ça vous ferait, à vous, de manger c'te nourriture-là ! Ben, imaginez ce qui vous arriverait si vous mangiez seulement du riz soufflé, rien d'autre, pendant deux mois.

« Quand j'ai rencontré le gars du gouvernement dans le village voisin pi qu'i m'a dit que mes animaux passeraient l'hiver là-dessus, j'lui ai dit merci ben gentiment pi j'lui ai dit qu'i' était le dernier des trous de cul pi j'ai transporté mes bêtes à Regina pi j'les ai vendues pour ce que j'ai pu. J'avais pas envie de tuer mon bétail, de le regarder mourir p'tit à p'tit chaque jour. Au diable l'élevage, c'était fini pour moi. »

Revenu annuel net : $20

« Faut connaître les véritables conditions du petit cultivateur du Nouveau-Brunswick dans ce temps-là.

« En 1933, le gouvernement d'Ottawa a sorti le rapport d'une commission d'enquête sur les revenus des cultivateurs. Les temps étaient durs pour les cultivateurs par tout le pays et le rapport, en fait, cherchait à cerner la situation du cultivateur de la Saskatchewan. Mais ils l'ont fait pour tout le pays, voyez-vous.

« En 1932, l'année de l'enquête, la moyenne du revenu net de chaque ferme au Nouveau-Brunswick était de $20. C'est bien ça, j'ai dit $20. Vingt beaux dollars tout ronds.

« Évidemment, ils avaient tous leurs produits de la ferme à manger, légumes, porc, bleuets et le reste, mais ce que leur rapportait la vente de leurs produits sur les marchés de Moncton, Saint-John ou Fredericton, c'est $20 en moyenne par année.

« J'insisterai pas là-dessus mais il est bien évident que certaines grosses fermes laitières, d'élevage de poules, etc, étaient très prospères. Quant aux autres, bon nombre avaient des terres à conifères et quand toute votre terre est une plantation d'arbres, vous n'avez plus d'espace pour les récoltes annuelles. Alors, ils étaient foutus. C'était comme ça. »

Alors on a tout laissé

« Tout le monde a été durement frappé par la Crise dans ce

pays-là. L'école de Chilanko Forks avait dû fermer ses portes et nous avions quatre enfants. Comme il leur fallait s'instruire, il fallait que nous nous rapprochions d'une école. L'école la plus près était à plusieurs milles de chez nous, beaucoup trop loin pour les enfants. On a essayé de vendre notre ranch, une bonne terre, mais personne n'en voulait. D'ailleurs qui aurait acheter ça alors qu'une vache se vendait à $6? Pour un bœuf de première classe vous pouviez pas avoir plus de $75. Finalement, le moment est arrivé où il fallait que ces enfants aillent à l'école. Alors on a tout simplement chargé la charrette et on est parti. On a quitté le ranch. Personne en voulait, alors on a tout laissé et on y est jamais retourné.»

De l'eau comme Dieu l'a voulue

«Quand j'ai eu 18 ans, ça me servait plus à grand-chose de rester sur la ferme où mes parents vivaient, parce qu'y avait tout simplement pas de récolte. En quittant sans dire un mot personne ne le remarquerait, alors j'ai embarqué avec un maquignon jusqu'à Calgary où c'était 'Avancez, les gars, avancez' et tout ça, alors vous voyez que c'était pas la meilleure place pour un gars tout seul sans rien devant lui.

«Un après-midi j'ai marché jusqu'à la sortie de la ville, sauté un train de marchandise et je me suis installé pour la nuit. Quand je me suis réveillé, le train était arrêté et j'ai regardé dehors par la porte ouverte et mon Dieu! j'ai vu les montagnes tout autour de moi, belles comme on aime les voir, et, pas loin, y avait un petit ruisseau bondissant vers lequel je me suis précipité. Je crois sérieusement que c'était le premier ruisseau coulant que j'aie vu au mois d'août. Et c'était sûrement pas en Saskatchewan.

«Je l'ai regardé, j'ai sauté par-dessus puis j'ai resauté à nouveau puis j'ai marché dedans et, mon Dieu! c'est tout juste si je me suis pas assis dedans. Froide comme de la glace mais, enfin, de l'eau pure que vous étiez pas obligé de filtrer et d'utiliser deux fois et de transporter sur plusieurs milles de distance. De l'eau comme Dieu a voulu qu'elle soit, coulant partout. Je n'ai jamais quitté la Colombie britannique depuis, sauf pour l'armée. Avec de l'eau pareille...»

Je connaissais l'élevage de A à Z

«J'étais quasiment écorché vif quand j'ai quitté la Saskatchewan, en 1934. Ce coin-là de la province était un désert à ce moment-là. Les chameaux pi les Arabes se seraient sentis chez eux. J'avais $180, un vieux camion Ford pi tout le grément que je voulais, une faucheuse de six pieds avec le râteau brisé, quatre harnais complets, une selle, des couvertures, un matelas, des pots, des casseroles pi de la nourriture. J'avais pas de femme. Elle m'avait laissé en 32, était retournée chez ses parents à Brandon. Je m'suis rendu jusqu'à Kamloops pi j'ai décidé de rester. Un pays d'élevage — pi je connaissais l'élevage de A à Z. Je connaissais tout. Ouais, mais pas autant qu'un enfant de dix ans, comme je l'ai découvert. J'ai fait une affaire, en louant 1260 acres à l'ouest de la ville, le loyer payable à l'automne, quand j'aurais vendu le bétail. Le type, un nommé Crawford, avait autour d'une centaine de bêtes pi demandait deux cennes la livre, autour de $575 d'après mes calculs pi, comme je connaissais tout de l'élevage, j'l'ai coupé de moitié pi j'ai eu 95 têtes, âgées de deux ans, pas belles pantoute, pour $275. J'lui ai donné $130 comptant avec un billet signé m'engageant à lui payer le reste. Pour $130, j'avais obtenu 1260 acres d'herbe verte avec un p'tit troupeau, on pouvait faire ça dans ce temps-là. C'était un bon diable, il m'a donné un poney à selle pi j'en ai acheté un autre pour $25 en payant la moitié. Me v'là tout grayé, prêt à partir pi aussi confiant que le Christ quand il a quitté Medicine Hat.

« Alors je m'installe, je nettoie la cabane, je fais le tour du propriétaire pi je découvre, en bas, au bout du pré, une grande pièce clôturée, bin ombragée, avec de l'herbe bin verte pi bin haute comme en juin pi j'me dis que c'est trop beau. Je coupe les fils de la clôture pi je déterre cinq ou six poteaux pour laisser passer les bêtes. Avec c'te herbe-là pi le p'tit étang, on aurait dit un vrai terrain de pique-nique.

« Le lendemain matin, j'vas faire mon tour pi j'vois seulement quelques bêtes pi je trouve ça mauditement drôle, par où elles sont passées, pi tout à coup j'en aperçois une, étendue sur le côté, pi une aut' plus loin, toute gonflée, les pattes en l'air pi, que le diable m'emporte, mais en faisant le tour de la terre que j'avais achetée la veille, je compte 47 vaches mortes pi bin d'autres qui en menaient pas large.

« J'embarque dans mon camion pi j'me rends à Kamloops chercher un vétérinaire, mais j'en trouve pas pi en cherchant la ferme du gouvernement en m'disant qu'y en aurait un là, je rencontre Crawford sur la rue pi j'lui raconte ce qu'i' est arrivé.

« I' me regarde pi i' dit: 'Maudit sauteux de clôtures. Tu sais pas que quand une clôture est à la place d'une clôture que c'est là qu'une clôture va? Elle est pas là pour la parure.'

« Du pied-d'alouette, qu'i' m'a dit. C'est bin beau à voir, mais pour les vaches c'est poison. Ça les tue bin raides. Quand elles mangent ça, elles se mettent à boire pi à boire pi après à gonfler. Et pi ça y est: c'est fini.

« I' m'a dit qu'y avait rien à faire, alors j'ai dit tant pis, mais qu'est-ce que je fais, pi i' m'a dit d'oublier pi de payer ce que ce je lui devait quand je l'aurais, qu'on déchirerait le bail pi que j'lui donnerais mon camion pi le grément qui va avec. J'étais d'accord, pour moi, l'élevage, c'était fini. J'en avais eu assez de ces deux jours-là pi quand j'lui ai envoyé $10 l'année suivante, la lettre est revenue. Le maître de poste a dit qu'i' avait dû partir lui aussi parce que personne l'avait vu. I'avait peut-être mangé du pied-d'alouette. »

Attention à vot' job

« Les fermiers de la sécheresse m'ont sûrement pas fait de faveur. Quand ces exilés des Prairies se sont mis à descendre dans la vallée du Fraser vers 1931, je vous dis, c'était le temps de faire attention à vot' job. Pendant que vous étiez dans le champ, disons, en train de réparer quelque chose, un de ces gars de la Saskatchewan s'amenait dans la cour avec sa femme et ses enfants pour demander de l'eau à boire ou bien un gallon de gaz et, dans le temps de le dire, le type vous avait pris vot' job et sa femme s'installait avec ses enfants dans vot' maison.

« Disons que le salaire était de \$30 par mois. En plus, vous aviez les légumes, les patates et le lait gratuitement et, avec vos deux veaux que le fermier laissait paître avec les siens, vous aviez en plus une petite part qui vous revenait quand les bêtes étaient vendues. Pour le type de la Saskatchewan, c'était pas pire, tout ça, avec la cabane et le jardin. Il se mettait à parler avec le fermier, il lui offrait de travailler pour \$14, sa femme travaillerait quelques heures par jour pour sa dame à \$6, disons, et l'affaire était conclue et vous n'existiez plus.

« Ça faisait peut-être cinq, six, dix ans que vous travailliez pour lui, mais la loyauté ne comptait plus. Ce qui comptait, c'était les dix dollars. Dix dollars, dans le temps, ça valait cent dollars aujourd'hui. C'est exactement ce qui m'est arrivé chez un fermier de la vallée et je lui ai dit: 'Dan, comment as-tu pu me faire ça?' Il avait honte, je vous le dis, et il m'a dit simplement; 'Je suis en train de couler et plus je coule lentement, mieux c'est. Peut-être que les temps vont s'améliorer.'

« Il ne m'a même pas demandé si j'accepterais de travailler pour moins, ce que j'aurais fait volontiers, et je lui ai dit: 'Dan, je regrette de te dire ça, mais t'es pas un homme.'

Chapitre 6

Quatre murs et un toit

La maison familiale est pour chacun une source de fierté. Les gens parlent de la ferme, de la maison en ville ou de chez grand-maman comme de ce lieu où ils savent qu'ils sont toujours bienvenus entre leurs parents et leurs amis.

Durant la Crise, les gens déracinés ont beaucoup souffert dans leur recherche d'une nouvelle place, d'une nouvelle maison. Ceux qui sont restés ont dû lutter pour préserver ce qu'ils avaient, même quand tout espoir était perdu. C'était leur chez-soi.

Comme des Esquimaus

«L'histoire de l'iglou, c'était vers 1936. Bon Dieu, qu'il faisait froid, jour après jour. Il devait faire dans les 45 degrés sous zéro mais on savait jamais exactement parce qu'un appareil de radio, c'était trop cher dans ce temps-là. La maison valait pas grand-chose. En bois, pas isolée, avec un poêle à bois dans la cuisine et le bois de chauffage était rare. Ma femme répétait tout le temps qu'elle s'attendait toujours à ce que le prochain coup de vent emporte la maison. Toutes les fenêtres étaient recouvertes d'un pouce de givre et les garçons et moi, on sortait rien que pour aller chercher du bois et nourrir les animaux. L'orge et le blé qu'on avait semés l'été d'avant avaient pas poussé bien haut mais c'était mieux que rien pour les six vaches que je gardais. Les gens autour disaient que six vaches, c'était trop, mais moi, j'ai toujours senti que des vaches, c'était une sécurité. Ça, c'est le paysan en moi.

«Revenons à l'iglou. On avait connu un type de Regina qui travaillait sur les chemins de fer et, un jour de janvier, il s'est amené avec des revues pour les enfants et une boîte de tabac et une bouteille pour moi. Gavin avait passé plusieurs années dans l'Arctique et il arrêtait pas d'inspecter la maison tout autour sans dire un mot et finalement ma femme a dit: 'Je sais bien, Gavin, Dieu l'a jamais voulu, Dieu a jamais voulu que le monde vive comme ça dans un froid pareil,' et elle s'est mise à pleurer. Elle avait jamais pleuré devant les enfants.

«Gavin s'est mis à nous dire qu'un Esquimau vivait beaucoup mieux dans son iglou, plus chaudement et plus confortablement. Puis il a demandé à la petite Marie, qui avait dix ans, si elle aimerait vivre dans un iglou. Elle a fait signe que oui et Gavin s'est levé aussitôt, a dit à moi et aux garçons de le suivre et il a marché jusqu'au ravin derrière la maison et m'a demandé qu'elle était la profondeur de la neige et je lui ai dit qu'il y en avait au moins neuf pieds. Et il a dit: 'Ça suffit, c'est parfait, le vent l'a durcie comme du granit.'

« Eh bien, mon ami, on s'est mis aussitôt à creuser un tunnel avec des pelles, à peu près cinq pieds de haut. Comme vous savez, la neige est un bon isolant. On a creusé à tour de rôle jusqu'à ce que le tunnel ait dix pieds de long et alors Gavin a dit que c'était le temps d'élargir et il s'est mis à creuser les parois et la neige sortait en gros blocs, durs comme du ciment. Marie est arrivée avec du café et on s'est assis dans le tunnel et il faisait déjà pas mal chaud.

« On a creusé une chambre d'environ 10 par 12 et d'une hauteur d'à peu près cinq pieds. Les garçons ont rapporté de la grange des couvertures à chevaux, des sacs à grain et de la paille qu'on a étendus sur le plancher de neige. Gavin est monté sur le dessus du tunnel en disant que, de toute façon, si ça s'écrasait ça valait rien, et il a fait une demi-douzaine de trous avec un manche à balai, les a recouverts de boîtes de conserve perforées et les a posées dans le sens contraire au vent.

« Jack et Harry étaient tout excités et ils ont ramené des planches de la grange et on s'est fait des lits. Vous trouvez ça fou? Pourtant, c'est arrivé. On a éclairé la place avec des lampes à l'huile et on s'est installé un petit poêle à l'huile pour faire la cuisine et tout ça donnait beaucoup de chaleur. On a apporté tout ce qu'il nous fallait, nourriture, revues, et on a carrément quitté la maison.

« Non, on a jamais manqué de nourriture. Je recevais six dollars par mois du secours direct, Marie en recevait dix aussi chaque mois de sa tante; deux de nos vaches donnaient encore du lait et nous avions quelques poules. Ça allait bien. En tout cas, mieux que bien du monde qui vivait pas dans un iglou. J'achetais des fèves, des pommes sèches, du porc salé, du sucre et du café, de la farine de maïs, du lard, du pain évidemment, de la confiture aux fraises et nous avions notre bacon. Avec nos poules, on faisait de la fricassée et de la soupe, c'était parfait. Il faisait chaud, les froids sous zéro ont duré pas mal longtemps cet hiver-là et on l'a pas senti.

« Et puis la vie est tellement simple dans un iglou. Entretenir ça, c'est une affaire de rien. Chaque fois qu'il avait neigé, les garçons devaient dégager les boîtes de conserve sur le toit, et c'était tout. Une peau de buffle pour boucher la première entrée et une couverture à cheval pour la seconde et c'est tout ce qu'il nous fallait. On était bien.

« Au bout de trois semaines, les enfants ont décidé de retourner à l'école et c'est là que la visite a commencé. Ils ramenaient leurs amis et, sapristi, ç'a pas pris de temps que leurs parents sont venus voir ça. On arrêtait pas de faire du café. Des fois, y en a un qui s'amenait avec sa bière-maison, on chantait et la vie était pas si pire, sauf qu'on était tous cassés comme des clous. On était devenus célèbres.

Même la police est venue faire son tour un après-midi. Ils cherchaient pas à faire du trouble, mais ils étaient mauditement curieux. Ils ont écrit un rapport mais ç'a rien donné. Ah oui, en fait : le gars d'un journal de Regina est venu voir ça, mais il était trop tard, c'était en mars et, comme la neige avait commencé à fondre, on était retournés dans la maison. Quand un iglou se met à fondre, ça vaut plus rien. Ç'a empêche pas qu'on l'a habité pendant six ou sept semaines et c'était du bon temps. Les enfants ont pas eu de rhume, ils faisaient leurs devoirs sans qu'on leur dise, ça allait bien mieux entre ma femme et moi, on mangeait bien et Gavin est revenu nous voir quelques semaines plus tard, il a passé la nuit avec nous et le lendemain il a dit qu'on avait rien à apprendre d'un Esquimau.

« Cet été-là, on a eu un p'tit peu de pluie au bon moment et le vent a tombé et on a eu une manière de récolte. Mais on a décidé que c'était pas une vie de toute façon et on a déménagé à Regina. Et les enfants, Harry s'est fait tué à la guerre, mais Marie et Jackie, quand ils écrivent, et c'est pas souvent, ils demandent tout le temps si je me souviens comment c'était dans l'iglou. On l'a jamais oublié. »

Un foyer pour deux jeunes dames

« Mon père et ma mère étaient de descendance écossaise et vous savez toute l'importance que les Écossais accordent à l'éducation. Je crois que ça passe avant tout. Aussi loin que je me souvienne, mes parents nous ont toujours dit, à ma sœur Mary et à moi, que nous irions au collège. À l'Université de Saskatoon et que nous serions des institutrices. Dans ce temps-là, une fille pouvait devenir secrétaire, infirmière ou institutrice. Et le mieux, c'était d'enseigner.

« On avait pas d'argent, évidemment. On avait une bonne ferme et un bon troupeau et dans notre région on a vraiment pas eu de si mauvaises récoltes, mais les prix étaient tellement bas, le bœuf à un sou la livre et vous perdiez sur chaque boisseau de blé, que vous étiez pauvres même dans une abondance relative. C'était pas la peine de faire des dettes parce que si vous empruntiez de la banque, quand vous le pouviez je veux dire, c'était le plus sûr moyen de perdre votre ferme. Sérieusement. Les banques menaient les cultivateurs directement à la banqueroute. Les cultivateurs, du moins ceux que j'ai connus, sont pas les meilleurs hommes d'affaires qui soient. N'importe quel homme d'affaires à Weyburn pouvait plumer le meilleur cultivateur sans le moindre effort. Et je pense que c'est encore comme ça aujourd'hui.

« Mon père était ce qu'on appelle un Écossais rusé et il a fait passer une annonce dans un journal de Saskatoon qui se lisait à peu près comme ceci : 'Deux jeunes dames, de descendance écossaise, allant à l'université cet automne, cherchent chambre et pension dans un foyer tranquille et amical. Fourniront viande, volaille, œufs et pommes de terre au lieu d'argent.' Et le reste. En tout cas, quelque chose dans ce sens-là. L'annonce a eu de bons résultats: je crois que papa a reçu 40 ou 45 réponses. Les gens nous envoyaient des lettres de dix pages, disant combien leur maison était chaleureuse et intime, comme ils seraient gentils avec nous, combien c'était calme pour étudier, et combien... tout ce que vous voudrez. On a même reçu deux réponses de gens de Winnipeg, nous disant que des parents de Saskatoon leur avaient envoyé une découpure de l'annonce, et qu'ils aimeraient bien nous avoir et que l'Université du Manitoba était meilleure que l'Université de la Saskatchewan.

« On était débordés et on a passé deux semaines, cet été-là, autour de la table de la cuisine à étudier les réponses. Finalement, on en a retenu cinq et un jour on s'est rendu à Saskatoon et simplement en passant devant les maisons en question on a pu en éliminer deux tout de suite. Dans l'une des trois autres réponses, on donnait un numéro de téléphone, alors on a téléphoné et on sentait l'excitation à l'autre bout... oui, oui, certainement, on pouvait aller leur rendre visite tout de suite, oui, bien sûr. Maman a trouvé que c'était un bon signe, que ça voulait dire que leur maison était propre.

« Elle avait raison. C'était une très jolie maison, grande, propre et aérée et qui ressemblait beaucoup à la nôtre. Les Arnett étaient des gens sympathiques, ils avaient une fille de l'âge de Mary et puis c'était comme chez nous. Alors papa et M. Arnett ont fait des arrangements et sur le chemin du retour maman lui a demandé ce qui avait été conclu. Papa a dit: 'J'ai dit à M. Arnett qu'en échange des soins adéquats qu'ils prodigueraient à nos filles, je m'engageais à les nourrir adéquatement, tel que promis dans l'annonce. On s'est serré la main et l'affaire était conclue.'

« Tout a très bien marché. Mary et moi, on a vécu dans cette bonne vieille maison et nous avons tous mangé comme des rois. En disant 'adéquatement', papa voulait dire comme à la maison, c'est-à-dire aussi bien que le premier ministre ou le lieutenant-gouverneur. Des côtes de bœuf, du poulet, de temps en temps une dinde, des œufs, de la crème, des légumes, un régime de rois. Cela a duré quatre ans, jusqu'à la fin de nos études, et il n'y a jamais eu le moindre conflit. Nous étions comme chez nous.

« Plusieurs années plus tard, après la mort de son mari, madame Arnett m'a dit que, sans cet arrangement, ils n'auraient probablement pas pu garder leur maison. »

Vingt-cinq dans deux maisons

« On cultivait au nord de Shauvanon. On, c'est mon père pi moi. Son père l'avait fait avant lui, était arrivé avec deux chevaux, une charrette, avec trois enfants perchés sur la cargaison pour tenir toute l'affaire en place, quelques vaches, pi une autre charrette par derrière, conduite par son frère. Dans celle-là, y avait les semences pi d'autres affaires. I's étaient venus d'Owen Sound, ça c'est en Ontario, i's avaient acheté leur grément pi i' s'étaient établis sur leur concession.

« À l'époque dont je vous parle, en 1935, mon grand-père pi son frère étaient morts pi mon père vieillissait pi moi j'avais 37 ans, avec cinq enfants pi un autre qui s'en venait pi, en ce qui me concerne, on était pas plus avancé qu'au départ. Ça faisait trois ans qu'on avait pas eu de récolte mais, au nord de l'Alberta, les gars faisaient 20 boisseaux de blé à l'acre, pi ça, c'était pas pire, sauf que les prix avaient jamais été aussi bas. Mais nous aut'? On avait rien.

« La bonne femme pi moi, on a parlé de ça pi on a décidé de sacrer le camp dans le Nord, pas près d'Edmonton, mais dans le bout de la Rivière de la Paix où i's avaient jamais manqué une récolte, pi c'est encore vrai aujourd'hui. Du terreau profond, bin du soleil pi de la pluie seulement quand y en faut. Évidemment, la saison est plus courte, mais avec des avantages comme ceux-là, ça fait rien. Oubliez pas que les journées étaient plus longues, pi ça, ça aide. Un soir qu'on en discutait, y a quelqu'un qui a dit que la région de la Rivière de la Paix ça se comparait aux plaines de la Hongrie, les meilleures terres à culture au monde, supposément. Moi, j'en sais rien.

« Le gouvernement était supposé d'aider. J'avais jamais accepté l'aide du gouvernement avant mais, Bon Dieu, à ce moment-là, j'aurais pris les édifices du Parlement si i' m'les avaient offerts. On avait rien à vendre parce que mes parents restaient là; mon père, pour essayer encore une fois d'avoir une récolte de chardons pi ma mère, bin, pour essayer de garder son jardin jusqu'en juillet pi tâcher de trouver une nouvelle manière d'arrêter la poussière de remplir la maison, chambre par chambre. J'ai donné $10 à papa pour son vieux camion, pi on l'a rempli de tout ce qu'on avait pi les voisins nous ont donné pas mal d'affaires. Y était pas question d'amener le troupeau pi la machinerie, on règlerait c'te question-là une fois arrivés là-bas. Le camion était encore assez bon pi c'est dommage parce qu'on se serait jamais rendus là pi c'aurait été tant mieux.

« En haut d'Edmonton, on s'est arrêté sur le bord d'une petite rivière pour passer la nuit pi pas longtemps après un aut' camion est arrivé, pi deux aut' pi on s'est mis à parler. Tout le monde allait à la Rivière de la Paix. Ruinés, desséchés, rouillés, foutus. Y avait la famille Miller, les Rodnay pi les McCormick. Bin, m'sieur, on a fait ce qu'y avait à faire naturellement, on a décidé de former une caravane pi de s'aider en cours de route pi comme ça on se rendrait tous. Oubliez pas que les routes, dans ce temps-là, étaient terribles à la campagne pi là où on allait, elles étaient encore pires. Fallait que vot' plus vieux marche en avant pour vérifier si les mares d'eau avaient un fond. Vous avez jamais vu autant de poussière sur des routes de terre, je vous le dis. Mais on s'est rendus après bin des pannes, mais les fermiers sont toujours des bons mécaniciens, pi dans ce temps-là, les moteurs étaient pas tellement compliqués. Pour dire la vérité, on a eu bin du plaisir pendant ces neuf jours-là mais ça s'est arrêté bin net quand on est arrivé à Dawson Creek, l'autre côté de la frontière de l'Alberta, en Colombie britannique.

« Évidemment, la terre était bonne. Elle l'est encore. Mais, Jésus-Christ! m'a vous dire une chose: ça prend un gouvernement de fous pour dire au monde d'aller s'installer là-bas. Allez-y, qu'i' disaient, la terre est gratuite en haut-là pi tellement riche que vous pouvez y cultiver n'importe quoi. Alors pouquoi crever ici sur des terres brûlées? Comme appât, m'sieur, c'était pas mal puissant. On est rentré dans le bureau des terres pi le commis nous a regardés pi nous a demandé: 'Saskatchewan?' On a dit oui, pi i' a demandé: 'Une terre?' On a dit oui. Pi je me souviens exactement de ce qu'il a dit: 'S'il vous plaît, c'est pas ma job de vous dire de vous en retourner chez vous, parce que vot'chez vous est probablement plus là,' pi i'a sorti une grande carte pi d'un grand mouvement de la main i'a dit: 'Tout ça, c'est pris depuis longtemps.' Pi i'a fait un cercle avec son doigt pi i'a dit: 'Ça, c'est ouvert, choisissez.'

« Comment voulez-vous qu'un gars se choisisse une ferme comme ça en regardant une carte, je vous le demande, mais c'est comme ça que ça se faisait. Alors le commis a dit: 'Je vas vous donner une chance. Un type est passé par ici, hier, parce qu'i' s'en va, i' quitte le pays. Vous avez vu tous les camions qui descendent vers le sud? Y a plein de monde qui s'en vont. Un de vous peut avoir sa place. Il a une maison, une construction en bois rond pi une grange pi c'est bin possible que vous trouviez quelques pièces de machinerie qu'il a pas vendues. Y va y avoir un peu de délai, le temps que les papiers de la concession retournent au gouvernement avant que vous en fassiez la demande, mais au moins c'est une avance. Je vas choisir un numéro, de un à 50, et le plus près gagne.' Le numéro était 37 et j'avais déclaré 35, alors j'ai gagné.

« Le commis a dit: 'D'accord, elle est à vous. Revenez à une heure, parce que c'est l'heure de manger.' Miller lui a demandé pourquoi l'autre type avait quitté sa terre et le commis a dit: 'Pas assez endurci. Pas assez d'argent. I' savait pas comment cultiver dans ce pays-ci. Perdu courage. D'autres raisons aussi, mais c'est assez.'

« On est allé discuter de ça, tous les quatre, autour d'une bière à la taverne et voici ce qu'on a décidé. Comme c'était le début de juin, y avait aucune chance que les trois autres réussissent à retirer une récolte, sinon du navet ni des patates. Mais la place que je venais d'avoir avait 14 acres prêts à être ensemencés, alors il a été entendu que les quatre familles resteraient chez moi, on travaillerait tous à fond de train et, l'hiver suivant, i's en profiteraient pour commencer à clairer leur terre qu'i' tenteraient d'obtenir pas loin de la mienne, ce qui semblait possible. Et ça permettrait aussi à tout le monde de faire l'expérience de l'été, de l'automne et de l'hiver, pi on avait entendu que les hivers étaient graves. Le plan avait du bon sens, même si on savait qu'y aurait des conflits, entre les femmes peut-être, ou entre les hommes.

« Alors Miller, Rodway et McCormick ont fait leur demande pour des terres adjacentes, ç'a marché, pi on a travaillé comme des chiens. Leurs familles vivaient dans des tentes, on mangeait tous dans not' maison et, pendant l'hiver, on a tous vécu dans ma maison pi dans un grand dortoir en bois rond avec un poêle et une table d'étude pour les dix-sept enfants. Oui, dix-sept. On a acheté dix cochons pi quatre vaches pi ç'a pris presque tout notre argent. Avec le reste, on a acheté quatre chevaux. On pouvait pas se permettre une semeuse, alors on a semé à la main. Comme dans le temps de la Bible. C'était en 1935. On a fait un grand jardin pi j'ai jamais vu des légumes pousser comme ça. On a eu une bonne récolte d'orge pi d'avoine mais on l'a pas vendue parce qu'y avait pas de prix. Ç'a servi à nourrir les animaux pi on a acheté des poules. On s'est quasiment fait manger tout ronds par les maudits maringouins, pi ça, c'est pas une menterie. Une vraie torture.

« L'automne a été merveilleux pi y avait plein de chevreux pi d'orignaux. On vivait bien, de la viande, du gruau, du lait, des œufs, pi on s'est fait de la boisson. On se débrouillait. Ça, c'était le côté positif. Y avait pas d'école, le village était à 17 milles, mais le pire, ç'a été l'hiver. On pouvait pas croire qu'i' pouvait faire si froid pendant si longtemps. Les trois autres ont presque pas pu travailler à leur terre.

« Au printemps, les deux ruisseaux ont inondé la place. On était tout simplement pas assez endurcis, comme Gunderson, le type qui avait sacré le camp avant nous. C'était une différente sorte de culture pi quand vous pouvez pas vendre vos produits, c'est plus de l'agriculture, hein? Je me le demande. Trop de problèmes, pi l'aide du gouvernement est jamais arrivée. La petite fille de Mac est morte de quelque chose, j'sais pas de quoi au juste, on a pas pu l'amener chez le médecin à cause d'une tempête de neige de quatre jours.

« Pendant l'inondation, on avait tous déménagé sur une petite colline à un demi-mille de la maison pi, une fois, on était tous assis autour d'un feu, juste les hommes pi les femmes, pi Rodway a dit: 'J'espère que le gouvernement est content maintenant. On les achale plus maintenant qu'on est rendus ici, on leur cause plus de trouble. On l'a jamais fait, mais ici, i' nous voient plus, i' nous entendent plus. 'Avec ces mots-là, i'a tout déclenché pi en dedans de dix minutes on était tous d'accord pour retourner dans les prairies, avec les chaleurs, la rouille, les sauterelles, la merde, la poussière, le sang, toute l'affaire. On aurait dit que chaque couple y pensait depuis longtemps mais que personne avait osé en parler pour pas laisser tomber les autres. Mais tous étaient d'accord. Le résultat de tout ça, c'est que les enfants ont perdu une année d'école, ce qui leur a pas fait de tort, et les adultes ont perdu une année de leur vie — mais c'était ça, la Crise, pour du monde comme nous aut'. »

Les paiements mensuels

« Je vais vous parler de mon père. On avait une petite place, il appelait ça un ranch, mais c'était tout petit, près de Lethbridge, avec un petit ruisseau, quelques vaches, maman gardait des poules et on arrivait tant bien que mal avec les sous de la crème chaque semaine. Une cinquantaine d'acres peut-être.

« Moi, j'étais un enfant — j'avais 12 ans quand la Crise s'est terminée — alors je savais pas grand-chose, sauf qu'on avait rien et qu'on attendait rien et que le catalogue d'Eaton, c'était pour les gens d'un autre monde. Vous voyez ce que je veux dire.

« Il y a trois ans, en 1968, papa est mort, bien vite, du cancer. Je veux pas en parler, mais ils l'ont ouvert puis ils l'ont refermé tout de suite en lui disant qu'il y avait rien à faire. Il est mort en dedans de trois semaines.

« Étant enfant unique, j'ai dû m'occuper de tout, aider l'avocat, signer les papiers, organiser l'enchère, enfin faire ce qu'y avait à faire. Il avait une pleine boîte de papiers, de la grosseur d'une boîte de pommes : certificats de naissance, papiers de l'armée, acte de vente de la ferme, et aussi tout un tas de bouts de papier de toutes les sortes, tous des reçus dont bon nombre remontaient aux années de la Crise.

« Savez-vous ce que le bonhomme avait fait ? Il avait payé sa terre à coups de deux dollars, cinq dollars, des fois dix dollars par mois et parfois les reçus indiquaient qu'à défaut d'argent, Connor, le proprio, avait reçu un veau. J'en ai pleuré. Chaque mois, il faisait son paiement et il en a pas manqué un seul. Pour lui, une bouteille de whisky, à Noël, c'était la grosse affaire et, de temps en temps, un paquet de Picobac pour sa pipe.

« Toute sa vie, il a gratté, gratté, et gratté encore pour nous garder sur la ferme, maman, moi, et mon cousin de Calgary qui était orphelin. Dans ce temps-là, un homme s'accrochait à sa terre comme si c'était sa vie. Et ça l'était, je suppose. Ces vieux reçus, deux dollars, quatre dollars. Son sang. »

Deux maisons payées

« Je travaillais sur les chemins de fer, comme serre-freins et, comme j'étais au bas de l'échelle, j'ai été parmi les premiers à être mis à pied. On me rappellerait quand les choses iraient mieux. On m'a jamais rappelé, évidemment. Pendant les années 20, ma femme et moi, on avait travaillé comme des esclaves et on avait acheté une maison qu'on louait et une autre qu'on habitait. Toutes les deux payées, toutes à nous. On louait la petite maison pour $18 par mois. En fait, on avait dû baisser le loyer de $30 à 25, puis à $20 parce qu'autrement elle serait restée vide. Mais les taxes ont pas baissé, par exemple. Donc, on recevait 12 fois $18 pour un total de $216 et les taxes se montaient à $195 et on avait l'assurance à payer et l'entretien, un tuyau à remplacer par-ci par là et, un soir, j'ai fait le compte des taxes et dépenses et ça se montait à $230 par année. Ça me coûtait du bon argent pour garder cette maison et mes économies étaient quasiment épuisées. Une maudite bonne maison, en briques, en bon état, avec un garage, et j'ai eu de la misère à obtenir $1 000 en la vendant.

«C'était comme ça à Edmonton dans ce temps-là. Une maison de $5 000 au bas mot partait pour $1 000, sans quoi la ville la saisissait pour taxes non payées. Et j'étais pas le seul, c'était général.»

Dressons leur des monuments

«Je me souviens pas de grand-chose de ces années-là. Je suis né en 1930 et, quand la Crise s'est terminée, j'étais encore un enfant, mais j'en sais quand même quelque chose parce que j'ai entendu ma mère en parler. Je me souviens surtout de mon père.

«On demeurait à Regina. Apparemment, jusqu'en 1929, il y avait bien du monde qui s'achetait une nouvelle maison. Mon père travaillait comme vendeur de machinerie agricole et ça valait pas de la merde parce que les agriculteurs avaient pas d'argent. Ma mère dit qu'ils avaient payé leur bungalow $8 000, ce qui était pas mal cher. Je me souviens de la maison. Elle était belle, on pourrait pas l'avoir à moins de $25 000 aujourd'hui, et comme les affaires allaient bien en 1927, les intérêts étaient élevés et tout laissait croire que ça irait bien pour toujours. Alors, ils ont acheté. Et puis crac! Vous savez tout ça. Boum! Dans le fond. Mon père avait mis toutes ces économies dans cette maison et les hypothèques s'élevaient à $50 par mois, m'a dit ma mère, à sept et demi pour cent. Papa faisait à peu près $100 par mois, ce qui était pas mal, en 1933, paraît-il. Donc, il lui restait $50. Mon père était Écossais, un gars qui connaît l'argent. Il a plaidé auprès de celui qui détenait l'hypothèque pour qu'il baisse l'intérêt, comme ça se faisait, semble-t-il. Mais l'enfant de chienne — un autre Écossais, incidemment — a dit pas question, parce que, voyez-vous, il la voulait, cette maison, il voulait toutes les maisons que la saisie pouvait lui donner et, si je comprends bien, il en a eu plusieurs.

«Ma mère raconte que le jour de la paye, à la fin de chaque mois, mon père faisait des crises d'anxiété. Il était rempli de haine envers le type de l'hypothèque qui refusait de l'aider. Elle dit qu'il en perdait presque la tête, qu'il était incapable de manger son souper et je me souviens qu'il nous criait après, mon frère et moi. Puis, il mettait son manteau et marchait jusque chez cet homme pour le payer et il savait qu'il payait seulement les intérêts et qu'il avait à payer les taxes en plus et ça le tuait. Quand l'autre ouvrait la porte, mon père se mettait à l'engueuler, le proprio prenait son argent, lui fermait la porte au nez puis revenait ensuite avec son reçu.

«Ces soirs-là, je me souviens, il descendait dans la cave où il s'était aménagé une pièce où il faisait des puzzles idiots qu'il vendait ensuite pour quelques piastres et, en moins d'une heure, il vidait une bouteille de boisson.

« Ça le saoulait complètement et il restait là à maudire les banques et les proprios en criant et cela nous impressionnait beaucoup parce qu'il était un homme raisonnable et un bon père. Un très bon père. Puis vers neuf heures, il remontait l'escalier en trébuchant et il allait se coucher et j'entendais ma mère qui essayait de le calmer et de l'endormir, ce qui prenait pas de temps. Vous savez, les plus braves, dans ce temps-là, c'étaient les femmes. Le lendemain, papa était magané mais la crise était passée et tout allait bien jusqu'à la fin du mois.

(Il éclate en pleurs pendant quelques secondes.)

« Il faut voir ça de son point de vue. Cent piastres par mois. Une femme, deux enfants, une maison. Et une hypothèque qui en prend la moitié en partant. Les taxes, pas de vacances. Rien pour les enfants. Je saurai jamais comment ils ont tenu le coup. On devrait dresser des monuments à nos parents à travers le pays. Ma femme et moi, on flambe cent piastres en une fin de semaine à Montréal sans même essayer et on s'amuse même pas. Juste pour sauver notre mariage. »

Chapitre 7

Sur le Secours direct

Puis vint le moment, pour des centaines de milliers de Canadiens, où tout espoir avait disparu: après avoir abandonné l'hypothèque et l'assurance, épuisé leurs épargnes, vendu les bijoux de famille pour quelques cents, ils se sont retrouvés sans emploi, avec très peu de nourriture et des vêtements en loques.

Pour ceux-là, ils ne restait plus que le Secours direct, «la pitance». Le gouvernement avait lancé cette nouvelle formule d'aide aux pauvres, les politiciens ayant enfin reconnu que les pauvres n'étaient pas responsables de leur sort désespéré, qu'ils avaient besoin d'aide.

Malgré ses carences et en dépit d'allocations insuffisantes — dans certaines provinces on s'attendait à ce qu'un couple avec deux enfants se nourrisse avec $10 par mois — le système a marché. Un grand nombre de gens souffraient encore de la faim mais, grâce au Secours direct, on ne crevait pas. Même les pires adversaires de ce système — souvent ceux dont la fortune les exemptait d'avoir à y recourir — étaient forcés de reconnaître que cela servait au moins à maintenir un certain ordre.

Aussi nécessaire que fût cette législation, les pauvres, eux n'oublieront jamais la honte et l'amertume d'avoir été réduits à en profiter. L'honnête travailleur qui, depuis un an ou deux n'arrivait plus à gagner son pain, n'a pas oublié toute la honte qu'il a éprouvée la première fois qu'il est entré dans le bureau du Secours direct. J'en connais qui s'en souviennent encore aujourd'hui.

Une famille sur cinq

«Bien sûr qu'on était sur le Secours direct. C'était une affaire fédérale; mais il faut faire la différence entre ça et le Bien-Être social aujourd'hui.

«Quand Bennett a sorti ça, en '31, je travaillais à l'hôtel de ville de Lethbridge. C'était une belle petite ville dans ce temps-là, un village de cultivateurs. Ils venaient y faire leurs provisions. Quelques mines de charbon autour, mais c'était une place tranquille.

« J'aidais dans la paperasse. C'était pas comme aujourd'hui, avec des allocations pour le mari et la femme et pour chaque enfant jusqu'à ce qu'une famille finisse par recevoir $500 par mois. Non, si vous répondiez aux conditions, vous receviez vraisemblablement $10 par mois pour la nourriture, ou des coupons ou des jetons pour la valeur de $10 vous permettant de recevoir des vêtements indispensables, comme à l'automne, et de l'huile, et la municipalité payait votre loyer. Le loyer! Ha! vous aviez une belle petite maison pour cinq, dix dollars par mois. Et si la grand-mère ou l'oncle habitaient avec vous, ça changeait rien, c'était $10 sur toute la ligne.

« À Lethbridge, en 1932, et je suis pas mal certaine de la date, environ 20 pour 100 des travailleurs chômaient. Et ça, ça ne veut pas dire la même chose qu'aujourd'hui. Ça voulait dire que 20 pour 100 des hommes qui avaient travaillé étaient sans travail. Des hommes dans la rue. Ça comprenait pas non plus les épouses qui auraient voulu travailler, ou qui avaient déjà travaillé parce que, voyez-vous, les femmes qui travaillaient étaient pas nombreuses. Des serveuses, des vendeuses, des secrétaires, c'était à peu près tout. Et ça comprenait pas non plus les jeunes qui ne trouvaient pas d'emploi, une fois leurs études terminées. Y avait rien pour eux et ils étaient pas sur la liste des chômeurs. Je sais vraiment pas ce qu'on en faisait. Ils existaient pas, je suppose.

« Voici ce que je veux dire. Aujourd'hui, quand le taux de chômage atteint six pour 100, les gars au Parlement parlent de renverser le gouvernement. Foutaise. Qu'est-ce qu'ils auraient fait, il y a 35 ans, quand vingt pour 100 de la main-d'œuvre d'une toute petite ville était en chômage, sans le moindre espoir de changement?

« Aujourd'hui, ces six pour 100 représentent des gens sans emploi, qui en cherchent et qui sont enregistrés aux centres de main-d'œuvre même s'ils veulent pas travailler. Vous saisissez?

« Ça n'a rien à voir avec 1933, où ces 20 pour 100 de chômeurs étaient tous des hommes, des chefs de familles. Ça voulait dire qu'un père de famille sur cinq était chômeur et que, par conséquent, sa femme et ses enfants étaient sur le Secours direct. Additionnez tout ça et ça vous fait un total terriblement élevé.

« On peut aussi le regarder autrement. Sur cinq familles, il y en avait donc une sans revenu; les deux autres auraient volontiers accepté le Secours direct, tant elles étaient endettées; la quatrième se tirait tout juste d'affaires; et la cinquième, les commerçants, les avocats, tous les professionnels, le monde du grain et les retraités qui habitaient la ville, eux, vivaient très bien. Très, très bien, en fait.

« Tous ces chiffres, moi, ça m'étourdit. Mais vous voyez ce que je veux dire. Être sur le bien-être dans ce temps-là, c'était pas comme aujourd'hui. »

Du bois de chauffage trempé

« Je viens du Nouveau-Brunswick, de Bathurst. Y avait pas de travail, pas de moulin, rien. Seulement du monde en chômage.

« Notre loyer était de $15 par mois, je crois, et souvenez-vous que les temps avaient été durs même pendant les années 20, ce qui fait qu'en 1930, i' fallait tout simplement pas se retrouver au Nouveau-Brunswick. Je me souviens qu'on a déménagé dans une autre maison, à $7 par mois, et c'est la municipalité qui payait. On était sur le Secours direct. Y avait des grandes chambres avec des plafonds de dix-huit pieds de haut et on occupait une partie de la maison seulement. Les enfants du voisinage l'appelaient La Grande Maison. Elle avait appartenu autrefois à quelque baron de l'industrie forestière.

« En été, ç'allait bien. En automne, on se débrouillait aussi mais les nuits étaient froides. Mais quand l'hiver est arrivé, on s'est retrouvé avec un tas de bois tout mouillé, tout lourd, des bûches de 15 pouces trempées jusqu'au cœur, presque dégoulinantes. Du bois livré par le Secours direct. Où ils avaient pris ça, Dieu seul le sait. Toute la famille, mon père, ma mère et cinq enfants, on vivait dans la cuisine et la chambre à coucher du rez-de-chaussée avec du bois mouillé qui sècherait jamais. Vous comprenez, y avait pas moyen de s'en sortir, parce que tout le bois du Secours direct avait été jeté pêle-mêle dans la cour et il était impossible de le faire sécher, alors on était pris là, à geler, littéralement, à côté d'une montagne de bois. Vous pensez pas que ça pouvait rendre un homme fou? Je pense que mon père, ça l'a rendu fou. »

Je suis resté assis près du poêle

« Ils ont peut-être construit dix nouvelles maisons à Winnipeg, en 1937. J'sais pas. Mais j'ai soumissionné pour un contrat d'exca-vation pour un docteur qui se construisait. Une grosse maison. Il devait y avoir 20 ou 25 autres gars qui soumissionnaient avec leur *time*, mais c'est moi qui l'a eu.

« Dans ce temps-là, on utilisait la pelle Fresno, attelée à une *time* et qu'on menait par derrière. C'était le travail le plus brutal qu'un homme puisse faire. I' fallait trouver le truc, la manière de le faire comme pour toute chose, mais à la fin de la journée, un gars était tellement abruti qui savait plus la différence entre son pied gauche pi son pied droit. J'avais engagé un homme, un manœuvre et je donnais deux dollars par semaine à un jeune pour s'occuper de la *time*, deux maudits bons chevaux, les nourrir, les soigner et les atte-ler avant qu'on arrive. L'entrepreneur était toujours derrière moi. En tout cas, après avoir payé mon homme deux piastres par jour, avoir payé le garçon et la nourriture des chevaux, j'ai calculé que je me fai-sais 13 cents de l'heure. Évidemment, on a frappé de la glaise et le travail a été bin plus long et ça m'a complètement épuisé, moi pi la *time*, deux grosses bêtes championnes. J'ai jamais plus soumissionné après ça. J'ai tout simplement vendu la *time* et l'équipement pour $40 et j'ai embarqué sur le Secours direct. Puis je suis resté assis près du poêle dans la cuisine, les jambes en l'air, pendant des années.»

Sur le Secours direct dans une cabane

«On vivait dans une cabane dans le bois, sur un plancher de terre et le stucco tombait des murs. On devait être les plus misérables du comté et, pourtant, mon grand-père, James Macdonald, était un des premiers pionniers de la place et beaucoup de terres lui appartenaient. Mais son fils, mon père, était un bon à rien. Tout le monde le savait et lui aussi. Ma mère était pas beaucoup mieux, mais elle avait perdu l'espoir.

«Grand-père vivait encore au bout de la route et il faisait rien. Même pas pour ses petits-enfants. Moi, et mes frères. C'était pas seulement la Dépression qui rendait les gens comme ils étaient. Il y en avait qui étaient bons à rien au départ et mon père en faisait partie.

«Jésus-Christ! quelle éducation. Mon père recevait le Secours direct et demandez-moi pas combien c'était. Douze, quinze piastres. Il rentrait de la ville avec une poche de farine, des patates, quelques livres de *baloney* et c'était tout. Il achetait une couple de grosses bouteilles de Kik pour nous autres, les enfants, et une livre d'arachides écrasées. Pour lui, c'était ça, pourvoir à sa famille. Puis, il sacrait le camp dans sa vieille bagnole, se promenait dans le comté, buvait le whisky du *bootlegger* avec tous les imbéciles de Polonais et de Hongrois à des milles à la ronde et dépensait ses derniers sous.

«Son père en avait peut-être le cœur brisé mais il était un vieil Écossais têtu et y a rien de plus têtu. Alors il faisait rien.»

Dans le bureau du Secours direct

«C'est mon opinion personnelle, oubliez pas, mais je dirais que les Canadiens d'aujourd'hui valent pas mieux que ceux des années de la Crise. J'ai travaillé dans le bureau du Secours direct à Edmonton pendant un bout de temps et je dois dire que c'était assez spécial parce que ces postes-là étaient remplis par des hommes et combien de fois ai-je entendu des remarques comme: 'Si cette femme-là était dans sa cuisine peut-être qu'y aurait plus de travail pour nous aut', les hommes.' Mais j'étais pas dans ma cuisine et je faisais du bon travail au Secours direct. Aujourd'hui, c'est le bien-être social par-ci et l'assurance-chômage par là et où est-ce que ça nous mène? C'est seulement donnez-moi, donnez-moi, je veux ma part puis celle de l'autre aussi. Regardez autour et pensez-y bien.

« Dans les années 30, les Canadiens étaient fiers. Mon Dieu ! qu'ils avaient leur fierté. Le Secours direct était une honte. Les hommes répétaient tous que jamais dans l'histoire de leur famille — et ils faisaient remonter ça jusqu'aux Loyalistes — jamais ils avaient dû avoir recours au bien-être. C'étaient des hommes dont les familles à la maison avaient rien à manger. Je pense pas que bien des gens sont morts de faim mais un grand nombre ont souffert de la faim, de malnutrition, de pénurie, de manque de vitamines et de protéines. On en voit les effets aujourd'hui chez certains, les enfants et les bébés de la Dépression.

« Y a de ces hommes-là qui m'ont dit qu'ils avaient fait le tour du bloc une douzaine de fois avant de se décider à rentrer dans notre bureau. J'ai vu des hommes signer les papiers, les larmes aux yeux, comme s'ils renonçaient à leur virilité, à leur droit d'être un mari et d'être assis au bout de la table pour dépecer le rôti. C'était toujours un moment rempli d'émotion, chaque fois qu'un homme s'approchait du comptoir pour demander de l'aide.

« Vous savez, je n'ai jamais compris comment ils arrivaient à de tels calculs, les gens du Secours direct. Moi, je m'occupais seulement de recevoir les hommes au comptoir et de les aider à remplir leurs formulaires et c'est les types derrière, les travailleurs permanents, qui décidaient combien chacun allait recevoir. Comment se fait-il qu'un jeune célibataire de 25 ans, disons, en pleine possession de ses moyens, recevait $10 par mois pour lui seul, et qu'un homme de 40 ans, avec femme et enfants, recevait lui aussi $10 ? J'ai jamais compris. Ça me paraissait tellement injuste. C'est probablement pareil aujourd'hui. »

« Et puis les gens avaient trop d'enfants dans ce temps-là. C'était courant de voir des petits hommes, tout maigrichons, des apprentis-menuisiers, des balayeurs de bureaux, déclarer qu'ils avaient sept, neuf ou onze enfants à la maison et quand on allait vérifier chez eux, on trouvait immanquablement une mère épuisée avec toute une ribambelle d'enfants. Les gens savaient pas grand-chose là-dessus, dans le temps. Mais je parlais de fierté. Le système allait à l'encontre de la fierté du monde parce qu'on leur donnait des coupons au lieu d'argent pour acheter ce dont ils avaient besoin. Comme ça, tout le monde savait que vous étiez sur le Secours direct, et il y en a qui ont préféré s'en passer. De l'orgueil, de l'orgueil stupide qu'ils emportaient avec eux dans leur tombe.

« J'ai connu bien du monde sur le Secours direct, deux de mes oncles, entre autres, mais j'ai jamais vu un seul homme accepter le Secours direct par paresse, par stupidité ou autre chose du genre. Et c'était comme ça partout au Canada. Évidemment, les plus forts ont survécu. Par exemple, si, dans un entrepôt, deux hommes sur quatre devaient être mis à pieds parce que les affaires n'allaient plus, c'était naturellement les deux plus vieux ou les deux plus faibles qui partaient. Temporairement, bien sûr, c'est toujours ce qu'on leur disait, on les rappellerait dès que ça irait mieux. Maintenant, vous savez et je sais qu'un tel système est cruel, mais la loi des affaires c'est la loi de la jungle, ç'a toujours été comme ça, jusqu'à ce que les syndicats arrivent. L'économie primait partout.

« Y a bien des bonshommes qui en sont restés marqués, croyez-moi. Demandez-le à ceux qui l'ont vécu. Les blessures de guerre laissent des cicatrices, mais les blessures de l'humiliation et de l'amour propre bafoué laissent leurs cicatrices ici, dans la tête. Oh! des fois j'aurais pu pleurer à les voir, ces Canadiens remplis de fierté. Et le pire, le pire dans tout ça, *c'est qu'ils ne savaient pas ce qu'il leur arrivait*. Ils n'y comprenaient absolument rien. Y en a qui ne comprennent toujours pas. Et je suis pas sûre de comprendre, moi non plus. »

Parlez aux vieux

« La vraie histoire de la Dépression, je veux dire la plus triste de toutes, cette histoire-là, elle est morte. Ceux qui l'ont vécue, les personnes âgées à leur retraite, sont aujourd'hui enterrées. Eux, ils l'ont eu vraiment dure et on en parle pas dans les manuels d'histoire, faites-moi confiance. Je sais pourquoi.

« Mes parents. Y en avait des milliers comme eux. Le bonhomme venait d'Écosse, des vieux pays, comme on disait. Cet homme-là a travaillé toute sa vie comme un chien jusqu'à ce qu'il en puisse plus et que les patrons de la mine aient plus besoin de lui. Ils ont eu recours au chef de police pour lui dire de clairer la place. Ça, c'étaient les mines de charbon de la Nouvelle-Écosse.

« Y avait la pension de vieillesse du gouvernement et le gouvernement faisait beaucoup de publicité avec ça mais, en réalité, ça servait seulement à garder une personne en vie un petit peu plus longtemps, à crever de faim plus lentement. Quand vous êtes entré dans la mine à l'âge de 13 ans et que vous en ressortez à 70 ans, je peux vous dire qu'il reste plus grand-chose de vous en tant qu'homme à ce moment-là. Des yeux bleus encore vifs peut-être, mais le corps est fini.

« Il y avait l'épreuve des moyens, une affaire diabolique. On dressait la liste de ce que vous aviez et si vous aviez une vieille voiture on pouvait vous forcer à la vendre. Peu importe que vous habitiez à 15 milles du village, les vieilles gens n'ont pas besoin de transport. Si vous aviez un piano, ils pouvaient vous dire de le vendre ou le vendre pour vous, parce que, après tout, pourquoi un vieux couple, comme maman et papa, aurait-il un piano pour chanter le soir avant d'aller se coucher? Ils se prenaient pour le Bon Dieu.

« Demander la pension de vieillesse, c'était se livrer à l'esclavage. Sur papier, vous n'étiez plus bon à rien. Mes parents étaient des gens simples qui croyaient fermement que les gros propriétaires et le gouvernement faisaient toujours ce qu'il y avait de mieux pour

les gens. Moi je dis, de la merde. Voilà des gens qui s'étaient usés
à la corde pour le Canada et qu'est-ce qu'on leur donnait en retour?
Du sable dans les yeux. Mourez, vieilles gens, on n'a plus besoin de
vous.

« J'étais en Colombie britannique quand mon père a demandé
sa pension de vieillesse. Il avait travaillé dans les mines toute sa vie
et, maintenant, la mine fermait ses portes et il y avait pas de pension
pour personne. Papa avait payé de sa sueur, évidemment, mais tous
les profits des temps meilleurs avaient passé en dividendes! Les
temps ont jamais été bien roses au Cap Breton, même avant la Crise,
et les gens là-bas ont toujours été pauvres et ça, y a bien du monde
qui le savent pas. Mais les grosses compagnies faisaient des profits
qui allaient tous en dividendes et les travailleurs en voyaient même
pas la couleur. Rien pour la sécurité dans les mines. Ils se moquaient
du gouvernement. Rien pour la ventilation. Rien pour l'augmentation
de salaires. Chaque année, la compagnie se vantait que les dividendes
se maintenaient. Maudits dividendes. Mon père était le dividende
qu'il fallait maintenir. En tout cas, mon père a obtenu une pension
du gouvernement, $14.40 par mois, et ma mère, un petit peu moins,
$11.00, je crois. Donc, environ $25 par mois pour deux vieilles
personnes. Tout juste de quoi se débrouiller pour la nourriture.
Mais ils avaient aussi les taxes et Bon Dieu! vous payiez vos taxes
sinon vous sortiez de la maison. Les amis du gouvernement guet-
taient les petites maisons comme des vautours, tout prêts à les rache-
ter pour 70 piastres, ou quelque chose comme ça. Il fallait payer
l'électricité, le bois de chauffage, et le bonhomme aimait bien fumer sa cigarette après le souper. Si les gens du gouvernement
l'avaient surpris en train de fumer, ils auraient été capables de lui
couper sa pension. Ils l'ont fait à d'autres, je vous le jure.

« Finalement, un voisin m'a écrit en Colombie britannique où je
me débrouillais pas mal. Je suis rentré au Cap Breton avec ma vieille
voiture et leur ai dit que j'allais vendre la maison et les ramener chez
moi, à Powell River. Ils étaient tellement vidés qu'ils étaient incapables de réagir et ils m'ont tout simplement dit: 'D'accord, fiston,
fait ce qu'il te semble le mieux.' La maison s'est vendue pour presque
rien mais juste assez pour nous ramener sur la côte ouest et ils n'ont
jamais reparlé beaucoup des gens qu'ils avaient laissés derrière,
leurs vieux amis, parce qu'ils se sont rendus compte qu'ils étaient
finis comme eux, et que seul leur fils se préoccupait de leur sort.

« Mon père a aimé les montagnes et ma mère, qui était née au
bord de la mer en Écosse, a aimé l'endroit aussi, et je crois qu'ils
ont été assez heureux jusqu'à ce qu'ils meurent, à une semaine
d'intervalle. Papa le premier et puis, maman. J'étais heureux de les
voir partir. Ils seront sacrement mieux traités là où ils sont allés que
d'où ils viennent.

« Quand on pense à $25 par mois... et que je dépense deux fois
ça en boisson avec des amis en une soirée, à jouer aux cartes et
à jaser, sans même y penser. »

Deux années de honte

« Mon père s'était tué en coupant du bois de pulpe. Il s'était ouvert la jambe avec sa hache et avait saigné à mort. Il y avait ma mère, ma sœur Éva qui avait 16 ans, mon frère Dick qui en avait à peu près 13, et moi. J'avais 11 ans quand ce que je vais vous raconter est arrivé.

« Le Secours direct nous avait trouvé une chambre dans une maison, rue Higgins, (à Winnipeg) pour tous les quatre. On avait un bon poêle et la toilette était sur l'étage et je passais beaucoup de temps à la bibliothèque au bout de la rue et la maison était chaude. Maman était comme Ma Joad dans Les raisins de la colère, les choses iraient mieux. Elle était belle et bien faite de sa personne et elle riait beaucoup.

« Quand vous étiez sur le Secours direct, un inspecteur venait vous rendre visite, pour vérifier si un homme vivait à la maison, parce qu'on avait droit à aucune autre aide. Y a des inspecteurs qui cherchaient un chapeau d'homme ou qui reniflaient pour déceler des odeurs de tabac. L'inspecteur passait environ tous les six mois.

« Mais pas chez maman. Cet homme-là venait tous les mois, et parfois à toutes les trois semaines. Il était court et ventru et, oh mon Dieu! il avait tout ce qu'il fallait pour dégoûter une femme des hommes pour la vie. Il puait. Des pieds. Il s'est mis à venir de plus en plus souvent, il était là quand on rentrait de l'école ou quand Éva rentrait après être allée se chercher du travail.

« Un jour, j'étais seule et maman m'a dit: 'Joan, va rapporter tes livres à la bibliothèque, c'est le jour des enfants aujourd'hui, et ne reviens pas avant une demi-heure.' Je le faisais et ça arrivait de plus en plus souvent — va au magasin me chercher du pain, sors et va chercher Dick, fais ci, fais ça.

« Au printemps et en été, nous, les enfants, on était toujours dans la rue, mais je savais ce qui se passait, et Dick et Éva aussi, mais cet homme donnait un peu d'argent à maman et quand j'avais besoin d'un manteau d'hiver et de galoches il signait les coupons sans dire un mot et on obtenait d'autres choses aussi. Une allocation spéciale pour le lait, je crois, et plus de vêtements, et cet homme avait vu à ce que Dick puisse passer quelques jours dans une colonie de vacances au bord d'un lac.

« Dans le lit, le soir — je dormais avec Éva — elle se demandait en chuchotant pourquoi l'homme ne l'approchait pas, elle, puisqu'elle était une femme maintenant et qu'elle aurait aimé donner un répit à maman. Elle aurait détesté ça, mais elle l'aurait fait pour aider maman. Nous avons pensé écrire au Secours direct pour leur dire ce que faisait cet homme, ce qui était illégal, d'une part, et immoral, d'autre part, mais on s'est dit que si ce qu'il faisait était illégal, alors ce que nous faisions en acceptant ses faveurs était illégal aussi. Mais maman a finalement écrit, par exemple. Elle leur a demandé de nous déménager ailleurs parce que, disait-elle, le voisinage était trop dur et que les hommes embêtaient sa fille Éva, mais pas moi. Et ils nous ont déménagé de ce quartier infect. Il est revenu une fois, après notre déménagement, mais il a pas réussi à mettre les pieds dans la maison.

«Je pense à ces deux années avec beaucoup de honte, mais peut-être était-il le seul comme ça. Un méchant petit homme dans un poste comme celui-là avait beaucoup de pouvoir pendant la Crise.»

Une école de métiers

«Quand la situation s'est aggravée, il n'y avait pas que des hommes assis, les bras croisés, à attendre que ça change.

«C'était en 1934, je me souviens, et les temps étaient aussi mauvais en Nouvelle-Écosse que n'importe où ailleurs dans le monde, peut-être, et il y avait plein de jeunes qui avaient rien à faire et qui passaient leur temps au coin des rues. En quittant l'école, ils avaient pas pu trouver de l'emploi, évidemment, et ils étaient même pas considérés chômeurs.

«Alors, quelques-uns parmi nous, on a installé un atelier dans la salle du syndicat, à Amherst, avec nos outils et des bouts de matériel, du bois et des tuyaux, parce qu'on avait l'intention d'enseigner à ces jeunes à se rendre utiles. Leur apprendre un métier pour qu'ils puissent peut-être se trouver du travail dans le Haut-Canada.

«Mais ç'a pas marché. C'est pas que les jeunes venaient pas, pour ça, oui, ils venaient, mais ç'avait pas grand bon sens de leur enseigner la menuiserie au moment où les menuisiers de la Nouvelle-Écosse rentraient de Toronto parce qu'ils avaient pas trouvé de travail et alors que, nous aut', ceux qui avaient parti l'école, on enseignait à ces jeunes parce qu'on avait pas de travail non plus.

«Au bout de quelques semaines, on s'est tous rendu compte que tout ça était fou, et les jeunes ont cessé de venir, et ç'a fini comme ça.

«Aujourd'hui, on appelle ça des écoles de métiers, dans des édifices qui coûtent des millions et avec de la machinerie que la plupart des hommes de métier ont jamais vue, et tout ça payé par le gouvernement pour former des jeunes menuisiers qui préféreraient se promener en motocyclettes et emmerder les filles.»

De l'huile de foie de morue ou de la nourriture

«La ville payait le loyer, environ $12 par mois, et nous livrait une tonne de charbon Souris, qui n'était rien de plus que de la boue séchée, et me donnait $10 par mois, pour moi et mes deux enfants, Reggie, neuf ans, et Marion, sept ans. J'avais pas de mari parce qu'il avait été enterré vivant dans un pit de gravelle.

« Un hiver, les enfants étaient restés à la maison parce qu'ils avaient pas de chaussures et de vêtements pour aller à l'école et la ville a envoyé une infirmière faire son tour. Pourquoi les enfants n'allaient-ils pas à l'école et pourquoi n'étaient-ils pas enregistrés? Je lui ai dit et elle a pris des notes dans son calepin. Puis elle a regardé Reggie et Marion et elle a dit: 'Madame Thompson, ces enfants sont sous-alimentés, ils souffrent de malnutrition, regardez-moi leur teint.' Puis, elle a dit que nous avions besoin de meilleure nourriture et d'une forte dose d'huile de foie de morue une fois par jour. Je lui ai dit que les $10 nous duraient seulement la moitié du mois, alors comment pouvais-je me permettre d'acheter de l'huile de foie de morue, qui était chère? Est-ce que la ville la paierait? L'infirmière a dit non, qu'y avait pas de fonds disponibles, et patati et patata et je lui ai demandé s'il valait mieux acheter de l'huile de foie de morue et se priver de nourriture pendant une semaine, ou quoi? Elle a dit que les enfants avaient besoin d'huile de foie de morue mais qu'il fallait sûrement pas qu'ils soient privés de nourriture. J'étais une femme épuisée à l'époque, quatre ans de cette vie insensée, mais j'ai poussé cette femme par la porte en lui criant: 'Sors de ma maison, maudite chienne fatigante.' Elle a probablement écrit son rapport sur nous, mais les vêtements et les souliers sont arrivés, ce qui prouve que quelqu'un pensait de la bonne façon. »

Les bottes du Secours direct

« Je me souviens pas beaucoup de la Crise. J'ai 45 ans aujourd'hui et je me rappelle seulement de mes années d'enfance. C'était pas comme mon père, voyez-vous, qui pouvait comparer avec d'autres temps, des temps meilleurs.

« Mais je me souviens d'une chose. On était sur le Secours direct et j'avais besoin d'une paire de bottes parce que je portais encore ces affaires en toile et en caoutchouc et qu'on était en octobre. Alors, un jour, mon père m'a fait sortir de l'école et m'a amené au bureau du Secours direct et y a pas eu de problème parce que le commis a vu mes pieds et il a tout de suite signé un papier. Mon père l'a lu et il a dit qu'il fallait descendre sur Notre-Dame. Pour votre information, c'est là où se trouvaient les magasins à bon marché, les magasins de seconde main. On est entré dans une boutique et le vieux Juif était assez gentil, je me souviens de ça, mais les seules bottes qu'il avait à offrir étaient ce que j'appelle des écrase-merde. Dans le genre de ce que porte L'il Abner, vous savez.

« Elles étaient rouges avec des coutures au fil blanc. Je les détestais mais j'avais pas le choix. J'avais neuf ans, quel choix est-ce qu'on a à neuf ans? On est rentré à la maison et j'ai mis mes bottes, elles étaient très raides, je me souviens, et ma mère m'a dit d'aller jouer dehors avec les garçons, qui jouaient au hockey dans la rue. Elle m'a dit: 'Il faut que tu les affrontes tôt ou tard.'

« Je suis sorti et je me suis mis à jouer avec eux et il y en a un qui a aperçu mes bottes et il a crié: 'Les bottes du Secours direct.' Et tout le monde s'est mis à rire et passer des remarques. Ça fait que tout en jouant au hockey je me suis arrangé pour donner un bon coup de pied dans les cannes d'un gars, puis tout de suite à deux autres. Ils se sont assis tous les trois sur le bord du trottoir en se frottant les jambes et en pleurant. Et plus personne a ri de mes bottes. »

Votre permis de boisson, s.v.p.

« Dans le temps, le gouvernement de la Saskatchewan, comme aujourd'hui, vendait toute la boisson et ils avaient un système de permis. J'étais pas un buveur mais j'avais toujours une bouteille à la maison pour la visite. Un 40 onces de rye du gouvernement coûtait autour de $2.40. C'est dur à croire. Pour moi, tout s'est éfouéré en 1936. J'avais seize chevaux et l'automne d'avant je les avais mis dans le pâturage communautaire et le printemps arrivé, fallait que je retourne au travail et j'en ai retrouvé seulement trois. J'sais pas qui c'est qui aurait voulu avoir des squelettes pareils, peut-être que le vent les avait emportés jusqu'au Manitoba. En tout cas, pas de chevaux, c'était plus le temps de travailler la terre, les voisins pouvaient pas m'aider et j'ai pas pu avoir les semences gratuites du gouvernement. À ce moment-là, j'étais tellement écœuré de l'agriculture que j'étais prêt à donner ma ferme pour un billet de train pour toute ma famille jusque dans la vallée du Fraser.

« En me rendant au village, je me suis dit: 'Fred Davis, t'as essayé et t'as perdu et maintenant c'est au tour du gouvernement.' Je me suis dit que tout l'argent que j'avais versé en taxes pendant les bonnes années pouvait bien commencer à me revenir un petit peu. J'ai passé le test du Secours direct et je pense que pour ma femme et moi et les deux enfants encore à la maison je recevais $19 par mois et on vivait là-dessus. C'était serré, mais la femme savait bin des trucs.

« Mais le gars du Secours direct, maudit, un gars avec qui je jouais au curling tous les hivers, il m'a dit: 'Fred, faut que tu me donnes ton permis de boisson.' Je lui ai demandé pourquoi. 'Personne sur le Secours direct peut avoir un permis. C'est pas moi qui fait les lois, Fred, mais c'en est une qui est là.' Alors je l'ai sorti, pas fâché mais écœuré parce que j'étais pas un enfant d'école et que j'étais pas un buveur pantoute. Mais c'était l'idée. Et puis c'est pas le pire. Le type m'a dit: 'Y a une autre affaire. J'suis pas sûr si c'est une loi mais le bureau régional nous dit qu'il faut qu'on vous le dise. Au sujet de la bière. Si on te voit à la taverne et que quelqu'un te rapporte, tu peux perdre ton Secours direct, juste comme ça', et il a fait claquer ses doigts. J'en avais mal au cœur. C'était déjà assez écœurant d'avoir à demander le Secours direct, il fallait en plus qu'on te traite comme un criminel. Ça, c'était pas bon pantoute.

« Et le commis m'a dit: 'Je sais bien, Fred, c'est salaud, et moi quand je rentre à la taverne je suis aussi aveugle qu'une chauve-souris. Mais y en a qui le sont pas. Y en a dans le village qui demandent pas mieux que de te rapporter, toi ou un autre. Les mauvaises natures, dans l'espoir que ça peut leur apporter quelque chose. Trois familles ont déjà perdu le Secours direct et y a déjà un gars qui s'est poussé à Regina quand on l'a vu à la taverne.'

« Vous voyez, ça fait 40 ans de ça, et je me souviens de tous les mots que ce gars-là a dit, et y a rien que je pouvais faire. Le gouvernement vous menait par le bout du nez. »

Notre seul titre de gloire

« On vivait sur une ferme près de Medecine Hat. C'est ma mère qui m'a raconté ça parce que j'étais trop jeune pour m'en souvenir. Mes grands-parents avaient encore trois enfants à la maison, sur la ferme, et papa recevait $10 par mois du Secours direct. Avec ce qu'ils avaient et les colis de nourriture que son frère lui envoyait et, en grattant ici et là, ils arrivaient à rejoindre les deux bouts avec $10. Tout juste, pas plus. De l'avoine et des patates.

« Alors ils ont calculé que si leur fils aîné, qui était mon père, revenait à la maison, ils auraient ensemble $20 par mois, parce qu'ils en recevaient dix eux aussi, et que si on était pour crever de faim, autant crever tous ensemble. D'après leurs calculs, avec les quelques vaches qui leur restaient et deux autres paires de bras, papa et maman, ils arriveraient à faire quelque chose de la ferme. Parfait, sauf que le monde du Secours direct ont entendu dire qu'on déménageait. Maman disait qu'y avait bin des bavards dans le temps. Les gens rapportaient leurs voisins dans l'espoir d'en retirer quelque chose. Quoi? je le sais pas. Alors ils ont dit à mon père: 'Vous déménagez chez votre père qui reçoit de l'argent du Secours direct et qui a des chevaux et des vaches, alors y a pas de raison que vous receviez tout cet argent.' Tout cet argent! Dix piastres.

« Ils l'ont coupé à $2.50 par mois et ça, c'était pour maman, papa et moi, ce qui fait que la situation de toute la famille était pire qu'avant, alors qu'ils avaient essayer de l'améliorer. La vie avait pas grand bon sens. Plus tard, un gars du Secours direct a dit à mon père qu'il avait jamais vu une famille recevoir aussi peu d'argent, dans n'importe quelle condition. C'était sûrement notre seul titre de gloire. »

Sans souliers

«Je suis né sur une terre à souches, à 12 milles à peu près de Carrot River. En Saskatchewan. Je me souviens de pas être allé à l'école en cinquième, quand j'avais 12 ans, parce que j'avais pas de souliers. Ma sœur Hélène y allait, par exemple, parce qu'elle portait ceux qui me faisaient plus. Ma mère était veuve et elle avait demandé $2 au Secours direct pour m'acheter des chaussures mais ils ont dit non, que d'autres étaient plus dans le besoin que nous. Mais je me débrouillais pas mal et je m'étais fait des mocassins avec de la peau de chevreuil, du caoutchouc de chambre à air et de la corde mais ma mère voulait pas que je les porte pour aller à l'école. De la fierté stupide. J'ai manqué cette année-là et je suis jamais retourné. J'y serais allé en mocassins.»

Chapitre 8

La famine, c'est relatif

Les gens m'ont dit qu'ils ont crevé de faim durant la Crise, mais crever de faim, de toute évidence, c'est une façon de parler. Il n'y a aucun doute que tout le monde, sauf les riches, a mangé un peu moins et connu la vraie faim. Mais on n'en crevait pas, ce n'était qu'une expression. Au pire, on a souffert momentanément de malnutrition.

On m'a dit que dans les bidonvilles de vagabonds, dans les Prairies, et sous les ponts de Vancouver, des hommes mouraient, victimes de la famine. Mes informateurs étaient sûrement sincères, mais j'inclinerais à croire que leur mort était vraisemblablement due à un excès de vin tord-boyaux, à la pneumonie causée par le froid et le manque de nourriture — une combinaison fatale. Mais jugez par vous-mêmes. Comme en témoignent ces histoires, il est certain que les gens ont souffert de la faim au Canada durant la Dépression.

Elle a dit qu'ils crevaient de faim

« J'avais une petite ferme maraîchère tout à fait au bout de la rue Yonge, quelques bons acres, et je vendais mes légumes, avec mon cheval et ma charrette. Un matin, je travaillais dans mes jardins, c'était le printemps, tout repartait, et madame Schreiber est arrivée avec ses trois enfants, et m'a dit: 'monsieur Wozny, mes enfants et moi, on a rien mangé depuis deux jours. Nous crevons de faim. Pouvons-nous manger quelque chose?'

« C'était en 1934, environ, on était au Canada, et ma voisine, une dame veuve, me dit qu'elle et ses enfants crevaient de faim.

« Je les ai fait entrer chez moi et je les ai nourris de toutes sortes de conserves que j'ai sorties des boîtes, et j'ai fait tout un repas, un gros repas, et ils ont vraiment beaucoup mangé. On a pas parlé mais je me disais qu'elle était une dame gentille, veuve, que ses enfants étaient bien élevés et que j'étais seul, sans femme, et que peut-être elle accepterait de m'épouser. Je voulais lui demander. Je me débrouillais bien.

« Mais elle s'est levée, elle m'a remercié, les enfants ont tous dit merci et ils sont partis et je me suis dit que j'attendrais jusqu'au soir, que je lui apporterais un tas de choses, des œufs, du bacon, des pêches et que je tournerais autour de la question pour savoir ce qu'elle en pense. Alors je me suis rendu chez elle avec toutes ces choses mais il n'y avait personne. La porte était ouverte alors j'ai tout déposé dans la cuisine. Sur le chemin du retour, j'ai rencontré mon autre voisin et lui ai demandé s'il avait vu madame Schreiber et il m'a dit qu'il l'avait vue avec ses trois enfants marchant en direction de Toronto, et qu'elle et son aîné portaient chacun une valise. Je n'ai jamais entendu parler d'eux depuis. Ils ont disparu.»

Nous crevions de faim

«Oui, je dirais qu'on crevait de faim. On vivait à Dundurn et c'était un pays de famine et on nous disait qu'y avait de bonnes terres au nord de Carrot River. Y avait des métis là-bas, mais c'était pas pour un homme blanc. Pas pour un gars de la ville, en tout cas. On y est allé. On appelait ça le Nord et ce l'était.

«On avait des patates, des fraises, des cerises sauvages et quand papa tuait un orignal, alors on était bien. Mais il en a pas tué pendant deux années de suite. Et là on a crevé de faim. Y a des jours en hiver où maman nous laissait pas sortir du lit, les trois enfants. Elle disait qu'il faisait trop froid et qu'on perdrait nos forces. On aurait dit que le monde entier nous avait oubliés et quand le gouvernement est venu nous sortir d'une grosse inondation, c'était comme sortir de la prison. On était en prison, dans le temps, on crevait de faim en prison.

«C'est comme ça que le gouvernement prétendait aider les cultivateurs ruinés par la sécheresse.»

Complètement cassés

«Mon père était dessinateur de bijoux et, à Toronto dans les années 20, on vivait bien. Notre propre maison, on mangeait bien, on était membres d'un club de patin. Mais, dès 1932, on vivait plus si bien que ça; tous ses clients étaient encore là, et toujours aussi prospères, mais ils pensaient à autre chose. Plusieurs ahcetaient des maisons, des terrains, pour presque rien et ils avaient oublié les bagues et les bracelets.

«Papa a perdu son emploi, évidemment. Au début de 31. Puis on a perdu la maison parce qu'on pouvait plus payer l'hypothèque tous les mois. Puis nos épargnes ont passé et pfft, on était cassés. On voulait pas le Secours direct et on était là, tous les quatre dans deux chambres, rue Danforth, complètement cassés.

«Il pouvait pas se trouver du travail nulle part. La vérité c'est qu'il savait rien faire. Un jour, il a dit qu'il croyait avoir un travail assuré. Quand il s'est présenté pour travailler, c'était dans un entre-pôt, le patron lui a serré la main et, en voyant ses mains douces et blanches, il a dit non, pas de travail. Il a dit que papa avait jamais fait de travail dur et qu'il pouvait trouver 50 hommes qui en avaient fait. Cinquante hommes aux mains calleuses.

« Alors papa a fait du porte-à-porte en vendant la revue Liberty. Essayez de voir ça: un homme de cinquante ans, grand et mince, cheveux blancs, descendant d'une vieille et fière famille autrichienne et colportant cette ordure de revue *Liberty,* à cinq cents avec un sou de commission. Puis, il a décroché le *Saturday Evening Post* et *Silver Screen* et *Photoplay,* des revues de cinéma, et bientôt il en vendait 400 par semaine. Il devait être un super-vendeur et les ménagères devaient être séduites par son charme. Les quatre ou cinq dollars qu'il ramenait chaque semaine nous ont empêché de crever de faim, parce que, voyez-vous, on avait déjà crevé de faim.

« On payait notre loyer en faisant les travaux d'entretien d'une maison d'appartements, un trou à rats. Balayer les planchers, laver les fenêtres, etc., et je me faisais $2 par semaine, le samedi, en aidant à la livraison du *Toronto Star*. Ma sœur était gardienne d'enfants, à dix sous de l'heure. 35 sous jusqu'à minuit.

« Avec $5 par semaine, le loyer gratuit, et les 50 cents par semaine de ma sœur, on était au-dessus de nos affaires. Ça paraît pas beaucoup, mais ma mère faisait des miracles et on crevait plus de faim.

« Oui, avant ça, on avait crevé de faim. On a souvent passé deux, trois jours, avec une tranche de pain et de la mélasse ou du lard et on buvait de l'eau. Beaucoup d'eau. Et si c'est pas ça crever de faim, alors dites-moi ce que c'est parce que je veux l'entendre. »

Des tas de guenilles

« Celui qui dit que le monde crevait pas de faim a pas toute sa tête à lui. J'étais plombier et, dans le temps, c'était pas comme être plombier aujourd'hui. Non, certain. On pouvait travailler deux heures un jour, pas du tout le lendemain, une heure la semaine suivante et, comme ça, de semaine en semaine, à l'année longue, et il valait mieux avoir une douzaine de frères et sœurs, tous mariés, vivant en ville dans des maisons remplies de problèmes de plom-berie. Autrement, c'était la loi de la jungle.

« Ça fait que j'ai dit de la merde et je suis parti dans le nord. On crevait pas de faim là-bas, pas à Dawson City. À Vancouver, vous faisiez deux piastres par jour et vous payiez votre transport; au Yukon, le salaire était le même mais c'était bien différent. Le monde « était heureux, le monde s'entraidait. Chaque fois que je des-cendais à Vancouver pour la période des fêtes, je voyais plein de monde crever de faim. Dans le quartier du port, j'ai vu des corps dans les entrées de portes. À l'hôpital, ils avaient un beau mot pour ça, ils appelaient ça de la malnutrition, mais un cadavre, c'est un cadavre. Tôt le matin, des tas de guenilles sur le seuil des portes, surtout si la nuit avait été froide. Oui, j'ai vu ça.»

De la soupe au ketchup

«Y a un gars qui connaissait la caissière qui travaillait la nuit dans un restaurant de la rue Yonge. Elle était plus ou moins le patron parce qu'y avait pas de gérant de nuit et elle menait l'affaire assez bien. Le gars qui la connaissait faisait partie de notre gang et il la baisait. En tout cas, elle nous facilitait les choses. Y avait tout simplement pas de travail, c'était en 1934 environ, et vous pouviez même pas travailler à pelleter de la neige. Le monde crevait de faim et on pouvait pas embarquer sur le Secours direct.

«Le gars au bureau d'emploi nous disait: 'Allez à Montréal, y a du travail là-bas.' De la marde. Les Frenchies, i's crevaient de faim plus que n'importe qui. 'Allez à St. Catharines,' *(en Ontario)* qu'on nous a dit. On est allé, à pieds presque tout le long et on s'est fait sortir de la ville. 'Allez à Vancouver.' Quand on a entendu ça, on leur a ri en pleine face. Vancouver, c'était la dernière place où aller. D'après ce que le monde racontait, tout le monde là-bas était en train de se battre et de crever de faim.

«Mais la caissière nous laissait rien voler. Même pas une pointe de tarte, rien, parce qu'elle avait à rendre compte de tout. C'était une petite femme forte, du Cap Breton, et ils savent ce que c'est travailler là-bas. Les employés la respectaient et elle nous faisait pas de faveurs qui auraient pu se retourner contre elle.

«Vous avez déjà entendu parler de la soupe au ketchup? Bon, bin, on entrait dans le restaurant et Lily disait: 'Salut, les gars.' On s'achetait un verre de lait à cinq sous et on se prenait chacun une grosse poignée de croutons secs. Puis on remplissait notre bol à soupe d'eau bouillante, c'était une sorte de cafétéria, vous me suivez? Puis j'attrapais une des bouteilles de ketchup sur l'étagère et on allait s'asseoir. J'en vidais la moitié dans mon bol et l'autre gars faisait pareil. C'était risqué, parce que Lily était responsable de tout et si ces salauds de propriétaires, des Juifs probablement, s'apercevaient que beaucoup de ketchup disparaissait, c'est Lily qui se serait fait prendre les culottes baissées. Alors on se faisait une soupe avec l'eau chaude, le ketchup, les croutons, du sel et du poivre, on mélangeait tout ça et ça vous faisait quelque chose qui goûtait maudithement bon, m'sieur. Avec un verre de lait par-dessus ça, vous étiez bon pour la nuit.

«Y a des jours où c'est tout ce qu'on mangeait et j'ai jamais vu personne en mourir. Évidemment, on aurait pas pu pelleter de la neige là-dessus.»

Au Canada, les premiers tou-
chés par la Dépression furent
les pauvres. Les pères de famille
furent mis à pied, l'argent de-
vint rare et les familles com-
mencèrent à éprouver des diffi-
cultés à payer leur loyer. Les
évictions, telle que celle-ci dans
un quartier pauvre de Montréal,
ne se firent pas attendre.

(Archives publiques du Canada

À Toronto, des voisins accourent en masse pour empêcher les huis-
siers d'évincer une famille.

(Toronto Sun)

Ces chômeurs de Toronto se rendirent rapidement compte que pour trouver du travail, il leur fallait se résoudre à devenir des nomades.

(Archives publiques du Canada)

À Vancouver, à l'autre bout du pays, de nombreux chômeurs se retrouvèrent sans emploi et décidèrent de partir vers l'est.

(Bibliothèque publique de Vancouver)

La seule façon pour un sans-le-sou de voyager était de sauter un train de marchandises.

(Institut Glenbow-Alberta)

C'était votre jour de chance si vous réussissiez à échapper aux bœufs des chemins de fer et à vous trouver une place à l'intérieur d'un wagon plutôt que de voyager sur les toits des wagons ou agrippé aux poutres du dessous.

(Institut Glenbow-Alberta)

Cela devient bientôt commun, au Canada, de voir des vaga-bonds parcourir le pays en tout sens, cherchant désespérément du travail.

(Institut Glenbow-Alberta)

Ces chômeurs nomades formaient une sorte de communauté errante. Ils se rassemblaient dans des bidonvilles situés près des voies de chemin de fer aux limites des grandes villes.

(Institut Glenbow-Alberta)

Un bidonville aux abords de Toronto.

(Toronto Sun)

Les tâches ménagères dans un bidonville.

(Toronto Sun)

De temps à autre, cela payait de vagabonder. Ces hommes sont en route pour les plantations de tabac du sud de l'Ontario où ils trouveront du travail pour la période des récoltes.

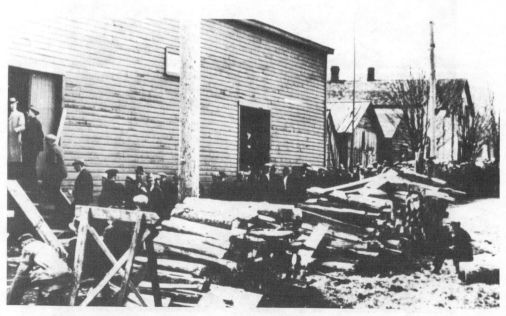

Mais même les emplois saisonniers étaient rares et plus souvent qu'autrement les vagabonds allaient d'une cuisine à soupe à un bidonville et vice versa. On voit ici des centaines d'hommes faire la queue à la porte de la fameuse cuisine à soupe de Port Arthur.

(Toronto Star)

Le réfectoire de la cuisine à soupe de Edmonton en 1933.
(Institut Glenbow-Alberta)

Des centaines de chômeurs de tout âge font la queue à une cuisine à soupe installée sur un lot vacant de la ville de Vancouver. L'homme à gauche reçoit une pomme de terre. On voit à l'arrière-plan des femmes arriver pour superviser les bonnes œuvres.
(Bibliothèque publique de Vancouver)

Le plus beau bétail

« J'ai entendu parler de familles de cultivateurs qui mangeaient des marmottes, mais je le crois pas. Peut-être bien un rat de grange, comme ça, sans le savoir, c'était une autre affaire. Ces rats-là, i's étaient tout gras, nourris au grain. C'était le plus beau bétail que j'avais sur la ferme dans le temps. »

Un pâté à la marmotte

« Y avait rien de mal à manger des marmottes. On mange bien de la vache. Elles mangent de l'herbe, du grain, du foin. Quelle différence qu'y a entre une marmotte et un écureuil rouge, je vous le demande ? Bien sûr, du pâté à la marmotte. On envoyait les enfants et ils revenaient avec une trentaine de marmottes et on les écorchait et on les nettoyait comme des écureuils. L'écureuil, c'est un mets raffiné, non ? De la cuisine de Paris ?

« On mettait la pâte dans le fond d'une casserole, puis on étendait des filets de marmottes, puis des tranches de patates et d'oignons, d'autres filets de marmottes, des patates et des oignons et ainsi de suite, on repliait la pâte sur le dessus et on mettait ça au four. Y en a qui mettaient des tranches de pommes sèches, mais moi j'en mettais pas tout le temps.

« C'était pas mal bon ce pâté à la marmotte, mais j'ai toujours pensé que c'était mieux de dire aux invités que c'était du pâté d'écureuil. Vous pouviez faire une fricassée de marmotte, aussi.

« La viande était pas mauvaise, c'était seulement l'idée. Qu'est-ce qu'y a de mal à une marmotte ? Pensez au crabe. Les crabes se nourrissent de viande morte au fond de l'eau et, une fois, un homme m'a dit qu'on avait repêché un cadavre dans le port de Vancouver et qu'il était tout recouvert de crabes qui s'empiffraient de ses entrailles. Merci bien, je préfère la marmotte. »

De la luzerne de santé

« J'avais fait des recherches sur les grains à l'Université de l'Iowa. Je connaissais la valeur nutritive des grains, du blé, surtout. J'entrerai pas là-dedans, mais la mode de l'alimentation naturelle, c'est rien de nouveau. Absolument pas.

« En 1936, je suis rentré en Saskatchewan où les choses allaient encore plutôt mal et je me suis embarqué dans une manière de campagne de santé, le prophète du grain. Chaque fois que je rencontrais une mère, je manquais jamais de lui dire de se procurer du bon grain, du grain de semence, de le laver et de nourrir ses enfants avec ça. D'en faire du gruau. De le moudre et d'en mettre dans la soupe. De leur en faire manger jusqu'à ce que ça leur sorte par les oreilles.

« Dans ce temps-là, les enfants mâchaient du grain, comme on mâche de la gomme. Y a des années que j'ai pas vu d'enfants faire ça.

« Je disais aux gens aussi de couper de la luzerne tôt le matin, de la faire sécher légèrement au soleil, puis de la couper finement et de l'employer dans les soupes, les râgouts. Et d'en mettre beaucoup. Je leur disais qu'il n'y a pas de meilleure nourriture. Remplie de vitamines. Fallait que je leur parle ce langage-là parce que la publicité autour des vitamines avait déjà commencé et les compagnies alimentaires faisaient ça de travers. La luzerne, environ 27 pour cent de protéines, vous savez. Ça fait des enfants en santé.

« En tout cas, j'étais l'homme du blé dans le voisinage. Je passais un peu pour un fou. Un fou 25 ans en avant de son temps. »

Crever de faim, c'est quoi?

« Si crever de faim c'est ce qu'ils font en Inde, alors j'ai jamais crevé de faim. Si avoir faim, c'est rien manger pendant plus de deux jours, alors j'ai eu faim bien des fois. »

Vous avez déjà mangé du loup?

« Autour de 1935, je transportais du foin sauvage d'un grand marais, à sept milles au sud de chez nous. Le foin valait pas grand-chose mais c'était mieux que rien. Je le coupais et le ramassait en bottes en été et je le ramenais en meule en février. J'essayais de garder mes vaches et mes chevaux en vie.

« Un jour, à environ deux milles de la maison, j'ai vu un loup qui se promenait, le premier loup que j'avais vu dans le coin depuis des années. Une semaine plus tard, je le vois de nouveau. Ça m'a fait réfléchir. Il semblait suivre une routine, comme s'il parcourait son territoire. La semaine suivante, le même jour que les deux autres semaines, j'ai apporté ma carabine et vers trois heures, ça parle au diable, il était là à moins de 200 verges de l'endroit où je l'avais vu la dernière fois.

« J'ai arrêté la *time*, j'ai tiré et ça lui a passé en-dessous du ventre, ç'a fait sauté la neige; le deuxième coup l'a tué raide, il s'est écrasé. C'était un gros enfant de chienne. Je l'ai écorché tout de suite, j'ai jeté la peau et la carcasse sur le tas de foin et j'en ai pas parlé à personne. Le samedi suivant, j'ai vendu la peau au village pour cinq piastres et, le lendemain, pendant que la femme et les enfants étaient à l'église, j'ai fait un ragoût de notre ami. Ma femme était plutôt surprise, mais je lui ai dit que j'avais tué quelques lièvres

— y en avait plein cette année-là — et avec beaucoup de légumes et de la farine, ç'a fait quelque chose de pas mal bon. Personne a jamais su que la famille Rainford avait mangé du loup.»

Des croûtes de pain

«J'ai commencé à travailler quand j'avais 14 ans, mais j'avais l'air d'en avoir 16 ou 18. Une grosse poitrine, des grosses hanches. Dans un café sur Robson, à Vancouver. Je travaillais 12 heures par jour et je me faisais $4 par semaine. Des pourboires? Vous voulez rire. J'ai jamais vu un seul pourboire, on était en 1934.

«Dans le temps, tous les sandwiches se servaient sans croûtes, et la nouvelle s'est vite répandue qu'Alice, c'était moi, en donnait des sacs pleins par la porte de la ruelle. Je vous raconte pas de mensonge quand je vous dis que j'ai vu jusqu'à cent hommes faire la queue vers sept heures du soir, dans l'espoir de recevoir des croûtes avant la fermeture du restaurant. Ces hommes crevaient de faim et je ne mens pas quand je dis que j'ai vu des hommes s'écraser, évanouis. Je faisais ce que je pouvais, mais c'étaient les premiers arrivés, les premiers servis. Y en a qui arrivaient à quatre heures de l'après-midi et attendaient pendant trois heures. Y a jamais eu de trouble.

«Mon patron, il aimait pas ça, mais je lui ai dit que ces hommes seraient jamais ses clients de toutes façons, alors pourquoi jeter ces croûtes. C'était un Grec — et je n'ai jamais aimé les Grecs particulièrement — mais celui-là était correct.

«Quatre dollars par semaine et j'étais bien contente d'avoir ce travail. Si je l'avais laissé, bien des filles auraient été prêtes à le prendre à $3.50. Vous pouvez pas imaginer comment c'était. Personne peut l'imaginer. Il devrait y avoir un cours spécial dans les écoles là-dessus.»

Qu'est-ce qui rend un homme comme ça?

«Y en a qui étaient des rats. J'en ai rencontré un alors que je me rendais à pieds de Princeton à Hope, par la piste en montagnes. Pas où est l'autoroute maintenant, mais sur le sommet des montagnes. 120 milles à travers monts et vallées. Y avait pas de travail dans l'Okanagan et je pensais qu'y en aurait dans la vallée du Fraser. Dans ce temps-là, marcher pendant cinq jours pour se chercher de l'ouvrage, c'était normal. On prenait son baluchon et on partait.

«Le troisième jour, vers midi, j'ai rencontré une équipe d'arpenteurs. Le patron était un de ces ingénieurs d'université et je lui ai demandé du travail. Non, pas de travail, c'est à Victoria qu'on engageait. La cuisine était là, sous une tente, et j'ai demandé à manger. Il a voulu voir mes papiers, je lui ai dit que j'en avais pas. Oké, il a dit, pas de repas. Vous vous rendez compte ? J'étais à 40 milles de nulle part et le bâtard a pas voulu me donner un morceau de pain. Il est chanceux que je l'ai pas tué. Le cuisinier a croisé mon regard et quand l'ingénieur est retourné à ses papiers, il m'a dit d'aller l'attendre plus loin au bord du ruisseau.

« Eh bien, j'ai attendu deux heures et le cuisinier est arrivé. Il portait un gros havre-sac, estampillé 'Gouvernement', dans lequel il avait dû vider la cuisine. Y avait du bacon, des fèves, du miel, de la farine et de la confiture, Christ ! y'en avait assez pour nourrir une armée. Le cuisinier, c'était un vrai bon gars, il m'a dit de pas m'arrêter pour manger avant d'être rendu beaucoup plus loin, juste au cas. Jésus Christ, ce sac-là devait bien peser 80 livres. Alors je marche quelques milles et je me fais à manger, un gros repas, puis je m'étends sur le bord du ruisseau et je m'endors. Puis arrivent quatre gars en direction de l'Okanagan. Je leur dis qu'y a pas de travail, même pas de cueillette de fruits, et je leur dis de s'asseoir, de se faire à manger et ils ont préparé un repas gigantesque et j'ai mangé de nouveau avec eux. Il restait encore 40 ou 50 livres de nourriture, alors je me prends à peu près cinq livres de bacon, des fèves, du lard et du café et je leur dis de prendre le reste et, pour l'amour du Christ, de faire bien attention de pas passer près du camp ou de se faire voir avec le sac du gouvernement parce que le cuisinier perdrait sûrement sa job.

« Mais l'ingénieur. Qu'est-ce qui rend un homme comme ça ? Refuser de la nourriture à un homme qui a faim. Y a quelque chose qui a mal tourné depuis le temps où on pouvait rentrer dans n'importe quelle maison et se faire à manger et si vous repassiez par là l'année suivante et que vous aviez de la nourriture, vous la laissiez là. Ne pas refuser de nourrir un homme qui a faim. Est-ce que c'est seulement moi qui pense comme ça ? »

Rien d'extraordinaire

« Je descendais la côte qui mène au quai du port, passé le bureau de poste, et devant moi y avait un grand jeune homme qui marchait d'une drôle de façon et qui tout à coup s'est écrasé de tout son long devant moi. J'ai pensé qu'il avait une attaque de cœur ou quelque chose comme ça, parce que moi j'arrivais de l'Ontario où il se passait rien de même et je connaissais pas la situation à Vancouver.

« Je suis entré dans un bureau et j'ai appelé la police qui est arrivée pas longtemps après et je leur ai demandé ce qu'il avait. 'Oh, rien d'extraordinaire, a dit le policier, le pauvre a probablement rien mangé depuis quelques jours.' Qu'est-ce qu'ils allaient faire ?

'On va juste le mettre dans la voiture et l'amener à l'Armée du Salut.' J'ai vu le jeune s'écraser devant moi et ça, pour moi, c'est crever de faim.»

Ils mangeaient leur grain de semence

«Je travaillais sur les lignes de téléphone dans le sud de la Saskatchewan, autour de Shauvanon et de LaFlèche, et j'ai vu des cultivateurs aussi pauvres que les indigènes de n'importe quel pays arriéré de la Terre. Le gouvernement leur donnait des semences du grain enregistré, pour leur récolte de l'année suivante, si tout allait bien: de la pluie, du soleil, pas de sauterelles, pas de rouille, pas de sécheresse.

«Mais ces pauvres bâtards pouvaient pas attendre au printemps pour semer leur grain, pas quand leurs enfants se mouraient de faim devant leurs yeux, ça fait qu'ils faisaient bouillir le grain et le mangeaient en gruau ou en crêpes et c'est comme ça que leurs familles passaient l'hiver. Et ça, c'était dans l'un des pays les plus grands et les plus riches du monde.»

À l'encontre de la volonté de Dieu

«Ma mère voulait rien savoir du Secours direct. Rien. Elle disait que c'était péché, que ça allait à l'encontre de la volonté de Dieu. Des choses comme ça. Mon père était mort, s'était cassé le cou en tombant de son cheval et ma mère était encore veuve. Elle disait que se remarier allait à l'encontre de la volonté de Dieu. Elle était comme ça. Pas fanatique, mais vous savez....

«Y avait ma sœur et on vivait tous les trois près d'Orillia. Laissez-moi vous dire que c'était pas une terre d'abondance. On avait rien. Une toute petite ferme, rocailleuse, sans système d'écoulement, y a rien qui marchait. On avait un repas par jour, des fois deux. Du lait, des patates, du pain, du riz, des fèves. Toujours la même chose. On avait un jardin mais il se passait pas un jour sans que j'aie faim.

«Un jour ma mère m'a dit: 'James, souviens-toi de ce jour. C'est le jour le plus noir de ma vie.' Elle a dit qu'y avait plus rien dans la maison. Rien. C'était en avril, je crois, et la vache était à sec. Y avait rien. Le p'tit peu d'argent qu'elle avait était parti. Maman travaillait pour les femmes de la ville quand elle pouvait. J'allais chercher la lessive de la femme du médecin et je la ramenais à la maison et maman la lavait et la repassait et je la rapportais. Des choses comme ça. Mais personne avait de l'argent cet hiver-là ce qui fait que maman avait pas de travail. Ce soir-là, on s'est fait une pâte avec le restant de la farine et de l'eau. On l'a mangée comme ça parce que maman disait que c'était moins nourrissant quand on la faisait cuire. Le lendemain on a rien mangé. J'ai dit qu'elle croyait pas au Secours direct alors c'est pas elle qui serait allée demander de l'aide aux voisins, hein? Non.

«Alors on mourait de faim tranquillement. J'avais 70 cents. Des épargnes de six mois, gagnées à faire des courses, et je les avais cachées dans une petite boîte à craies de l'école. La maîtresse les donnait comme récompenses pour les bonnes notes. La boîte était cachée dans ma chambre. Le troisième jour, je suis allé la chercher et j'ai donné les sous à maman. Elle était toute en larmes et elle m'a embrassé en disant: 'C'est la volonté de Dieu.' Mais ma sœur s'est mise à crier: 'C'est pas la volonté de Dieu, c'est l'argent de Jamie et il voulait s'acheter une caméra avec ça', et ma mère m'a demandé si c'était vrai, je lui ai dit oui et elle m'a taloché les oreilles, ça résonne encore, en disant: 'Ça t'apprendra à faire passer l'instrument du Diable avant le bien de ta famille.'

«La situation a changé à peu près deux jours plus tard, de but en blanc, quand ma mère a trouvé du travail comme cuisinière à l'hôpital.

«J'imagine qu'aujourd'hui elle passerait pour une folle.»

Des patates pour Noël

«Mon père avait disparu quelque part et un oncle, qui vivait dans le bout de la Rivière de la Paix, en Alberta, avait envoyé à ma mère des billets de train pour elle, mon frère et moi. On s'en allait vivre chez lui. Il avait une terre, mais rien d'autre. L'hiver, il partait dans le bois faire de la coupe pour une compagnie et il amenait ses chevaux.

«Nous trois, on avait rien, pas de vache, pas de poules, mais y avait plein de bois de poêle que mon oncle avait coupé et une grosse poche de patates dans le caveau. C'était sa première récolte de patates depuis qu'il était là.

«On a mangé des patates tout l'hiver. Rien d'autre. Au souper, on avait chacun une grosse patate et maman la coupait en morceaux en disant: 'Ça, c'est ta soupe, n'est-ce pas que c'est bon? Ça, c'est ta viande, puis oh! le beau morceau de carotte et regarde-moi ces beaux petits pois.' Et quand nous avions mangé ces morceaux, elle nous servait ce qui restait en disant: 'Et pour dessert, une bonne crème au chocolat, c'est pas beau, ça?' On finissait presque par la croire. Avec notre imagination d'enfant, vous savez.

«Autour de janvier, mon oncle nous a envoyé $20 et les choses ont changé, mais voici une petite fille de ce temps-là qui se souvient d'un réveillon de Noël aux patates.»

Huile de foie de morue

« Vous parlez de pauvreté ? Laissez-moi vous parler de la pauvreté des MacRae. Y avait une longue rue qui descendait en pente jusqu'au quai et quand les enfants en haut de la côte s'énervaient trop, leur mère leur disait : 'Attention, calmez-vous, sinon vous allez souper chez les MacRae.' Ce qui voulait dire qu'ils auraient rien du tout. Des vieilles patates, des patates qu'on allait ramasser dans les champs après que les cultivateurs avaient ramassé ce qu'ils voulaient. Toutes gelées et souvent pourries. Des têtes de poissons, les tripes, bouillies, en fricassée, et le maudit océan à côté était plein de poisson frais. Du thé, pas du thé du magasin, non, des pommes d'épinette que ma mère avait ramassées dans le bois. Du sucre d'érable, celui que ma mère et les enfants avaient réussi à récupérer en grattant les lèche-frites dans les cabanes à sucre au printemps. C'était tout. Chaque matin, deux tranches de pain et cette maudite huile de foie de morue que mon père, quand il était pas saoul, extrayait des tripes de poissons que le capitaine lui donnait. Les restants.

« Si on menait le diable dans la maison, ma mère nous menaçait de nous faire avaler une autre cuillérée d'huile de foie de morue, comme les mères qui disent : 'Sois gentil ou j'appelle la police.' Si on se calmait pas, on en avalait une autre dose.

« On avait pas de chaussures, même pas en hiver. On portait des chaussettes de laine pi des caoutchoucs. On avait rien. J'ai vu des soirs où on allait tous se coucher après le souper, vers six heures, toute la bande, ma mère, mon père — s'il était à la maison et qu'il était pas saoul — ma grand-mère, moi et les quatre enfants, dont deux cousins, parce qu'on avait plus d'huile à lampe.

« Merde, quelle vie !

« Y a une chose, par exemple : on était les enfants les plus en santé à vingt milles à la ronde. Même le docteur de l'école le disait. Des joues rouges, les yeux brillants, bien endurcis, et puant l'huile de foie de morue. »

Une orange toute ronde

« Pendant la Dépression, on vivait pas sur une ferme proprement dite parce qu'on louait seulement la maison d'une ferme qui appartenait à un type de Medecine Hat. Mon père, ma mère, ma sœur et moi. On était pauvre comme des souris d'église, même si je peux pas dire qu'on crevait de faim. Mais on avait pas assez à manger.

« Un Noël, j'espérais recevoir un train électrique, même si on avait pas l'électricité — mais ils étaient si beaux dans les images du catalogue — et j'ai reçu une orange. Une orange ronde et orange. Et c'est tout. Ma sœur en a reçu une aussi. Rien d'autre, vous comprenez. Elle était là, à côté de notre assiette de gruau, au petit déjeuner. Vous savez, je peux pas voir d'oranges aujourd'hui sans penser à ces deux oranges-là. »

Les enfants de ma sœur

« R. B. Bennett a dit que personne au Canada mourait de faim, et s'il parlait de mourir de faim comme les enfants au ventre ballonné du Biafra, non, de ça, y en a pas eu. Mais je connais une famille dont trois enfants sont morts de faim. Manque de nourriture, malnutrition, puis une diarrhée qu'ils n'avaient plus la force de combattre — et ça, pour moi, c'est mourir de faim. C'était les enfants de ma sœur et, chaque jour, je maudis Bennett mille fois, qu'il soit au ciel ou en enfer, et je le ferai jusqu'à ma mort. »

Chapitre 9

Les camps du Secours direct :
on nous traitait comme de la merde

Craignant que les milliers de célibataires sans emploi qui encombraient les villes n'en viennent à se révolter, le gouvernement mit sur pieds à travers le pays des camps de travail dans le but de les soustraire à l'influence des communistes et des agitateurs de tout acabit.

Nourris, logés, vêtus et payés 20 sous par jour, ces hommes accompliraient des travaux utiles, tels que la construction de ponts, la création de parcs, le défrichement de pistes d'excursion, etc. Loin des villes et de la civilisation, ils mèneraient une vie saine, travaillant en plein air et acquérant de bonnes habitudes de discipline. Mais surtout, en étant ainsi isolés, ces hommes cesseraient d'être une menace à l'ordre établi. Aussitôt la crise économique terminée, ils reviendraient, pleins d'entrain pour la relance.

Mais les jeunes hommes voyaient la chose d'un tout autre œil. Pour eux, il s'agissait de camps d'esclaves où on les amenait parfois de force après les avoir enlevés dans la rue. Dans ces camps, sales et laids, où les surveillants étaient d'anciens sergents de la première guerre, la vie était morne, le travail insipide et abrutissant et les vingt sous par jour, une pure insulte.

Pour la majorité des célibataires, c'était un système désespéré. Mais dans l'esprit des politiciens et des fonctionnaires, c'était un très beau plan sur papier. Quelques années plus tard, cependant, ils durent se résigner à y mettre fin, juste avant que les émeutes n'éclatent dans les camps.

Ils voulaient qu'on disparaisse

«Faut savoir que dans ces camps des années 30 on nous traitait pas comme des êtres humains. Pas comme des animaux non plus, mais comme de simples statistiques dans les grands livres d'Ottawa. J'avais 18 ans et j'avais quitté Brantford pour venir dans l'Ouest parce que dans cette partie de l'Ontario y avait pas de travail pour les jeunes. Un jour, à Calgary, un policier dont j'avais fait la connaissance, m'a demandé ce que j'avais l'intention de faire. J'avais 18 ans et j'en savais rien. Je me souviens qu'il m'a dit :

'Tu fais mieux de quitter ce pays avant la neige, Bob, si tu veux éviter de tomber dans le pétrin.' Il me parlait en ami, pas comme policier, alors je suis parti vers Vancouver où au moins je gèlerais pas à mort. Mais là-bas, on nous harcelait sans cesse et j'ai décidé d'aller dans un camp.

C'était un des nombreux camps sur la piste Hope-Princeton, faits de planches, de toiles de tentes et de baraques où on dormait. On était à peu près 150 dans celui-là, âgés de 16 à 35 ou 45 ans, je dirais. Tous célibataires et chômeurs, cassés comme des clous, sans avenir devant nous et considérés dangereux par les politiciens. Leur idée était qu'en nous isolant comme ça, on flânerait plus dans les terrains vacants et les bidonvilles de vagabonds à écouter les communistes fauteurs de troubles.

« Mais la vérité c'est que personne prêtait attention à ces agitateurs. Au contraire, on riait d'eux. Comment pouvait-on vouloir sauver le monde quand on avait même pas de monde à sauver pour nous-mêmes. En arrivant, on nous donnait des sous-vêtements, une chemise brune et un pantalon, des chaussettes et de très bonnes bottes et les agitateurs disaient que la raison pour laquelle on nous donnait de si bonnes bottes, c'était qu'un politicien à Ottawa avait un beau-frère, propriétaire d'une fabrique de bottes, qui était en train de faire fortune avec le gouvernement.

« Si tout ça vous fait penser à un uniforme et que l'uniforme vous fait penser à l'armée, vous avez en partie raison. Sauf que quand je me suis enrôlé, en '39, et que tout était désorganisé que le diable, j'ai découvert que l'armée était mauditement mieux organisée que ces camps-là. On nous faisait sortir tous les matins en rangs serrés et on travaillait à élargir une piste, installer un ponceau, couper du bois pour l'hiver et on devait faire un minimum quotidien, mais chaque jour, au bout d'une heure environ, les gars s'assoyaient et attendaient l'heure du dîner et passaient l'après-midi assis à flâner, dormir, pêter de la broue ou jouer aux cartes ou à se baigner, quand y avait un ruisseau pas loin. Ça, c'est quand il faisait beau. Parfois, par mauvais temps, on sortait même pas de la baraque. « Les camps relevaient du ministère de la Défense et, même si les surveillants n'étaient pas dans l'armée, ils avaient fait la première guerre et laissez-moi vous dire qu'un gars qui a été capitaine ou sergent a bien de la misère à oublier qu'il a été capitaine ou sergent. On était soumis à la loi de l'armée, pour ainsi dire, et ils faisaient pas mal ce qu'ils voulaient avec nous. Ils pouvaient pas vous garder de force si vous vouliez pas rester, mais ils pouvaient vous sacrer dehors s'ils le voulaient, même en hiver. Quand on est à 100 milles dans le bois, avec un camion de provisions qui passe une ou deux fois par semaine, ça peut être plutôt pénible, croyez-moi. Vous y repensiez deux fois avant de décider de partir et vous vous teniez bien tranquille.

« On nous payait 20 sous par jour. Quand je dis ça aujourd'hui, les gens inévitablement disent: 'Tu veux dire 20 sous de l'heure, non?' Par jour, nom de Dieu! Y avait un surveillant dans le camp de Hope qui nous appelait les esclaves. 'Oké, les esclaves, grouillez-vous le cul, on travaille aujourd'hui.' Et c'est vraiment ce qu'on était.

« À travers tout le pays, y avait 15 ou 20 000 hommes dans ces camps, et dans l'Ouest surtout. J'ai lu une fois qu'en cinq ans 200 000 hommes étaient passés par là. Ça veut dire 200 000 jeunes hommes écœurés de la société, du gouvernement, des politiciens, de l'attitude militaire et de l'esclavage à 20 sous par jour.

« Supposons que vous travailliez dans un camp, disons deux mois. Bon, ça fait autour de 40 jours d'ouvrage, c'est-à-dire huit piastres. Qu'est-ce qu'on pouvait faire avec huit piastres en ville? Vivre une semaine? On était comme des bûcherons qui sortent du bois complètement écœurés et qui flambent tout leur argent en une soirée. De la bière, un gros repas, du whisky, peut-être une femme pour la nuit. J'ai entendu dire qu'on donnait des rations de tabac à un cent et demi par jour mais je sais mauditement bien qu'on en a jamais eu dans notre camp. Qui c'est qui se graissait avec ça? Y avait bien de la corruption. J'ai déjà vu le camion arriver avec dix quartiers de bœuf, du bon bœuf, et repartir avec deux quartiers cachés sous une toile et vous pouvez gager votre culotte qu'y a quelqu'un qui en profitait quelque part. C'était la même chose avec tout le reste: les haches, les outils, la dynamite, les conserves.

« Non, on crevait pas de faim. La nourriture était bonne. Enfin, elle était bonne quand elle arrivait mais pas une fois dans nos assiettes. Quand les cuisiniers s'en sacrent, on dirait que tout ce qu'ils touchent devient mauvais.

« Et y avait rien à faire non plus. Dans notre camp, j'ai vu deux Finlandais se taper dessus à tour de bras parce que le premier prétendait que c'était à son tour de jouer aux fers à cheval. On avait un seul jeu de fers à cheval. Le gouvernement fournissait rien. Les cartes, les dés, les échecs, fallait les avoir avec soi. Rien à lire et si vous réclamiez de la lecture, le commandant vous poussait les règlements sous le nez et vous disait de lire telle ou telle section. J'ai vu un gars passer tous ses dimanches à lancer une hache dans un arbre à 40 pieds de distance et chaque fois qu'il l'atteignait au centre, il s'écriait: 'J't'ai eu, mon bâtard.' Il était pas mal bon, il réussissait une fois sur deux. La première fois que les surveillants ont voulu l'empêcher il les a regardés en disant: 'Essayez pour voir.' Ils ont pas essayé. J'espère qu'il s'est trouvé du travail dans un cirque.

« Comme ils choisissaient pas leur monde, y avait toujours quelques pervers dans chaque camp et nous, les jeunes, qu'est-ce qu'on savait de tout ça? Un gars plus vieux devient amical, vous aide, vous donne des conseils, vous prête du tabac, la vieille routine évidemment, et y a des jeunes qui sont devenus des mignons. Dommage, mais quand les autres hommes s'en rendaient compte, ils chassaient les pervers en dehors du camp. Et parfois, les jeunes avec, quand ils devenaient trop effrontés.

« Mais c'était la monotonie de la vie de prison. C'était vraiment la prison, vous savez. Comment voulez-vous appeler ça autrement ? Tout l'air frais et le soleil que vous vouliez, mais pas de femmes, pas de musique, pas de rues, pas de monde, pas de magasins, pas de bière — mais y en a qui s'en faisaient — pas de bruits de la ville ni d'enfants qui jouent. Ceux qui pensent que l'armée, c'était dur, ont pas connu ces camps-là.

« On a jamais rien écrit sur ces camps parce que je pense que le gouvernement était trop honteux quand ça s'est terminé. J'ai lu qu'aux États-Unis, le C.C.C. (le Corps civil de conservation) a fait du bon travail, parce qu'ils payaient leurs hommes, les leaders avaient du bon sens et la discipline aussi. Je pense que les hommes aimaient travailler dans leurs camps, aux États. On leur donnait raison d'être fiers. Ils construisaient des parcs, des écluses, des routes. Des années plus tard, un gars pouvait se vanter à sa femme d'avoir travaillé à construire telle ou telle route, comme le gars qui amène sa femme en Europe et qui, en traversant un petit village, peut dire : 'J'ai aidé à libérer ce village.'

« Mais au Canada, jamais de la vie. C'était : 'Enlevez-moi ces chiens de la rue avant qu'ils fassent peur au monde.' Vous savez, c'était surtout des gars des camps au nord et à l'est de Vancouver qui ont pris part à la marche sur Ottawa qui s'est terminée dans l'émeute de Regina. C'était pas vraiment une émeute, comparé à ce que ces hommes-là auraient pu faire si elle avait eu lieu à Vancouver, quand ils sont descendus des camps au printemps de 1935. Merde, s'ils avaient eu trois bons leaders, pas des rouges, mais trois gars pleins de bon sens qui auraient été de leur bord, ils auraient mis Vancouver en morceaux. C'est pour ça que McGeer *(le maire Gerry McGeer de Vancouver)* s'est dépêché de leur donner $6 000 pour qu'ils quittent la ville. Il savait ce qui s'en venait.

« Tout était mauvais dans ces camps, mais le pire c'est qu'on nous traitait comme de la merde. Des gars cassés, fatigués, affamés, des gars de ferme qui savaient travailler mais on était de la merde. Des esclaves. Rien d'autre. On voulait seulement se débarrasser de nous, nous envoyer le plus loin possible. Ils voulaient qu'on disparaisse. »

Un raisonnement de Dépression

« Parmi ceux qui occupaient les postes officiels — les maires, les conseillers, les administrateurs — y a en beaucoup qui croyaient que pour avoir droit au Secours direct il fallait travailler. Y a rien de nouveau là-dedans, ça remonte probablement bien loin dans l'histoire, jusqu'aux Grecs et aux Romains, peut-être.

« Alors pour justifier nos quelques dollars, on faisait des bien drôles de travaux qui n'avaient rien à voir avec la réalité quotidienne. On nous faisait ouvrir des sentiers d'excursion pour piétons, clairer des parcs et si on pense à l'ambiance de l'époque, ça prenait un sentier mauditement fantastique pour qu'une bande d'hommes prennent leur travail à cœur.

« Ou encore, plutôt que d'utiliser les machines existantes, on choisissait de faire creuser des fossés par 50 hommes au pic et à la pelle, tandis que le bulldozer de $3 000 restait stationné sur le bord de la route. Dans ces conditions, ces hommes avaient pas envie de se faire mourir à pelleter et ça leur prenait peut-être dix fois plus de temps de creuser le fossé qu'un bulldozer. Alors, on voyait des machines toutes neuves qui restaient inutilisées, payées avec les taxes des contribuables évidemment, mais au moins on avait des hommes sur le Secours direct qui travaillaient.

« Ça contentait les administrateurs mais c'était tout à fait stupide, sans compter que parmi ces hommes, y en avait qui souffraient de malnutrition, qui étaient beaucoup trop faibles pour manier une pelle. Mais la municipalité se sentait pas lésée et c'est tout ce qui importait.

« Y avait plein de stupidités comme ça, partout, à travers le Canada, et le plus triste dans tout ça, c'est qu'elles étaient causées par des hommes remplis des meilleures intentions. Des hommes bons, mais stupides. »

Petite fraude médicale

« Y avait un médecin dans notre ville — il vit encore là, d'ailleurs — qui s'était manigancé une belle petite fraude pas mal payante. En rapport avec les camps du Secours direct. J'ai passé un bout de temps dans un de ces camps: un toit, des repas et 20 sous par jour. La grosse affaire à R. B. Bennett, le grand bienveillant. Y en avait par tout le pays et leur raison principale, c'était de vider les rues de tous les jeunes célibataires sans emploi parce qu'ils avaient peur qu'on fasse une révolution. Y aurait jamais pu y avoir de révolution parce qu'y avait pas un seul leader capable de nous embarquer.

« Bon, le médecin. On était pas obligés d'aller dans ces camps, mais si vous n'aimiez pas crever de faim et vous faire taper dessus par tous les flics de Kingston à Vancouver, vous y alliez. Ces camps-là étaient dans le fin fond des bois et y en a qui voulaient pas y aller. Surtout les gars des villes. Dans le temps, les municipalités donnaient des allocations de Secours direct mais ils refusaient de donner aux célibataires les $6 ou $10 par mois auxquels ils avaient droit, en leur disant d'aller dans les camps. Y en a beaucoup qui ont été forcés d'y aller, des vrais trous d'enfer. Mais pour pouvoir aller dans un camp ça vous prenait un certificat de santé d'un médecin. Vous voyez l'affaire.

« Si vous pouviez pas aller dans un camp parce que vous aviez une hernie, disons, alors la ville vous mettait sur le Secours direct et vous aviez la paix. Alors ce médecin s'est arrangé pour laisser savoir qu'il signait des attestations d'hernie, de genoux défectueux, de murmure cardiaque pour $100. Il en gardait 80 et l'intermédiaire, celui qui lui amenait un client, en prenait 20. Une belle petite fraude et il s'est jamais fait prendre.

« Tout le monde connaissait ce médecin. Comme le médecin qui fait des avortements dans une ville, tout le monde le connaît. Il a continué à mettre sa réputation en jeu tant que les camps ont marché. Il jouait bien son jeu, pas trop gourmand, seulement $50 ou $100, juste assez pour vivre comme un roi. Quand il s'agit d'argent, y en a toujours qui savent où le trouver. Dans le temps, c'était toute une fortune. »

La faille

« Ça manquait jamais : chaque fois que le gouvernement sortait un nouveau plan ça prenait pas plus de deux jours avant qu'un gars en trouve la faille. Y avait plus d'avocats frustrés dans ces camps du gouvernement que j'en ai vus dans l'armée.

« Ils nous payaient 20 sous par jour et tout ce qu'ils voulaient c'était de nous sortir des villes. Quelques imbéciles à Ottawa pensaient qu'on voulait partir une révolution. Ouais, c'est ça. Y en était pas question. Mais les camps du Secours direct ont joué pour moi et je vais vous dire comment. C'était simple. Vous pouviez signer n'importe quel nom parce que je me souviens pas d'avoir vu une carte d'identité. Jos, Paul, Pierre, n'importe quoi.

« On recevait une paire de bottes de la guerre 14-18, deux paires de chaussettes, une salopette, une chemise, un pantalon, des mitaines et vous pouviez entrer dans un camp un soir, recevoir vos vêtements et partir le lendemain. Tout le monde s'en foutait. Y avait de ces camps partout dans l'Ouest.

« Je faisais affaire avec les gars du Canadien Pacifique. Des Italiens en majorité, ces imbéciles d'immigrants. Ils se faisaient 25 sous de l'heure. Les bons Canadiens pur-sang avaient seulement 20 sous par jour dans les camps mais les mangeux d'ail se faisaient 25 sous de l'heure. Pas pire, hein ? Ça fait qu'on leur vendait tout le grément pour cinq piastres et on retournait chercher d'autres vêtements dans un autre camp. Dans un camp, ça prenait cinq semaines pour se faire cinq piastres et je pouvais me faire cinq piastres par jour. Évidemment, ça pouvait pas durer éternellement, mais j'ai dû faire ça une trentaine de fois. »

C'était pas si terrible

« Les camps du Secours direct étaient bien. Une question d'adaptation. J'ai vu des fils de cultivateurs du Nouveau-Brunswick qui savaient à peine se faire faire la monnaie d'un dollar à l'épicerie du coin, je les ai entendus se plaindre des conditions quand je savais mauditement bien qu'ils dormaient à quatre dans le même lit à la maison, mangeaient des patates trois fois par jour dans le bon vieux Nouveau-Brunswick, et ils se plaignaient parce qu'ils étaient pas au Château Frontenac.

« Fallait s'adapter. Fallait se dire: 'Bon, bin, j'ai des vêtements, je suis nourri, je suis logé et il fait 15 sous zéro dehors' et vous saviez alors que tout était correct.

« C'était mieux que la prison. Dans les Prairies, en hiver, ils mettaient le monde en prison pour leur propre bien. Pour la moindre incartade, pour des riens, l'accusation avait pas d'importance. Soixante jours en dedans, le temps que les corneilles reviennent, puis dehors tout le monde.

« J'ai fait plusieurs camps en Colombie britannique. Des bons, des mauvais, des sales, des propres. L'anarchie dans celui-ci, l'ordre dans celui-là. Tout dépendait du superviseur. Un bon superviseur, un bon camp, c'est de même que ça marchait.

« La nourriture était bonne, mais c'était comme du bon bœuf passé au moulin, des fois c'est du baloney qui en sortait. De la bonne nourriture mais des mauvais cuisiniers. Pas de motivation. Si personne parmi les dirigeants s'en occupait, c'était un mauvais camp.

« Les agitateurs venaient aussi. Des gars intelligents, mais trop intelligents. Ils disaient: 'Vous êtes pires que les esclaves des galères. Vous êtes des déchets et Bennett veut pas vous voir dans les rues. Vous êtes enterrés ici et les choses enterrées, ça pourrit.' Je leur répondais tout le temps, je m'en tenais au bon sens commun, je leur disais qu'après tout on était logés, nourris et que le mois d'avant des gars avaient sauté un train quand il faisait 10 sous zéro et qu'ils étaient bien contents d'arriver au camp. Les agitateurs avaient pas grand-chose à dire là-dessus. Je leur demandais s'ils avaient déjà sauté un train en pleine nuit dans les cours de Moose Jaw. Les communistes — si c'est ça qu'ils étaient — faisaient jamais ça. Trop intelligents.

« Mais je suis d'accord, les 20 sous par jour, c'était une insulte. C'était le pire. Mais on oublie ça vite. Aujourd'hui, j'y pense seulement quatre ou cinq fois par jour. *(Il rit.)*

« Oui, je suis sûr qu'y avait une meilleure solution que les camps, mais je vais attendre une heure ou deux pour vous laisser le temps d'en trouver une. Moi, je peux pas. Pas dans les circonstances de l'époque. Oubliez pas que le pays était complètement écrasé. Knock-outé. »

Chapitre 10

La vie sauvage

Les villes étaient des culs-de-sac. Les pauvres étaient des indésirables et l'on chassait des villes les nomades, les errants sans travail, tous considérés fauteurs de troubles. Plusieurs choisirent donc d'aller vivre dans le bois, convaincus que la vie y serait meilleure que dans la ville maudite.

Ils partaient toujours en direction du Nord, au-delà de la civilisation, ou vers la côte ouest. Ils croyaient tous que là où ils s'en allaient — et bien peu savaient où exactement — un homme pouvait vivre libre, sans la contrainte des lois et règlements. Ils savaient qu'en travaillant très fort ils parviendraient à survivre et ils partaient tenter leur chance en forêt.

Un hiver dans le bois

«Le monde disait: 'Mac, es-tu fou? tu sortiras jamais de là vivant.' J'étais tanné d'entendre ça. Je leur disais que j'en avais assez de cette vie dure, écœuré de l'homme blanc en train de tout gâcher dans la région de Caribou, que je m'en allais tout à fait à l'ouest dans les montagnes, passé Williams Lake et Redstone, puis vers le nord, vers les Ichkas.

«C'était en 1933, tout le pays était à terre. Mais les fourrures se vendaient bien à cause d'une nouvelle mode folle qui faisait fureur et je voulais en profiter.

«Je savais ce que je ferais. Un bon gros cheval et deux bêtes porteuses. Les Indiens de Springbank en vendaient pour presque rien. Je m'en irais tranquillement passé Riske Creek, puis plus loin encore et je piquerais vers le nord. Et j'arriverais là où je m'en allais quand j'y arriverais, un point c'est tout. Un Indien m'avait dit que le caribou était en train de revenir dans le bout et y avait plein de chevreuils et je savais que dix ans sur les quais de Vancouver m'avaient pas apprivoisé. Une hache, c'est une hache et quand t'as appris à t'en servir, tu l'oublies pas. Je bâtirais un abri pour les chevaux et j'essayerais de leur ramasser du foin d'automne pour l'hiver et je me ferais une cabane de 10 par 12 et j'aurais la paix. J'ai calculé que ça me prendrait une centaine de pièges et, cette année-là, c'est tout juste si on les donnait pas. Les gars avaient perdu courage et plus personne chassait. Le vison, la loutre, le castor, le coyote, le loup et peut-être l'ours. Ça me prenait un pistolet .22, et une carabine 30:30 ferait l'affaire. Une poignée de cartouches se vendait 25 sous et ça m'en prenait pas tellement. J'abattrais un caribou et, un coup charqué je garderais les restants pour mes trappes, comme appâts.

«Le garde-chasse du gouvernement à Quesnel m'a donné un permis. Il m'a demandé pour quel endroit et j'ai mis le doigt sur une région de la carte où y avait rien, au nord du lac Takla et j'ai dit là. 'Y a pas de là', qu'il m'a dit en riant mais il m'a fait le permis quand même. Un bon gars.

«De toutes façons, je voulais pas tellement que le monde sache où j'étais. Au début du mois d'août, j'ai rassemblé tout mon grément et je suis parti sans dire bonjour à personne. J'ai rencontré un ou deux rancheurs et quelques familles indiennes. Tous des pauvres gens. Dans le temps, on leur donnait pas de Secours direct et, bien sûr, ils vivaient de chasse et de pêche comme ils l'ont toujours fait et le gouvernement fédéral leur versait une allocation de cinq dollars par mois par famille, peu importe le nombre d'enfants, mais j'ai jamais rencontré un Indien qui parlait suffisamment l'anglais pour la demander. C'est pas les prêtres qui les aidaient. Leurs seuls plaisirs, c'était l'extrait de vanille, des jeux de hasard et puis baiser. En fait, c'est bizarre, mais dans la région de Chilcotin les Indiens avaient pas de grosses familles, comme s'ils avaient l'instinct du contrôle des naissances. Évidemment, bien des bébés mouraient. La sélection naturelle. En tout cas. Ces Indiens-là aimaient bien le tabac et je leur en donnais en retour des renseignements qu'ils me fournissaient. Dans le nord-ouest, ils disaient qu'y avait bien des montagnes, ce qui veut dire des ruisseaux, donc des castors, et là où y a des castors, y a des coyotes, des rats musqués, des chevreuils et des canards, parce que voyez-vous, le castor c'est comme la clef de tout le reste dans le bois. Là où y a de l'eau, y a des animaux. Un vieil Indien m'a parlé d'un village, quelque chose comme Ulchake, j'ai sorti ma carte et il l'a regardée pas mal longtemps puis il a mis le doigt sur un point en regardant mon fusil et mes trappes et j'ai compris qu'il voulait dire qu'y avait du gibier par là.

«Ils avaient une fille avec eux, autour de 15 ou 16 ans, et j'ai pointé vers elle et moi mais le vieil homme a dit non, pas question. Il s'est mis à parler avec les siens et ils ont tous pouffé de rire, et j'ai imaginé qu'il leur proposait de m'offrir la plus vieille plotte de leur bande, mais il a pointé vers la carte puis vers moi et ce qu'il voulait me dire c'est que je me trouverais une femme là-bas. J'étais pas intéressé à avoir un homme comme partenaire parce que ça peut causer trop de problèmes, mais une femme qui sait cuisiner, écorcher un animal et empêcher tes couilles de prendre en feu, ça, ç'a du bon sens. Mais une Indienne, par exemple. Rien d'autre. De toutes façons, j'en ai pas trouvé.

« J'ai pas eu trop de problèmes parce qu'y avait beaucoup de vieux sentiers d'Indiens, au nord d'Anaheim, le poste de traite. Mais il faut que je vous situe un peu ce pays. C'est encore sauvage par là, même aujourd'hui. J'ai entendu dire qu'y a des Indiens par là qui ont jamais vu un homme blanc, d'autres disent que c'est pas vrai, mais dans les années 30 je savais qu'y avait des jeunes Indiens pour qui je devais passer pour Christophe Colomb. Sans blague. Je me suis pas approché de la tribu. Ils me trouveraient bien assez vite de toutes façons. Vous connaissez les Indiens. Je savais qu'un jour je serais en train de couper du bois et que, tout à coup, je me retrouverais entouré de toute une famille, sortie de nulle part, comme ça, qu'ils mangeraient tout ce que j'aurais dans la maison, fumeraient la moitié de mon tabac et me regarderaient faire pendant une heure avant de repartir. C'est ce qui arrivait d'habitude.

« J'ai trouvé l'endroit que je voulais, même qu'y avait un bloc de sel pas loin, pour attirer les chevreuils. Y avait plein de bon bois pour ma cabane, de la bonne eau et des traces de castors.

« Le jour où j'ai commencé à couper des billots pour ma cabane, j'ai aperçu un gros caribou mâle à 60 pieds de moi, les oreilles par en bas comme quand ils sont fâchés. J'avais mon fusil près de moi et dès qu'il a foncé et il en reçu deux dans le coup, presque un par dessus l'autre, il a toussé, il est tombé à genoux, puis s'est écroulé. J'ai même pas eu à le saigner et j'avais déjà mes 800 livres de viande pour l'hiver.

« Ce que j'essaye de dire c'est que, ouais, la Dépression, ç'a été dur mais si un gars avait des connaissances il pouvait se débrouiller. Moi, j'étais chanceux, parce que la région de Chilcotin, c'était mon pays. Ç'a été tout un hiver ! J'avais vraiment besoin d'une femme mais personne pouvait m'en passer une et je passais la moitié de mon temps à écorcher, dépecer, faire des cadres et si j'avais eu une femme ou un partenaire j'aurais nettoyé. Quand la fonte est arrivée, j'avais 28 castors et ils disaient qu'y avait pas de castors dans le Chilcotin. J'ai découvert plus tard que j'avais braconné ces castors, illégal que le diable. Trente coyotes, dont 22 attrapés avec de l'appât empoisonné. Je déteste faire ça, mais c'est la seule façon. J'ai eu neuf loups, des gros, dont six dans une embuscade : ils couraient sur la rivière derrière une couple de chevreuils et j'avais six cartouches dans ma carabine et je les ai eus tous les six. Ils savaient plus de quel côté courir. Le loup est plus fin que ça d'habitude mais je pense qu'ils étaient désorientés par les échos qui rebondissaient de tous les côtés sur les falaises. Autour de 30 renards et 18 visons, dont trois étaient les plus gros que j'avais jamais vus, aussi gros que des fouines, et j'ai eu $40 pour chacun. En février, y a fait un froid terrible pendant deux semaines et ça m'a donné le temps de m'occuper des peaux et de réfléchir.

« J'ai décidé que sans femme ce genre de vie était pas pour moi et que je reviendrais jamais tout seul. Puis, un vent chaud s'est levé et il s'est mis à faire dans les 30 et 40, en février, et deux des chevaux sont revenus en bien mauvais état. Le troisième était mort et les renards l'avaient trouvé. Il me restait seulement deux chevaux, ça fait que j'ai laissé tomber le rat musqué, même si y en avait des milliers, mais je voulais m'en aller et, un mois plus tard, je partais.

« Je tombe sur un sentier d'Indiens dans les grands prés au sud des montagnes et je rencontre un vieil homme avec sa squaw qui s'en allaient à Nazko. Les pauvres, je crois que je leur ai sauvé la vie. Le monde pense que les Indiens peuvent se débrouiller dans le bois dès leur naissance, grâce à quelque instinct inné. Mais c'est pas vrai, faut qu'ils l'apprennent, comme tout le monde. Ces deux-là étaient comme des bébés, ils avaient perdu tout leur instinct, mais ils avaient survécu au froid et à la faim. Je leur ai donné des fèves et du thé et on s'est rendu à Nazko. En arrivant, je leur donne mes chevaux et je loue un camion pour me rendre jusqu'à Quesnel. De là, je mets mes peaux sur le train, je m'asseois dessus et je reste assis là tout le long, à lire des revues de cow-boys, boire de la bière avec du pain et des saucisses de pâté de foie. J'embarque sur un bateau jusqu'à Vancouver, je transporte ma production d'hiver jusqu'au magasin des fourrures crues, ils me servent un verre et j'obtiens un bon prix, plus de $1 500 pour toute l'affaire, et c'est suffisant.

« Je suis pas remonté dans le bois. »

On s'est débrouillés entre copains

« Bien sûrs, on était différents. J'avais fait deux années d'université, Jack Dawson était fils de pasteur — en général, ça donne pas grand-chose — Jamie était son cousin et puis y avait Anton. J'essaierai pas d'épeler son nom — tout en c et en z — mais c'était un bon gars et on s'était rencontrés chez un vieux qui engageait pour la cueillette, dans le bout de Penticton.

« Cinquante sous par jour pour les pommes, peut-être 60. Y avait pas de foreman pour nous achaler. 'Travaillez à votre rythme, les gars, nous disait le vieux fermier, je peux rien vendre de toutes façons.' Il avait le sens de l'humour et sa femme riait tout le temps et nous apportait des tartes aux pommes et du cidre doux. Pas du fort. Avec du cidre fort, on serait tombés en bas de nos échelles. On était nourris. Le lait coûtait cinq sous le gallon. Tant qu'on en voulait. Le bœuf haché, cinq sous la livre dans le plus et y avait un grand jardin ce qui fait qu'on pouvait manger tant qu'on voulait. Tout ce que ça leur coûtait, c'était les efforts de sa femme pour nous faire à manger.

« Après les pommes, on a rentré un peu de foin et Jack et moi on s'est trouvé du travail à creuser autour des poteaux de téléphone pour gratter la pourriture et les peinturer, et on mettait tout en commun. On vivait mieux à quatre avec deux dollars par jour que seul avec 50 sous.

« Le vieux nous a dit qu'on pouvait prendre la cabane, dans la montagne au-dessus de sa maison. Pour le loyer, il nous a demandé de poser une clôture pour empêcher le bétail de contaminer son ruisseau. C'était pas compliqué. 'Prenez vot' temps, les gars, ça fait des années que le bétail est là.' Ce vieux-là, c'est le gars le moins pressé que j'aie connu.

« C'était une belle cabane et la première chose que j'ai faite, c'est de sculpter sur une planche, cette phrase de Thoreau : 'Pendant une certaine saison de notre vie, on se met à considérer chaque endroit comme le lieu possible de sa maison.' J'étudiais Thoreau et ce genre de vie m'allait très bien.

« Avec nos économies de l'été et de l'automne, on est descendus au village. D'abord, on s'est trouvé des vêtements gratuits à l'Armée du Salut. Chez le boucher, on demandait les bouts de jambons, cette partie qui pend au crochet. Personne en veut parce que c'est plutôt dur, alors il nous les donnait. Les tomates ? Vous pouviez en acheter une tonne pour $15, personne en mangeait. Des pommes, des pêches, des cerises. Un pain coûtait trois, quatre sous. J'ai acheté vingt livres de bœuf haché pour un dollar. Un bon steak coûtait 20 sous la livre, mais on trouvait ça trop cher. Y avait du chevreuil le long du ruisseau. Du bois de poêle en masse. Fallait qu'on achète de la farine, de la graisse — et vous pouviez en avoir une grosse chaudière pour presque rien — de l'huile à lampe, du sel, du poivre et du sucre.

« On est resté un an, puis Anton est parti en Californie, je suis retourné à Toronto et les Dawson sont retournés à la côte. Personne voulait retourner dans les Prairies et, c'est drôle, mais c'est de là qu'on venait tous. De l'Alberta et de la Saskatchewan.

« On a vécu ensemble pendant presque deux ans et y a jamais eu de problèmes entre nous, je vous le jure. Nous étions heureux, à notre petite façon évidemment.

« Tout le monde se plaignait dans la vallée de l'Okanagan et, pourtant, même si les prix étaient bas, ils avaient tous leur terre, leur voiture et leur belle maison. Y en a qui faisaient de l'équitation, d'autres jouaient au polo. Y avait un club de cricket. La pêche et la chasse étaient bonnes. Et je me souviens qu'ils organisaient des danses et des bals pas mal sophistiqués. Mais ils se plaignaient. Ils se plaignent encore, même quand ils passent leurs vacances en Californie. »

On vivait avec la nature

« Oh, on vivait pas si mal. Mais y a une chose qu'i' faut pas oublier, c'est qu'on n'avait pas d'argent. Pas un sou. Mais qui c'est qui en avait? Les gros bonnets du silo à grain de Winnipeg, je suppose. Mais on vivait bien.

«Comment on faisait? Bin, j'avais une ferme près du Lac DuBonnet, à l'est de Winnipeg. Dans le bois, on appelait ça une terre à souches. J'avais à peu près 20 acres de culture, pi dix autres de pâturage. Le reste, c'était du bois. J'imagine que toute l'affaire devait valoir dans le temps autour de $1 000. Peut-être moins. Y avait des fermes vides partout au Manitoba. Un gars pouvait entrer pi s'installer s'i' voulait. On avait quatre vaches, y en avait toujours deux qui donnaient du lait pi on engraissait les veaux pour la viande. Peut-être que je me trompe, mais il me semble qu'on pouvait avoir un veau de deux, trois jours, pour un dollar pi même pour rien. On avait du lait, madame Renault faisait du beurre, du fromage pi de la crème glacée aux bleuets. Dans les grosses chaleurs d'été, y a rien qui battait la crème glacée aux bleuets de madame Renault. J'avais du blé pi de l'orge, on moulait ça comme dans l'ancien temps, c'était nourrissant. La viande était pas chère. Je me demande encore comment certains de mes voisins faisaient pour vivre en vendant du bétail.

«Autour de chez nous, y avait un troupeau de chevreuils que je commençais à nourrir avec un peu de foin autour de septembre pi on en prenait un chaque fois qu'on avait besoin de viande. Le pays était plein de chevreuils, y en avait trop. Bon Dieu, vous pouviez en attraper un ou deux sur le bord de la route chaque fois que vous alliez au village. Pi le monde de la ville disaient qu'ils crevaient de faim quand y avait plein de bon gibier à 60 milles de chez eux. J'attrapais tout le temps un caribou pour l'hiver. Sur ma terre, y avait un marécage pi c'était toujours là que je le pognais, bang! le premier jour de la saison. Ça fait 600 livres de viande pi c'est aussi bon que n'importe quel bœuf.

«On ramassait du riz sauvage le long de la rivière Winnipeg. La première fois, les Indiens se sont mis à chiâler, ça fait que j'ai dit au vieux chef: 'Écoute, chef, on est tous ensemble ici. Tes garçons arriveront jamais à tout récolter ce riz-là pi moi j'en ai besoin, j'ai une femme pi cinq enfants, ça fait que si jamais je peux t'aider, gêne-toi pas. C'est correct?' C'était un vieux sage, il a dit d'accord. La semaine suivante, j'ai entendu dire en ville que la police recherchait deux de ses garçons pour assault sur autrui ou quelque chose comme ça. Le même jour je leur ai laissé savoir pi les deux gars ont quitté le pays. Ils se sont fait prendre quelques semaines plus tard mais ça, c'était de leur faute. Moi, j'avais fait ma job. Après ça, je vous le dis, j'aurais pu prendre cinq tonnes de riz. C'est pas vraiment du riz, c'est une sorte de grain. Je vous dis qu'une fricassée de gibier pi de légumes sauvages avec ce riz-là, ça vous fait tout un festin.

«La femme avait des poules, ça fait que ça réglait cette question-là. Chaque automne, j'attrapais autant de canards pi d'oies que j'en voulais, des douzaines. Madame Renault faisait une gelée spéciale pour manger avec les canards. Des bleuets, des prunes sauvages, des cerises sauvages. Diable, on avait tout ce qu'i' fallait pi on faisait un vin pas mal bon. Les enfants s'occupaient du jardin, un grand jardin d'un acre, pi on donnait le surplus. Des patates, ça nous sortait par les oreilles. Du blé d'inde sucré, des pois, des carottes. Toutes les vitamines, on les avait. Ouais, dans les années 30.

« On trappait aussi. Vous pouvez pas savoir comment les prix des fourrures montaient pi descendaient pi les modes étaient aussi laides dans le temps qu'aujourd'hui. Je vendais toujours direct à l'enchère. Les garçons travaillaient fort, des belles peaux douces. De la belette, du rat musqué. Puis, savez-vous, chaque année je prenais quelques castors et le garde-chasse savait même pas qu'y en avait dans le pays. Deux, trois loups. Plusieurs ours. Des renards. Ça surprenait bin du monde parce que, des renards, ils pensaient qu'y en avait pas non plus, mais si y a du lièvre, y a du renard.

« L'argent a commencé à rentrer dans le pays vers 1937, je veux dire que les Américains ont commencé à monter de Minneapolis, Grand Forks, Duluth, Chicago pour pêcher pi chasser. Je leur servais de guide pi, s'i' voulaient rester chez nous, madame Renault les nourrissait. On pouvait toujours se tasser pour une ou deux personnes de plus. Ils étaient fous de notre nourriture pi on avait toujours quelques peaux qui traînaient, un loup, un ours, ou un foulard de femme en peau de belette. Les filles, j'en avais trois, elles étaient vraiment bonnes là-'dans. Les gars admiraient les peaux pi on les voyait venir. On avait des maudits bons prix parce qu'on faisait semblant de pas vouloir vendre. Je fumais ma pipe pi je les laissais discuter. Quand i m'offraient trente ou quarante dollars, je disais non, c'est trop, ça vaut pas plus que vingt-cinq, ou quelque chose comme ça. Je passais pour le gars le plus honnête au monde, ce Renault-là, c'était un maudit bon gars, pi ils revenaient l'année suivante pi i' nous envoyaient leurs amis. C'est devenu une bonne affaire pi c'est comme ça qu'on avait de l'argent pour acheter.

« On commandait par le catalogue. La femme pi les filles faisaient tous nos vêtements. Fallait acheter le sucre, le sel pi le poivre, pas la farine parce qu'on en avait, mais du thé, du chocolat, des cartouches, du gaz, des clous pi des choses comme ça. On avait tout le bois qu'i' nous fallait. Même qu'on en vendait en ville, des légumes aussi, du poisson en hiver. À travers la glace.

« On vivait bin, on avait toujours beaucoup à manger pi on en avait pour donner aussi. Les enfants étaient toujours chaudement habillés pi i' sont allés à l'école pi i' ont fait quelque chose d'eux. Moi, je pouvais même pas écrire, mais les temps ont changé, parce que j'ai appris par moi-même, ça me faisait quelque chose à faire. On avait jamais de journaux pi ça prenait du temps avant d'apprendre ce qui se passait. Les gens se plaignaient pas. On savait que les temps étaient durs, mais je me souviens pas d'avoir entendu le mot

Dépression. On savait que tout le monde était dans le trou, mais pour ma femme pi moi, les choses ont jamais été faciles.

« Un de nos garçons est mort à la guerre, en Italie, et l'autre est en affaires. Les filles ont marié des bons gars pi elles ont beaucoup d'enfants, des enfants canadiens-français. Madame Renault est morte. Une bonne femme, elle me manque beaucoup. Mais pendant la Dépression, la famille Renault était indépendante. On vivait loin dans le bois pi on travaillait pour avoir ce qu'on avait. Dans les années avant que la guerre amène toutes sortes de nouvelles jobs, je me souviens pas — mais c'est madame Renault qui tenait les livres, pour ainsi dire — je me souviens pas qu'on ait eu de l'argent en surplus à la fin de l'année, mais c'est certain qu'on vivait pas sans argent. On vivait à notre goût pi on se sacrait bin du gouvernement. Peut-être qu'on était chanceux pi peut-être qu'on était tout simplement des Canadiens français bebêtes qui en savaient pas plus long. En tout cas. »

En route vers l'Alaska

« J'avais pas de raison d'essayer de vivre à Vancouver dans ce temps-là parce que j'avais pas de métier et, de toutes façons, y avait pas de travail. Pendant quelques années, on déménageait de maison en maison, vivant chez des amis aussi longtemps qu'on était bienvenus. Mais comme on avait six enfants, ça durait jamais bien longtemps. Mais finalement, la femme voulait plus endurer ça. Son père lui a envoyé $50 de Toronto et elle est partie avec les trois plus jeunes, les trois filles.

« Les trois garçons et moi, on vivait sous une tente près de False Creek, du côté sud, où y avait pas mal de monde qui vivait là aussi. Un soir, on entend un gémissement et on se dirige vers le bord de l'eau et on découvre une chaloupe qui ballottait contre la berge et, plus loin, un homme étendu sur la grève. On l'a transporté dans une couverture jusqu'au pont de la rue Granville, la police est passée en voiture, ils ont fait venir une ambulance et ont emporté l'homme. Le lendemain, les hommes en bleu sont venus me voir où je leur avais dit que j'habitais et ils ont dit que l'homme était mort et qu'est-ce que j'en savais? Je leur ai dit ce que je savais, mais j'ai rien dit au sujet de la chaloupe et ils en savaient rien. Ils avaient vu la chaloupe et ils ont dû penser qu'elle était à moi. Et c'est comme ça qu'elle l'est devenue.

« Et c'est comme ça que j'ai commencé à pêcher. Je veux pas dire pour gagner ma vie. Non, ça m'aurait pris un bien plus gros bateau, avec un équipage et toute l'affaire. Tout ce que j'avais, c'était un esquif de 16 pieds, mais bien fait, avec une ancre, des lignes, une boîte de vivres pour les cas d'urgence.

« C'était le mois de mai et j'ai demandé aux garçons ce qu'ils avaient envie de faire. De toutes façons, ils allaient pas à l'école, parce que l'école en voulait pas. Donnie, le plus vieux, a dit: 'Allons en Alaska.' Les deux autres étaient d'accord. Je savais bien qu'on irait pas en Alaska dans cette affaire-là, mais c'était mieux d'aller plus au nord que de rester où on était. Je connaissais un gars qui travaillait dans une taverne où les marins et les pêcheurs allaient boire et il m'a présenté à un type qui avait un bateau de pêche et il a dit qu'il était prêt à nous touer aussi loin qu'il allait, dans le bout de Campbell River. On s'est préparés à partir, on a acheté quelques affaires, du lard, des fèves, de la farine, un jambon.

« Il nous a remorqués jusqu'à Campbell River et, de là, on a exploré le détroit Désolation, rempli d'îles quasiment inhabitées, et ceux qui y vivaient se mêlaient de leurs affaires, ils voulaient surtout pas de bateau de la police dans leur bout. On a trouvé un village indien abandonné et on était prêts à s'installer là jusqu'au moment où on a découvert qu'y avait des rats et là où y a des rats y a des maladies. Tout le monde sait ça. Et puis, c'était un endroit lugubre, avec des tombes dans les arbres et des affaires comme ça. Mais plus loin, on a trouvé la plus belle petite cabane en bois rond sur une île où y avait de l'eau douce et c'est là qu'on s'est installés.

« Y avait un gros camp de bûcherons de l'autre côté du détroit. J'empruntais la carabine du gardien et, dans le temps, on pouvait acheter une cartouche à la fois et je me prenais un chevreuil à chaque coup. Y avait de la dynamite aussi dans le camp et quand le gardien avait le dos tourné j'en prenais une couple de bâtons pour avoir du poisson. Vous avez pas idée du nombre de poissons qui remontent en surface sous le coup d'une toute petite détonation. Vous pouviez pêcher toute une journée sans prendre un seul poisson mais si vous lanciez un bout de dynamite au même endroit vous aviez aussitôt des centaines de poissons assomés flottant tout autour.

« Y avait des baies sauvages et des racines et on avait un jardin de patates. Les Indiens avaient appris à nous connaître, on les aimait bien et on allait souvent chez eux. Durant ces trois années-là, mes garçons et moi on a vécu pas mal bien. Et on a jamais souffert de la faim. »

Ma petite Indienne

« J'ai pas souffert pendant les années 30. Pour moi, ç'a été des maudites bonnes années et y a pas grand-chose que j'ai pas pu faire et je me suis toujours arrangé pour avoir un bon cheval, une femme et de la boisson. Je vivais d'expédients. Un simple marin de l'Iowa, pauvre mais rusé. J'ai beaucoup voyagé, et, en 1932, je me suis battu dans un bar à San Francisco et j'ai quasiment battu un gars à mort, quelques autres bons coups de poing et il aurait abouti au cimetière. Je savais frappé. Avec le dossier judiciaire que j'avais déjà, j'étais certain de faire de la prison alors j'ai piqué vers le Canada, j'ai volé un camion à Everett et j'ai traversé la frontière par une route de terre la nuit et, arrivé à New Westminster, je me suis promené sur un terrain de voitures usagées et j'ai volé les plaques d'immatriculation d'une bagnole. Vous voyez ce que je veux dire. On apprend une chose ou deux dans la Marine américaine. Ou trois. Alors j'ai posé les plaques canadiennes sur mon camion et j'ai jeté les autres dans la rivière. J'avais plus de problèmes de ce côté-là, même que j'ai réussi à vendre le camion pour $260. C'était un bon camion.

«J'ai pris l'autobus pour me rendre dans la région de Caribou, Jésus Christ, quel voyage, et j'ai acheté un cheval à Clinton et une selle et je me suis promené autour dans les montagnes pendant une semaine pour apprendre à monter le cheval. J'ai décroché du travail chez un bon gars, un nommé Marriott, qui savait que j'avais pas d'expérience, mais qui m'a engagé pour l'été pour m'occuper des veaux. Ça m'a donné le temps de réfléchir à la façon de contourner le système. Quand l'automne est arrivé, Marriott m'a demandé de rester. Pas de salaire, mais nourri, logé. J'ai dit non.

«Il savait pas qu'il lui manquait trois veaux, les trois que j'avais menés plus haut dans la montagne et, comme ils étaient pas marqués au fer rouge, ça me faisait trois bonnes têtes à mon nom. Je suis parti de là en octobre, quand la première neige est arrivée, avec $27 pour trois mois d'ouvrage, mais j'ai fait un grand demi-tour et je suis revenu me chercher une couple de haches, deux scies, une lime, des chandelles, une lampe à l'huile, un rabot, des ciseaux à bois, une masse, et tout ça valait pas plus qu'une vingtaine de piastres. Ajoutés à mon salaire et aux trois veaux, ça me faisait des revenus d'été acceptables.

«Je me suis acheté un cheval porteur, je l'ai chargé et je suis parti en direction de la rivière Fraser. Et je me suis trouvé une femme aussi, dans une réserve indienne. J'ai fait affaire avec son père. Louise, une très bonne femme, toute jeune. Pour $10 et un veau, et elle a amené son pony, un pony indien increvable. Le bonhomme avait une Winchester 44-40 et je l'ai achetée pour $10, je crois qu'il m'a eu là-dessus, mais il m'a donné une boîte de cartouches. J'ai dit à Louise d'apporter tout ce qui lui appartenait mais avez-vous déjà vu une Indienne avec un coffre de cèdre? Ha! Ha! Elle avait des couvertures, des vêtements, un couteau à écorcher, une chaudière pleines de jolis cailloux qu'elle ramassait depuis des années dans le ruisseau, et des petits pamphlets distribués par les missionnaires avec des images de Jésus flottant là-haut dans le ciel. Le premier soir, on en a pris un pour allumer le feu et ma petite squaw a trouvé bien ça drôle. Elle pouvait plus s'arrêter de rire. La question de la religion était réglée.

«On est retourné dans les montagnes et on a trouvé une cabane de trappeur en bon état. J'ai rafistolé le poêle, posé des bardeaux sur le toit. On a travaillé fort tous les deux, moi sur la hache et elle avec le cheval, qui transportait les billots jusqu'à la cabane.

« Et puis on a rentré notre bois et alors il a fallu décider de ce qu'on ferait de nos veaux. Parce qu'on n'avait pas de foin, vous voyez, et les chevaux peuvent passer l'hiver dans ce pays-là mais pas les vaches. Elles ne peuvent pas gratter la neige jusqu'au sol pour y trouver de l'herbe. Louise savait quoi faire. Vous savez ce qu'elle a fait ? Elle s'est approchée du premier veau avec son couteau, elle a posé sa main juste au-dessus de la queue de l'animal, a promené ses doigts le long de sa colonne vertébrale et, arrivée à son cou, slic, elle lui a planté son couteau et le veau n'a jamais su qu'il était mort. Là j'ai su que je m'étais trouvé une vraie femme.

« Pas question de manger des steaks matin, midi et soir, non m'sieur. Elle les a dépecés jusqu'à la dernière once en gardant toute la graisse, et elle en a fait. »

« C'était toute une bonne femme et oubliez pas qu'elle avait seulement quinze ans et elle l'aimait son homme blanc au bras tatoué. Elle l'examinait souvent ce tatouage et, chaque fois, elle se mettait à se parler dans son dialecte indien et je n'ai jamais su ce qu'elle racontait.

« Elle savait repérer les quelques orignaux qui passaient parfois au nord de chez nous, même si elle n'y était jamais allée. Y a encore des Indiens qui savent ces choses-là. On dit que l'Indien d'aujourd'hui doit apprendre à vivre dans le bois tout comme le blanc, mais c'est pas vrai.

« Elle m'a beaucoup aidé, cette petite fille-là. Je me suis mis à penser comme un Indien et elle, comme un homme blanc, et on s'arrangeait très bien. On a vécu ensemble pendant quatre ans et, l'été, moi, j'allais travailler comme cow-boy et elle, au Lac (le Lac Williams) ou quelque part, et on volait tout le monde au coton. Notre cabane commençait à avoir l'air d'une place qui a du bon sens, avec un jardin où les mauvaises herbes semblaient pas vouloir pousser et on avait du blé d'Inde, des patates et des citrouilles, à l'automne, et je pense qu'on vivait avec $200 par année. Deux cents par année, et ça comprend des pas mal beaux cadeaux de Noël pour ses parents. La vieille Winchester nous a toujours donné notre orignal. Bon Dieu ! de quoi arrêter un train, ces balles-là. On avait de la perdrix, plein de poissons, quelques légumes et on achetait du sucre, de la farine, du sel, des fèves, du pétrole, de la graisse, de l'étoffe, un peu d'avoine pour les chevaux, une bouteille pour Noël et on a fait toutes sortes d'affaires et je lui ai montré à lire et à écrire et elle m'a montré à vivre dans le bois.

« Non, pas d'enfants. Ils sont jamais venus.

« Une fois, la police de la Colombie britannique s'est amenée et ils avaient l'air pas mal curieux et Louise leur a servi un gros steak d'orignal, hors saison, évidemment, mais j'achetais toujours un veau d'un rancher, à l'automne, ce qui me donnait une facture et, comme ça, on mangeait du bœuf, du chevreuil et de l'orignal à l'année longue juste sur cette facture-là et c'était toujours Louise qui s'occupait d'abattre le veau. D'une voix chaude, la main sur l'épine dorsale et la bête s'apercevait de rien.

« Elle me faisait des vestes et des pantalons en cuir, elle faisait le ménage dans la maison qu'elle avait décorée de photos de revues et elle avait même des fleurs en hiver. Des géraniums rouges. Je pourrai jamais voir un géranium sans penser à ma petite Indienne. Je dirais qu'on a vécu quatre ans avec $800, gagnés à faire du foin, à travailler comme cowboy et, chaque année, autour de novembre, Louise vendait des vestes de cuir à huit ou dix dollars chacune, alors on se débrouillait bien.

« Évidemment, c'était pas toujours la cerise sur la crème glacée. D'abord, on a jamais vu de crème. Pi des cerises non plus. J'avais des problèmes avec Louise, mais pas parce qu'elle était Indienne. Parce qu'elle était femme. Ces photos sur les murs, des photos de revues de femmes. Là-bas, Christ, c'était un tout autre monde. Des voitures éclatantes, des robes longues, du champagne. Pourquoi on peut pas aller à Vancouver? Allons à Vancouver. Quand est-ce qu'on va aller à Vancouver pour voir un film? Je lui disais que là-bas, le monde entier était à l'envers.

« C'était les sales années 30, évidemment, mais j'avais là une fille de 19 ans, belle comme un lys de montagne, grande, mince, intelligente, qui n'avait jamais vu un film, entendu la radio ou porté la bonne robe ce qui fait que, Christ, c'était seulement une question de temps avant que je capitule. Alors un bon matin, j'ai dit d'accord. 'Prépare-toi, on s'en va à Clinton prendre le train pour Vancouver.' Elle était comme une enfant. J'avais vaguement l'idée de voler une voiture, le vieux truc des plaques matricules, en tout cas me faire un coup d'argent vite, comme je le pourrais et j'avais quelques idées. J'suis pas un bien bon garçon, hein? Eh bien, non. De toutes manières, on allait s'amuser et s'aimer tant qu'on pourrait, ça c'était garanti.

« Trois jours plus tard, on fermait la cabane. Je suis allé atteler les chevaux et comme je revenais vers la cabane, que le diable m'emporte si c'est pas vrai, elle était debout devant la porte dans une toilette incroyable. Vous auriez dit une femme de la haute société, habillée comme les modèles dans les revues de mode de la ville. Elle s'était acheté de l'étoffe l'automne précédent, je suppose, elle avait bien étudié les photos et elle s'était fait ces vêtements, chapeau, veston, jupe, blouse, toute l'affaire. Aux pieds, elle avait encore ses mocassins.

« Alors j'ai poussé des cris d'admiration, elle a eu des petits rires nerveux et on est parti sur le sentier. Elle était montée en amazone à cause de sa jupe, voyez-vous. En amazone sur une selle *western,* si vous pouvez le croire. Tout à fait comme une grande dame. On est arrivés devant un ruisseau et son pinto, un de ces petits chevaux indiens, a probablement du être effrayé par le rouge de sa jupe qui était pas rouge, Christ, elle était écarlate, et il a fait un saut de travers et Louise a été projetée et j'ai entendu très distinctement un craquement. Sa tête s'était écrasée sur une pierre dans le ruisseau. J'ai senti tout de suite qu'elle était morte avant même que je m'approche d'elle. Elle l'était. Pas même un dernier sourire avant de mourir. Morte. Je l'ai attachée à la selle et je suis arrivé chez son père, 20 milles plus loin, avant la tombée de la nuit et, le lendemain matin, on l'a enterrée dans sa toilette de ville rose et écarlate sous de beaux peupliers.

« On avait pas besoin de prêtre. On n'y a même pas pensé. Y avait seulement moi et Louise et tout le reste du monde, tous vos maudits dossiers, vos cartes de sécurité sociale et vos cartes d'assurance-automobile, et vos grands livres de recensement à Ottawa, tout ça n'existait pas. C'est sa famille et moi qui l'avons enterrée dans une boîte de bois et je suis resté près de la fosse quand ses frères et ses cousins ont commencé à jeter la terre et j'ai dit : 'Adieu, Louise, je t'ai aimée, et je suis content que t'as pas vu la ville.' J'ai dit à son monde que je reviendrais pas, que la cabane et tout ce qu'il y avait dedans était à eux, et son frère Manuel a dit qu'il planterait une croix blanche sur la tombe et qu'il m'en enverrait un dessin s'il savait où est-ce que j'allais être et j'ai dit que je ne savais pas où j'allais être et je suis monté sur mon cheval, le même que celui sur lequel j'étais arrivé dans ces pays et avait rencontré Louise, et j'ai quitté ce maudit pays et je suis jamais retourné. »

(Il éclate en sanglots.)

Venaison, caviar et vin

« Vous souvenez-vous du vieux quai à English Bay ? C'est là qu'ils vendaient leurs bateaux, des dix-sept pieds, bordés à clins, des bons bateaux, et j'en ai acheté un pas cher, j'ai pris une petite tente, des haches, une scie, une carabine et de la nourriture et j'ai ramé jusqu'à la sortie du port de Vancouver et j'ai piqué vers le nord, sachant pas où je m'en allais et me disant que c'était mieux que de rester là. Y avait pas de Secours direct à ce moment-là, mais on pouvait avoir des billets de repas. Mais y en avait beaucoup parmi nous qui voulaient rien savoir.

« J'ai ramé jusqu'à Pender Harbour, puis jusqu'à Powell River et le vieux docteur Henderson m'a dit que Mike Schuster, de Melanie Cove, était mort l'année précédente et qu'il avait laissé sa maison à l'hôpital et que si je voulais payer les taxes, qui se montaient à environ deux dollars par année, je pouvais vivre là.

« Alors j'ai trouvé la maison de Mike et me suis installé. Sa cabane était en bon état parce qu'il était mort depuis seulement un an. Il avait été l'un des derniers pionniers. Tout un chasseur. Quand je suis arrivé dans sa cabane, il y avait des peaux de chevreuils et de cougars clouées au plancher. Il y en avait six pouces d'épais. En-dessous, j'ai trouvé un numéro du *Vancouver Province* de 1892.

« J'ai pêché, à la ligne, pas de perche, une ligne attachée sous chaque genou, et je ramais. Mike avait laissé un verger qu'il avait planté à la main, tout en terrasses, en transportant la terre dans des sceaux pour chaque pommier et chaque cerisier. Quatre acres comme ça. Tout autour il avait dressé une clôture en filets de poissons de dix pieds de haut, pour éloigner les chevreuils. Et y avait une vigne de mûres sur un treillis de cinquante pieds. Des mûres domestiques, pas des mûres sauvages. Et il avait une presse à cidre et il était réputé tout le long de la côte pour son cidre fort. À trois cents pieds de la cabane, y avait un petit ruisseau où y avait toujours du chevreuil.

« C'était l'année où le prix du saumon avait tellement baissé que le saumon blanc du printemps se vendait un demi-cent la livre et les pêcheurs refusaient d'en vendre par protestation. J'ai salé dans des barils tout le saumon que j'ai pu attraper et j'ai rempli les autres de vin de mûres et de cidre. Les pommiers de Mike donnaient des pommes à cidre. Une bouchée de ces pommes vous remplissait la bouche de jus puis vous laissait une espèce de petite laine de coton sur le palais.

« Le résultat de tout ça, c'est qu'en gardant les œufs de saumon, je vivais de venaison, de caviar et de vin, comme un gourmet, mais je ramais dix milles tous les dimanches pour vendre mon poisson et quand je pouvais en échanger pour une livre de saucisse et quelques bouteilles de bière, alors j'avais tout un festin. Je vivais bien, mais j'étais seul.

« Y avait aucun espoir d'avancement, évidemment, mais on se gardait bien en vie, sans le Secours direct. Je suis resté là plus d'un an, explorant la côte, ramant parfois jusqu'à 45 milles et plus, juste pour voir de quoi le pays avait l'air. C'était une bonne vie, mais après un bout de temps, j'ai dû rentrer en ville pour avoir du monde autour de moi. Ceux qui ont occupé cette place après moi ont dû trouver plusieurs barils de saumon salé. Ils y sont peut-être encore. »

Chapitre 11

L'employeur était roi et maître

Parmi tous les gens que j'ai interviewés, un grand nombre éprouvent encore de l'amertume à l'endroit des employeurs sans scrupule des années 30. Ils se souviennent du nom de leur employeur, de son adresse, du travail qu'ils devaient faire, de leur salaire pitoyable et des indignités dont ils ont souffert.

Si la loi de la jungle prévaut toujours, il reste qu'en temps de crise les griffes des rapaces s'allongent et s'aiguisent. C'est ainsi qu'une femme travaillant dans une fabrique de textile à deux dollars par jour pouvait subitement perdre son emploi au profit de la première venue s'offrant à travailler à $1.50. De même, un grossiste pouvait décider du prix qu'il paierait pour un vêtement, puisqu'il suffisait au fabriquant de réduire le salaire de ses employés en conséquence.

Il faut dire, en toute justice, qu'il y eut des milliers de bons employeurs durant la Dépression, des hommes honnêtes et bons chrétiens, affligés d'avoir à mettre un travailleur à pied. Mais il y avait les autres, — et les survivants se souviennent d'eux — les employeurs vénaux cherchant toujours à extirper de leurs employés jusqu'à la dernière goutte d'énergie pour la plus petite somme d'argent possible.

Ils avaient le choix

«Je crois que les années 30 ont été la véritable épreuve de valeur pour plus d'un employeur. Pensez-y: il y avait une surabondance de main-d'œuvre disponible. Ils avaient le choix et pouvaient payer ce qu'ils voulaient. Si le travailleur se plaignait, on lui disait tout simplement de déguerpir, il y avait des piles de demandes d'emploi de dix pieds de haut.

«C'était une forme d'esclavage et, si je comprends bien, les esclaves du Sud étaient mieux traités.

«Les femmes qui travaillaient dans les usines de textile, du travail à la pièce, du travail de finesse qui leur ruinait la vue en quelques années, ces femmes-là se faisaient seulement trois ou quatre dollars par semaine mais cela n'empêchait pas qu'on faisait la queue pour obtenir du travail dans les usines.

«Parlons d'exploitation! Les banques ont toujours été les pires employeurs, des salaires minables, et un homme avec 25 ans de service, travaillant 10 heures par jour, du lundi au vendredi, demi-journée le samedi, et du travail de nuit chaque mois, eh bien, un homme de 25 ans de service pouvait se faire sept ou huit dollars par semaine.

« Les aide-cultivateurs se faisaient cinq dollars par mois, nourris. Les bonnes, cinq ou six dollars par mois. J'ai vu des journaux où on n'offrait du travail que pour des domestiques. Les manœuvres avaient autour de dix dollars, hiver comme été, et se trouvaient chanceux d'avoir un emploi. Ne me parlez pas des commis de magasins. Payés presque rien et forcés d'être toujours bien mis de leur personne, toujours souriant et d'aller à l'église tous les dimanches. Les facteurs et les fonctionnaires se débrouillaient pas trop mal et leur emploi était passablement sûr.

« Mais les banques étaient les pires, je crois, et ils maintenaient leur monde dans une forme d'esclavage. De la pauvreté respectable. Il fallait même demander la permission pour se marier, et je connais un jeune homme qui a été congédié parce qu'il jouait au golf le dimanche. Avec son père. Son gérant de banque l'a vu sur le terrain et a trouvé pas correct qu'un jeune homme perde son temps le dimanche. Difficile à croire, hein? Les compagnies d'assurance étaient pas beaucoup mieux, payant des salaires qui n'auraient même pas nourri un chien en Gaines Burger. Sérieusement.

« On reconnaissait la vraie valeur d'un homme, dans ce temps-là, quand un employé disait: 'Monsieur X est un bon gars, il me traite bien.' Trop souvent c'était le contraire, loup contre loup, l'exploitation à plein jusqu'à ce que vous ayez le plus petit salaire qu'un homme puisse accepter. Comment il se fait que certains de ces propriétaires n'aient pas abouti au fond de la rivière, la gorge coupée, ça, je le saurai jamais.

« Quel outrage! J'ai connu un homme, grossiste en fruits et légumes, qui se débrouillait très bien. En fait, c'était le genre à se débrouiller tout à fait bien en pleine tempête de neige dans l'Arctique. Le type qui a le don. Il donnait des grandes parties. Combien ça pouvait vraiment lui coûter, alors que la boisson se vendait pour trois fois rien et que vous pouviez nourrir 50 personnes avec dix dollars? Eh bien, ce type-là faisaient venir ses secrétaires pour servir de bonnes dans ses réceptions, en robes noires et tabliers blancs, et les hommes, oui, des pères de famille, devaient se faire barmans et garçons de table. Pour rien. Pas un seul verre pour eux, seulement ceux qu'ils pouvaient chiper. Et si la fête durait jusqu'à deux heures du matin, il leur fallait quand même être au travail le lendemain à huit heures, pleins d'entrain et, si je me souviens bien, les tramways arrêtaient à 1h.45, donc ils devaient rentrer à pied.

« Faut pas se surprendre qu'il y ait des gens amers ou qui veulent seulement oublier toute l'affaire et se dire que ces dix années n'ont jamais eu lieu.

« Il y a deux générations de Canadiens qui pensent comme ça. La Dépression a fait ressortir le pire chez bien des gens, et certaines de ces grosses fortunes que vous voyez aujourd'hui, je peux vous dire par expérience personnelle qu'elles ont été amassées par des brutes exécrables pendant ces dix années-là et ce qu'ils ont amassé pendant la Crise ils l'ont doublé et quadruplé pendant la guerre. De 1929 à 1945, si vous saviez comment faire de l'argent, vous n'aviez qu'à le ramasser. »

Quatre semaines en quatre ans

« Y avait tout simplement pas de travail pour personne et encore moins pour les filles et les femmes. Quand j'ai quitté l'école, pendant quatre ans j'ai travaillé une semaine par année, la semaine de Noël. »

Dehors! Dehors! Dehors!

« Ma mère travaillait sur une machine à coudre dans une fabrique dans l'Est de Montréal. Ils faisaient des pantalons et des choses comme ça et elle gagnait $3 par semaine de cinq jours, à neuf heures par jour, et y avait un système de bonus pour vous récompenser si vous dépassiez votre quota.

« Y avait à peu près 120 femmes dans cette usine-là et ma mère m'a dit que personne a jamais eu de bonus. Jamais.

« Si vous alliez à la toilette plus de deux fois durant les heures de travail, vous étiez congédié, et ces femmes devaient manger assises à leur machine parce qu'y avait pas d'autre endroit pour manger. Pas d'escalier de sauvetage. Pas d'extincteur. Pas d'échelle. Des fenêtres fermées hermétiquement.

« Y avait pas de syndicat. Si vous ne faisiez qu'y penser, c'était dehors! dehors! dehors! Une augmentation? Dehors! Malade pendant deux jours? Dehors! Vous pensez? Dehors!

« Les superviseurs étaient payés pour rabaisser les employés. Ils recevaient une espèce de bonus pour en faire des esclaves.

« Trois piastres par semaine, et elle marchait quatre milles pour aller et quatre milles pour revenir et c'est cet argent-là qui nous a gardés en vie, elle, mon père qui avait perdu une jambe dans le bois, et moi. Je sais pas comment, mais je suis là pour le prouver. Vivant pis en maudit ! '

« Puis la guerre est arrivée et pendant que les ouvriers des chantiers maritimes et des usines de camions gagnaient vingt, vingt-cinq piastres par semaine, toutes ces couturières se faisaient six ou sept dollars. Des salaires d'esclaves. Elles parlaient pas anglais, elles comprenaient pas ce qui se passait, et elles restaient collées toutes ces heures à leur gros moulin à coudre, sans même lever la tête, faisant des uniformes militaires.

« C'était l'esclavage à plein temps, la grosse merde, et si on leur avait adressé la parole gentiment, ces femmes seraient tombées raides mortes sous le choc. Je le sais. Le plancher de la fabrique jonché de corps morts.

« Un moment donné durant la guerre, le gouvernement canadien a fait l'éloge du propriétaire de cette fabrique et de son fils pour leur valeureuse contribution à l'effort de guerre national. »

Les entrepreneurs étaient les plus écœurants

« Mon nom est Per Thornsteinson. Suédois, Danois, Norvégien, comme vous voudrez. Dans les livres, j'étais Steinson, parce qu'un commis avait coupé le Thorn. Pas assez de place sur la formule, je suppose. J'ai entre 80 pi 85 ans, c'est tout ce que je peux vous dire ; dans le temps, un certificat de naissance, ça servait pas à grand-chose. On devenait qui on voulait. Si j'avais pas eu d'accent suédois, mon nom aurait pu être Joe Bachinski ou Antonio Berelli, deux de mes amis, il y a très longtemps.

« Je travaillais à la construction de chemins de fer. Les Joe Bachinski pi les Antonio Berelli pi moi, on en a construit des chemins de fer. Au nord du Lac Supérieur. À la Baie d'Hudson. Dans le nord de l'Alberta. On travaillait comme des forçats et si je vous disais combien on se faisait par jour vous me croiriez pas.

« Les affaires ont empiré vers la fin des années 20. Y avait seulement les vieux comme nous qui décrochaient des jobs de même parce qu'on pouvait travailler 12 heures par jour avec congé le dimanche seulement. Vers 1931, j'étais foreman et les salaires ont commencé à baisser. Une piasse par jour, c'était pas mal bon, pis trois piasses, c'était comme de l'eau dans le désert. Y en avait pas beaucoup qui se faisaient ça. Fallait que ça soit du travail pas mal compliqué, dans les mines, ou comme opérateur de machine, ou sur les échafaudages, où c'est dangereux. Y en avait pas beaucoup qui pouvaient faire du travail comme ça, parce que c'était pas comme le travail de ferme, fallait travailler vite. Les maudits entrepreneurs engageaient même des entraîneux, des gars qui avaient rien dans la tête, mais qui pouvaient travailler fort pis fallait les suivre. C'était la même chose dans les plantations de tabac pis de légumes, ils engageaient des entraîneux, des vrais caves, pi fallait les suivre ou bien crever. Y en avait beaucoup qui crevaient dans les plantations, des gars qui avaient pas la force, tout simplement.

« Tous les hommes étaient surexploités. Tous. Mais les entrepreneurs étaient les plus écœurants. Pis le commissaire pis son trésor de guerre ! La ville la plus proche était à trente milles alors l'entrepreneur avait son magasin. Besoin de mitaines, trois piasses. En ville, une piasse et demie. Des bottes, six piasses. En ville, quatre piasses. Même le tabac était plus cher. La seule chose où il pouvait pas vous fourrer, c'était le courrier, parce que ça, ça relevait du

gouvernement, pis le premier qui aurait essayé de manigancer là-
dedans se serait retrouvé sans travailleurs le lendemain.

«La nourriture était pas riche. Toujours la même chose, évidemment, des fèves, du porc salé, de la morue salée, Jésus! de la
morue salée. Eurk! Même un Scandinave pouvait pas en manger. Du
pain, de la confiture aux fraises. Bin du thé. Y avait des entrepreneurs qui pensaient qu'ils pouvaient nous garder en forme avec du
pain, de la confiture pis du thé.

«On avait une chose en commun, je suppose, c'est qu'on avait
pas de parents. Plus de famille, personne. Des hommes sans foyer.
Y en avait qui travaillaient du printemps au Jour d'Action de Grâces,
pis qui sacraient le camp dans le sud, avec cent piasses dans leur
poche quand ils étaient chanceux. C'était plutôt 40 ou 50 piasses.
Dans le sud des États-Unis, ou jusqu'au Mexique, ou bien à Vancouver. On vivait de charité. On nous appelait des vagabonds. D'habitude, je travaillais tout l'hiver, avec deux semaines de congé pendant les fêtes. On faisait plus d'argent pendant l'hiver, en fait, c'était
là qu'on pouvait se faire trois piasses par jour, manger beaucoup
mieux pi l'entrepreneur était forcé de bien chauffer les baraques
s'il voulait garder ses hommes. Comme question de fait, la main-
d'œuvre d'hiver était faite d'hommes plus responsables pis prêts à
travailler ensemble.

«Les Suédois — pis tous les Scandinaves passaient pour des
Suédois — je dirais qu'ils étaient les meilleurs, ceux qui devenaient
foremans, superviseurs et même entrepreneurs. Tout le système
s'est écroulé durant la guerre. Ça pouvait pas durer dans ces
conditions-là. Non, ça pouvait pas durer.»

Un petit homme répugnant

«Oui, je vais vous en raconter, moi, une histoire. Quand je suis
sortie du Collège commercial, y avait tout simplement pas de travail
pour une fille sans expérience. Absolument rien. Je dirais même qu'y
avait pas une seule possibilité d'emploi du genre dans toute la ville
d'Edmonton. Un ami de ma mère, mon père était mort, m'avait
dit qu'il connaissait une fille qui quittait son emploi dans un petit
restaurant, un travail de quatre heures de l'après-midi à onze heures
du soir, que son patron savait pas encore qu'elle quittait et il m'a
donné son nom.

«Le lendemain matin, j'ai couru jusque-là, non, c'est pas vrai
j'y suis allée le soir même et j'ai rencontré la fille en question. C'était
pas un restaurant comme on l'entend aujourd'hui. C'était vraiment
un petit trou sur une rue qui traverse Jasper. En tout cas. La fille a
dit qu'elle quittait le lendemain. Elle m'a demandé si je voulais
savoir comment c'était, comment était le patron et tout ça, mais
quelque chose dans sa voix m'a fait sentir que je voulais pas le sa-

voir. J'ai dit non merci, que si j'obtenais la job je le découvrirais par moi-même, ce qui vous montre combien j'en avais besoin.

« Le lendemain après-midi, je suis arrivée juste au moment critique, il était en colère et venait de congédier la fille, comme ça, dehors ! Moi, j'étais meilleure cuisinière que la plupart des filles de dix-neuf ans, d'apparence plutôt agréable et porteuse d'un très, très bon nom écossais, ce qui me rendait respectable. McIntyre. Il m'a engagée tout de suite, à un dollar par jour, plus le souper, m'a montré comment me servir de la caisse et m'a fait voir le menu écrit sur le mur. Des hamburgers, des saucisses, du bacon, des œufs, de la choucroute, du fromage, du pain, des tomates, tout ça. Il m'a dit qu'il vérifiait la caisse tous les jours à quatre heures et à onze heures et que je devais jamais quitter avant qu'il ait vérifié les reçus. Il vidait la caisse et laissait environ quatre dollars en monnaie pour le cuisinier du matin.

« Il était probablement Grec ou Syrien, mielleux, le teint olive et huileux, un petit homme tout à fait répugnant, et il vivait avec sa femme et ses enfants à l'étage au-dessus. Ça m'aurait pas surprise qu'il soit propriétaire de tout l'immeuble. Les hamburgers coûtaient cinq sous, le café aussi. Le plat le plus cher, je crois que c'était le spaghetti ou les fèves avec rôties à quinze cents. Mais il se faisait de l'argent parce qu'il y avait environ 15 tabourets et quatre tables, et il fallait que je coure tout le temps sans arrêt. Avec les salaires qu'il nous donnait, je dirais qu'il se faisait de l'argent.

« Le premier soir, il est resté avec moi presque tout le temps pour me montrer la routine. Le lendemain soir, il est descendu à onze heures, a vérifié la caisse et il a même compté le nombre de boulettes de viande dans le réfrigérateur pour pas se faire jouer par le cuisinier de jour. Puis il m'a fait venir dans la dépense en arrière, m'a poussée contre le mur, a relevé ma robe, baissé ma culotte et aussi calmement que je vous le raconte, me l'a entré dedans. C'était pas ma première fois, je l'admets, mais j'ai jamais été aussi surprise dans toute ma vie. En fait, depuis ce jour-là, j'ai rien vécu d'aussi surprenant. Voilà que j'étais tout bonnement violée et je suis restée là et je l'ai pris. Il a fait son affaire en quelques secondes, puis c'était fini. Il m'a dit de me rhabiller, il est sorti, je l'ai suivi et il a dit que, ben, ça faisait partie de ma job. C'est ça qu'il a dit, ça faisait partie de ma job de me faire fourrer.

« Puis il a sorti son portefeuille et m'a tendu un dollar, soit mon salaire de la journée et je ne savais plus très bien s'il me payait un dollar pour m'avoir violée ou si j'avais travaillé pour lui pendant sept heures gratuitement, ce qui, évidemment, faisait de moi une putain. Ou encore, me payait-il pour mes sept heures de travail ? Ce qui voulait dire que je m'ouvrais à lui parce que je le trouvais bon, généreux et loyal ? Ça prête à réflexion.

« J'en ai jamais dit un mot à personne, tant ma famille avait besoin d'argent. Ça nous gardait en vie. Ma pauvre mère, elle en serait morte.

« Mais c'est pas tout, évidemment. Une semaine plus tard, Janet, la fille qui s'était fait congédier, est arrivée et m'a demandé : 'Est-ce qu'il ?' et j'ai simplement haussé les épaules et hoché la tête. Elle m'a dit d'accord, voici ce qu'il faut faire et m'a expliqué son truc. T'achètes ta propre viande à hamburger, tes propres pains, pour quinze sous j'en avais assez pour une dizaine de hamburgers, tu apportes ça en cachette et au cours de la soirée tu vends ta propre marchandise et ça va dans ta poche. Le patron pourra jamais s'en apercevoir puisqu'il n'est jamais là avant onze heures pour son bang-bang. Je travaillais du lundi au vendredi, il fermait samedi après-midi et dimanche ce qui veut dire que je contrôlais tout. Au début, je rapportais à la maison tous les soirs un dollar et trente mais à la longue j'ai augmenté ça à deux dollars, parce que j'avais de l'allure et de l'entre-gens et que je réussissais souvent, avec mon sourire et mes blagues à convaincre le client de manger un deuxième hamburger.

« Oh ! j'aurais pu me débrouiller vraiment bien mais j'ai démissionné au bout de six mois pour travailler dans un meilleur restaurant parce que, peu importe le nombre de fois où il m'a prise dans l'arrière-chambre, pour moi, il était un homme répugnant et odieux. Un être vraiment affreux. »

Sur le tas de roches

« Quand on s'est mariés, ma femme et moi, en 1927, à Halifax, la vie était déjà intolérable. J'avais pas de travail et ma femme travaillait comme serveuse 12 heures par jour pour deux dollars, puis elle a perdu son emploi à cause d'une maladie de reins et, quand la grande Dépression canadienne s'est écrasée sur les Maritimes, où les temps sont toujours durs, eh bien, ç'a été le coup fatal pour bien du monde.

« Pour les fonctionnaires, ça allait et il y avait aussi un peu de travail dans quelques chantiers maritimes, mais ce qui comptait, c'était pas ce que vous connaissiez mais qui vous connaissiez, et j'avais pas d'entrée dans les chantiers maritimes. Quant à la pêche, tout le travail allait aux amis et aux amis d'amis, ce qui fait qu'on était plutôt mal pris. Comme on avait grandi sur une ferme, tous les deux, à la campagne où on crève jamais de faim, on a décidé par un beau matin de printemps de quitter Halifax. Je dirais que c'était en 1931.

« Un type nous a fait monter dans son camion et nous a offert du travail. Comme ça. Et on a sauté dessus. On aurait une maison, pas mauvaise du tout, je pourrais couper mon bois dans sa forêt, faire le train, aider aux foins. En d'autres mots, j'étais un homme engagé. Eleanor, elle est morte depuis 1954, serait ménagère et cuisinière. On avait du lait et de la viande, on pouvait garder un ou deux cochons et cultiver notre jardin. Il était célibataire. De mai à septembre, je recevrais $40 par mois — ce qui était un très bon salaire. Le reste de l'année, rien du tout. Je travaillais pour avoir droit à la maison et Eleanor ne recevait rien, rien pendant toute l'année. On était engagés à deux pour ainsi dire, mais c'était pas trop mal. Il avait été entendu que je ferais pas de travail de ferme sauf le train, le dimanche, et que j'aurais un jour de congé par semaine pour aller à la ville. Ça, c'était correct, mais ça voulait dire aussi qu'on se faisait à deux vingt dollars par mois, pour travailler à l'année longue. Notre premier garçon est arrivé en '32.

« J'étais boucher de mon métier et p'tit à p'tit je me suis mis à faire boucherie le jour où j'avais congé parce qu'y avait toujours quelqu'un dans le voisinage, et même en ville, qui avait un animal à faire dépecer. Y avait bien des gens, même dans les villes, qui gardaient une bête et, comme ça, en quatre ans, j'ai pu économiser près de $400. Dans le temps, c'était toute une somme et c'était vraiment quelque chose de pouvoir sortir son livret de banque avec une balance de $400. Mais cet argent-là, je l'avais gagné en parcourant bien des milles à pieds avec mes outils de boucher et puis... je soupçonnais le patron de trouver que je tirais trop bon parti de ce jour de congé que j'avais obtenu de lui. Je sentais que ça l'emmerdait, mais il savait très bien qu'il faisait une bonne affaire avec Eleanor et moi, alors il m'a laissé faire. Telle quelle, c'était pas une si mauvaise entente.

« Jusqu'à ce que... oui... jusqu'à. On avait retrouvé le goût de la terre pi... tout homme veut son coin de terre pour travailler, pour parcourir son territoire à la brunante, en tout cas, moi, je le voulais et y avait une vente de 98 acres pas loin pour taxes non payées. J'avais calculé que je pourrais y travailler le soir après le travail, une fois les tâches faites chez le patron, puis le mercredi et le dimanche, ça fait que je suis allé voir l'agent du gouvernement et je lui ai demandé à combien il pensait qu'elle serait vendue. Ça marchait par soumissions. Il a toussoté et bafouillé un peu, il a dit que ça serait pas beaucoup et m'a demandé si je savais que la terre était en friche et les bâtiments en mauvais état. Mon Dieu, bonhomme, j'y étais allé tellement souvent que j'aurais pu lui dire combien il me fallait de clous pour retaper la maison... il a écrit un montant sur un bout de papier et me l'a tendu. En sortant, j'ai regardé le papier et ça disait $300. Ça voulait dire trois dollars l'acre pour une terre nue. Pas de bois, des prés seulement. J'étais partant et j'ai envoyé ma soumission scellée pour $300 et — c'est comme ça que le destin nous joue ses petits tours — je me suis retrouvé seul et unique soumissionnaire. J'aurais pu l'avoir pour $200 ou $150. Mais je la voulais tellement cette ferme-là que j'avais l'impression que tous les autres voulaient me l'arracher.

« Nous voilà donc avec 98 acres. Fallait que j'en laboure une partie alors j'ai demandé au type pour qui je travaillais de me prêter ses chevaux pi sa charrue et il a dit non. J'étais renversé. Je voulais labourer trente acres et il a dit qu'il le ferait mais que ça coûterait

$4 l'acre. La terre valait trois dollars l'acre et il en demandait quatre pour la labourer. C'était toute une claque pi la femme et les deux garçons, on avait eu un autre fils, ils étaient tout prêts à déménager au bout du rang et peu importe les difficultés. J'ai dit non merci et j'ai cherché tout autour mais personne voulait le faire. Si j'avais trouvé quelqu'un avec un tracteur j'aurais sauté dessus, mais ç'a pas marché, et le mois de mai était déjà pas mal avancé, ça fait qu'y a fallu que je pile sur mon orgueil et que je retourne chez le patron. Il l'a labourée. C'était pas une tourbe épaisse mais y avait pas de revenez-y, il fallait qu'elle soit labourée. Bin, j'ai signé un papier disant que je lui donnerais $120. J'admets que j'ai pas lu le papier.

« Quand il a eu fini de labourer, il a dit: 'O.K. fermier, tu peux commencer à travailler demain, je veux c'te champ-là ouvert le plus tôt possible.' J'ai dit quel champ et il a dit celui où est le bloc de sel à chevreuil près du marais mais je savais vraiment pas de quoi il parlait. J'avais pas lu ma copie de l'entente? Il a dit que c'était écrit que le travail serait payé comptant d'un seul coup, aussitôt terminé, à défaut de quoi la dette serait remboursée par du travail. Là je savais de quel champ il parlait. On l'appelait le tas de roche et c'était rien d'autre. Des roches comme des champignons après une averse au printemps, des roches partout. Y a des champs comme ça. Des milliers de roches qui remontent en surface tout le temps pi un quart de mille plus loin y en a plus une maudite.

« Il m'a demandé si je pouvais payer. Évidemment, je pouvais pas, même pas en partie puisqu'il fallait que ça soit au complet et j'avais seulement $100, moins que ça, et il fallait que j'achète des semences, louer une ensemenceuse, des chevaux, et puis acheter des outils et d'autres affaires. Ça fait qu'on était pognés. À ses conditions. À ramasser des roches, ma femme pi moi, ce que j'avais refusé de faire quand je travaillais pour lui parce que c'est pas du travail d'homme blanc.

« Savez-vous ce que le bâtard a dit? Je l'entends encore, quarante ans plus tard, et je suis encore capable de l'haïr. Il a dit que j'aurais 60 sous par jour et que, si ma femme voulait, elle pourrait se faire 30 sous par jour. Eh bien, ç'a pris un an. À ramasser des roches pour pas perdre notre petite place. C'est pas la ferme qu'il voulait, non m'sieur, il voulait nous faire souffrir et il l'a fait. Pendant un an. J'ai semé mes 30 acres. Un bon voisin m'a passé ses chevaux, du grain de seigle et de la patate et on a travaillé le soir après six heures. La nièce d'Eleanor est descendue de Sydney pour s'occuper des enfants, ça fait qu'on a travaillé dix heures par jour dans son champ. Si vous calculez ça, ça faisait six cents de l'heure pour moi et trois cents pour Eleanor. Si y a un homme qui a été tourmenté cet été-là, c'était moi.

« Un soir, j'étais parti pour le tuer. Oui, pour le tuer, mais j'ai fini par planter mon couteau dans la veine jugulaire de son taureau certifié. La pauvre bête. Il me connaissait, il m'a laissé m'approcher de lui et il est mort en vomissant son sang. C'était pas une affaire à faire.

« J'aurais dû le traîner en cours avec son contrat mais, dans ce temps-là, le monde avait beaucoup de respect pour le contrat; la parole donnée et la poignée de main, c'était sacré et le papier signé aussi. À part ça, on sentait que les avocats, les juges, les banquiers et le monde riche travaillaient ensemble contre nous, et y a bien du monde qui pense encore comme ça aujourd'hui, mais c'était plus fort dans le temps. Politiquement, j'étais populiste et je sentais que j'avais pas de chance. Aujourd'hui, une entente comme ça aurait pas tenu longtemps.

« Ça nous a pris jusqu'à la fin septembre pour payer notre dette et un gars du village m'a dit que ça me prendrait un reçu avant d'être quitte. Je suis allé voir le patron pour lui demander mon reçu et il voulait pas me le donner. Il m'a dit qu'il fallait que mon avocat parle à son avocat. Il savait très bien que j'avais pas d'avocat. J'ai fait ce qu'ils font dans les livres, j'ai compté jusqu'à dix et j'ai sorti mon grand couteau de poche et je me suis mis à le faire sauter dans le creux de ma main et j'ai dit bien doucement pour pas que le cuisinier m'entende: 'Dommage pour ton bœuf certifié, non? la gorge coupée pi tout ça.' Il m'a fixé pendant quelques secondes puis il a fixé le couteau, puis il est allé s'asseoir à son pupitre, il a écrit le reçu et il me l'a donné en disant: 'Sors d'ici et que Dieu te maudisse', puis il a dit: 'Je vais t'avoir un jour même si c'est la dernière chose que je fais.' Et j'ai dit: 'Non, tu m'auras pas, McDonald, et t'as trois fois plus de troubles maintenant qu'un homme devrait avoir parce que tu m'as comme ennemi.' »

Les temps durs ont tué mon homme

« Le charbon a tué mon homme. Tout comme s'il avait été au front, à travers les balles et les obus. Il travaillait pour une compagnie de charbon, d'abord à Winnipeg, puis ensuite on est venu à Toronto où mes parents habitaient. C'était en 1935. Des temps durs, croyez-moi. Personne veut revivre ça. Je saurai jamais pourquoi mon homme pouvait pas faire autre chose que transporter du charbon.

« Il avait un camion, à Winnipeg il était jaune, et il devait le charger de poches de charbon qui lui blessaient le dos, le livrer chez le client où il devait de nouveau transporter chaque poche jusqu'à la chute de la cave. Mon homme disait que chaque poche pesait 125 livres, 16 par tonne, et que de la ruelle à la chute, il lui fallait marcher environ 60 pieds à travers deux pieds de neige. Il savait ce qu'il disait, parce que quand vous transportez du charbon, vous pouvez pas vous empêcher de compter les poches.

« Il rentrait jamais avant la tombée de la nuit. En moyenne, sept ou huit voyages par jour, à $2.50 par jour. Environ 60 dollars par mois pour le travail le plus dur qu'un homme ait jamais imposé à un autre homme. Quand il rentrait, je lui disais: 'T'as l'air d'un homme de charbon', parce qu'il était tout noir et il me répondait — quand il en avait la force: 'Non, j'ai l'air d'un nègre battu.'

« Au début de l'hiver, il était en forme, parce qu'en été il transportait de la glace ce qui était simple et facile et le salaire était le même. De la glace de porte en porte, c'était une vacance. Mais en hiver je le voyais dépérir. Je l'ai vu des centaines de fois rentrer et s'écraser de tout son long sur le plancher de la cuisine tandis que je lui retirais ses vêtements et qu'un des enfants lui enlevait ses bottes. Le souper était servi et le cher homme disait: 'Mangez, ça va refroidir.' Parfois, il prenait un bol de soupe avec du pain, se couchait tout de suite et dormait sans broncher jusqu'au matin. Dix, onze heures d'un sommeil de mort.

« Comment pouvait-il y avoir un rapport entre nous dans ces conditions. Il voyait jamais ses enfants. Il dormait toute la journée le dimanche ou passait sa journée à la fenêtre. Il jurait jamais. Mais, mon Dieu, moi, je jurais. Le dimanche, à l'église, je maudissais Bennett, le premier ministre, et ensuite King, qui l'a remplacé.

« En 1939, mon homme est tombé et quelque chose a craqué sous le poid du charbon. Le docteur a dit qu'il pouvait plus faire ce travail alors la compagnie l'a placé comme commis. Il pesait les camions et remplissait les papiers, mais il était trop tard. Il a continué à dépérir et, à 33 ans, même l'Armée voulait pas de lui. Il voulait y aller pour son pays mais son pays n'en voulait pas. À cause de son dos. Ils avaient un nom long comme ça (*elle s'étend les bras en croix*) pour sa maladie, et il est mort l'année suivante. C'est comme ça que les temps durs ont détruit mon homme. Et moi. »

Toutes sortes de manigances

« Y avait beaucoup de petites fabriques de vêtements dans le centre-ville de Toronto, de 10, 20 ou 40 employés, et y en avait beaucoup qui faisaient du travail à la pièce pour les grosses compagnies. Des petites entreprises familiales, avec papa comme président, maman comme comptable et les fils et les filles comme gérants et superviseurs, ceux qui s'occupaient de faire suer leurs travailleurs.

« Ils employaient des femmes, celles qui sortaient de la campagne, du nord du Québec et de l'Ontario. Le gouvernement avait fixé le salaire minimum pour les femmes à $12.50 par semaine. Par semaine, remarquez bien. Mais, c'est quoi une semaine? Quelle est la longueur d'un bout de corde? ça pouvait être une semaine de 48 à 70 heures, selon ce que les patrons pouvaient soutirer de leurs employés. Ils connaissaient tous les trucs. Leurs avocats s'employaient à étudier toutes les manigances possibles pour contourner la loi.

« Ils réussissaient à payer une femme $8 ou $9 par semaine, moins que le salaire minimum. Si la femme se plaignait, on lui répondait: 'Tu veux ta job? Ton mari travaille pas? Tes enfants ont faim? Va voir la commission du salaire minimum et dis-leur, tout simplement, que tu travailles tant d'heures et ils vont te payer la différence entre $8 et $12.50'. Et ça marchait.

« Ce qui veut dire quoi? Que le gouvernement subventionnait les fabriquants de vêtements, qui continuaient à vendre leurs produits au même prix et que le client payait en plus la taxe de vente, donc subventionnait lui aussi le propriétaire de la fabrique. C'était bien organisé, hein? Et ça se faisait partout. Si votre but était pas de fourrer le gouvernement, l'employé et le client, vous étiez un nono. Vous savez ce que c'est un nono? C'est celui qui est pas plus fin. Comme nous. »

C'est quoi une journée de travail?

« Les salaires étaient pas bons en Colombie britannique et je me fous de ce que les autres disent. Y a rien qui marchait bien et les autres pensent comme moi. C'était du travail dur et c'est tout ce qu'y avait. Y avait un moulin sur la rivière en face de New Westminster et on se faisait un dollar par jour à empiler des paquets de bardeaux. Mais une journée, c'était cinq ou quinze heures. Une journée, c'était aussi longtemps que la compagnie avait besoin de nous. Ça pouvait dire 24 heures en ligne et des fois c'était ça. On restait tant qu'y avait des bardeaux, parce qu'on nous payait à la fin de chaque journée et si on partait on se faisait fourrer. C'était le seul moulin ouvert sur le Fraser dans ce bout-là, alors qu'est-ce qu'on pouvait faire?

« Un jour, un organisateur s'est joint à l'équipe et nous a dit que nos conditions de travail étaient les pires au Canada. Ça, on le savait. Le patron nous a entendu discuter et il nous a dit que si on débrayait, il aurait une autre équipe au travail le jour même. On n'a pas débrayé, ou fait la grève, ou quoi que ce soit. On a continué à empiler les bardeaux. Ça prenait tout notre temps. On quittait vers sept heures, on rentrait chez nous et on tombait dans le lit. C'est ma femme qui m'enlevait mes bottes et mes chaussettes parce que je tombais endormi tout de suite. Fini. Je me réveillais vers minuit et elle était là, assise, en train de coudre ou de repriser, elle me servait un souper léger et je me rendormais jusqu'à six heures le lendemain. Jour après jour. On vivait pas, on n'existait même pas. »

Tous des bons gars

« J'avais une vraie bonne position au Canadien National, à Moncton. Dans le temps, c'était le quartier-général de la région de l'Est, de Montréal à Halifax. Plus maintenant. Je passais pour un de leurs jeunes hommes prometteurs, un gars qui sait où il s'en va, mais j'ai travaillé fort. Ceci est enregistré? Bon, alors pas de jurons.

« Je fréquentais un groupe de jeunes cadres, comme on dit aujourd'hui, et on se rencontrait pour boire un verre, jouer au poker ou encore aller à la pêche sur la Miramichi ou à la chasse. C'était un bon groupe et j'aimais bien me retrouver avec eux.

« Mais ce que j'ai vu au début des années 30 vous dresserait les cheveux sur la tête. Des hommes avec qui j'étais allé à la pêche, avec qui j'avais joué aux cartes, disaient des choses inouïes. Comme : 'Eh bien, Bert, moi, cette semaine, je continue à dégraisser.' Ça pouvait être une fonderie ou un moulin à bois. L'autre demandait combien et le premier répondait, cinq, six ou huit et Bert déclarait : 'O.K. Harry, si ça marche, j'attends une semaine et j'en fais autant.' J'ai entendu ce genre de conversations pendant des semaines et des semaines et j'ai vu 15 ou 20 de mes bons amis décider du sort d'hommes, de femmes et d'enfants, peut-être deux douzaines d'enfants, comme s'ils s'étaient relancés au poker. Je trouvais ça dégoûtant mais je pouvais rien dire, et j'étais pas mêlé à ce genre de chose parce que j'étais avec les chemins de fer où tout le monde était syndiqué, mais j'étais là et j'écoutais.

« J'ai assisté ainsi à la destruction de bien des centaines de vies d'hommes et si j'avais dit une seule fois : 'Maudits enfants de chienne pourris', je faisais plus partie du groupe. C'était pas un club avec règlements et tout ça, mais j'aurais pas pu rester dans le groupe et je pense pas que j'avais peur de parler. Je pouvais rien y faire.

« Un des gars disait : 'Je demande à mes scieurs de prendre une baisse de huit pour cent.' Il le demandait pas, il le faisait tout simplement. Pas de syndicat, alors tout était permis. Si ça marchait, le suivant faisait pareil et, au bout d'un mois, tous les scieurs du sud du Nouveau-Brunswick faisaient moins d'argent, et au bout d'un autre mois, c'était devenu le salaire standard à travers les Maritimes. C'était pas compliqué, hein?

« Les propriétaires se mêlaient pas à notre groupe. C'était les jeunes hommes brillants qui faisaient ça, des hommes de 35 et 40 ans comme moi et, si vous voulez qu'on vous le confirme — vous devrez chercher des vieux de 75 ans et plus, comme moi. Et y en a plus beaucoup.

« C'était un système — un truc d'administrateurs, si vous voulez — qui marchait parfaitement. Les travailleurs étaient pas syndiqués. Ils étaient complètement écrasés. Alors les salaires continuaient à baisser, petit à petit, vous comprenez, mais les joyeux copains, eux, se graissaient la patte.

« Vous savez, des fois je me demande encore s'ils savaient qu'ils étaient manipulés par leurs propres patrons. Ils étaient tellement avides de grimper dans l'échelle, qu'ils ne le voyaient probablement pas et je sais qu'ils ne pensaient pas à la misère qu'ils créaient. Vous savez, avec le recul, c'était pas mal incroyable. Je me demande si les gens vont croire ça. »

Chapitre 12

Les vagabonds arrivaient de nulle part et n'allaient nulle part

Voyager accroché sous le ventre des wagons de marchandises était devenu synonyme de Dépression. Surtout dans l'Ouest. Des milliers d'hommes sautaient les trains de marchandises à longueur d'année. Quand il leur était impossible de s'installer à l'intérieur des wagons, ils faisaient le voyage à plat ventre sur le toit, ou encore, accrochés aux longues poutres d'acier qui soutenaient les wagons, de quoi se disloquer tous les os du corps et se décoller les méninges du cerveau. Et, généralement, ils arrivaient de nulle part et n'allaient nulle part.

Qu'est-ce qui les poussait à errer de la sorte? La plupart avaient quitté la maison pour laisser leur part de nourriture aux plus jeunes de la famille. D'autres, des pères de famille, avaient tout simplement démissionné, incapables de supporter davantage la honte d'avoir à rester à la maison à ne rien faire. Les plus jeunes cherchaient l'aventure, voulaient découvrir les Rocheuses, l'Océan Pacifique ou la ville de Montréal. Il y avait ceux, bien sûr, pour qui le vagabondage était déjà un penchant tout naturel. Et, enfin, il y avait aussi quelques voleurs qui fuyaient la loi en se réfugiant dans l'anonymat de ces grandes masses mouvantes.

La plupart, bien sûr, justifiaient leur migration dans la volonté de se trouver de l'emploi, mais tous apprirent très rapidement qu'il n'y avait pas de travail. Et ils continuaient à aller et venir, espérant toujours qu'il arrive quelque chose.

La rencontre de deux frères

«La matinée est ensoleillée et on est assis, torse nu, sur le toit d'un wagon dans un trou, à l'est de Calgary, et un autre train de Vancouver vient s'arrêter pile à côté du nôtre et qui est-ce que je vois, assis là, sur le wagon en face de moi, grandeur nature? Mon jeune frère Billy.

«Je dis: 'Salut Billy, comment vont les vieux?' Il me répond: 'Sais pas, ça fait un bout de temps que je les ai pas vus. Où c'est que tu t'en vas, toi?' Je lui réponds que je m'en vais dans la vallée de l'Okanagan pour l'été. 'J'arrive de la Côte, qu'il me dit, pis c'est du pas mal beau pays par là, ça fait que je pense que j'y retourne avec toi. Ça te prend quelqu'un pour s'occuper de toi, non?' Et il fait ni une ni deux et saute sur notre wagon. C'est ce qui s'appelle faire demi-tour.

« C'est comme ça que c'était dans ce temps-là, durant les années 30. On arrivait de nulle part pour s'en aller nulle part, comme des gitans. »

Les bidonvilles

« Comment c'était les bidonvilles ? Bien, je peux te dire que c'est là où le vagabond faisait son nid. Y a des écrivains assez fous pour avoir pensé à nous et qui nous ont baptisé les 'Chevaliers de la Route.' Pas de farce... les Chevaliers ! Je peux te tire qu'on était à peu près tout ce qu'un chevalier n'était pas. On n'était pas mieux habillés que je le suis maintenant. *(Il était crasseux, un vrai robineux.)*

« Le bidonville, c'est là où tous les vagabonds se ramassaient et c'était la seule place où la police venait pas t'achaler. S'ils nous cherchaient, ils savaient que c'est là qu'ils pouvaient nous trouver, si on était encore en vie et encore en ville. Pourquoi penses-tu que les villes avaient leur quartier de bordels ? Pour que les flics puissent surveiller de plus près les madames, les filles, les souteneurs, les joueurs et toute cette racaille. C'était pareil pour nous aut's.

« Des bidonvilles, y en avait partout. Seulement à Vancouver, et autour, il devait bien y en avoir une demi-douzaine. Y en avait un à Port Moody, c'est là qu'on débarquait quand les bœufs nous talonnaient. Pis y en avait un pas mal gros à Kamloops. À Golden, le monde était bin fin par là. Toujours de quoi manger si on était prêt à couper du petit bois ou remplir le réservoir du poêle de la madame ou faire un brin de jardinage. Calgary en avait trois, deux sur le bord de la rivière. Moose Jaw, Regina, quelques-uns autour de Winnipeg. Y en avait un près des silos à grain où les rats étaient tout gras et c'est là que j'ai vu un type en train de faire rôtir des rats embrochés sur un bâton.

« Je lui ai dit que je trouvais pas ça correct mais il m'a dit que ces rats-là étaient propres, rien qu'à voir ce qu'ils mangeaient — du bon grain — et que ça donnait de la très bonne viande. Il m'en a offert mais je pense qu'y a rien qui aurait pu me décider à en manger. S'il m'avait pas dit ce que c'était, bin, je pense que ça aurait été différent, parce que, en autant que je me souvienne, j'avais mauditement faim.

« Oui, c'est vrai, j'ai une formation universitaire. Ça m'a jamais servi parce qu'en sortant de ces salles creuses, je me suis enfoncé dans deux pieds de merde gluante, celle de la Dépression, et j'ai jamais pu m'en sortir. L'Université de l'Alberta. En 1930. Y a des hommes importants qui sont sortis de cette classe-là.

« Bon, revenons aux bidonvilles. Au printemps, en été et à l'automne, ils étaient faciles à trouver parce qu'y avait toujours des feux qui brûlaient pour la popotte. Les gars de la route, ils étaient tous des beaux parleurs. On savait en Christ ce qui marchait pas dans le pays. Si Bennett avait débarqué et nous avait dit : 'O.K. les gars, c'est à votre tour', y aurait eu dix milles preneurs d'un coup sec et chacun aurait été aussi mauvais que Bennett lui-même.

« J'ai vu un train traverser Headlingly en direction de l'ouest qui était noir de monde, des centaines d'hommes, tous chômeurs, qui s'en allaient dans l'Ouest pour se trouver une job à une piasse par jour. Pis ce train-là en a croisé un autre qui s'en allait vers l'est, noir de monde lui aussi, et devinez ce que faisaient tous ces hommes ? Il s'en allaient dans l'Est se chercher une job à une piasse par jour.

« C'était la plus folle des époques. De Bennett jusqu'au dernier des derniers, jusqu'au Bohunk qui puait l'ail et qui savait pas un mot d'anglais, on était tous dans un grand asile d'aliénés. On se rencontrait dans les bidonvilles et les gars, disons que c'était à Kamloops, qui arrivaient de la Côte, nous disaient qu'y avait absolument rien comme travail par là-bas. Et ceux qui arrivaient de Calgary et qui attendaient un train de nuit pour la Côte disaient : 'C'est-i' vrai ? Ouais, les temps sont durs !' Mais quand le train arrivait, ça les empêchait pas de le sauter pour aller à Vancouver. Tu leur demandais pourquoi... oui, pourquoi aller là si y a rien à faire ? et ils répondaient n'importe quoi, qu'ils avaient un copain à rencontrer à telle ou telle place. Ils erraient. Sans but. Vers nulle part.

« Ces bidonvilles ! Y avait toujours un ragoût en train de mijoter sur un feu, dans une vieille boîte de tomates d'un gallon. Quelqu'un y mettait de la viande. Des feuilles de carottes. Des patates. Des épinards. Une poignée de farine. Du sel. Chacun avait son propre sel et sa propre cuillère, son couteau et, comme assiette, on se contentait d'un bardeau ou d'une boîte de conserve. Mais du sel pis sa cuillère, ça, tout le monde avait ça. C'était pas le *Royal Saskatchewan*, mais y avait des fois où c'était tellement bon que j'en ai encore le goût dans la bouche. Y avait toujours plusieurs feux qui brûlaient en même temps dans un bidonville avec des gars assis autour. Ils plongeaient leur cuillère dans la fricassée en racontant comment ils s'y prendraient, eux, pour diriger le pays.

« Bon, il faut que j'y aille, je dois rencontrer un type. »

L'art de sauter un train

« Tu faisais pas juste sauter un train, comme ça, pis bonjour la compagnie. Non, m'sieur ! Y avait tout un art à ça, fallait savoir calculer son affaire. J'ai trop vu de corps coupés en deux, dans ce temps-là, des jambes pis des têtes coupées, pour dire que n'importe qui pouvait sauter un train. J'ai dû voir 8 ou 10 gars qui se sont fait tuer comme ça dans le temps.

« Pour quitter une ville, fallait sauter le train quand il était en mouvement parce que les bœufs patrouillaient pas mal fort dans les cours et, à moins qu'i' fasse bin noir, y avait pas moyen d'embarquer. Surtout après qu'i's ont sorti leur loi des chemins de fer, en 1935. Alors tu sautais un train qui roulait.

« Habituellement, t'avais pas de sac-à-dos, parce que ça te prenait de la vitesse et du synchronisme et, avec ton baluchon, tu risquais de t'enfarger dedans. Tu transportais tes effets dans tes poches et tes vêtements de rechange, si t'en avais, tu les portais par-dessus les autres. Comme deux vestons, un chandail pi ta salopette par-dessus tout ça, et ta paire de bonnes chaussures, tu te l'accrochais autour du coup.

« Quand tu réussissais à t'installer à l'intérieur d'un wagon, t'étais en première classe, mais la plupart du temps on voyageait sur le toit. Y en avait qui s'accrochaient comme des chauve-souris aux barres de fer en-dessous des wagons, mais c'était rare, parce que c'était l'enfer tout le long. En général, les wagons étaient pleins, ou alors vides, mais verrouillés, alors tu montais sur le toit. Par une belle journée de soleil au printemps, c'était le grand bonheur, mais en automne, sous la pluie et la neige, c'était moins drôle. Fallait être fou pour voyager sur le toit en hiver, une façon rapide de mourir.

« Y avait des gars qui pouvaient évaluer la vitesse d'un train exactement, 15, 20 ou 30 milles à l'heure. Fallait être capable de courir le quart de la vitesse du train. Dans du gravier trempé et glissant, t'essayais jamais de sauter un train qui filait à plus de 30 milles à l'heure. C'est là qu'y en avait qui manquaient leur coup, ils s'accrochaient, rebondissaient d'un bord à l'autre, et ils lâchaient... de la chair à saucisse. Fallait courir aussi vite que tu pouvais pis quand t'avais atteint ta pleine vitesse pis que le train filait juste à côté de toi, tu évaluais sa vitesse, tu laissais passer un wagon pis tu te préparais pour le suivant et, au bon moment, tu sautais pour t'accrocher à l'échelle et c'est ta propre vitesse qui te donnait l'élan voulu. Tu montais l'échelle en vitesse pis tu t'écrasais à plat ventre pendant une couple de milles, pis après ça plus personne t'achalait. De toutes façons, c'est dans les cours qu'on t'achalait.

« Le mieux, c'était de voyager sur les lignes d'embranchements. Les trains arrivaient éventuellement à la même place mais plus lentement, pis si on débarquait dans une petite ville, y avait probablement moins de vagabonds et plus de chances de profiter de la générosité des gens de la place. De bien manger. Et moins de chance de rencontrer des flics de chemins de fer.

« Ça voyageait surtout dans les Prairies. Les gars se ramassaient à Vancouver pour l'hiver, le climat, et y en avait qui descendait jusqu'à Toronto, mais pas beaucoup passer ça. À Montréal, bin, c'était plus dur pi dans les Maritimes, bin tout le monde partait de là. Sens unique.

« Tu comprends la nécessité de pas avoir beaucoup de bagage. Cette histoire de se garrocher pis ensuite de sauter en bas, c'est bon pour les jeunes pis je me souviens pas d'avoir vu bin des vieux. Les gars dans la quarantaine, ils s'écrasaient dans un bidonville pis ils bummaient de la nourriture pis du tabac pis ils racontaient des histoires. Ils avaient tous des surnoms comme 'Oklahoma Slim', 'Big Red', 'Le Cyclone de Winnipeg' et 'Nanaimo Joe', pis j'imagine que c'étaient des noms qu'ils s'étaient donnés eux-mêmes. La plupart étaient des faux frères. »

L'omelette fabuleuse

«Je vais vous parler de la fameuse omelette de Calgary. C'est moi qui l'a faite. Y avait un méandre dans la rivière Bow où y avait une espèce de bidonville parce que les gars aimaient se ramasser là où y avait des saules pis de l'abri et c'était le genre de place qu'il fallait connaître pour pouvoir la trouver. C'était le bidonville de villégiature, si vous voulez. C'était à cinq milles de Calgary, qui était une des places avec Winnipeg, Sioux Lookout et Vancouver où ma chère vieille mère m'envoyait du courrier, poste restante. Cette fois-là, comme de raison, une lettre m'attendait avec, que je sois damné si je mens, deux billets d'une piasse dedans!

«Je me suis envoyé quatre bières dans la taverne au sous-sol du Palliser et je suis rentré à pied. En cours de route, j'ai passé devant une petite ferme, oh, quelques acres. Des petites fermes en banlieue de la ville. Y avait une affiche: *Oeufs à vendre*, et je me suis dit qu'une demi-douzaine d'œufs serait une façon très agréable de tasser un peu la bière qui m'avait rendu un peu rond. Quand le fermier est arrivé, je lui ai demandé pour 15 sous d'œufs et il a dit: 'Quinze sous?' et j'ai dit oui et il est revenu avec un gros sac brun plein d'œufs en me disant: 'Faites attention, mettez votre main en-dessous.' Bin, mon ami, y avait quatre douzaines d'œufs là-dedans. Quarante-huit œufs. Le fermier m'a expliqué qu'il les avait payés trois sous la douzaine alors il me les vendais à quatre.

«Je lui ai demandé s'il avait du pain. Combien? Je lui ai dit cinq, avec une livre de beurre. Sa femme est sortie avec les pains qui étaient cinq sous chacun pis avec un pot plein de beurre en me disant qu'y en avait deux livres et j'ai dit parfait. Elle m'a coupé des feuilles de bettes dans son jardin et elle m'a donné une demi-douzaine d'oignons, pis pendant qu'ils calculaient combien ça faisait, je leur ai offert 50 sous pour toute l'affaire pis je vous garantis qu'ils ont sauté dessus. Je pense que j'étais un peu au-dessus. J'ai rapporté tout ça au bord de la rivière, j'ai mis la main sur une de ces grandes casseroles violettes en fonte émaillée qu'un gars avait trouvée quelque part pis j'ai fait une omelette. Imaginez 48 œufs! Deux livres de beurre, une demi-douzaine d'oignons tranchés, des feuilles de cardes hachées avec des morceaux de pain. Quand ç'a été fini, les gars étaient étendus par terre en train de suffoquer. Bin, mon gars, ç'a été l'omelette la plus fameuse dans l'histoire de l'Alberta, on en parle encore. Les dîners aux poulets barbikiou des barons de l'huile américains avaient rien à voir, absolument rien à voir avec 'La Grande Omelette' de Rupert Gill de 1936. Rien à voir, pas une crisse de miette!»

La cuisine de madame Collins

« Ma mère était un ange. Une femme envoyée du ciel. Durant les mauvais jours, elle tenait sa propre cuisine à soupe. C'était pas grand-chose, mais elle faisait de quoi et on pouvait pas en dire autant de tout le monde.

« On avait une maison, une vieille cabane située près du chemin de fer du CP, juste en dehors des limites de Winnipeg. On avait un garage sur le terrain dans lequel je l'avais aidé à installer un poêle à bois, un *Majestic*, un gros, tout noir, et ça nous avait rien coûté, si je me souviens bien, un voisin nous l'avait donné. J'avais mis la main sur des planches et des bouts de bois et on avait fait une table et des bancs. Elle voulait nourrir tous les jeunes affamés qui débarquaient des trains en provenance de l'Ouest, et sur notre clôture en arrière, j'avais peinturé un écriteau 'Repas gratuit'.

« C'était pas la plus fantastique des nourritures, seulement du gruau avec du pain et du thé bien sucré. Pas de lait. Ma mère se levait à six heures et, comme l'église était trop loin, elle faisait son p'tit bout de prière sur le coin de la table pendant que l'eau bouillait, ensuite elle buvait son thé avec un bout de pain et là, elle m'appelait. Les gars sur les trains se refilaient tous les renseignements sur les bons endroits où manger et y en a un qui m'avait dit que quand ils voyaient de la fumée dans la cheminée de madame Collins, ils savaient qu'y avait quelque chose qui les attendait. C'est tout ce qu'y avait, du gruau, mais c'était un gruau et demi! La veille, elle faisait tremper trois livres de pois secs avec des fèves. Dans une immense marmite en fonte qu'elle avait, elle mettait son gruau, les pois, les fèves et plusieurs poignées de raisins et de sel, puis elle versait l'eau bouillante. Puis elle brassait ça, brassait ça et faisait tout ce qu'y a à faire pour avoir du gruau, et ça montait comme une grosse masse fumante qui ressemblait à de la lave de volcan comme on voit sur les photos avec des bulles qui remontent à la surface. Y en fallait pas mal parce que, des fois, on se retrouvait une soixantaine autour de la table pour le déjeuner de ma mère.

« Aux alentours de midi, s'il restait du gruau, ma mère le ramassait — il était devenu aussi collant que du mastique — et elle en faisait des galettes grosses comme des hamburgers qu'elle faisait frire dans de la graisse et les gars qui venaient après ça, buvait leur thé en mangeant leur gâteau au gruau.

« J'ai souvent pensé qu'elle aurait pu s'attendre à un peu plus de ces hommes — et y avait pas mal de jeunes garçons aussi et même une fille occasionnellement — qu'ils auraient pu aider à couper un peu de bois ou passer la moppe. Oh, y a eu bien des volontaires, mais la plupart se contentaient de marmonner une sorte de remerciement puis ils s'en allaient.

« Mais si on considère que c'était des hommes battus, complètement écrasés et incapables de redresser l'échine, eh bien, on les comprend un peu mieux. »

Le docteur Lindsay

« Je me souviens, une fois, un train venait de rentrer à Moose Jaw et y avait un gars — il avait dû apercevoir les feux du bidonville — il s'était lancé pis, paf! il s'était écrasé sur un des feux de signalisation. Il hurlait. Il était vraiment amoché.

« Les hommes dans le bidonville sont arrivés en courant pis y en a un qui a pris l'affaire en main pis il s'est mis à nous donner des ordres à gauche et à droite. J'avais été affecté au service de la Croix Rouge durant la guerre et je voyais bien que c'était un gars qui savait ce qu'il faisait et lui, de son côté, voyait que je savais ce que je faisais, alors on a travaillé ensemble et on a gardé le gars en vie jusqu'à l'arrivée de l'ambulance. Après l'avoir embarqué, je lui ai dit qu'il savait ce qu'il faisait et il m'a répondu. 'Bien, je pense que je devrais. Je suis médecin.' Je le croyais parce que j'avais assez travaillé avec eux pour savoir, alors je lui ai demandé ce qu'il lui était arrivé.

« Après avoir terminé son internat, il n'avait pas pu se trouver d'emploi alors il s'était présenté dans une petite ville de la Saskatchewan où presque 95 pour 100 des gens étaient sur le Secours direct et il avait demandé au commis de la ville s'il pouvait être leur médecin, moyennant une maison, du charbon et le Secours direct. C'était juste: pas plus que ce que les gens recevaient. Ils ont pas voulu parce qu'ils pouvaient pas croire qu'un médecin pouvait pas se trouver une bonne job à Saskatoon ou ailleurs et que s'il arrivait pas à se trouver une job, c'est donc qu'il devait y avoir quelque chose de pas correct avec lui.

« Il a tout laissé tomber et il s'est mis à sauter les trains, il passait l'hiver à Vancouver dans un hôtel miteux, et si y avait un gars malade ou blessé, il l'aidait. Je l'ai jamais revu par la suite. Il m'a dit qu'il s'appelait Lindsay. »

On roulait notre bosse

« Les vrais vagabonds — et y avait bien quelques bonnes femmes aussi — étaient vagabonds bien avant que la Dépression nous tombe dessus et le sont restés après que c'était fini. Parfois, lorsque j'en vois un aujourd'hui, installé sur le toit d'un train de marchandises filant le long de l'autoroute Lougheed, je me demande si, des fois, je l'aurais pas connu.

« Eux, ils étaient les professionnels, c'était eux les vagabonds, tandis que nous, les amateurs, venus de tous les coins du Canada et des États-Unis, on était simplement sans emploi. On peut pas dire qu'on était réellement à la recherche d'un emploi, parce que c'était une denrée très, très rare. Un peu de travail saisonnier, la moisson dans les Prairies, la cueillette des fruits, mais il est plus juste de dire qu'y avait tout simplement pas de travail. On roulait notre bosse pour l'aventure, pour voir du pays.

« C'était pas la peine de rester à la maison et partager le peu de nourriture qu'y avait avec les plus jeunes. Pas question de se marier sans avoir d'emploi. Alors, un jour, on partait en s'envoyant le baluchon sur l'épaule et en disant au revoir ou, des fois, en disant rien du tout. Juste une carte postale de la province voisine pour dire ce qu'il en était.

« On pouvait facilement reconnaître les professionnels dignes de ce nom. D'abord, ils étaient crasseux. Littéralement. Des pous, des morpions, des puces. Ils portaient généralement à peu près trois manteaux, trois pantalons, en plein été, pour pas se les faire voler avant l'hiver. S'ils avaient pu chausser deux paires de bottes, ils auraient pas hésité. Ils avaient toujours une barbe de trois jours, jamais une barbe d'un jour, ça me chiffonnait.

« Ils nous méprisaient. Ils connaissaient tous les trucs et trente jours de prison, pour eux, c'étaient des vacances. Des fois, ils faisaient exprès pour se faire prendre. D'autres fois, les autorités de la ville les ramenaient en camion aux limites de la ville et les matraquaient dans les côtes pour les faire déguerpir.

« Chacun avait son surnom et sa série d'histoires qu'il racontait autour du feu dans les bidonvilles. Et on savait très bien que c'était des histoires inventées ou repiquées d'ailleurs. Je me revois dans le bidonville, disons de Vancouver, assis avec d'autres autour d'un feu en train d'écouter les histoires d'un type. Chaque fois, je pouvais jurer les avoir déjà entendues à Brandon, Winnipeg ou Toronto. En relevant la tête, je reconnaissais le même vagabond en train de réciter la même histoire. Un autre le relayait aussitôt en assurant la parfaite continuité de l'histoire et en leur donnant à toutes un élément de surprise dans le dénouement, à la manière de O. Henry, l'auteur de contes. Dans chaque histoire, celui qui racontait était toujours le héro. Il n'était jamais la victime de la blague. Jamais.

« Mais, dans l'ensemble, c'était des bons gars. Y avait quelques homosexuels, et ça, c'était un mot architabou. Par manque de femmes sur la route, ça, c'était leur raison principale, sans quoi ils auraient été ostracisés par leur propre communauté. Ils se choisissaient des petits jeunes, des petits durs, très rusés aussi. Des petits voleurs. Mais à tout prendre, le vagabond professionnel était pas tellement différent des gars qu'on retrouve dans un syndicat, un entrepôt ou un bureau. Ils étaient passés maîtres dans l'art de survivre sans travailler et ils se faisaient toujours un plaisir de vous renseigner sur la façon de sauter un train, quel wagon choisir, etc.

« Ils avaient entre eux une méthode très efficace pour se passer des messages, parce qu'y avait beaucoup de harcèlement de la part des policiers des chemins de fer, les bœufs comme on les appelait, et y en avait des vicieux. Quand on avait voyagé un an sur les trains, on n'avait plus beaucoup de respect pour les bœufs. Le peu d'autorité qu'ils avaient, et qui était quand même considérable, faisait ressortir le pire en eux. Après ça, on avait plus beaucoup de respect pour les chemins de fer, eux-mêmes. Ils prenaient tout et donnaient quasiment rien.

« Y avait toujours moyen de se trouver de la nourriture quand on en voulait vraiment. Oh, j'ai bien passé une journée ou deux sans manger mais y avait un certain esprit de partage parmi le groupe, sans parler des cuisines à soupe. Y en avait une couple à Winnipeg, à Edmonton, à Calgary aussi. Vancouver, si je me souviens bien, en avait trois. C'était suffisant pour nous garder en vie et, après tout, on était des jeunes coqs dans ce temps-là. Y avait pas beaucoup de vieux parmi les amateurs. Ils auraient pas pu tenir le coup. Le froid, la piètre nourriture, la tension. Y avait toujours la tension sous la menace constante de la police. Y avait toujours le risque de te tuer la prochaine fois que tu sauterais, alors y avait cette tension comme à la guerre.

« Parlant de guerre, quand elle nous est tombée dessus, y a bien des gars qui se sont enrôlés et un sergent m'avait dit que ça leur avait pris des semaines, il exagérait, mais un temps considérable à nettoyer la peau de ces gars-là qui était complètement enduite de suie. Vous comprenez, à l'époque, c'était des locomotives à vapeur qui brûlaient du charbon et, dans les tunnels des Rocheuses, la suie s'imprégnait dans votre peau. Le tunnel Connaught et puis l'autre, là, qui a sept milles de long, près de Field, en Colombie britannique, Jésus Christ ! un gars pouvait suffoquer là-dedans s'il était pas à l'intérieur d'un wagon avec la porte bien fermée. Couché sur le toit, ou accroché entre deux wagons, c'était la mort. On retrouvait toujours dans ces tunnels-là les restes des gars qui étaient tombés. »

Le meurtre d'un vagabond

« Une nuit, dans le bidonville de Kamloops, en Colombie britannique, j'ai vu un homme tuer un autre homme. Et je peux vous dire que c'était pas pour une question de mangeaille ou d'argent.

« Un gars prétendait que Roosevelt était le président des États-Unis et l'autre affirmait que c'était Coolidge. De fil en aiguille, comme d'habitude, ça s'est échauffé et le gars pour Roosevelt a pogné l'autre et l'a lancé par terre et sa tête a frappé un des crochets de fer qui servaient à tenir la marmite. D'après moi, le crochet lui a défoncé l'oreille. En tout cas, ça l'a tué.

« L'autre l'a traîné jusqu'à la voie ferrée et le premier train qui a passé a pulvérisé la tête. Alors, où est la preuve? Si y avait pas 60 témoins, ce soir-là, y en avait pas un seul. Jusqu'à preuve du contraire, c'était un ivrogne qui avait pris le rail pour un oreiller. C'était le genre de choses qui arrivaient tout le temps et j'ai jamais entendu dire qu'on ait pendu quelqu'un pour ça. Ça, c'est garanti. »

Honolulu

« Honolulu, c'était le gros bidonville de Kelowna qui avait ses lois et règlements et je sais pas pourquoi on l'appelait comme ça. Peut-être que Honolulu est une belle place. Mais celui de Kelowna avait une espèce de rue qui le traversait, un maire élu, et c'est là que ça se passait.

« C'était correct comme place, tranquille, rangée. Ça avait pas mal de bon sens parce qu'autrement, ils auraient mobilisé les Rangers des Montagnes Rocheuses ou n'importe quelle autre milice pour évacuer la place. Mais un jour, le conseil de ville de Kelowna a dit pourquoi pas? Pourquoi ne pas les chasser? Les gars ont dit: 'O.K. faites-nous évacuer les lieux pis on envahit la ville. Vous saurez pas où on est rendus. On va coucher dans vos caves, on va vider vos granges, vendre vos attelages. Vous faites mieux de faire attention.' C'était comme le quartier des bordels. La police aime ces quartiers-là, parce qu'ils savent où est tout le monde. Les durs.

« On pouvait jamais savoir ce qui se passait. Personne savait. Y avait pas d'espoir. Sauf qu'on espérait que ça aille mieux l'année suivante. Du travail. Un salaire, de quoi manger tous les jours. Moins d'obstruction de la part des policiers.

« Tout se résumait à l'essentiel: travail, nourriture, argent, pis la sainte paix. »

Y avait des trucs

« Imaginez un homme, je veux dire un vrai homme, sale, pouilleux, sentant le diable. Bien des maisons avaient leur chien et la femme était pas obligée d'envoyer son chien après lui, il le faisait très bien par lui-même.

« Y avait des trucs. Fallait jamais mendier dans un rayon de trois ou quatre rues autour d'une gare ou de la grande route. C'était le gros bon sens. Ces gens-là étaient assez écœurés d'avoir des mendiants à leur porte depuis le début de la Crise. Fallait aller sept ou huit rues plus loin, où les gens étaient pas complètement écœurés de nous. »

La mère Melville

«Y avait la mère Melville, à Calgary, qui avait l'habitude de descendre au bidonville de la rivière Bow avec sa bourse remplie d'enveloppes. Chaque enveloppe avait son timbre et une feuille de papier à l'intérieur et elle les distribuait aux gars en leur disant: 'Écris à ta mère, écris-lui juste une ligne ou deux, elle s'inquiète. Je le sais.' Après sa visite, on voyait quinze, vingt gars, assis en rond, qui se passaient le crayon pour écrire à leur mère.»

Les cuisines à soupe

«Y avait pas trente-six services dans les cuisines à soupe. À l'Armée du Salut, chez les bonnes sœurs ou à la ville, c'était toujours à six heures du soir, et j'aurais fait pareil à leur place. Ça voulait dire qu'on faisait la queue seulement une fois par jour. Évidemment, on nous servait tout ce qu'y avait de plus économique: du baloney, de la tête en fromage, du fromage, pi de la saucisse. Des fois, un demiard de lait et, quand ils avaient reçu un don substantiel, du tabac avec des papiers. À Noël, on pouvait toujours trouver un endroit où on servait un dîner de Noël, avec en prime, un cigare, ou des rouleuses. La ville faisait généralement un effort, et je me souviens avoir reçu une fois des lames de rasoir et des chaussettes de fantaisie à carreaux.

«À la mission, on avait droit à un sermon, 15 minutes de religion avec un pilote du ciel, mais c'était du bon monde, et après on mangeait. Dans certaines villes, l'Armée du Salut, c'était bon. Mais je me suis toujours demandé si ces filles aux joues roses pis ces jeunes hommes un peu trop gras dans leur uniforme, s'ils croyaient vraiment en Dieu où s'ils étaient tout simplement attirés par des vêtements propres, une bonne nourriture et un endroit où loger. S'engager dans l'Armée du Salut c'était comme s'enrôler dans la police. Une sécurité, pis pas dangereux une miette. Suffisait de se tenir debout au coin d'une rue et de battre son tambour.

«Pour pouvoir manger à six heures, fallait être en ligne à quatre heures et fallait connaître les gars. Tout le monde était là. Regardez les vieilles photos, tout le monde est là. Jeunes et vieux. Je me demande où ils sont maintenant. C'est sûr que la guerre en a avalé un grand nombre et, vous savez, y en avait des brillants dans le lot.

«En ligne, c'était quasiment comme d'avoir un siège réservé à un match de football, parce que chacun avait sa place. Y avait toute une bande de gars qui vivaient quasiment à la bibliothèque municipale. Ça lisait beaucoup et ç'avait beaucoup lu. Y avait un ingénieur, pis un médecin qui avait un problème d'alcool, des bijoutiers, des comptables, pis une couple de gars qui avaient fait du hockey professionnel. Y avait des robineux, mais pas trop et, bien sûr, y avait les jeunes, 16, 17, 18 ans, du Cap Breton à l'île de Vancouver. Errant partout.

«Quelqu'un vous disait qu'on engageait à Edmonton et, si ça marchait pas, bin, au moins y avait une bonne cuisine à soupe. Y avait une vieille femme, à Calgary, genre *Holy Roller,* qui nourrissait les gars. Ces lignes d'attente, c'étaient des vrais centres d'informations couvrant tout le pays. Un gars s'était tué en tombant d'un wagon près de Swift Current, y aurait-il des gars qui pourraient l'identifier? Pour connaître les endroits où se trouvaient les pires bœufs de toute la ligne des chemins de fer pis, croyez-moi, y en avait parmi ces gars-là qui étaient des vrais bâtards. Des rats, je vous dis. On vivait tous sur 90 pour 100 d'espoir pis 10 pour 100 de ché-pas-trop-quoi.

«Quand un gars avait une job en vue, y en avait à peu près cinq qui partaient avec lui pis, rendus dans la toilette publique sur Main ou Hastings, chacun renonçait soit à ses chaussures, parce qu'elles étaient bonnes, ou son veston, sa chemise, ou sa cravate et 15 cents pour une coupe de cheveux... pour qu'il puisse avoir l'air présentable, ouais, présentable pour faire la queue pendant 4 heures pour avoir une job à six piasses par semaine. En tout cas, c'était mieux que rien.

«Les célibataires qui avaient pas le droit de résider à Vancouver, bin, ils avaient rien. De la charité du revers de la main pi des sandwiches Jean-Luc-Marc-et-Mathieu, c'est comme ça qu'on appelait le lunch d'une mission. Ils nous sermonnaient même pendant qu'on mangeait leurs sandwiches pis qu'on buvait leur café. Connaissez-vous ça, du salpêtre? Ils en mettaient dans notre café pour pas qu'on viole les femmes dans la rue.»

Pour se rendre nulle part

«Notre ferme était juste à l'est de Chilliwack, une terre de banlieue aujourd'hui. À 19 ans, je me suis loué un beau morceau de terre au bout de la route et j'ai commencé à cultiver. Tous les matins, je descendais à bicyclette jusqu'à ma terre avec mes deux chiens que j'envoyais courir jusqu'à la grange pour en chasser les vagabonds. Le chemin de fer passait juste à côté de ma grange et, tous les matins, les chiens en faisaient sortir une bonne douzaine.

«C'était des bons diables qui cherchaient seulement un endroit pour dormir au chaud et ils faisaient pas de dommage. Une serrure brisée, ou quelque chose du genre. Très peu, vraiment très peu, m'ont causé des ennuis. Une fois, un type s'est avancé vers moi en me menaçant d'une fourche, mais il a vite changé d'idée. J'avais rien à leur offrir, mais s'ils voulaient dormir dans la grange, ils étaient bienvenus.

«Ce qui m'a toujours intrigué, c'était de voir ces hommes circuler d'un bout à l'autre du pays, faisant continuellement l'aller-retour et n'allant strictement nulle part et tout ça, avec la bonne humeur. Quand je partais le soir, y avait personne autour mais le matin, y en avait toujours 12 ou 15. Ils avaient trouvé l'endroit en pleine noirceur, je sais pas comment ils faisaient. Les trains de marchandises étaient recouverts d'hommes, qui allaient et venaient à travers le pays, totalement perdus.»

Symphonie pour harmonicas

«Avez-vous déjà entendu une symphonie de musiques à bouche? Non, et vous n'en entendrez plus. Je pense que la musique-à-bouche est disparue à jamais. Mais dans les temps durs, sur la route, c'était notre meilleure amie. Une fois, je me souviens, on était à peu près une centaine dans un sous-sol d'usine qu'on avait arrêtée de construire. C'était près de Hamilton. Le pays était rempli de constructions inachevées, comme ça.

«On avait fait la cueillette des fruits. Je me souviens, c'était l'automne, et y avait à peu près cinq feux allumés. Tout le monde avait un peu d'argent et se faisait à manger, une fricassée ou une canne de quelque chose et l'ambiance était bonne. Quand la nuit est tombée, on s'est tous regroupés autour d'un grand feu au milieu, ça mangeait encore et les rouleuses circulaient pis y a un gars qui a sorti son harmonica. Il s'est mis à jouer, pis cet homme-là était bon en Christ, et tout le monde s'est arrêté de parler.

«On parlait toujours de ce que le gouvernement faisait ou faisait pas, de la façon qu'on se faisait fourrer, où trouver une job et où bien manger, des choses comme ça. La nourriture c'était toujours très important pour nous. C'est drôle, mais les femmes l'étaient pas. Je pense qu'on avait pas assez d'énergie. De toutes façons, y en avait pas de femmes.

«En tout cas, le gars s'était mis à jouer, comme j'ai dit, un deuxième gars a sorti son harmonica pour l'accompagner, puis un troisième et finalement, ils étaient environ dix à jouer ensemble, ce qu'ils avaient jamais fait avant, mais on aurait dit qu'ils faisaient ça depuis toujours. Je pense qu'on peut dire qu'ils étaient inspirés.

«Ils ont joué pendant à peu près deux heures et je pense que chacun pensait à sa famille, sa mère, son amour, les frères, les sœurs, au réveillon de Noël avec les cadeaux autour de l'arbre, les parties de traîneaux, à la petite anse dans le ruisseau où l'eau était bonne et douce pour se baigner, à l'odeur des œufs et du bacon et des tomates marinées le dimanche matin, au déjeuner. Moi, c'est à ça que j'ai pensé, alors c'est pour ça que j'en parle. Mais on pensait tous à la maison, aux beaux jours.

La Grande Dépression

« Ils ont joué toutes les vieilles chansons qu'on connaissait. On en a chanté plusieurs aussi ; d'autres, on écoutait seulement. Ça coulait.

« On avait terminé la cueillette des fruits ce soir-là et le lendemain matin, chacun est parti de son côté. Je me suis toujours demandé après cette nuit-là combien avaient décidé d'en finir avec cette vie de vagabond, errant de ville en ville, et de rentrer à la maison. S'ils pouvaient la trouver. Moi, j'ai décidé d'en finir, mais je suis pas rentré chez nous. J'ai continué à essayer de me débrouiller, sans lâcher, parce que, pour moi, y avait absolument rien à la maison. J'aurais seulement été une bouche de plus à nourrir et j'aurais enlevé la nourriture de la bouche des plus jeunes. Alors, j'ai pas lâché. J'avais 17 ans à l'époque. »

Chapitre 13

Orgueil ou fierté?

Ils n'ont jamais accepté un sou du Secours direct et n'ont jamais mangé dans une cuisine à soupe. Ils ont toujours refusé les pommes des trains de charité de l'Ontario et ils étaient obligés de vendre leurs précieuses semences de blé pour payer leurs taxes.

Ça s'appelle de l'orgueil. L'orgueil de la Dépression.

Pour paraphraser une douzaine de conversations que j'ai entendues: «Pourquoi accepter de l'aide pour passer à travers? Ma famille est venue d'Antigonish (ou de Sarnia, Ayrshire ou Minneapolis) et elle a connu la misère mais elle a jamais rien demandé. Ils savaient se tenir sur leurs deux pieds, ces gens-là, pis ma femme pis moi, on a fait pareil.»

Ça, c'était de la vraie fierté mais, comme nous le verrons plus loin, il y avait aussi les fiers entêtés, de vraies têtes de cochon. Ces deux catégories de gens se retrouvaient en assez grand nombre, dans ce temps-là, et ça semblait les aider à tenir le coup, leur révélant une grande force intérieure.

Il y a une femme qui s'est montrée très surprise que je lui demande de parler de la Dépression, parce que, disait-elle: «C'est de l'histoire ancienne.» Mais dès qu'elle a commencé à parler, ses mots ont tout de suite dépassé sa pensée et, comme un vieux soldat qui regarde les civils de haut, elle pointa une maison au bout de la route, en disant: «Ils n'ont jamais peinturé leur maison. Les cochons pis les poules courent partout dans la cour. Le garçon est en prison pis Dieu sait où les deux filles ont abouti. Ils étaient sur le Secours direct durant la Crise. Ils ont jamais visé bien haut.»

Je lui ai répondu que la plupart des gens n'étaient pas sur le Secours direct par leur propre faute et elle a répliqué avec cette boutade: «Ça paraît maintenant qu'ils ont jamais visé bien haut.»

C'était tellement honteux

«L'hiver de mes 14 ans, ç'a été mon année, ç'a été mon tour d'aller chercher les provisions. On était sur le Secours direct et ils nous distribuaient des jetons et, avec ça, il fallait aller à l'épicerie, celle où ils nous disaient d'aller et, en échange des jetons, ils nous donnaient ce à quoi on avait droit. Alors, une fois par semaine, je me levais à 6 heures du matin, je prenais le bidon vide de kérosène et celui pour la mélasse et je devais aller à l'épicerie du village.

« Faut pas oublier que pour des gens fiers — et ma mère était fière mais mon père était l'homme le plus orgueilleux que j'aie connu — le Secours direct, c'était la pire calamité. C'était vraiment la fin des fins. Vraiment. On m'avait inculqué ça.

« Je partais donc avec mes deux bidons, en plein hiver et il faisait encore noir, mais cela ne m'empêchait pas d'emprunter les ruelles en priant le Bon Dieu que personne me voit. Sinon, en me voyant transporter mes deux bidons, on aurait compris. C'était tellement honteux. Oui, à cette époque-là, l'épicerie ouvrait à six heures trente le matin et fermait tard le soir. Les pauvres employés, ils travaillaient 14 heures par jour pour rien du tout.

« Arrivée chez le marchand, je pouvais enfin respirer parce qu'eux savaient qu'on était sur le Secours direct, alors ça faisait rien, et puis ils livraient à domicile pour plus de discrétion. C'était tellement honteux.

« La veille du jour où je devais aller au magasin, je pouvais à peine dormir durant la nuit. J'avais un nœud dans l'estomac, j'étais malade, j'en avais la nausée. Et même quand j'y pense maintenant, je le ressens encore. C'était ça une éducation presbytérienne en Nouvelle-Écosse. Oui, je le ressens encore. Et je trouve ça dur d'en reparler maintenant, croyez-moi. »

Une barre d'acier dans la colonne

« Un matin, de la cuisine, j'ai entendu un cri qui venait de la route. J'ai vu un gars rouler sur le dos pendant qu'une voiture filait à toute allure. Il avait été frappé, mais à peine, juste bousculé. Je l'ai fait entrer. Ses vêtements étaient déchirés, ses bras étaient éraflés, mais autrement il était correct.

« C'était un Anglais, il avait fière allure, Madame Bruce et moi, on était impressionnés. Il s'appelait Peter. Elle lui a servi un gros déjeuner, il a pris un bain et, comme son linge était en lambeaux, madame Bruce lui a offert une de mes chemises et un pantalon. Ça irait comme ça? Oh, c'était parfait, qu'il a dit. Comme ça, au moins, il serait présentable, pour se chercher du travail.

« Il nous a quittés dans l'après-midi, non merci, il ne voulait pas rester pour la nuit. Il allait marcher jusqu'à Saskatoon, environ 200 milles.

« Le lendemain midi, ça cogne à la porte. C'était l'Anglais. Pourrait-il ravoir sa vieille chemise un instant? Bien sûr, mais pourquoi faire? Il a tâté les poches, ouvert une épingle de sûreté et sorti trois billets d'une piastre. Il nous a expliqué qu'il avait marché pendant dix heures avant de s'arrêter pour prendre du lait et des sardines dans un magasin et il avait découvert qu'il avait oublié son argent. Alors, il était revenu à pieds, un autre trente milles. Ça lui faisait 60 milles en tout. Il était exténué. Cet argent, c'est tout ce qu'il avait au monde et, au fait, il nous a dit qu'il en avait jamais possédé autant à la fois.

« On lui a donné un repas et il a pris un autre bain, et il a dormi jusqu'à quatre heures le lendemain matin. On l'a entendu se promener dans la maison et il nous a dit qu'il fallait qu'il parte. Il était peut-être en train de manquer une job. Je lui ai donné une vieille paire de bottes, deux paires de chaussettes, les siennes étaient finies, il a déjeuné et on lui a donné un lunch pour la route. C'était son seul bagage avec un rasoir, du savon, une serviette et un vieux veston.

« On se demande ce qu'ils sont devenus aujourd'hui ces gars-là. Comment ils ont réussi. Pas mal du tout à mon sens. Des gars comme Peter, ils avaient une barre d'acier dans la colonne vertébrale. Et les quelques heures où on l'a connu, il souriait toujours. »

Lucille, c'est ma robe!

« Mon père avait un emploi administratif dans une compagnie qui fabriquait des instruments aratoires, et on sait ce qui est arrivé à cette industrie-là. Pas de récoltes dans l'Ouest, pas de jobs dans l'Est. L'usine était littéralement reliée à la Saskatchewan par un long cordon et quand il a lâché, ils ont dit au revoir M. Carter. Ma mère a continué à nous faire vivre et pendant encore un an j'ai continué la dance à claquettes et l'élocution. Bon Dieu! il n'y a personne en bas de 35 ans aujourd'hui qui connaît la signification du mot élocution. Pour moi, ça veut dire Shirley Temple. Ma mère croyait que je deviendrais la prochaine Shirley Temple. Comme à peu près 150 000 autres mères à travers le pays et 1 500 000 aux États. J'étais pas Shirley Temple. Je ressemblais plutôt à une petite fille timide avec des cheveux comme de la broche.

« On a eu la vie dure mais on est passé au travers. Avez-vous déjà mangé de la soupe à la queue de bœuf avec des carottes et du pain rassis jour après jour. C'était peut-être nourrissant mais ça n'avait rien d'un plat de gourmet.

« Oui, à propos du linge. Il y avait une femme qui s'était installée une sorte de dépôt près de l'hôtel de ville (*à Toronto*). Elle s'appelait Mme Philipson, et je me souviendrai toujours d'elle comme étant grande et maigre, assise dans sa boutique avec des piles de vêtements amoncelés un peu partout. Il semblait y en avoir des tonnes. En entrant, elle vous envoyait la main, et elle avait toujours une cigarette accrochée aux lèvres comme les putains dans les vieux films français. Elle payait un loyer et, apparemment, elle avait déjà été de la haute société torontoise, et ses amis riches lui apportaient tout leur vieux linge, ce qu'ils auraient donné aux pauvres de toutes façons, et qu'elle revendait pour pas cher. D'une certaine façon, elle rendait service dans le vrai sens du mot.

« Quand vous aviez choisi un article, disons un beau manteau avec un col en fourrure, quasiment neuf, elle le regardait à peine en disant que ça ferait un dollar. Ou 50 cents. Des fois, je pensais que c'étaient les seuls prix qu'elle connaissait, 50 cents ou un dollar. Ma mère m'y amenait souvent, alors j'étais aussi bien habillée que n'importe quel enfant à l'école. On vivait encore dans la même maison dans un beau quartier, et savez-vous pourquoi je détestais l'école? Pourquoi j'avais en horreur le son de la cloche, le fait d'entrer dans le hall puis dans les classes, tous les jours, depuis mes 8 ou 9 ans jusqu'à 13 ou 14 ans? Je vivais dans la peur que l'une de mes amies — ou une inconnue — dont le père avait encore un bon emploi et un chalet d'été, j'appréhendais avec terreur le moment où une de ces filles viendrait me dire: 'Lucille, c'est ma robe que tu portes', ou encore 'Lucille, le manteau que tu portes, c'est celui que ma mère a donné au magasin de seconde main.'

« Je voulais mourir, et comme de fait, je mourais un petit peu tous les jours, jusqu'à ce que finalement on déménage. Mais cette peur ne m'a jamais quittée et j'ai presque honte de l'avouer, mais je la ressens encore et je pense que je la ressentirai toujours. »

Les Jones

« Trop de gens ont essayé de ne pas perdre la face et si c'est naturel comme réflexe, je trouve ça dommage qu'ils l'aient pris comme ça. On vivait dans un beau quartier de London et notre ville n'avait pas été frappée très durement. En fait, pour nous autres, c'était pas trop mal du tout parce que les prix étaient tellement bas, pour la nourriture, les choses pour la maison, l'aide domestique. Bien oui, on pouvait obtenir une bonne à $5 par mois, une de Saskatoon ou des Maritimes où la Crise frappait dur.

« On est montés une fois rendre visite à ma sœur à Toronto, et le samedi suivant, on est allés à une fête chez son voisin. C'était une belle fête, je dois dire. La nourriture était bonne et y avait de la boisson pour ceux qui en voulaient. Il semblait y avoir pas mal de boisson et, en plus, y avait un orchestre. C'était une très grande maison. En rentrant chez ma sœur, elle m'a expliqué que cet homme avait perdu son emploi dans une compagnie d'assurance depuis un an, qu'il avait vendu ses bons d'épargne et sa voiture et que ses enfants étaient souvent affamés. Le matin, ils avaient seulement un peu de thé et une tranche de pain. Très souvent, ma sœur leur avait donné à manger le midi, et ils avaient vraiment besoin, ces petits quêteux, mais leurs parents ne voulaient pas perdre la face. Deux ou trois grosses parties par année, avec de la musique et toute l'affaire, juste pour garder leur réputation.

« C'était triste parce que tout le monde savait que cet homme et sa femme traversaient une situation financière désespérée, puisqu'après tout on avait dû nourrir leurs enfants très souvent le midi et, même parfois, le soir. Ils ressemblaient aux petits Arabes qu'on voit mendier dans les photos du *National Geographic*. Moi, je me demande pourquoi personne leur a dit d'arrêter de donner des parties comme ils le faisaient autrefois. Et ma sœur m'avait répondu : 'Oh, on voulait pas les blesser dans leurs sentiments.' Leurs sentiments, mon œil ! »

Le dimanche des cadeaux blancs

« Je me souviens très bien d'une chose. J'étais le plus jeune des doyens de la paroisse et j'en étais très fier. Les gens de notre quartier, eh bien, ils appartenaient à la classe moyenne et à la petite bourgeoisie. Un beau quartier de Calgary. Vous souvenez-vous du dimanche des cadeaux blancs ? La plupart des Églises avaient ça. L'idée, c'était de célébrer un service avec les enfants et les adultes avant le service officiel de 11 heures, le quatrième dimanche avant Noël. Je suis sûr que vous vous en souvenez... chaque enfant devait apporter un cadeau enveloppé dans du papier blanc. Je me souviens plus si cette coutume avait commencé avant la Dépression pour les pauvres — parce qu'y a toujours eu des pauvres — ou si cela avait commencé durant les années 30. Je me souviens plus.

« Chaque paquet devait contenir 2 ou 3 boîtes de fèves au lard, de blé d'Inde ou de pois. Vous pouviez donner un sac de pommes de 20 livres ou des vêtements, mais l'idée, c'était de donner quelque chose d'utile. Oui, des jouets aussi, bien sûr. Les enfants empilaient les cadeaux sur l'autel et tout autour et ça faisait très joli à voir, tous ces cadeaux blancs.

« Après le service, les aînés dont je faisais partie, déballaient les cadeaux et leur contenu était envoyé dans un dépôt central où il était réemballé pour l'expédition. Eh bien, je vous avoue en toute franchise que, c'était en 1934 je crois, on s'est aperçu que quelques-uns des jolis cadeaux ne contenaient rien du tout, sinon un morceau de bois pour faire du poids. On en avait parlé entre nous mais on savait pas trop quoi penser. L'explication qu'on avait trouvée, c'est que certaines familles avaient oublié et qu'elles avaient fait ça à la dernière minute avant de partir pour l'église. Vous voyez qu'on était remplis de complaisance.

« L'année suivante, y avait exactement 23 cadeaux vides sur un total de 110 si je me souviens bien. On a compris qu'à peu près un cinquième de nos paroissiens pouvaient pas se permettre de donner 50 sous aux pauvres. Les pauvres, ils étaient parmi nous. Cela nous avait secoués.

« Y avait pas grand-chose qu'on pouvait faire et ceux qui avaient été obligés d'agir de la sorte allaient sûrement pas l'avouer. Pas les gens de notre quartier. »

On m'a jamais remerciée

« Je m'appelais Margaret O'Sullivan, dans le temps, et les vieilles gens de Melita devraient encore se souvenir de moi. Je faisais pas mal sensation aux danses, le samedi soir, avec un nouveau cavalier chaque semaine. Ça doit être l'Irlandais en moi, qui me vient des deux côtés et qui remonte aussi loin que les plus vieilles pierres d'Irlande, comme disait ma mère.

« J'enseignais dans une petite école à l'ouest de la ville et la commission me payait $35 par mois, ce qui était bien payé dans ce temps-là, avec l'huile de chauffage fournie, et un fermier me prêtait un cheval et une selle pour mes déplacements. Ça l'exemptait d'avoir à le nourrir en hiver.

« Ça m'a pas pris du temps avant de découvrir que plusieurs enfants venaient à l'école sans lunch. Bien sûr, c'était des enfants dont les parents, des cultivateurs, avaient plein de problèmes, c'est-à-dire, une grosse famille et de petits revenus. En d'autres mots, des fermiers pauvres sur des terres pauvres. Il fallait que je fasse quelque chose parce qu'un élève affamé est un piètre élève. D'un autre côté, j'aurais pu tous les faire passer en juin, mais c'était pas la solution quand ils pouvaient pas apprendre leur leçon. J'en ai parlé à M. Garth, le président de la commission scolaire, en lui suggérant que du gruau leur ferait du bien. Il m'avait répondu en riant: 'Savez-vous combien se vend l'avoine? Je vais vous donner tout ce que j'ai et, ensuite, on videra l'élévateur communal.'

« On avait un gros poêle à bois à l'arrière de la classe que les garçons gardaient bien propre et qu'ils chauffaient tous les matins. Et puis je me suis trouvée une énorme casserole en émail bleu, de quoi faire cuire une dinde de Noël, et chaque matin, vers 10 heures, je commençais mon gruau. De l'avoine broyée, des raisins, des pruneaux que l'on avait pour rien, du fromage râpé qui était bon marché et des oignons qu'on me donnait. Tout ça rentrait dans la casserole avec de l'eau et une grosse boîte de lait condensé et c'est comme ça, que tous les matins, une petite maîtresse d'école aux cheveux noirs se tenait à l'arrière de la classe et brassait son gruau en faisant réciter leur leçon aux élèves. Ça marchait bien.

« Les enfants avaient chacun leur bol et leur cuillère et ils me nettoyaient la casserole et j'ai même amené ceux qui apportaient leur lunch à le partager avec les autres. Une sorte de commune, en somme, et tout allait bien.

« Mais certains parents étaient pas trop contents de ça parce qu'ils savaient très bien que je payais de ma poche au moins deux dollars par semaine pour le lait, les pruneaux et le reste. Ils voyaient bien aussi que j'achetais des bonbons clairs aux enfants. À l'époque, pour deux dollars, on obtenait une quantité considérable de nourriture. Ils aimaient peut-être pas ça parce qu'ils se sentaient peut-être humiliés de ne pas pouvoir nourrir leurs enfants le midi, mais personne est venu me dire d'arrêter.

« En fait, personne est jamais venu me donner un coup de main, à part M. Garth et la famille Oldham qui m'envoyait chaque semaine quelques livres d'oignons et de pommes de terre. En fait, on m'a jamais remerciée. Les gens étaient drôles dans ce temps-là. Il y avait un grand sentiment d'entraide, dans le genre 'on est tous dans le même bateau', mais je crois que l'idée qu'une fille de la ville vienne nourrir leurs enfants le midi, c'était un peu trop fort. On peut pas les blâmer. »

Mon Dieu! de l'impétigo!

« Ç'a été les pires années pour mon homme et moi, les pires années. Il travaillait une journée par semaine à la ville *(Halifax)* mais y avait jamais rien pour nous, les vêtements, les vues pi la bouteille de rhum, ça, c'était dans le temps où il travaillait sur un dragueur, mais nos bébés avaient toujours assez de lait. Le garçon avait cinq ans, les filles, 3 et 2 ans, quand c'était dans le pire.

« Le bébé a attrapé des gales dans la figure pis entre les doigts pis les deux autres, c'était des plaies affreuses dans la face, alors mon homme m'a dit d'aller à la clinique. J'ai fait ça.

« Le docteur m'a dit que c'était de l'impétigo, je gage que vous avez jamais entendu parler de ça, hein? Des plaies affreuses, pis mes enfants à moi l'avaient attrapé pis ça, c'était le pire qui pouvait arriver. On pensait que c'était juste pour les pauvres, ceux qui vivent dans des taudis pis qui ramassent ces vers-là dans les poubelles. Impétigo! c'est tellement laid comme mot. J'en pouvais plus, j'ai pleuré pis l'infirmière m'a dit de pas m'en faire qu'elle avait un bon médicament pour guérir mes bébés, mais elle comprenait pas qu'on avait toujours pensé que l'impétigo, c'était une affaire sale, comme une mauvaise maladie pis, là, c'étaient mes petits à moi qui l'avaient attrapée pis nous autres, on vivait dans une belle petite maison qui était propre, on avait de la nourriture sur la table à tous les repas, pas chère mais nourrissante, pis maintenant on n'était pas mieux que le monde des taudis. J'avais jamais eu un choc comme ça avant. »

Pour le chien

« Maman me disait: 'Aujourd'hui, mon chou, tu vas aller chez le boucher chercher deux livres de viande hachée et quelque chose pour le chien.' La viande hachée coûtait cinq cennes la livre, pis elle était pas pleine de gras comme aujourd'hui. Vous appelez ça de la viande, vous? La boucherie était à côté de l'hôtel Strathcona, je demandais de la viande hachée à M. Field, c'était le nom du boucher, je m'en souviens, il était très anglais, puis je lui demandais des os et des choses comme ça pour le chien. Évidemment, on n'avait pas de chien. Il me donnait gratuitement de la queue de bœuf, des morceaux de foie et des rognons, et d'autres affaires. Il en remplissait un gros sac que je ramenais avec moi. Les Canadiens mangeaient pas des choses comme ça, des rognons pis des tripes. Nous autres, oui. On était des vieux pays et, là-bas, maman disait qu'on mangeait tout. C'était bon.

« M. Field remplissait le sac en y rajoutant des os et en disant que ça, c'était le dessert du chien. Des fois, il mettait en plus une couple d'oignons, il disait que c'était bon pour le poil du chien, que ça le faisait reluire et il me faisait un gros clin d'œil. Il savait bien qu'on n'avait pas de chien.

« Quand mon frère est revenu pis qu'il a eu une job sur les chemins de fer, un peu plus d'argent rentrait à la maison et on achetait tout ce qu'on pouvait de M. Field. Y avait pas mal de bon monde dans ce temps-là, des gens comme lui, prêts à aider les familles pauvres. Mais, bien sûr, y avait pas mal de rats aussi. »

Pour deux ou trois maudites piasses

« Connaissez-vous ça une vente aux enchères? Je pense que c'est illégal aujourd'hui.

« Quand une famille se faisait évincer, le propriétaire avait le droit de vendre leurs biens pour ravoir son loyer pis je vous dis qu'y en avait parmi eux qui avaient pas beaucoup de scrupules. Les policiers empilaient les meubles sur le perron et le crieur d'enchères commençait à vendre et il laissait aller des choses, comme un lit et un matelas, pour une piasse ou une commode pour 75 cents. Toute la vaisselle partait pour 50 cents et la bicyclette du p'tit pour 25 cents. C'était écœurant. Je me suis vu souvent aller à une de ces ventes dans le quartier, acheter pour deux ou trois dollars de choses que je considérais essentielles, un lit, un poêle, de la vaisselle et je le remettais à la famille. Baptême! c'était seulement deux ou trois maudites piasses, c'est quoi ça, quand une famille est debout sur la gallerie à regarder ses affaires disparaître et en train de mourir d'humiliation et de honte.

« Des fois, quand je leur rendais les billets de leurs affaires, ils me regardaient dans les yeux. Mais j'ai déjà vu un homme pleurer quand je lui ai fait ça. Maudit, j'essayais pas de jouer au Bon Samaritain, je faisais seulement ce que je croyais être correct. »

Le pain de la bonne sœur

« Je me rappelle pas grand-chose mais l'histoire du pain de la bonne sœur m'avait frappé. Mon père était sans emploi, et on vivait tous dans une maison de chambres. Le salon, la cuisine et la chambre à coucher faisaient une seule grande pièce. C'est la tante de ma mère qui payait le loyer, oh, peut-être $10 par mois, même pas.

« Elle m'envoyait à l'académie, aussi. J'avais six ans et j'étais pas plus gros qu'un cure-dent. Un jour, une sœur m'avait arrêté dans le couloir et m'avait demandé si j'avais déjeuné ce matin-là. J'avais répondu oui, parce qu'il fallait jamais mentir à une sœur, même si j'avais seulement eu une tranche de pain. Elle m'avait pris par l'oreille et m'avait amené à la cuisine et avait dit à une des femmes de nourrir ce garçon-là. J'avais mangé des crêpes, du jambon pis des œufs pis du lait et je m'étais payé du sacré bon temps. La sœur était revenue en me disant de m'en retourner à la maison et que je pouvais revenir le lendemain. Je sais pas pourquoi elle m'avait renvoyé à la maison. En tout cas, elle m'avait donné un pain pour rapporter chez moi.

« J'étais rentré à la maison tout excité en criant à ma mère que la sœur m'avait donné un pain et tout un déjeuner. Elle m'avait arraché le pain des mains, l'avait mis dans un sac et avait dit à mon père de rapporter ça à l'académie tout de suite et de dire à la sœur qu'on n'avait pas besoin de charité ou de leur secours direct. Mon père était parti immédiatement et ma mère avait fondu en larmes et je comprenais rien à ce qui se passait et, tout à coup, elle s'était lancée à la fenêtre pour rappeler mon père et lui dire de revenir tout de suite. Elle avait rangé le pain dans l'armoire et elle m'avait dit que je pouvais y retourner le lendemain, parce qu'elle venait de me dire que j'y retournerais plus jamais.

« Je pense qu'elle avait senti que c'était inutile. Elle était la plus forte de la famille, mais on peut pas être fort tout le temps. Pauvre femme. »

La honte du suicide

« Y avait des gens qui faisaient l'erreur de vivre au-dessus de leurs moyens, mais j'imagine qu'ils avaient pas le choix parce que c'est comme ça qu'ils étaient faits. Dans notre village, y avait un dénommé Doug Jones que tout le monde connaissait, c'était un bon gars. Il avait une entreprise de sable, de gravelle et de ciment et, dans les années 20, ça marchait bien. Les compagnies construisaient des silos partout à travers le pays et les fermiers se construisaient des coffres à avoine et des nouvelles maisons. C'était une bonne époque, croyez-moi.

« Mais la Crise est arrivée. Doug Jones envoyait plus ses pursang à l'Exposition d'hiver de Brandon et finis aussi les voyages dispendieux à l'Exposition royale d'hiver de Toronto, alors qu'il louait un wagon de train pour ses chevaux. Pourtant, il les a gardés. Mais il avait été forcé de laisser partir un homme, puis un autre, il en avait gardé juste un pour les rares commandes qui entraient et il avait pas de secrétaire dans le bureau pour tenir les livres. Ils avaient quand même gardé leur grosse maison près de la rivière et leurs jardins étaient encore aussi bien entretenus mais, en 1935, les deux filles allaient plus à l'école privée à Winnipeg et c'est cet hiver-là que Doug Jones avait conduit sa voiture dans la campagne, avait branché un boyau au tuyau d'échappement et avait déposé l'autre bout à côté de lui sur la banquette.

« Des enfants d'école l'avaient trouvé le lendemain matin. La police avait découvert une bouteille de whisky à moitié vide à côté de lui. Il était gelé raide. Deux mois plus tard, Madame Jones avait fermé boutique et déménagé à Toronto avec ses enfants. Elle connaissait rien aux affaires de toutes façons. Elle voulait juste s'en aller le plus loin possible. Le suicide était une chose terriblement honteuse à l'époque.»

Une couverture grise

« Non, non, on était pas sur le Secours direct. On se débrouillait et on en avait pas besoin, nous. Oh oui, y avait bin du monde sur le Secours direct pis y en a encore beaucoup aujourd'hui, sur le Bien-être, quand ils en ont pas besoin. Des parasites, vous savez. Mais nous aut', on se débrouillait.

« J'ai fait de la couture, je refaisais chaque bout de vêtement pour les enfants. J'avais un gros jardin, un immense jardin. L'hiver, mon mari trappait. Il prenait des petites jobs dans la région. J'ai fait à manger pour les gars de la route trois ou quatre fois, 20 cents le repas pour chaque homme et j'ai fait de l'argent. On a fait bin des affaires qu'on avait jamais faites avant.

« Vous me demandez si c'est par fierté qu'on voulait pas le Secours direct? Non, non, on y a jamais pensé, on se débrouillait pis on grattait. Un voisin payait mon mari dix dollars par mois pour faire le train et transporter l'eau. Le Secours direct, c'était la solution facile pour bien des gens, vous savez. Et les autres qui recevaient des semences et du foin gratuitement. Pas nous.

« La seule chose qu'on a acceptée, c'est une couverture. On était en ville pi un paquet de couvertures était arrivé, les vieilles couvertures grises de l'armée, pis l'homme qui les distribuait nous avait arrêtés sur la rue pour jaser et il nous avait dit qu'il lui en restait quelques-unes et nous avait demandé si on en voulait une. Tout le monde sur le Secours direct en avait reçu.

« Alors j'avais dit que s'il les donnait gratuitement et que plus personne en voulait qu'on en prendrait une. Une seule couverture grise. C'est tout ce qu'on a jamais pris.»

Des journées entières à la bibliothèque

« Le frère de mon père, mon oncle, était venu nous rendre visite avec sa femme à Calgary, un été, pendant deux semaines. Ils étaient arrivés de Kitchener en voiture. Mon père chômait et les comptables se vendaient à dix sous la douzaine. Pendant ces deux semaines-là, mon père quittait la maison tous les matins après le déjeuner et rentrait pas avant cinq heures et demie. Il allait passer la journée à la bibliothèque municipale, à marcher dans le parc parce que jamais il aurait voulu que son frère sache qu'il était sans emploi. Puis je le blâme pas une miette. »

Mariage en blanc

« J'avais 19 ans et j'allais me marier et mon père m'avait dit que je me marierais en blanc. C'était très important pour lui et je me souviens que cet homme-là, un samedi, avait pris toute la série des Encyclopédia Britannica, dont il était très fier et qui lui avait coûté beaucoup d'argent à l'époque, et il avait dit qu'il s'en allait vendre ça dans un magasin de troc sur Notre-Dame. À la dernière minute, il était revenu chercher ses bâtons de golf et avait dit à ma mère: 'Juste au cas.'

« Pour les livres et les bâtons de golf — et il adorait jouer au golf avant la Dépression — il avait obtenu \$4. Seulement \$4. Peut-être que c'était correct. Je le sais pas. En tout cas, c'était juste assez pour acheter le matériel pour ma robe de mariée. On l'avait confectionnée, ma mère et moi, et elle était ravissante, mais elle avait coûté cher sentimentalement parlant.

« Il a jamais pu ravoir ses livres ou ses bâtons de golf parce qu'il n'a jamais eu assez d'argent pour les récupérer. »

Tanné d'attendre

« On avait une grosse maison sur l'île (I.P.E.) et ma mère louait des chambres aux touristes. Laissez-moi vous dire qu'y avait pas d'industrie du tourisme dans le temps. Mais les gens qui nous venaient du Maine, de Boston et même de Philadelphie durant l'été, devenaient nos amis et ils nous envoyaient leurs amis. C'est ma mère qui menait la place, c'est elle qui faisait tourner le monde, tous les jours. Papa coupait le gazon, allait au devant des gens sur le quai pour les ramener à la maison, s'occupait du jardin qui était immense, des acres, il chauffait la fournaise en hiver et, de temps en temps, il décrochait une semaine de travail sur les bateaux et se faisait payer en poissons. On avait notre église, notre école, et on avait de bons amis, y a des amis qu'on a gardés jusqu'à maintenant, et bien sûr, on avait notre Danse de la Haute Écosse et, chaque été, le Festival gaëlique, au Cap Breton. Notre vie, c'était à peu près ça. On était pauvres comme des souris d'église et on gardait cinq sous pendant des semaines avant de décider comment on le dépenserait.

« Puis papa est allé en prison. La honte ! Dans ce temps-là, la loi c'était la loi et les juges étaient sans pitié. Je crois pas que c'était les juges, c'était plutôt l'époque. Quand on faisait quelque chose de travers, fallait être puni. Je pense que papa était tanné d'attendre le traversier, de chercher une voiture avec des plaques de Philadelphie, tanné d'expliquer qu'il avait besoin des touristes en été pour survivre. Il s'était acoquiné avec un contrebandier d'alcool et, un soir, ils se sont fait poursuivre par la police sur la route, c'est papa qui conduisait et la voiture de la police avait abouti dans le fossé. Le journal en avait fait toute une histoire, quelqu'un avait dû parler et ils sont venus chercher papa. En cour, le lendemain, il avait avoué. 18 mois. Et les gens le trouvaient chanceux. Papa avait jamais volé un sou de sa vie et je me demande encore s'il travaillait vraiment avec ce contrebandier ou si tout simplement il s'était retrouvé dans sa voiture ce soir-là par hasard.

« Quand il est sorti, il est revenu à la maison mais ça marchait plus. On avait toujours en quelque sorte fonctionné sans lui et, pendant 18 mois, on avait pas prononcé son nom une seule fois. Ma mère nous l'avait interdit. Pauvre papa, il était resté une semaine puis il avait décidé d'aller travailler sur le continent dans une mine de charbon. Je me souviens que ma mère lui avait dit : 'Tu peux bien aller travailler dans un trou de merde, pour ce que ça me fait.' Ça, ça l'avait vraiment chassé. Je sais qu'il aimait ma mère et il savait la honte qu'il lui avait causée. Et à nous tous. 'Ton père est en prison.' Comment aller à l'école et endurer ça tous les jours ? Mes frères, mes sœurs et moi-même on a enduré ça dans un village où tout le monde connaissait le cousin de votre arrière-arrière-grand-mère.

« Alors papa nous a quittés et y a rien de plus hypocrite qu'un Écossais presbytérien, personne d'entre nous, nous qui l'aimions tous, personne est allé lui dire au revoir sur le quai. Il est parti tout seul. *(Sa figure s'est crispée, elle a pleuré un peu puis elle a secoué la tête en disant : 'Excusez-moi, je suis folle.')*

« On a trouvé son corps trois jours plus tard. Des pêcheurs l'ont trouvé dans leur filet et on savait même pas qu'il manquait à l'appel. Il avait sauté par-dessus bord. On s'attendait à ce qu'il revienne parce que n'importe qui avec sa tête sur les épaules savait qu'y avait pas de travail dans les mines à New Glasgow, à Springfield ou ailleurs, et encore moins pour un gars de l'île. Qu'est-ce qu'il connaissait dans le charbon ?

« Bref, mon père est revenu à la maison et je peux vous dire qu'y a pas eu de grosses funérailles. Un bon homme comme lui méritait mieux que ça. »

Chapitre 14

Les vieux préjugés ont la vie dure

Comme vous l'avez sans doute déjà remarqué, les Canadiens des années 30 étaient remplis de préjugés. Quand les temps sont durs, les gens se referment sur eux-mêmes comme pour se protéger des intrus et c'est alors que les préjugés se raniment et grandissent en férocité. Dans certains cas, ils étaient même fort bien organisés.

Que vous fussiez Polonais, Ukrainien, Japonais, Français, Anglais, Irlandais, Allemand, Américain, Espagnol, Chinois, Russe ou Italien, vous étiez victimes de préjugés auxquels vous réagissiez en retour par la haine. Grecs orthodoxes, catholiques, presbytériens, mennonites, anglicans, baptistes, hutterites, méthodistes ou membres de l'Église unie du Canada, tous nourrissaient des préjugés les uns envers les autres. Par contre, si vous étiez Noir, Indien, Chinois, Japonais ou Syrien, vous en souffriez plus que les autres.

Il y a toujours eu beaucoup de préjugés chez les Canadiens. Mais dans ce temps-là, ils étaient plus profondément enracinés et plus vicieux, parce qu'un trop grand nombre d'hommes étaient sans travail. Quand la misère vous prive de toute source de dignité et de fierté, vous vous réfugiez alors dans l'orgueil d'être Norvégien, Écossais, Loyaliste ou n'importe quoi.

Puis, d'autres dimensions s'ajoutèrent au conflit: col bleu contre col blanc, cultivateur contre citadin, jeunes contre vieux, voisin contre ami, hommes contre femmes, femmes contre femmes et mon côté contre ton côté.

Et, à l'origine de tous ces préjugés et les attisant comme de l'huile sur le feu: l'argent — ou plutôt le manque d'argent.

Invasion de Polonais

«Mon père était médecin. Nous étions Polonais. Enfin, lui et ma mère l'étaient, mais les enfants étaient nés au Canada. Alors qu'est-ce qu'on était?

«On vivait dans une petite ville de la Saskatchewan, trop petite pour deux médecins. Une petite ville qui se mourait, vous voyez. Comme mon père était le plus jeune, on a plié bagages et on s'est installé dans une belle petite ville de l'Ontario. Mes frères y vivent encore, pas tellement loin de London.

« C'était anglo-saxon de mur à mur. Écossais, Anglais, Loyalistes de l'Empire uni. Presbytériens et anglicans. On avait même pas d'église à nous.

« Les gens étaient très gentils. Vous pensez bien, un nouveau médecin, jeune par surcroît, et ils en avaient terriblement besoin alors on a reçu le traitement de faveur. Les gens peuvent être très gentils, vous savez, et papa s'est mis tout de suite au travail et maman s'est fait de nouveaux amis, les enfants allaient à l'école et, quand papa a voulu s'acheter une maison, la banque lui a immédiatement prêté la somme qu'il lui fallait. Pas de problème.

« Papa avait un frère en Alberta qui arrivait pas à se débrouiller alors il lui a écrit pour lui dire qu'il trouverait sûrement du travail où on était. Qu'il pourrait même être son partenaire. Alors l'oncle Andrew et sa famille sont arrivés et, sur ces entrefaites, le frère de sa femme a décidé de quitter Dundurn pour aller vivre sur la côte ouest. Mais mon père et mon oncle l'ont convaincu plutôt de venir dans l'Est et il s'est installé sur une ferme juste à la sortie de la ville. Il y avait donc maintenant trois familles polonaises, alors qu'un an et demi plus tôt il y en avait aucune.

« Le cousin a acheté un petit magasin de grains et moulées sur la rue principale et, un jour, tandis que papa, l'oncle Andrew et le cousin Nick sont en train de causer au soleil sur le trottoir, je passe devant la banque et le banquier, celui qui avait prêté l'argent à mon père, était aussi en train de causer avec un ami sur le trottoir et je le vois pointer du doigt en direction de mon père et de mon oncle et je l'entends dire: 'Ç'a l'air que ces maudits Polocks vont envahir la ville.'

« C'est comme ça que c'était. Pour moi, la Dépression, c'était ça. J'étais indigné et mon père aussi et il a dit: 'Je pense que ça prouve qu'on va devoir être des citoyens deux fois meilleurs que les autres.' »

Et si vous étiez Juifs...

« Il y avait un petit quartier à Winnipeg, oh! environ cinq rues d'un côté par six rues de l'autre, où régnait le *Caveat*. C'est un mot latin, employé en jurisprudence, et qui veut dire opposition et c'est exactement ce que ça voulait dire. C'était pas un document mais une entente entre toutes les bonnes gens du quartier en vue de ne pas vendre ou louer à des Juifs.

« Je crois qu'il n'y avait rien sur papier et je ne pense pas qu'ils seraient allés jusqu'à débattre l'affaire en justice mais, de 1930 à 1938, pas un seul Juif a déménagé dans le quartier et c'était un très joli quartier bourgeois. De grosses maisons, de beaux arbres, le calme, une bonne école tout près et pratiquement pas de chômeurs.

« Et, remarquez bien, on était dans les années 30 et non pas à l'époque pré-médiévale. Je suppose qu'il y avait des quartiers semblables à Winnipeg, à Toronto et à Montréal. Des quartiers exclusifs, il devait y en avoir partout.

« Et cela ne s'appliquait pas uniquement aux maisons. Mais aux clubs pour hommes, la Chambre de commerce, les clubs de golf, les endroits de villégiature dont un, entre autres, appartenait au Canadien Pacifique. Christ ! pensez-y. Dans les écoles de médecine et de droit, le nombre de Juifs acceptés était contingenté. Parlez-en à n'importe quel Juif au-dessus de 50 ans et vous verrez bien ce qu'il en était. Une entente entre 'gentlemen', comme dans les films, mais qui était le 'gentleman' ?

« Revenons à Winnipeg. Toujours est-il qu'un type a acheté une maison. C'était un Écossais, bon Dieu ! il avait même un chien écossais, un scottie, la race la plus en vogue à l'époque. Et il avait aussi une femme juive. Une femme belle et charmante. Eh bien, le commérage qui s'est installé dans ce quartier d'hypocrites anglo-saxons, vous n'avez tout simplement pas idée !

« Ils se rencontraient dans les salons pour en discuter. Ils ont dû se réunir au moins une douzaine de fois. Que faire ?

« J'ai finalement assisté à une de ces réunions et, parce que j'enseignais l'anglais à l'école et que ma femme et moi, nous allions au Mexique chaque année, on nous considérait comme des originaux et j'ai écouté toute leur foutaise jusqu'à ce que je n'en puisse plus et alors — notez bien que je n'assumais pas le rôle du 'Grand Justicier' — je leur ai dit que je doutais fort qu'un seul parmi eux n'ait pas eu un quelconque squelette hideux caché dans un garde-robe. J'ai dit aussi qu'en raison du mélange de sang qui se produit dans le monde depuis plusieurs milliers d'années, qu'il aurait été surprenant que la moitié d'entre eux n'aient pas de sang juif. Je leur ai dit d'y repenser. Mais ça n'a rien changé, évidemment. J'étais cinglé, c'est tout.

« Vous savez ce qu'ils ont finalement décidé ? Ils ont décidé que cet Écossais avait épousé sa femme sans savoir qu'elle était juive. Donc, ce n'était pas de sa faute et il pouvait rester et sa femme aussi. Après tout, on fait tous des erreurs et celle-ci leur paraissait honnête. Ce que cela prouvait, je ne le sais toujours pas jusqu'à ce jour. Aujourd'hui, les enfants appelleraient ça un *cop out*. Non, je leur ai dit, vous devez mettre votre *Caveat* sur papier et envoyer des délégués annoncer à ce type et à sa femme qu'ils doivent déménager. Ils n'en ont plus jamais reparlé.

« Le mois suivant, j'ai organisé une épluchette de blé d'Inde dans ma cour et j'ai invité le couple en question et je me suis fait un devoir de les présenter à tous les autres couples, sans exception, avec les prénoms et toute l'affaire. À en juger par les figures qu'ils faisaient, on aurait dit qu'ils étaient surpris de voir qu'elle ne mangeait pas de bébés chrétiens mais du blé d'Inde comme tout le monde. C'était une femme ravissante.

«Je crois que cela a mis fin au *Caveat*, mais ça n'a pas mis fin à la discrimination contre les Juifs. L'antisémitisme est encore parmi nous. »

Français versus Anglais

«Dans une ville où il y avait beaucoup de Français et beaucoup d'Anglais, en général c'était mauvais pour les Français. Prenez Moncton. C'est maintenant le centre culturel francophone des Maritimes et on peut dire que c'est à peu près cinquante-cinquante, aujourd'hui, entre Anglais et Français.

«Mais dans les années 30, pendant ce qu'on appelle la Dépression, Moncton était plutôt une ville anglaise. À cette époque-là, tout le commerce se faisait en anglais et, conséquemment, tout le travail allait aux anglophones. Il y avait peut-être 35 pour 100 de francophones, mais tous les emplois, tous les bons emplois de la ville étaient réservés aux Anglais et ça, c'était pas correct. Pas bon du tout.

«Y avait un type, qui est maintenant sénateur, un nommé Calixte Savoie, qui avait lancé un mouvement pour inciter les francophones à parler français dans les magasins où on ne parlait que l'anglais, dans l'espoir que cela créerait une demande de commis francophones, créerait de nouveaux emplois pour les Français qui en avaient grandement besoin.

«Alors, d'un côté vous aviez la ligue des Anglais et de l'autre la ligue des Français et une manière de guerre s'était installée entre les deux. Les anglophones ont tellement réagi à cette situation de façon négative que cela a entraîné une sur-réaction du côté francophone et toute l'affaire s'est envenimée.

«C'était pas le début du séparatisme, ce que nous avons aujourd'hui, mais ç'a été le début de quelque chose, de la prise de conscience chez les francophones que, pour survivre, il leur fallait s'unir. Cela a pris fin avec le début de la guerre, mais c'était un commencement. »

Bien avant Pearl Harbor

«Je suis né à Vancouver en 1932 ce qui me donne l'avantage de pouvoir considérer le problème de trois points de vue différents : celui de mes parents, parce qu'ils sont nés au Japon ; le mien, en tant que Canadien et, le troisième, celui que j'ai acquis en faisant affaire avec des Japonais et des Canadiens toute ma vie.

«Les gens ne savent vraiment rien de notre problème. Ils ne pensent qu'à l'évacuation des 27,000 Japonais en 1942. Une chose terrible, disent les gens. Dommage. Oui. Oui, mais une bonne chose aussi parce que cela a fait éclater la situation de ghetto dans laquelle les Japonais étaient enfermés autour de Vancouver. Ils ont dû pousser vers l'intérieur des terres, jusque dans les Prairies, jusqu'à Toronto et ils ont recommencé une nouvelle vie. Des nouvelles carrières. Ils ont réussi.

« Ceux qui ne sont pas Japonais croient que l'attaque de Pearl Harbor et la déclaration de guerre des Américains sont les raisons qui expliquent l'évacuation des Japonais canadiens, en mars 1942, et les camps d'internement. Non, ce n'était pas toute la raison. Ça, c'était l'excuse. La décision d'évacuer les gens avait été prise avant ça. En fait, la décision avait été prise en 1940 et les études qui en étaient arrivées à cette conclusion avaient débuté plusieurs années plus tôt. La guerre du Japon contre la Chine, dans les années 30, avait alors servi de prétexte et les politiciens attendaient tout simplement le bon moment. L'attaque de Pearl Harbor était le parfait prétexte.

« Si vous regardez un peu plus loin, vous voyez que c'était d'ordre économique. Vous voyez, nous étions Japonais. Canadiens, mais Japonais quand même. Regardez-nous. On est petits, n'est-ce pas ? Notre teint, foncé. Pas blanc. On n'était pas des hommes blancs. Seulement la moitié environ d'entre nous parlaient anglais et, même s'il y avait des milliers d'Allemands, d'Italiens, de Chinois et même de Français en Colombie britannique qui ne savaient pas lire un journal en anglais, nous étions dans le tort parce que nous étions Japonais.

« Ça remonte à 1880 par là, quand nous sommes arrivés. Nous n'avons pas cherché à nous isoler. Ce sont les Blancs, les politiciens qui nous ont isolés. Nous avons ouvert nos propres écoles, comment nos enfants auraient-ils appris autrement ? Nos propres églises, notre journal, nos salles de réunions, nos restaurants, nos hôtels, nos magasins. Où aurions-nous trouvé notre nourriture, les choses que nos vieux voulaient, la nourriture à laquelle nous étions habitués ? Oui, nous nous sommes retrouvés dans un ghetto.

« Le Japonais est un bon pêcheur. C'est comme ça. Il est peut-être meilleur que n'importe quel autre. Les Blancs, avec leurs lois et beaucoup de pression, ont tenté de nous empêcher de pêcher durant les années 20 et les années 30. Nos femmes pouvaient travailler dans les conserveries parce qu'elles travaillaient vite et bien, pas parce qu'elles étaient Canadiennes. Même les Chinois étaient contre nous. Naturellement, je suppose. Les vieilles haines s'étirent à travers les siècles.

« Nous sommes allés travailler dans les forêts, mais les lois et la brutalité nous en ont fait sortir. Les fermes. Les Japonais sont d'excellents cultivateurs. Des maraîchers. Chaque petite plante est traitée avec soin, avec tendresse, bien fertilisée et bien arrosée. Si nous avions la terre, on ne pouvait pas nous en déloger. Une ferme qui normalement aurait fait vivre une famille en faisait vivre six et chacun travaillait de l'aube au crépuscule et c'est comme ça que les prix de nos légumes étaient si bas. La même chose avec nos magasins. Les grossistes, les tailleurs, les buandiers. Fallait vaincre la compétition des Blancs. Fallait survivre, en s'entassant derrière les magasins, trois ou quatre familles dans deux ou trois chambres.

« Ce sont les Blancs qui ont forcé les Japonais à créer cette situation où les hommes d'affaires blancs n'arrivaient plus à nous concurrencer. Le Japonais a été forcé au pire labeur.

« Saviez-vous que dans les années 30, la période dont vous parlez, la plupart des Japonais en Colombie britannique étaient citoyens canadiens. Nés au Canada. Des citoyens canadiens. Mais on pouvait pas faire ci et on pouvait pas faire ça. D'abord, on pouvait pas voter. Non, on pouvait pas voter. Un Japonais, détenteur d'un doctorat en médecine, pouvait pas siéger à l'Assemblée législative, pas plus que le jardinier. Aucun Japonais le pouvait. Ou être échevin, ou commissaire d'école. Vous pouviez pas être bûcheron ou avocat. Vous pouviez pas être pharmacien. Vous pouviez pas travailler pour le gouvernement, même pas au pic et à la pelle. Vous pouviez pas être membre d'un juré. Vous pensez pas que c'est possible ? Ce l'était.

« Je ne dis pas que toute cette haine nous venait de tout le monde, mais c'était la Dépression et les choses n'allaient pas tellement bien dans la province depuis plusieurs années de toutes façons, et les gens considéraient les Canadiens japonais comme une menace. Une menace économique. Quelqu'un qui pouvait peut-être vous enlever un dollar de votre poche par semaine en étant un meilleur homme d'affaires, un cultivateur plus endurci, une employée de conserverie plus rapide. Et je n'ai pas besoin de vous dire qu'il en faut pas plus pour passer de la menace économique aux gestes. Quelle sorte de gestes ? Des gestes politiques. Foutez-les dehors.

« Un rapport du Comité spécial sur les Orientaux de la Colombie britannique fut publié à l'automne de 1940, un an avant Pearl Harbor. Ce rapport disait qu'il y avait beaucoup de haine chez les Blancs de la Colombie britannique à l'endroit des Japonais. Le rapport n'appuyait cet avancé sur aucun exemple, mais se contentait de dire qu'il y avait beaucoup de haine. On y disait que les Japonais vendaient moins cher que leur concurrents blancs. Mais c'est quoi, la concurrence ? Les supermarchés peut-être ? Appelez-vous ça de la concurrence ? C'est du monopole. Le rapport disait aussi que les Canadiens japonais faisaient entrer illégalement au pays un grand nombre de leurs compatriotes et le rapport parlait aussi des pêcheurs espions qui étudiaient la côte canadienne. On a prouvé autant comme autant que tout cela était faux, alors ils ont décrété que les Japonais devaient être protégés des Blancs. Il fallait donc les garder sous surveillance, bien guettés par les autorités, dûment enregistrés. Pas d'entraînement militaire parce qu'on ne pouvait pas leur faire confiance. Vous voyez ce que cela a fait, non ? Quand la guerre avec le Japon a commencé, on avait enligné tous les Japonais au Canada, repérés, numérotés, marqués, prêts à être expédiés.

« Il faut dire à la décharge du comité que l'unanimité ne s'était pas faite au sein de ses membres, mais les antijaponais étaient manifestement majoritaires.

« Vous aurez de la difficulté à convaincre n'importe quel Japonais de ma génération que tout cela n'était pas d'ordre économique, que ceux qui sentaient leur portefeuille menacé n'étaient pas ceux qui criaient le plus fort. Une période honteuse, indigne, et dont la vraie histoire n'a toujours pas été racontée.

« Mais, aussi honteuse qu'elle fût, les Japonais l'ont acceptée avec courage et honneur et ça, c'est tout à leur crédit. Comme je l'ai dit déjà, pour plusieurs ce fut le débouché sur tout un nouveau monde, un résultat heureux.

« Je n'ai jamais voulu dire que tous les Blancs étaient méchants, ou contre nous. C'était sûrement pas le cas. Mais ceux de ce genre-là étaient suffisamment nombreux et faisaient assez de bruit en une période qui leur était propice pour qu'il y ait suffisamment de politiciens qui y trouvent le moyen de s'attirer des votes. Et tout ça, remarquez bien, au moment où, des quais de New Westminster et de Vancouver, de pleines cargaisons de ferraille partaient pour le Japon, alors que les politiciens savaient très bien que ce métal était destiné à la fabrication d'armes et que le Japon s'était aligné avec l'Italie et l'Allemagne. Ça, c'est les politiciens. Quelques-uns de ces hommes sont encore en circulation. Je me demande s'ils ont changé. Si la faction de Canadiens de la Côte Ouest qui était contre nous dans ce temps-là avait eu gain de cause, nos enfants et nos petits-enfants travailleraient encore dans les mines de charbon. Comme des esclaves. »

Même pas d'intérêts

« Il faut que je vous décrive mon père. Il était Juif et c'était un bon homme. Il venait de Russie, mais pour ce qui est de sa formation, je ne suis pas sûr. Je sais cependant qu'il a travaillé fort parce que, lorsqu'il a rencontré ma mère, il était colporteur de tissus, cotons, laines, fils, aiguilles, épingles de sûreté, savon, ficelle. Il promenait sa voiture et son cheval dans le sud du Manitoba et vendait le long de la route. Mais il était un colporteur juif. Puis il a tout vendu et a acheté un magasin et il a épousé ma mère. Je suppose que c'était sur l'ordre de son père. 'Achète un magasin, si tu veux prendre soin de ma fille.' C'était une maison de bois, sur un coin de rue, entourée d'une mer d'Anglo-saxons, d'une rive à l'autre, à perte de vue. Mon père versus l'ennemi.

« Quand j'y repense, je ne crois pas que mon père était un bon homme d'affaires. Est-ce que tous les Juifs sont censés être de bons hommes d'affaires ? Apparemment. Je disais que c'était mon père versus l'ennemi. C'est comme ça que je me sentais après quatre ans dans les Forces armées, l'aviation. Je crois pas qu'il sentait ça. Après tout, y avait pas mal d'Italiens et d'Ukrainiens dans le voisinage et vous pouviez pas vous sentir au bas de l'échelle sociale en voyant la façon dont ces gens vivaient. Surtout les Hunkies[1]. Tiens. Encore une fois, le mot me revient malgré moi. Les vieilles habitudes mettent beaucoup de temps à mourir, n'est-ce pas?

« Mais je m'éloigne de mon bonhomme. Eh bien, il est mort. Horriblement. Cancer des intestins. J'étais outre-mer et Reva m'a écrit me disant que papa était mort, qu'elle avait essayé de prendre le magasin en mains, que les affaires n'avaient cessé de décliner et qu'elle et maman avaient finalement vendu. À ce moment-là, mon frère avait déjà été tué à la guerre. Quand je suis revenu, ma part m'attendait et c'était vraiment pas grand-chose, alors je suis allé voir Reva que j'ai trouvée très susceptible comme si la guerre avait été de ma faute et nous sommes allés voir le notaire, rue Notre-Dame, et il a tout étendu sur la table, ouvert les grands livres, feuilleté les factures, le genre avec un papier carbone, et il a dit: 'Vous vous y connaissez en comptabilité? Les livres?' J'ai dit non, évidemment pas, je n'étais qu'un stupide pilote démobilisé. Il m'a tendu un livre et a dit: 'Ceci représente $21 000 en comptes non payés, de l'argent que votre père n'a pas collecté de 1931 à 1942. De l'argent qui lui est dû, de l'argent dont vous ne verrez jamais un traître sou, de l'argent auquel vous pouvez dire adieu.

« Je lui ai dit de continuer à parler. Il a dit que papa n'avait jamais demandé d'intérêts sur les arrérages. C'était peut-être la coutume chez les petits épiciers dans ce temps-là, trop de comptabilité. Par contre, le grossiste, lui, il en chargeait de l'intérêt, environ un pour cent par mois sur les comptes en souffrance, et mon bonhomme en avait plein. Incroyable. Il devait des milliers au grossiste et il y avait ces $21 000 qu'il n'arrivait pas à toucher, et il payait probablement de l'intérêt au grossiste là-dessus aussi, et le monde le volait à fond de train. Imaginez avoir sa caisse à l'arrière du magasin: les gens chipaient tout ce qu'ils voulaient en sortant par la porte avant. Dieu merci, il y avait pas de taxes de vente, parce que, à ce compte-là, il aurait été endetté dans les millions.

« Ce que Reva a vendu, c'était un vieil édifice décrépit, sans chauffage. Pas de cave. Un poêle à charbon dans le milieu de la pièce et, en hiver, songez à certains hivers de la Dépression, le bonhomme chauffait un autre poêle dans la chambre arrière pour pas que ses légumes gèlent. Mon père dormait en bas et se faisait réveiller par son cadran à toutes les deux heures pour attiser les feux.

« Ouais, ces épiciers juifs aux yeux de poissons, haïssant les gentils, fourrant le public avec leurs prix élevés et achetant des conciergeries et des maisons de chambres dans le centre-ville et habitant

---

(1) Expression discriminatoire employée par les Anglo-saxons de l'Ouest canadien pour désigner les Ukrainiens, et dont Hunky est le diminutif.

des grandes résidences dans River Heights. Foutaise! Je dirais que mon cher et défunt père, Abie pourri, comme les enfants avaient l'habitude de l'appeler, était un épicier juif plutôt typique de ces années-là, pas mal typique. Bien sûr, j'admets qu'il était pas tellement réjouissant à voir, l'air fatigué, avec son tablier blanc tout sale autour de la taille et son bout de cigare éteint dans le coin de la bouche. Sorti directement des bandes dessinées.

« Mais regardez ce qu'il a fait. Il demandait pas de faveurs. Il faisait crédit aux pauvres gens et ils l'ont jamais payé et, quand ils avaient de l'argent, ils préféraient marcher un mille jusqu'au Safeway parce qu'un pot de beurre d'arachides se vendait deux sous moins cher et une douzaine d'œufs, un cent de moins. Mais il a aidé beaucoup de monde et il savait qu'éventuellement il serait pris à la gorge par les grossistes. Ma sœur en sait quelque chose.

« Elle a été sotte, parce qu'elle a continué à mener l'affaire à la façon de mon bonhomme. Avec ce magasin-là, il aurait dû se faire $20 000 par année, ce qui était énorme dans ce temps-là, parce qu'il n'avait pas de concurrence. L'épicerie la plus proche était à un demi-mille environ. Il aurait dû faire une fortune, mais à la maison on mangeait du *baloney*, des patates et du chou comme tout le monde. Je crois que j'essaie de défendre mon père parce que des types comme lui sont des cibles naturelles, parce qu'on les juge toujours par leur apparence extérieure, et ça, c'est l'aspect négatif. Le Juif à l'œil dur, le *Shylock*. Je sais que la plupart de ces familles avaient l'intention de le rembourser aussitôt que la situation s'améliorerait, et que chacun croyait qu'il était le seul que mon père aidait. C'était l'époque du demain. Demain, les choses iraient mieux et il recevrait son dû. Ils ignoraient probablement qu'il nourrissait une trentaine de familles pendant les quatre ou cinq derniers jours de chaque mois, leur faisant crédit tout en sachant qu'il ne serait jamais remboursé.

« Une fois tout le monde payé, les grossistes, les fournisseurs, le gouvernement, l'avocat, savez-vous combien il restait, parce que ce petit épicier avait eu le cœur trop grand? Exactement trois mille cinq cent quatre vingts dollars et 12 cents.

« Ce petit vieux Père Noël de quartier méritait au moins qu'on lui rende hommage, mais Reva m'a dit qu'il y avait seulement deux clients à la synagogue et pas un seul au cimetière. On peut pas les blâmer, ma sœur m'a dit qu'il faisait un temps de chien. »

Deux trente sous par année

« Je suis né à Rivière-du-Loup, dans la province de Québec, dans une maison blanche, rue St-Marc, dans le lit de ma mère. Dans ce temps-là, une femme allait pas à l'hôpital pour avoir un enfant. Direct dans le lit. La sage-femme venait, le médecin aussi, les sœurs et les tantes, et puis le bébé venait au monde. Les enfants mouraient pas.

« On était Français, vous voyez, et on avait un oncle qui était gros bonnet, le frère aîné de ma mère. Il vendait des bijoux à Toronto. Une espèce de commis voyageur et il faisait beaucoup d'argent. C'était pas des vrais bijoux mais dans ce temps-là les Québécois avaient pas beaucoup d'argent non plus. La pêche dans le fleuve en rapportait un petit peu et les gars passaient l'hiver dans le bois, autour d'Edmunston, et se faisaient quelques piastres. Pas beaucoup, juste quelques piastres.

« Cet oncle-là, voyez-vous, il voulait pas qu'on sache qu'il était québécois, qu'il était francophone, et quand je l'ai entendu parler anglais plus tard, il était parfait. Ce gars-là aurait pu être à la Chambre des Communes et personne l'aurait su, même pas les Canadiens français. Il parlait bien.

« Mais quand il venait à la maison, ma mère était complètement partagée. On avait pas un sou et comment on faisait pour vivre je le sais toujours pas. Mon père avait un filet, ça fait qu'on mangeait du poisson, du poisson frais, et y avait plein d'affaires à chiper. Mon père et mes frères devaient être les meilleurs chipeurs le long du fleuve. Oubliez pas qu'on était quinze dans la famille. De la même mère. Quand son frère André venait à la maison, elle voulait pas qu'il sache qu'on était pauvres mais d'un autre côté elle voulait pas non plus le laisser jouer au bel Anglais. Parlez français, parlez votre langue, nous disait ma mère. J'sais pas comment on aurait pu faire autrement. On parlait pas anglais, personne. Y avait seulement le type qui travaillait à la station-service et les filles du restaurant. Personne parlait anglais dans la rue ou à l'école.

« Il venait deux fois par année, cet oncle-là. En passant, pendant sa tournée. Il dormait à l'hôtel Windsor, mais il soupait chez ces pauvres gens et ma mère mettait le paquet. Elle empruntait ceci de madame Savard, pis ça de madame Beaulieu, pis d'autre chose de la dame en face. Pourquoi pas ? Tout le monde faisait ça. De l'argenterie, des assiettes, un saucier, c'était amusant.

« Et le grand jour arrivait, avec tout le tralala. L'oncle arrivait dans son bel habit gris et, je vous dis, il portait un monocle. Le truc dans l'œil, comme ça, là. J'ai jamais vu ça ailleurs que chez les officiers anglais dans l'armée. On trouvait qu'il avait l'air faux. Un Français qui veut être Anglais.

« Le repas, c'était comme au Ritz ou au Bonaventure. La bonne femme cuisinait comme un ange. Tout le monde parle français, pis lui aussi. On finit de manger et, enfin, le grand moment est arrivé. Vous souvenez-vous des trente sous en papier ? Comme des billets de dollars, mais ça valait vingt-cinq sous. Eh bien, l'oncle sortait ses billets de trente sous et, à tour de rôle, chaque enfant autour de la table allait lui serrer la main et recevoir son trente sous, pendant que mon père maudissait intérieurement ce faux Français de beau-frère, vendeur de pacotilles à Toronto, des bagues qui étaient censées être en or et des pierres rouges qui étaient censées être des rubis, à 400 pour 100 d'intérêt, et qui venait faire le frais dans sa maison avec ses billets de trente sous.

« Je pensais pas de même dans ce temps-là. Dans le temps où mon oncle venait à la maison, j'avais dix, douze, quatorze, seize ans et je sais que, ces années-là, j'ai jamais vu d'autre argent que les trente sous qu'il nous donnait. Pas une cenne de plus. C'est ça être pauvre. Les temps étaient durs sur le Québécois. Je trouvais pas que l'oncle André était faux. Pour le p'tit gars que j'étais, c'était un Père Noël qui passait deux fois par année. »

Née bohunk

« J'ai un nom aristocratique, je m'appelle Alexandra, mais ça s'arrête là parce que mon nom de famille, c'est Gurofsky. Ça sonne juif, mais je pense pas. Nous étions des Ukrainiens qui avaient abouti avec un nom comme ça.

« Mes parents avaient immigrés dans le Minnesota vers 1908 avec leurs parents quand ils étaient enfants, mais les Norvégiens et les Suédois leur avaient rendu la vie tellement dure qu'ils avaient poussé jusqu'au Manitoba autour de 1926. Ils se sont mariés vers 1920 et, en 1926, j'avais quatre ans.

« Mon père avait fait une bonne affaire en achetant un morceau de terre à l'est de la ville. Un petit village. Une couple d'élévateurs à grain. Je l'ai pas revu depuis 25 ans, mais s'il existe encore aujourd'hui, il y a probablement une enseigne à un bout qui dit 'Bienvenue' et une autre à l'autre bout qui dit 'Merci, revenez'.

« On vivait dans un marais. La terre était bonne à rien. Elle se drainait pas. On creusait des canaux. On faisait tout. On crevait de faim et personne dans le village nous connaissait. Tous les autres obtenaient du crédit, parce qu'ils étaient des descendants de pionniers écossais et irlandais depuis Dieu sait quand et ils étaient tous mariés entre eux, ou en voie de le faire, et je n'en dirai pas plus. Si ce n'est que pour dire que si une fille se faisait engrossée par un voisin, les deux familles jubilaient. Mais si elle partait pour Transcona ou Winnipeg, elle était pire qu'une putain.

« On a construit une maison sur la terre qu'on a achetée. Y avait déjà une grange. Notre maison était faite de billots de peupliers plantés dans le sol et recouverts de boue mélangée avec du fumier de poule et de la chaux. Sans blague, de la vraie merde de poule. Ça faisait quelque chose. On étendait ça avec une truelle sur un filet de fil de fer et ça faisait un bon mur. Le sol nous servait de plancher.

« Mais je vous dirai que c'était un sol plus propre que bien des planchers de chêne que j'ai vus dans des maisons plus tard, lorsque j'enseignais. J'enseignais loin de chez nous et, croyez-moi, je ne m'appelais plus Gurofsky.

« Ma sœur Carlotta — vous voyez que ma mère avait des prétensions : une fille avec un nom de reine russe et l'autre portant celui d'une princesse autrichienne... En tout cas, Carlotta et moi, on allait à l'école au bout du chemin de terre, à Oak Bank. Si les Suédois ont fait la vie dure à mes parents, je peux vous dire que les Écossais et les Irlandais et quelques Polonais infatués nous ont rendu la vie misérable, à Carlotta et moi. Vraiment misérable.

« Comment ? En nous ignorant. En nous choisissant toujours les dernières dans tous les jeux. En jetant nos manteaux par terre dans le vestiaire au moins une fois par jour. En mettant un rat de grange mort dans notre sac à lunch avant le dîner. En écrivant des choses sales et méchantes sur le tableau pour que la maîtresse croit que c'était nous, mais elle n'était jamais dupe. Je peux dire que les maîtresses étaient correctes.

« Voulez-vous que je continue ? En parlant une espèce de baragouin imitant l'Ukrainien quand ils nous adressaient la parole. En mettant de la merde de poney dans nos bottes de caoutchouc. Il y en avait qui venaient à l'école en poney. Mais c'est leur baragouinage qui me blessait le plus et, chaque fois, ils pouffaient tous de rire en même temps, comme sur un signal donné.

« Oui, nous étions des Ukrainiens. Et fiers de l'être. Quelle culture que celle de ce petit pays, et quelle lutte !

« On avait quatre milles, je crois, à marcher. Une fois, en novembre, en pleine tempête de neige, quand personne aurait dû être dehors, y avait Carlotta et l'imbécile que voici qui fonçaient droit devant vers l'école, têtes baissées. Passe une voiture — y avait pas d'autobus scolaire dans le temps — qui s'arrête, le chauffeur baisse sa vitre, nous regarde, la remonte aussitôt et repart. C'était un homme qui s'appelait McKenzie. Il amenait ses enfants à l'école.

« Carlotta était en cinquième et, moi, j'étais en huitième, probablement. On était des enfants brillantes. On avait rien d'autre à faire. Notre père éteignait la lampe à l'huile à 10 heures et alors c'était tout le monde au lit et pas question de lire dans cette maison-là, sauf la Bible en Ukrainien, alors on s'est battu, ma sœur et moi, on a volé, on a fait du chantage pour avoir de la lecture. Les boîtes de céréales. Vous vous souvenez ? Vous voulez que je vous récite les recettes par cœur ? Je le pourrais. Nous apprenions tout ce qui nous tombait sous la main. Pas de radio. Pas de journaux. J'ai déjà couru un demi-mille par un jour venteux pour attraper une feuille de journal qui volait au-dessus de la route, juste pour avoir quelque chose à lire.

« Une fois, papa nous avait amenées à la chasse au lièvre et on avait trouvé une vieille cabane. Du lièvre, on en mangeait beaucoup. Y a une seule façon de manger du lièvre et c'est en fricassée, mijotée pendant 24 heures — et ça goûte encore le lièvre. Dans le hangar de la vieille cabane abandonnée, on a trouvé une pile de journaux. *The Prairie Farmer,* de Winnipeg. On a rapporté tout ce qu'on pouvait et papa a tiré deux bons coups sur le chemin

du retour, alors ç'avait été toute une journée. C'est comme ça qu'on
a appris.

« Évidemment, nous parlions anglais. On était nées dans le
Minnesota. Mais ce que je veux dire, c'est que chaque numéro était
une petite partie d'encyclopédie. Et par le fait même, on se mettait
carrément à la tête des autres enfants de l'école. On comprenait pas,
et eux non plus. On était tout simplement des enfants Bohunk[1] intelligents. Vous comprenez?

« J'ai pas eu d'enfance, dans le sens où, vers neuf, dix ans, une
enfant entre dans une nouvelle phase de sa vie, traverse ce qu'on
appelle la puberté et les années d'école secondaire, est courtisée par
les garçons qui viennent la chercher à la maison pour l'amener à la
danse, dans sa belle robe. Non, c'était pas pour moi. Pas de partie
de traîneau. Pas de patinage. Pas de visite au Musée de Winnipeg.

« Nous le ressentions profondément. Nous savions que nous
étions très pauvres. Fallait pas être une lumière pour se rendre
compte que mon père était en train de se tuer sur ces misérables
160 acres dont personne ne voulait, une terre qui avait été choisie
pour être refilée à un Bohunk par un requin de Winnipeg : 'Signez
ici, s'il vous plaît, monsieur Gurofsky, et la ferme est à vous.' J'ai
vu ma mère décliner. Dites-moi comment une femme peut trimer 16
heures par jour, travaillant dans les champs, dans la grange, dans la
maison et trouver le moyen d'avoir l'air de quelqu'un que Frank
Sinatra inviterait à sortir, et je vais vous présenter à un éditeur et
vous allez faire fortune.

« Si vous étiez un enfant bohunk vivant dans un milieu rural
complètement écossais, irlandais et anglais, vous aviez un dur combat
à essuyer. Ça nous a endurci et, maintenant, nous sommes en tête.

« On était pauvres, voyez-vous. Je me souviens d'avoir vu des
sous, des dix sous, de la monnaie. Mais je me souviens pas d'avoir
vu des billets. On mangeait toujours à notre faim. Vous n'en mange-
riez pas aujourd'hui, mais vous pourriez. S'il le fallait, vous mange-
riez les boutons de cuir de votre veston de tweed. Sûrement. Mais on
a jamais été affamés.

« C'est ce que vous, votre sale maudite espèce, c'est ce qu'ils
ont fait à Carlotta et à sa sœur. Ça, c'est moi, malheureusement.
C'est ce qu'ils ont fait, ces bons petits bâtards anglo-saxons absolument pourris. Excusez-moi si je m'emporte.

« Quand j'avais seize ans, j'étais bâtie, comme on dit. Abon-
dante. Qu'est-ce que vous auriez pensé si le garçon devant qui vous
étiez en adoration depuis trois ans sans qu'il le sache finit par vous
inviter à aller au cinéma dans la voiture de son père. Christ, que
j'ai souhaitée qu'il m'invite. J'y pensais jour et nuit. Tout ce que
j'ai pu faire pour qu'il me remarque! Et c'était pas le genre du héros
de football. Un gars ordinaire que je voulais, mais j'ai vite découvert
que bien d'autres le voulaient aussi. Un de ces gars-là. Haaa! je l'ai.
(*Et dans un grand mouvement de la main, madame X attrape férocement une poignée d'air.*)

«Après le spectacle... ah oui, on était allés voir un film de Gilbert et Sullivan et, après le repas, sur le chemin du retour, il arrête subitement la voiture le long du chemin, m'empoigne et dit — ce sont ses mots : 'Okay, Hunkie, baisse tes culottes !' Aujourd'hui, je pourrais lui régler son cas d'un seul doigt mais, dans le temps, j'étais trop timide. Le résultat, c'est que je lui ai égratigné la figure, il m'a frappée au visage, je suis sortie de la voiture, il a tenté plus ou moins de me poursuivre avec son auto, j'ai marché trois, quatre milles dans mes souliers à talons hauts et un type d'un village voisin m'a fait monter dans son camion à lait et m'a ramenée chez moi.

«Je m'excuse, c'est plutôt loin de la Dépression, tout ça.»

Chapitre 15

Malhonnêteté? Non, survie

*Une femme de Richmond, en Colombie britannique, m'a dit :
«Stan était un bon voleur. Y avait pas de place où y pouvait pas
entrer», et elle était fière de lui. Il ne s'est jamais fait prendre, il ne
volait que pour nourrir sa famille et a cessé de le faire quand il a
repris le travail. Il y a 30 ans de cela.*

*La malhonnêteté, durant la Dépression, ça voulait dire bien
des choses. Ça voulait dire l'enfant qui chipait une pomme au
marché, risquant d'affronter la Cour juvénile et d'être mis en liberté
sous surveillance pendant six mois. Ça voulait dire le père qui volait
un pain et deux boîtes de fèves pour nourrir ses enfants, passible
en cela de trois mois de prison. Ça voulait dire l'homme riche qui,
suivant son gros instinct, expédiait de Vancouver des milliers de
caisses de whisky légal, sachant que le tout aboutirait sur le marché
noir de Los Angeles, durant la prohibition; on l'admirait et on l'en-
viait. Après tout, si les Américains n'arrivaient pas à appliquer leurs
propres lois, eh bien, tant pis pour eux.*

C'était pas vraiment voler

«Non, j'ai jamais considéré que je commettais un acte malhonnête en volant. J'ai volé beaucoup — souvent. On le faisait tous.

«J'étais capable de faire lentement le tour d'une pharmacie,
acheter un paquet de lames de rasoir, déambuler jusqu'à une taverne
quelques rues plus loin où, dans la toilette, je pouvais enfin vider
mes poches: d'autres lames de rasoir, deux ou trois rasoirs, quelques stylos, peut-être un briquet, des aspirines, des bonbons, des
revues, des films, enfin tout ce qu'on trouve sur les étagères d'une
pharmacie. Des savons parfumés, un blaireau, de la cire à chaussures. Des petites choses, bien sûr, parce qu'il fallait pas que ça pa-
raisse dans mes poches.

«Je répartissais tout ça dans mes poches et puis j'allais m'asseoir avec les gars — je pouvais en connaître un ou deux — et je leur
laissais savoir que j'avais ce qu'ils voulaient — sauf des filles — et ils
comprenaient tout de suite et disaient: 'Alors, c'est quoi, aujourd'hui.'

«Ces gars-là étaient des travailleurs, qui s'arrêtaient pour une
couple de bières avant d'entrer à la maison. Des bons gars, travaillant fort, et ils avaient toujours un petit peu d'argent. Je sortais

tout ce que j'avais, distribuait les bonbons et les arachides à la ronde et j'étais moi aussi un bon gars. Je vendais tout le reste pour un dollar ou deux.

« Celui qui rentrait chez lui avec ce butin était reçu comme un héros, et c'était plutôt agréable pour moi aussi. Parfois, je vendais mes articles séparément, pour dix ou quinze sous, ce qui me rapportait plus, mais j'étais pressé et je voulais pas marchander. J'étais toujours bien mis, complet, chemise, cravate, feutre, et j'avais l'air d'un type au-dessus de ses affaires et capable de relever un pari de dix dollars, mais j'étais sans travail et je vivais d'expédients.

« Si je m'étais promené dans les pharmacies, les magasins, les quincailleries, vêtu comme un vagabond, je me serais fait suivre partout pas à pas. Mais j'avais l'air respectable d'un homme d'affaires qui cherche quelque chose et qui a du fric pour payer. Alors, pendant qu'ils surveillaient les pauvres mal vêtus, moi, je ramassais plein de choses comme on cueille des pommes. Je me suis jamais fait prendre, et j'ai volé tous les jours pendant deux ans.

« C'est drôle. On me disait de jamais retourner dans un endroit où j'avais volé. Mais c'est faux. Je volais dans une douzaine d'endroits seulement, jour après jour. J'étais M. Brandon, importateur, ou M. Carter qui travaillait chez Eaton, je m'identifiais dans l'esprit des propriétaires et des commis et chaque fois j'achetais quelque chose, faisais un bout de conversation ou je racontais une blague. Je suis même allé porter des chèques à la banque pour un propriétaire qui n'avait pas le temps d'aller faire son dépôt.

« La confiance, voilà la clef. La petite vieille dame, caissière dans une banque aux États, qui se sauve avec un quart de million, comment était-ce possible? La confiance. On lui faisait confiance. Et à moi aussi. J'étais un bon citoyen.

« Vous savez, je me suis souvent demandé comment il se faisait que je me faisais jamais prendre. Peut-être que le Bon Dieu me protégeait. En tout cas, je me considérais pas comme un voleur dans le sens habituel du mot. Je me débrouillais dans des temps durs. Un ami, qui était un vrai voleur — il était toujours derrière les barreaux, semble-t-il — m'a dit une fois: 'Harvey, je parie que tu pourrais entrer à La Baie et sortir avec un canot de seize pieds sur ta tête en passant par les portes tournantes sans te faire prendre.' Eh bien, ça, c'est ce que j'appelle un compliment. »

De la bière en baignoire

« J'étais draveur dans le bout de Sayward et je me faisais $90 par mois et ça c'était du maudit bon argent dans le temps. Jésus Christ, j'étais célibataire à l'époque et avec $90 une fois par mois, je vous dis que je pouvais en faire des affaires. Puis, un jour, un télégramme est arrivé et toute l'affaire était terminée et on nous a tous renvoyés. Bingo! Fini!

« Je me suis rendu à Port Alberni et je me suis trouvé un travail comme cuisinier. Je savais faire n'importe quoi. C'était un hôtel et j'étais occupé tout le temps, il faisait très chaud dans la cuisine et la pauvre vieille qui menait l'affaire, une dame Stewart, m'a dit un jour: 'Écoute, si tu veux une bière, tu n'as qu'à la demander.'

« C'était une cuisine ordinaire, un poêle, une table, des étagères et, au fond, y avait une baignoire remplie de patates. Elle m'a dit que je n'avais qu'à frapper sur le mur qui donnait sur la taverne et que le barman me passerait ma bière par le guichet. Eh bien, quelques jours plus tard, j'ai eu envie de boire une bière, alors j'ai frappé et, aussitôt, un bras m'a tendu un énorme pot de bière par le guichet. Christ, je pouvais pas boire tout un gros pot de bière, même si j'avais soif, mais je l'ai bu quand même.

« Y avait un type qui venait flâner dans la cuisine parfois, il venait causer, on parlait d'auteurs et de livres. Il était chimiste, un homme éduqué, mais il était un parfait alcoolique. Il s'appelait Dixon. Un jour, je lui ai dit que mon problème, c'était que j'avais toujours trop de bière, que je n'avais qu'à frapper sur le mur et qu'on me servait tout un pot. Je voulais un verre et on me donnait un pot. Toute la bière au monde, il suffisait de frapper. Dixon a sursauté: « Jésus Christ, tous les soirs quand ça ferme à onze heures, les gars en veulent encore.' Puis il a pointé vers la baignoire et il a dit: 'Tu peux pas trouver une autre place pour les patates?' J'ai suggéré qu'on les mette dans des poches et c'est ce qu'on a fait, puis il a lavé la baignoire, et bouché le trou avec un bouchon de liège. Et alors il m'a dit: 'Commence à frapper sur le mur et chaque fois qu'on te donne un pot, verse-le là-dedans. Ce soir, à 11.15 heures, sois ici et je vais frapper à la porte et j'aurai la moitié des gars de la taverne avec moi et on va vendre ça à 10 cents le verre. Christ, on va vendre cette bière à deux verres pour trente sous.'

« J'ai trouvé que c'était une maudite bonne affaire, je l'avais pour rien et je la vendais à deux verres pour trente sous. Ça fait qu'à partir de ce moment-là, je me suis mis à frapper à toutes les quinze minutes et, chaque fois, je recevais un pot de bière. Le barman devait bien se demander quelle sorte d'estomac j'avais. Tout allait dans la baignoire.

« Ce soir-là, à onze et quart, j'étais pas couché mais j'étais dans la cuisine et y avait plein d'hommes qui faisaient la queue dans la ruelle, Dixon en tête. Il s'est mis à leur vendre la bière à 15 sous le verre. Christ! 15 sous le verre. On se graissait en maudit.

« Ç'a continué pendant un bout de temps puis, un jour, j'ai vite compris que j'étais rendu au bout de ma corde. La moitié des travailleurs étaient encore saouls tous les matins, ça se paquetait au boutt. Mais ce qui est arrivé, c'est qu'un jour les Dames de l'Église unie ou quelque chose comme ça avaient une réunion dans une des salles de l'hôtel quand la police est arrivée pour vider la place. *Bootlegging.* J'ai entendu le sergent expliquer son affaire à la pauvre madame Stewart et, Jésus, j'ai couru à ma chambre paqueter mes petits et j'ai déguerpi de là dans le temps de le dire, j'ai couru jusque dans le port où y avait justement un bateau qui partait avec le capitaine et son frère à bord. J'ai crié: 'Où allez-vous?' Tout à fait dans le bout de Ketchikan. Je leur ai dit que je voulais embarquer et le capitaine, en criant, m'a demandé si je connaissais les diesels.

« 'Christ! je suis né avec un diesel dans la bouche.'

« Alors j'ai eu la job mais je savais absolument rien des diesels. Mais voilà que j'étais rendu dans la chambre des machines avec un gros diesel Cummings et, pour moi, ça faisait ni queue ni tête. On est allé en Alaska, puis à Bellingham, où on a travaillé pour la Farwest Cannery. Mais c'était une façade, parce qu'on transportait du rhum.

« J'avais présumé que la police de Port Alberni voulait m'attraper alors j'ai sauté sur un bateau et j'ai abouti dans la contrebande de rhum. D'une manière comme de l'autre, c'était du *bootlegging*. »

Des saucisses avec des vers

« Je vais vous raconter une petite histoire au sujet de ma mère, qui était une personne merveilleuse, toujours prête à aider tout le monde dans le voisinage. Toujours là quand on avait besoin de quelqu'un, comme si elle avait pressenti les besoins des autres. Un jour, elle était allée aider une femme qui accouchait. Dans le temps, la plupart des femmes au Nouveau-Brunswick accouchaient à la maison

« J'oublierai jamais le moment où elle est rentrée. Elle s'emportait pas facilement. Au fait, si un de nous disait 'maudit' dans la maison on se faisait tirer les oreilles. Jamais dans ma vie je l'avais entendue jurer. Mais quand elle entrée ce soir-là, elle arrêtait pas de dire 'maudit! maudit! maudit!' et je pensais que le ciel allait nous tomber sur la tête. J'étais jeune et ça me bouleversait d'entendre ma mère parler comme ça.

« Qu'est-ce qui était arrivé? Le type du Secours direct dans la région était celui qui décidait du genre de nourriture que vous pouviez recevoir, ça et ça, mais pas ça, et dans quel magasin. Donc, il était très puissant. Le médecin de la femme qui avait accouché avait dit qu'elle devait manger de la bonne soupe, des choses nourrissantes. Elle avait été malade pendant l'accouchement et le docteur avait dit qu'elle devait être mieux nourrie. Alors son mari était allé voir l'homme en question et lui avait demandé si sa femme pouvait avoir des aliments différents, si c'était possible de faire quelques changements, de lui donner la soupe et le lait qu'il lui fallait, et il a dit non. L'enfant de chienne! Non seulement il décidait de la pitance de chacun, *mais il était aussi propriétaire du magasin!* Faut-il que je vous en dise plus?

« Après la naissance du bébé et, une fois la maison rangée, ma mère était allée à ce magasin pour chercher de quoi servir à déjeuner aux autres enfants. Et l'homme lui avait donné des saucisses remplies de vers, des grosses tranches de lard sans viande, et c'est ça qu'il donnait aux gens qui avaient des jetons et il faisait une fortune. Ça, c'est seulement une partie de ce qui se passait dans ce temps-là.

« Comprenez-vous ma mère, maintenant ? C'était probablement la première fois de sa vie qu'elle jurait à voix haute. »

Le vieux truc du Kentucky

« Non, j'ai pas souffert du tout durant les années 30 parce que j'achetais des patates à trois piasses la tonne pour faire de la boisson que je vendais pis tout le monde à 20 milles autour dans la vallée le savait parce qu'i's en buvaient pis la police provinciale *(de la Colombie britannique)* le savait mais i's pouvaient pas me pogner.

« Ça vous prenait une bonne recommandation avant que je vous vende mon affaire, si vous étiez étranger. J'avais ma façon. Je disais: 'Vous voulez une p'tite boîte d'allumettes ?' Ça, c'était une pinte. 'Ou bien une grosse boîte d'allumettes ?' Pis ça, c'était un gallon. S'i's voulaient deux pintes ou bien deux gallons, i's disaient: 'J'vas en prendre deux.' Alors je leur vendais une grosse boîte d'allumettes, un gallon, pour environ sept dollars et ça, c'était beaucoup dans les années 30, mais ma boisson était bonne. De quoi faire tomber les sabots d'un cheval, mais sans le tuer. Dans la boîte d'allumettes, y avait un dessin sur un bout de papier indiquant avec un X l'endroit exact où le gallon était caché. C'était simple, comme le troisième poteau à l'ouest du pont, pis en grattant un p'tit peu, i's trouvaient le trou recouvert d'un morceau de tourbe. Comme ça, je passais jamais de boisson de main à main et tout ce qu'i's recevaient pour leur argent c'était une boîte d'allumettes avec une carte. C'est comme ça qu'i's faisaient dans le Kentucky.

« Dans ce temps-là, les policiers étaient pas trop populaires pis i's étaient pas nombreux, ça fait que je pouvais faire une cuvée sans aucun problème pis mon fils allait la cacher tout de suite et tout allait très bien.

« On était bons amis avec nos voisins aussi. Disons que les Malloys, qui vivaient en haut là-bas, donnaient une partie, eh bien, je leur vendais un gallon pis i's le mélangeaient à du jus de fruit pis i's me disaient de venir faire un tour. Eh bien, m'sieur, j'attendais que la fête soit bien partie pis qu'y ait du monde qui se demande combien de temps le gallon allait encore durer, pis là j'arrivais, pis sans dire un mot je déposais deux pintes de rye du gouvernement sur la table. Fallait les voir plonger là-dedans. Je faisais pas beaucoup d'argent avec une partie comme ça mais, si y en avait parmi qui m'aimaient pas, je vous dis qu'après ça j'étais traité comme un roi.

« Pour moi, c'était un gagne-pain. J'achetais un produit, des patates, que les fermiers pouvaient pas vendre, pis j'en faisais un champagne. Ha! tout un champagne, pis ça se vendait. Dans le temps, le monde avait toujours de l'argent pour de la boisson ou, si vous voulez, de l'argent pour faire une partie. Les pêcheurs sur la rivière, de Sunbury, Annieville Slough, près de Guichon, je savais qu'i's se faisaient pas plus qu'une couple de cents par poisson mais ça les empêchais pas d'acheter régulièrement. La même chose avec les fermiers: cinq cents pour une pinte de la meilleure crème que vous ayez jamais vue; le bœuf de première qualité, cinq cents la livre pour les meilleures parties pis i's vous embrassaient quasiment de reconnaissance. Y avait un type qui vivait près du pont pis qui se faisait une piasse par jour à peinturer les bateaux de la compagnie, bin i' venait faire son tour tous les samedis.

« J'avais beaucoup de bons clients, des avocats, des médecins qui faisaient faire leur commission mais je savais pour qui c'était. Des conseillers, des hommes d'affaires. Faites pas ça, mais si vous mentionniez mon nom, ces hommes-là se lèveraient debout dans leur tombe pour jurer que je leur ai jamais vendu une mauvaise bouteille. J'ai fait des milliers de dollars dans le temps parce que j'avais des couilles pis si j'avais voulu être gros pis vendre à Vancouver pis à New Westminster, j'aurais pu être millionnaire. Mais j'en avais assez. Je me suis jamais fait prendre. D'autres oui, mais pas moi. Pis je me suis jamais senti criminel. »

Des balles de golf pour déjeuner

« J'ai vécu pendant un mois avec trois dollars et trois douzaines de balles de golf volées. Tout un mois. Trente jours. Mon père avait tout perdu dans l'importation. Personne achetait. Puis il est mort. Ma mère avait pris un appartement, c'était pas riche mais pour quelques dollars c'était pas mal du tout. Alors ça me faisait une place où rester, on jouait à la balle dans le parc, on allait bummer de la bière dans les tavernes du port, regarder les filles à McGill, faire un tour au YMCA, on passait notre temps à s'amuser mais c'était parfaitement inutile.

« Puis ma mère est morte. Subitement. Tout à coup, elle était plus là. J'ai découvert que le loyer était payé pour quelques mois, ça me faisait donc un toit. L'avocat était un ami de la famille et, après les funérailles, il m'a donné un billet de cinq dollars. Il a dit que c'était ce qui resterait de la succession, alors autant l'avoir tout de suite. Ce soir-là, j'ai bu pour deux dollars de bière ce qui, dans le temps, était une quantité incroyable. J'avais donc trois dollars et mes vêtements, qui étaient encore en bon état.

« J'ai rencontré mon ami Jimmy qui m'a dit comment il vivait. Il volait dans les grands magasins des articles qu'il échangeait pour des repas. Je me suis dit que j'allais sûrement pas faire ça mais, en y repensant, je me suis dit pourquoi pas? Après avoir quitté Jimmy, je suis allé dans un restaurant quelque part derrière la rue Ontario et j'ai entendu le propriétaire se plaindre à un autre qu'il aimait bien jouer au golf mais que les balles étaient chères. Le golf, dans le temps, ça passait pour un jeu de cinglés. Y avait pas beaucoup de monde qui jouait à ça, pas comme aujourd'hui, et les terrains étaient pas nombreux. Je lui ai dit que je pouvais lui procurer des balles pas chères. Ça m'est venu comme ça tout d'un coup, spontanément.

«Il m'a demandé combien et j'ai dit les meilleures pour dix cents chaque. Je savais pas quelle était la meilleure et je savais encore moins si dix cents c'était cher ou pas. J'ai deviné et le Grec a dit d'accord, ça paierait mes repas. Pour ce monde-là, un dollar, c'est toujours un dollar. D'après ses calculs, chaque balle lui reviendrait probablement à sept cents et demie, mais je m'en fichais. J'avais une bouche affamée à nourrir, la mienne.

«Bref, je suis allé faire un tour chez Morgan dans la section des sports, j'ai trouvé les balles de golf, les meilleures étaient les Spalding, j'en ai pris trois boîtes et je les ai glissées sous mon manteau, sans même y penser, et je suis sorti en les serrant sous mon bras. Y a pas un commis qui m'a regardé.

«Je suis rentré chez moi. Voilà que j'étais maintenant voleur. C'est comme ça que j'ai commencé. Trente-six balles de golf. Le lendemain matin, j'en ai apportée une au Grec. Il l'a examinée, l'a fait rebondir, c'est tout juste s'il a pas essayé de la croquer. Puis il a dit d'accord et il m'a servi trois crêpes et un café. Ça me donnait un repas par jour. Pas un gros repas, mais c'était assez. À la longue, j'en serais mort, mais c'est pas la question. Le Grec et moi, on a fini par se connaître, et il variait le menu. Un jour, c'était de la fricassée, le lendemain du pot-au-feu, puis de nouveau des crêpes et du café. Des fois, du lait.

«Remarquez bien que j'avais encore trois dollars de succession. Alors, vers dix heures, j'allais dans un petit café dont je connaissais la serveuse et je prenais un œuf avec une tranche de pain et du thé. Dix cents. Quand personne regardait, elle me glissait une autre tranche de pain.

«Une tranche de pain et une cuillérée de confiture aux fraises gratuitement, comme ça chaque matin, ça me mettait de bonne humeur pour le restant de la journée. C'est drôle comme on se souvient des petits détails.»

Sonny le rapace

«Y avait un type qu'on connaissait qui s'appelait Sonny le rapace. Il gagnait sa vie à s'asseoir sur la galerie des maisons vides, y en avait plein dans Kitsilano, le soir après le souper, comme s'il avait été chez lui, avec l'air innocent de celui qui prend de l'air avant d'aller se coucher. Alors les femmes avaient pas peur et quand elles passaient, il fonçait sur elles comme un vautour et leur enlevait leur bourse en un tour de main. Il faisait ça plusieurs fois par semaine.

« La plupart du temps, les femmes le rapportait même pas. Pourquoi ? Eh bien, Sonny disait que la plupart du temps les femmes avaient rien dans leur bourse, pas d'argent, seulement des petites choses. Il se serait contenté de sous, mais souvent y en avait même pas.

« Il disait toujours : 'Christ, par où est passé l'argent ?' C'est sans doute pour ça que les femmes ne le signalaient pas à la police. Pas de téléphone à la maison et pas de cinq sous pour le téléphone public. »

Pour la Chine via Los Angeles

« Y avait pas un seul homme sur les quais qui l'aurait admis mais, jusqu'à ce que Roosevelt l'abolisse en 1935, on a fait du bon argent avec la prohibition.

« La contrebande de rhum était pas légale nulle part, mais à Vancouver personne posait de question. On pouvait acheter autant de boisson qu'on voulait des entrepôts du gouvernement au nom d'un acheteur fictif en Chine, et le rhum aboutissait à Los Angeles.

« Je dirais qu'y avait plus de contrebande de boisson à destination de la Californie à partir des ports de Vancouver et de Victoria qu'à partir d'Ensenada, le gros port mexicain.

« Y avait des gros à la tête de ça et plusieurs des grosses fortunes d'aujourd'hui ont pris leur élan durant la prohibition. Leurs noms sont pas familiers parce qu'ils faisaient travailler les autres. Ils avaient des frégates et même des plus gros bateaux et c'était rien de charger 20 000 caisses et d'aller croiser 40 milles au sud et rencontrer les bateaux américains au large de Catalina. Le déchargement à terre, c'était leur problème. Pas le nôtre.

« Y avait pas mal de violence, d'armes à feu, et y a des hommes qui sont jamais revenus, parce que, voyez-vous, c'était pas risqué pour les pirates de tuer un contrebandier. Une fois, on a pendu deux pirates à Nanaïmo. Ç'a pas servi de leçon à personne.

« À partir de l'arena, rue Denman, près du parc Stanley, c'était tout un *no man's land*. Là, la police nous achalait jamais. Y avait seulement des bateaux de pêche et des maisons de bateaux puis on voyait jamais un uniforme.

« Je vous dis qu'y avait pas grand bateau de pêche qui partait sans quelques caisses de boisson à bord. Y avait pas loin à aller. On descendait sur les quais, le soir, et y avait toujours quelqu'un qui était prêt à faire le coup. On déchargeait à un endroit juste au sud de Blaine *(une ville américaine près de la frontière au sud de Vancouver)* où y avait jamais personne. Évidemment, y en avait qui se faisaient graisser la patte.

«Pour les petits, c'était jamais bien dangereux. Des poissons trop petits, surtout quand y avait des frégates à surveiller.

«Les gros jouaient aussi d'autres trucs. Vous pouviez acheter toute une cargaison de Scotch en Angleterre pour quelques sous la bouteille. Ça coûtait rien. Vous le faisiez expédier en Chine via Vancouver et, comme ça, vous contourniez les taxes. L'autre façon, c'était de payer l'excise. Comme ça, ça passait par les entrepôts de Vancouver avant de continuer vers la Chine, Honk Kong ou ailleurs. Vous n'aviez que les frais d'entrepôt et vous vous en débarrassiez en trouvant des acheteurs. Une commande de vingt ou trente milles caisses, c'était ordinaire. Tous les noms étaient fictifs, mais tout était légal, si vous savez ce que je veux dire.

«Y en a qui se sont fait des millions et des millions. Tous ceux qui ont trempé là-dedans se sont enrichis. Une vraie manne tout le temps que ç'a duré. À peu près 15 ans. La prohibition a fait du tort à tout le monde. Qu'est-ce qui restait du respect de la loi quand y en a qui se faisaient des millions comme ça? Les seuls qui s'en sont sortis étaient les gros derrière toute l'affaire et ils s'en tappent encore les cuisses. Les gros reconnaîtraient pas un contrebandier même s'il frappait à leur porte.»

L'or est là où tu le voles

«Si i's m'avaient pogné pour tout l'or que j'ai volé je serais encore en prison. Je travaillais dans les mines. J'étais encore un enfant d'école quand je suis entré là. Sous terre. J'avais 16 ans et je leur ai dit que j'en avais 18. J'avais une des jobs les plus dures dans les mines. Je pesais 145 livres et i's ont ri de moi quand je me suis présenté. C'est des hommes de 200 livres qu'ils voulaient et je sais toujours pas pourquoi i's m'ont engagé. Je me faisais $4.80 par jour, net, et puis y avait un bonus. Y avait des gars qui se faisaient jusqu'à $12 par jour. On travaillait comme des chiens mais les bons hommes — et y en avait beaucoup — pouvaient se faire de 10 à 12 piasses par jour, en plus de l'or qu'ils volaient.

«Oui, j'ai volé. Puis, c'était pas un péché non plus dans le temps, tu sais. Si tu te faisais pogner, tu perdais ta job et c'est tout. Si tu pouvais sortir de l'or pur de la mine, ton affaire était réglée. J'en ai vendu pour jusqu'à trois mille dollars en une fois, j'allais à Toronto, à Détroit, aux États-Unis. Ça, c'était énorme dans le temps et y avait pas grand risque de te faire prendre si tu faisais attention.

«Non, je te dirai pas mon nom et les mines où j'ai travaillé. Dis tout simplement sur la côte nord du Lac Supérieur, par là. Ceux qui étaient là comprendront.»

Ça décampait

« Aujourd'hui, on ferait probablement de la prison pour ça, mais dans les années 30, ça se faisait partout. Tout le monde décampait. En tout cas, chez nous, on a dû sûrement déménager 30 fois en cinq ou six ans. Comme des gitans. C'était pas facile d'être propriétaire, dans le temps. C'était très dur.

« En suivant les ventes de succession, de banqueroute, de saisies, un homme pouvait s'acheter plusieurs bonnes maisons avec quelques milliers de dollars. Une bonne maison, en bois et en briques, en bonne condition, je dirais entre $750 et $1 200. Mais ensuite il fallait qu'il garde ses locataires, parce qu'une maison vide était ruinée mauditement vite dans le temps par tous les bums qui dormaient dedans. Les loyers étaient de quinze dollars en montant. Souvent, deux familles pouvaient louer une grande maison pour $18 ou $20. Le propriétaire, comme tout le monde, attendait un changement de la situation économique. À quand les beaux jours ? Ça lui prenait donc du monde dans ses maisons et, en autant qu'ils étaient pas des Zoulous, ça allait.

« En poussant un peu, on obtenait le premier mois gratuit, pas de loyer. Ensuite, en plaidant que vous aviez perdu votre job, ou que vous étiez à la veille d'en avoir une ou que vos prestations du Secours direct allaient être augmentées, vous pouviez habituellement faire attendre le propriétaire pour le loyer du deuxième mois. Comme je vous disais, il préférait vous avoir là. Alors, ça vous faisait deux mois gratuits et, vers le 20 du deuxième mois, vous enligniez une autre maison.

« D'habitude, mon père cherchait dans le même quartier parce qu'on allait tous encore à l'école et puis c'était pas difficile parce qu'y avait des maisons à louer par toute la maudite ville. Pas de problème.

« On déménageait vers le 28 du mois. Le camion coûtait autour de trois dollars et avec tous les enfants autour et l'aide de quelques voisins, le camion était parti en moins d'une demi-heure. On avait vraiment rien — quelques lits, un divan, les affaires de cuisine, une couple de chaises et ça prenait pas beaucoup de place. Évidemment, on faisait ça la nuit. À Montréal, dans le temps, ça déménageait plus la nuit que le jour. Le soir, la famille était là et, le lendemain matin, elle y était plus.

« Le propriétaire aurait pu nous retracer par le bureau de poste ou par l'école mais je me souviens pas qu'un seul l'ait fait.

« La vérité, c'est qu'on avait tout simplement pas d'argent. On faisait ce qu'on pouvait et je me souviens que mon père disait qu'il espérait que sa mauvaise conduite déteindrait pas sur ses enfants. Mais il riait en disant ça, avec un grand verre de vin de pissenlit à la main. »

Livraison de «*commodités*»

«J'avais un oncle, à Winnipeg, le frère de mon père, et l'idée m'a pris de pousser une pointe par là. Je savais pas où c'était, comment loin, rien du tout, mais je vais vous dire une chose: je l'ai appris. C'était à l'autre bout du monde, mais je me suis rendu. Sur les trains de marchandises. Il était propriétaire d'un garage, une drôle d'affaire. Il avait plein de grosses voitures dans lesquelles il avait enlevé tous les fauteuils de passagers et laissé seulement celui du chauffeur. Complètement vides. Il m'a dit: 'Frank, penses-tu que tu peux en conduire une?'

«Entre autres, il avait une Graham Paige, un moteur assez gros pour faire marcher le Queen Elizabeth et il a dit que trois voitures partiraient ensemble chercher une cargaison à l'entrepôt, il a dit que c'était une «commodité», et qu'elles se dirigeraient ensuite vers la frontière, à 60 milles de là. Si quelqu'un tentait de nous arrêter, il fallait foncer tout droit et si on nous pourchassait, il fallait rouler plus vite et si on se faisait attraper, c'était tant pis pour nous. Adieu, en d'autres mots. Évidemment, la commodité, c'était du Scotch, et aux États-Unis, y avait la prohibition, et une grosse voiture rapide comme celle-là pouvait transporter beaucoup de boisson. Quand il m'a dit que le salaire était de $50 par semaine, j'ai dit d'accord.

«Il m'a dit aussi que je courais pas grand risque de me faire prendre parce que c'était pas l'affaire de la Police montée et que les Américains étaient payés, mais il a dit: 'Des fois...' Je lui ai demandé ce qu'il voulait dire. 'Bin, des fois, y a un flic qui veut faire du zèle. Alors, ça prend à peu près un mois avant qu'il soit muté.' Ça me paraissait bien correct. Parfait.

«J'ai travaillé pendant un an et un mois, jusqu'à ce qu'ils abolissent la prohibition, jusqu'à ce que la boisson redevienne légale. Je me faisais $50 par semaine et, plus tard, $60. J'ai démoli deux voitures. J'ai reçu une balle dans la jambe. Un ami m'a trahi en me volant une cargaison et je me demande souvent ce qu'il lui est arrivé. J'avais une blonde dans mon apartement à St-Boniface et j'en avais une autre à Grand Forks, dans le Dakota du Nord. Je faisais trois voyages par semaine. Je risquais ma vie chaque fois et j'ai pas économiser un sou, mais je me suis bien amusé.»

Dès le début de la Dépression, les marchés des cultivateurs canadiens se sont écroulés. Mais la chute des prix n'était pas le seul ennemi auquel ils avaient à faire face. Dans le sud du Manitoba, de la Saskatchewan et de l'Alberta ils devaient lutter contre la grêle, les sauterelles, la rouille... et la sécheresse. Souvent, comme ce fermier de Moose Jaw, ils devaient couvrir de longues distances pour trouver l'eau qui leur permettait de survivre.
(Photo PFRA-DREE)

Alors que la sécheresse empirait et que la terre autour d'eux se desséchait, les fermiers continuaient obstinément de labourer.

(Agriculture Canada)

Mais la sécheresse persistait et le vent emportait la couche arable du sol en de gigantesques tempêtes de sable qui devinrent courantes dans toutes les provinces des Prairies.

(19. Institut Glenbow-Alberta 20, 21. Archives de la Saskatchewan)

Bien vite, la terre en déplacement, aussi fine que du sable, recouvrit les clôtures.

(Photo PFRA-DREE)

Les instruments agraires gisaient, abandonnés... vaincus par le sable.

(Photo PFRA-DREE)

Sans récoltes et sans argent, plusieurs fermiers des Prairies dépendaient de trains de secours en provenance de l'est pour ne pas mourir de faim. De longues files de chariots tirés par des chevaux attendaient dans la neige les trains de secours.

(Photo PFRA-DREE)

Les trains de secours contenaient souvent de vieux vêtements et de la nourriture dont les gens ne voulaient pas, tels des navets et de la morue salée.

(Archives de la Saskatchewan)

Alors que l'argent pour acheter de l'essence se faisait rare, on surnomma «Bennett», du nom du premier ministre R.B. Bennett (à gauche), les chariots devenus populaires pour remplacer les voitures.

(26. Toronto Star 27,28
Archives de la Saskatchewan)

À la longue, des centaines de fermiers ne purent plus tenir et durent abandonner les fermes qui, bien souvent, étaient tout ce qu'ils possédaient dans l'existence. Le sable envahit tout et il ne poussa bientôt plus que des mauvaises herbes autour des bâtiments de fermes désertés.

Le but de la plupart des fermiers ruinés par la sécheresse était de se rendre en Colombie britannique ou dans le nord où se trouvaient la terre et l'eau. Ils étaient décidés à tout pour que, d'une façon ou d'une autre, leurs familles s'y rendent.

Mais la majorité des bonnes terres au nord étaient déjà prises. Plusieurs familles, comme celle-ci en provenance de la Saskatchewan, préférèrent abandonner et, en désespoir de cause, retournèrent chez eux. Ce groupe a été photographié à Edmonton en 1934.

(Institut Glenbow-Alberta)

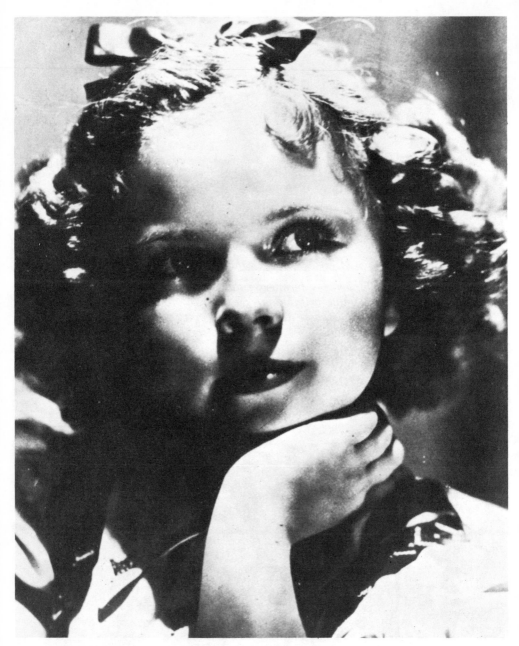

Malgré l'horreur et le désespoir de la vie réelle, le monde de Holly-wood continuait de briller de tous ses feux. À travers le pays, des gens de tous les âges économisaient assez d'argent pour s'évader dans le monde d'illusions du cinéma où des vedettes comme Shirley Temple faisaient courir les foules.

(Toronto Star)

Chapitre 16

Ça rendait un peu fou

Bien des gens sont devenus un peu fous sous la tension de la Crise. Dans la grisaille quotidienne de pauvreté, de misère, de pénurie, soudain, quelque chose craquait, c'était: que le diable l'emporte! et on perdait la tête. Pour la seule et unique fois de sa vie peut-être — mais pas toujours.

Parfois, c'était drôle mais, le plus souvent, c'était tragique.

Une sérieuse infraction

« C'était dans le temps de Noël, en 1934, à Edmonton, et j'avais pas d'argent, pas de place où rester. Aussi creux, je pense, qu'un être humain puisse l'être. J'étais allé chercher du travail dans le bout de l'université et je m'en revenais à pied en direction du pont et j'ai vu une femme sortir d'une grosse voiture et enfouir tout un paquet d'enveloppes dans une boîte postale.

« Je me suis approché de la boîte, j'ai mis le feu à mon mouchoir avec une allumette de bois, j'ai attendu qu'il s'enflamme, je l'ai fourré dans la boîte postale et j'ai continué à marcher. Je pense que personne m'a vu ou a su ce que je faisais. Ç'a eu tout l'effet d'un caillou dans l'océan. Il n'est rien arrivé, je me suis pas senti mieux, j'étais toujours aussi gelé et affamé, mais j'avais fourré un mouchoir en feu dans le courier de Sa Majesté, c'est une sérieuse infraction à la loi fédérale et j'aurais pu me retrouvé en prison pour longtemps. Pourquoi j'ai fait ça? Je le sais vraiment pas. »

Faut-il rire ou pleurer?

« On restait sur la rue Lind, à Toronto, et je pense que personne travaillait sur cette rue-là, sauf mon père. Ils passaient l'été assis, les bras croisés, sur leur galerie, attendant qu'il se passe quelque chose mais il arrivait jamais rien.

« Parmi nos voisins, y avait ce petit homme, oui, faut le dire, un minus, le genre qui dit pas grand-chose, vous savez. Le bureau d'emploi était à six milles de chez nous et il fallait arriver à six heures le matin pour avoir la moindre chance d'obtenir quelque chose, alors ce gars-là se levait vers 4h 30, hiver comme été et, jour après jour, se rendait à pied au bureau d'emploi, trouvait jamais de job et rentrait le soir à pied.

« Mais, un soir, il est rentré à pied, comme d'habitude, et il s'était trouvé une job. Il a dit à tout le monde qu'il s'était fait cinq dollars dans sa journée. Comment ? je le sais pas. Je pense qu'il était l'homme le plus fier à Toronto, ce soir-là, et il a envoyé sa fille de dix ans acheté deux pintes de crème à la glace et des friandises au magasin du coin. On allait célébrer ça.

« Mais sur le chemin du retour, la petite fille, d'une manière ou d'une autre, a perdu la monnaie. Elle l'avait tout simplement perdue. On a tout vu ça en pantomime, sur le trottoir, le bonhomme en train de gesticuler devant sa fille qui fouille au fond de ses poches, dans le sac, et l'argent n'y est pas.

« On aurait jamais cru qu'un homme comme ça puisse se fâcher. Il s'est mis à frapper l'enfant, en criant, à la bousculer et la frapper et la petite restait là, paralysée.

« Tous les hommes du voisinage ont vu la scène, mais ils avaient compris ce qui s'était passé. D'habitude, quand ils voyaient un homme battre un enfant, y en avait aussitôt deux ou trois qui sautaient dessus. Mais pas cette fois-là, ils sont tous restés assis.

« Finalement, le type s'est écrasé de tout son long sur les marches et s'est mis à pleurer. Il sanglotait. C'était la première fois en trois ou quatre ans qu'il gagnait de l'argent en travaillant. Et il sanglotait. Et savez-vous qui est allé le consoler ? Sa petite fille. Elle est allée s'asseoir près de lui, lui a parlé et lui a mis la main sur l'épaule.

« Christ ! on sait plus s'il faut rire ou pleurer. »

Des timbres, par millions !

« Mon père, voyez-vous, avait déjà eu sa propre compagnie d'arpentage, mais il avait dû abandonner tout ça parce que tout le monde quittait les terres que le vent emportait au Manitoba, dans le nord ou aux États-Unis. Le gouvernement lui avait offert une bonne position, parce qu'il avait beaucoup de valeur, alors il s'était retrouvé dans le haut de l'échelle. Mais c'était pas assez. Il se sentait terriblement coupable, d'avoir laissé tomber ses amis, sa famille, tout le monde. Il s'est mis à faire des choses bizarres et la plus bizarre, c'était son affaire de timbres. Il avait lu dans une revue qu'une compagnie aux États-Unis était à la recherche de timbres usagés. Ils achetaient tout.

« C'était facile à comprendre, vous savez, parce qu'à l'époque, collectionner les timbres c'était la manie et les commerçants avaient besoin de timbres, n'importe lesquels, et par camions pleins. Le résultat c'est que mon père a fait le tour de tous les grands magasins et leur a demandé de lui conserver toutes leurs enveloppes timbrées. Il en rapportait des milliers par semaine et nous, maman et les enfants, on s'assoyait autour de la table dans la salle à manger et on déchirait les enveloppes autour des timbres. Si jamais je revois un timbre du roi George V, je pense que je vais pleurer. On en a vu des milliers, des millions. Il fallait les faire tremper pour les décoller et papa avait fait faire par un ami comme des immenses lèchefrites. Tous les soirs, la table et le plancher de la cuisine étaient recouverts de ces lèchefrites, remplies de timbres.

« C'était fou, mais il fallait pas essayer de dire ça à papa. Il avait une famille à supporter et, même si on vivait bien, très bien même pour l'époque, il fallait qu'il gagne plus d'argent. Il pensait aux belles années, quand il avait ses chevaux pur-sang et tout le bataclan. C'était fini. Tous les soirs, vers minuit, je l'entendais déposer les lèchefrites sur le plancher et, tous les matins, il se levait à six heures, étendait de grandes feuilles de papier buvard dans les lèchefrites, les timbres y adhéraient, et ensuite il fallait les laisser sécher. Puis, on les triait, on les empaquetait. Les fins de semaine, toute la famille, même mon cavalier s'est fait embarquer un samedi soir. Enfin, papa mettait tout ça à la poste et payait les frais, évidemment. Mon Dieu, des millions de timbres. On le savait pas dans le temps, mais papa avait perdu la boule. Pauvre homme. J'ai jamais su vraiment combien ça lui rapportait, mais maman levait toujours les yeux au ciel. Une fois, elle a vu un chèque au montant de trois dollars. Ça, c'était pour un gros paquet, parce qu'ils payaient au poids. Toutes ces heures de travail, tout ce sommeil perdu dont il avait besoin, les soucis, la maison remplie de lèchefrites et de buvards. C'était affreux et on endurait. Il tournait de plus en plus, et ç'a duré longtemps. Tous ces petits chèques de deux, trois dollars, une infime partie de son salaire. Il croyait tellement qu'il aidait sa famille. Le cher, cher homme. Le meilleur père qu'on puisse avoir et il mourait chaque jour. Finalement, je vous raconterai pas ça, mais il a craqué. Il est mort à l'hôpital psychiatrique après la guerre.

« Vous pouvez dire que papa a été victime de la Crise au même titre que le cultivateur dont le vent a emporté la terre. »

La couronne mortuaire

« Les gens faisaient des choses étranges. Comme si une sorte de folie s'était emparé d'eux.

« Y avait une famille Thompson, en face de chez nous, et un jour le père est mort. Ce qui avait bien impressionné les enfants du voisinage, c'était la couronne mortuaire qu'ils avaient suspendue à leur porte.

« Le jour des funérailles, quand tout le monde était au cimetière, nous, les enfants, on a vu un homme s'arrêter à la porte des Thompson, prendre la couronne, l'enfouir sous son manteau et s'en aller. On l'avait suivi en bicyclette, mine de rien, jusque chez lui, deux ou trois rues plus loin, et on l'avait vu entrer puis ressortir et suspendre la couronne à sa porte. J'avais raconté ça à mon père qui s'était renseigné et avait découvert que la femme du type était morte la veille.»

Un camion flambant neuf

«Y en a qui pouvaient tout simplement pas se rendre à l'évidence et admettre qu'il y avait même une Crise. Je me souviens d'un mois d'août, en 38 par là, je travaillais pour un homme à l'ouest de Brandon, et j'aperçois tout à coup un camion à grain flambant neuf qui bondissait à travers le champ. Je comprenais pas ça parce que je savais bien que c'était pas le patron qui aurait fait venir un camion, vieux jeu pis pingre comme il l'était. Serré comme l'écorce sur l'arbre. Non m'sieur, il occupait ses garçons tout l'hiver à transporter le grain à l'élévateur, six milles plus loin. Comme ça, il économisait quelques dollars.

«Le chauffeur du GMC insistait pour qu'on lui donne du travail. En fait, il lâchait pas. Finalement, le fils a poigné une fourche puis a reconduit l'homme jusqu'à son camion pis ça se parlait pas mal fort.

«Le lendemain, le samedi, on a entendu parler de lui au village. Ce gars-là avait travaillé comme un fou pendant trois, quatre ans et avait économisé juste assez pour le premier paiement. Il avait maintenant le camion mais pas de quoi le payer. Ciel! les paiements étaient dûs et y avait pas de travail. Bin... y en avait... mais même en travaillant 16 heures par jour il aurait jamais fait assez pour payer l'essence pis ses paiements, même en dormant dans le camion.

«Il était devenu hystérique, quasiment fou, comme bin d'autres avec les dettes, la frustration, l'esclavage.

«I's ont trouvé son camion dans le fossé, complètement démoli. On a jamais su s'il avait fait ça par exprès ou pas. Pauvre diable. Je pense que la police l'avait trouvé errant dans le village et i's l'ont mis à l'asile de Brandon. C'est peut-être pas sa place, mais c'est là où la Dépression l'avait mené.

«N'importe qui aurait pu lui dire qui pouvait pas se payer un camion neuf en transportant de l'orge pis de l'avoine pour des cultivaleurs criblés de dettes, qui avaient leurs propres chevaux et charrettes pis rien à faire en hiver.»

Mon fils, le légume

«Mon fils Raoul est sorti de l'école, en 1932, à l'âge de 18 ans, un beau garçon, intelligent, et il est resté assis sur la balançoire qu'on avait sur la galerie et s'est balancé pendant tout l'été, je croyais que j'en deviendrais folle.

« Il allait se baigner à la rivière quelquefois, avec tous les gars de son âge et je pense pas qu'y avait des filles et ils se faisaient griller au soleil.

« Puis l'automne est arrivé et il a retrouvé la balançoire pour de bon. En hiver, il passait ses jours à se bercer près du poêle dans la berceuse qui, en fait, était celle du grand-père, mais il l'avait pas souvent. Raoul se berçait sans arrêt. Je l'entendais, la nuit, à trois heures du matin, se faire un sandwich dans la cuisine puis aller s'asseoir dans la salle à dîner et jouer au solitaire. Tous les soirs. Une fois, sa sœur avait retiré trois cartes dans son paquet, alors il pouvait plus gagner et il a mis trois jours avant de penser à compter ses cartes et je pensais qu'il allait devenir fou. Il voulait tuer. Et peu importe qui.

« Raoul a fait ça pendant cinq ans, de 18 à 23 ans, et pendant tout ce temps-là, y avait pas de travail. Ç'allait mal chez nous pis dans le nord de l'Ontario, à moins de travailler à la mine. Et si vous aviez une job, vous alliez travailler malade, mourant, vous faisiez votre minimum et tout dépendait de votre job. Mais y avait rien et il est allé quelques fois à Toronto mais au bout d'une semaine il revenait en *caboose* avec un ami de son père et il me disait : 'Maman, tu veux que je lave la vaisselle dans un restaurant pour trois dollars par semaine ?'. Et je disais non, c'est pas ce que je voulais pour un garçon comme lui qui aurait déjà dû être en train de faire son chemin dans la vie. À ce moment-là, il devait avoir 20 ou 21 ans.

« Il est monté à sa petite chambre tout à fait en haut et je voyais qu'il était complètement déprimé et j'aurais pu pleurer... alors je lui ai fait du thé que je lui ai monté et je sais que j'ai dit ce qu'il fallait pas dire, je pouvais pas plus mal tomber, j'ai dit : 'Raoul, comment ça se fait que Jimmy Buchanan et son frère peuvent se trouver du travail à l'usine Massey ? J'aurais jamais pensé qu'ils étaient meilleurs que toi.

« Il a bondi, saisi sa règle à dessin et l'a brisée sur son genou il a lancé tous ses livres de génie à travers sa chambre puis il a fracassé le miroir d'un coup de poing. Il hurlait. D'habitude, on l'entendait jamais. Y avait eu l'affaire des cartes, mais c'était tout.

« Puis mon garçon s'est mis à pleurer et à crier. 'Je suis un bon à rien. T'as un fils bon à rien. Trois dollars par semaine dans une sale cuisine avec des Chinois. C'est tout ce qu'i's pensent que je peux faire. Travailler avec des Chinois !'

« Une couple d'années ont passé. Il restait assis dans la berceuse et fallait que je lui demande de mettre du charbon dans le poêle. On avait une pelouse grande comme un drap, mais il l'a jamais coupée. Il voulait pas rester à la maison le soir de Noël, il préférait aller marcher. Il faisait beaucoup de natation. Je crois pas qu'il ait eu une blonde. Je sais pas ce qu'il faisait. Il était beau comme Jean Béliveau et il faisait rien. Il lisait pas, faisait pas de mots croisés, se coupait même pas les ongles. Un légume. C'est comme ça que ses sœurs l'appelaient. Ça me brisait le cœur.

« Le 9 septembre 1939, il est entré dans l'armée canadienne. Il s'est fait tué à Dieppe, l'été de 1942. Il avait été un excellent soldat. Vous voyez, on avait besoin de lui, il avait quelque chose à faire.

« Son aumônier m'a écrit qu'il est mort courageusement. J'ai encore sa lettre. J'ai dit à ma fille que quand je mourrai, je veux qu'elle me mette cette lettre dans les mains. Dans mon cercueil, vous comprenez ? »

Le mystère Gideon

« Ça, je l'ai jamais raconté avant et la vérité, c'est que j'ai oublié tout ça y a 25 ans. Mais c'est la vérité vraie. J'étais commis voyageur d'épiceries, dans le nord du Manitoba. C'était une bonne job dans ce temps-là, parce que le monde devait manger et ils trouvaient toujours de l'argent pour ça.

« Vous rappelez-vous les chambres d'hôtel à un dollar. Pour $1 vous aviez votre chambre de bain et, pour 50 sous, vous alliez au bout du corridor. Dans le temps, je marchais les corridors. J'ai dormi dans des centaines de chambres et, un soir, j'ai pris la Bible Gideon dans le tiroir, pas par esprit religieux du tout, mais tout simplement par distraction et j'ai trouvé, en plein milieu, un billet de dix et un billet de deux dollars, tout bien aplatis.

« Après ça, chaque fois que j'entrais dans une nouvelle chambre d'hôtel, la première chose que je faisais après avoir enlevé mes souliers et m'être étendu sur le lit, c'était de vérifier la Bible Gideon. Eh bien, je vous mens pas, j'ai trouvé d'autre argent dans les pages ! En cinq ans environ, j'ai trouvé au moins trois cents dollars, je vous mens pas. Dans les Bibles Gideon.

« J'ai jamais très bien compris. Mais j'ai deux théories. La première c'est que quelqu'un déposait ces billets dans les bibles en se disant que celui qui lit la Gideon dans une chambre d'hôtel mérite d'être récompensé. Mais j'écarte cette hypothèse parce qu'il me semble que ça prend une personne organisée pour faire ça et une telle personne aurait pas mis des sommes comme celles-là: trois billets de un, un cinq et un deux, enfin toutes les variantes possibles et jusqu'à vingt dollars. Ou alors il s'agit d'un fou.

« Voici comment j'explique ça. Ces chambres n'avaient pas de toilette et, bien souvent, y avait pas de serrure aux portes. Comme les temps étaient durs, un gars laissait pas son argent dans sa chambre, mais il devait quand même aller à la toilette ou prendre son bain. La bible était une bonne cachette. De même que pour le gars qui veut pas apporter tout son argent à la taverne en bas. Qui c'est qui lit la Bible Gideon ? Mais ça veut dire que ce monde-là oubliait leur argent. Dans le cas de celui qui rentrait se coucher bien saoul, c'est plausible, mais je dis pas que j'ai trouvé l'explication. C'est encore un mystère. »

La fièvre de l'or

« On disait qu'y avait de l'or sur les hauts-fonds du Fraser, en bas de Quesnel, et que c'était le temps d'y aller parce que l'eau était basse, c'était en août. On disait qu'on pouvait se faire cinq ou six piasses par jour à ramasser des pépites dans son poêlon.

« Tout ça, c'était de la foutaise, mais quand tu vivais avec 40 ou 50 cents par jour avec les robineux de Vancouver pi qu'on te parlait d'or dans les montagnes, c'est là que t'allais. Y en a des centaines qui sont allés cette année-là, en 1934. Tout le pays avait perdu la tête. En Ontario, les mineurs se faisaient plus que les vice-présidents de banque. Enfin, presque. Mais pas sur le Fraser. On travaillait toute la journée dans l'eau froide jusqu'aux genoux, dans le vent du nord, à pelleter des tonnes de gravelle et soulever des centaines de sceaux d'eau, puis, après le souper de bines, il fallait nettoyer l'or, le ramasser avec du mercure et le faire chauffer, pour avoir quoi finalement? Peut-être une pépitte de 60 ou 75 cents... peut-être un dollar! Y avait rien de romantique là. C'était le travail le plus dur, le plus trempé et le plus froid qu'y a jamais eu!

« Mais on le faisait, août, septembre, Christ! même jusqu'à la fin d'octobre, quand les ours avaient disparu pis qu'y avait de la glace le matin sur le bord de la rivière pis qu'i' faisait noir à 5h 30. Pourquoi? Pour trouver la petite pépite d'or d'une piasse et aller acheter de quoi manger chez l'épicier chinois, à Quesnel. Même en travaillant 12 heures par jour, sept jours par semaine, ça nourrissait pas son homme.

« On peut parler de la fièvre de l'or. Les gars du Klondyke étaient pas différents, i's travaillaient à cinquante sur un haut-fond où c'était clair qu'y avait rien. Pourquoi? La fièvre de l'or... ça vous rend un peu fou. »

La vie de ma femme, l'église

« Y avait pas mal de désespoir dans la famille, dans le temps, mais pour ma femme, la vie, c'était l'église pis c'est l'église qui allait tout arranger. Tous les matins, elle allumait le poêle à 5h 30 pis elle enfournait son pain pour qu'i' soit prêt pour le déjeûner quand elle revenait de la messe. Elle portait ses bottines attachées par les lacets autour de son cou pis elle marchait quatre milles. Non, pas dans la neige, elle était pas assez folle pour ça.

« Des fois, les jours de pluie, elle était toute seule à la messe, mais fallait que le curé dise la messe pareil. Dans le temps, au Québec, les hommes y allaient deux fois par année, à Noël pis à Pâques. À la Saint-Jean-Baptiste, peut-être. Mais pas elle.

« Le curé lui chargeait 50 cents par semaine pour dire la messe, pareil comme quand j'achète pour 60 cents à l'épicerie. Pour lui, la messe, c'était une affaire. Pour ma femme, c'est ce qui allait mettre fin à la Dépression, à notre vie de fèves au lard. Les enfants, on en avait 10, pourraient recommencer à prendre de l'huile de foie de morue.

« Un jour, une dame Cocteau, je pense qu'elle s'appelait, m'arrête dans le village pis elle me demande pourquoi ma femme paye 50 cents tous les samedis pour les messes quand les autres le font pas. Personne voulait payer. Je dis que je sais pas. Je savais même pas où elle prenait les 50 sous, vous savez. Elle avait peut-être un trésor caché quelque part.

« C'te femme-là, j'oubliais de vous dire qu'elle était ménagère du curé, elle m'a demandé si ma femme savait que tous les samedis soirs, le curé se tapait une belle grosse bouteille de vin. Elle devait bin le savoir, elle lui servait tous ses repas.

« Je lui ai dit : 'Madame Cocteau, c'est vous qui devriez dire ça à ma femme. Si je lui dis, je suis mort.'

« Elle m'a dit qu'elle le ferait pas, mais savez-vous ce qu'elle a dit ? C'est pas tout. Elle a dit qu'à chaque fois qu'il prenait son premier verre de vin, assis devant son gros repas, il levait son verre et disait : 'Merci à vous, Madame Leblanc.'

« C'est ça qui m'a décidé à le dire à ma femme... Elle a dit qu'elle assistait aux messes pis que s'il voulait dépenser son argent sur du vin, que c'était bin correct, que le pauvre homme travaillait assez fort.

« Ah oui, j'oubliais... la raison pour laquelle ma femme portait ses bottines autour du cou, c'était pour pas les salir. Elle s'assoyait sur les marches de l'église pour les mettre avant de rentrer. »

Ramenez-le à l'ascenseur

« Chacun avait sa façon de se débrouiller pendant la Crise. Y avait un type chez Eaton, un grand gars imposant dans un uniforme de majordome, qui se tenait devant l'ascenseur pour aider les petites vieilles, sourire et dire bonjour aux gens. Comme un symbole de la maison Eaton, et tout le monde le connaissait.

« En tout cas, ils l'ont congédié. Dehors. Par mesure d'austérité, sans doute, y avait des mises à pied partout. Je voudrais bien me souvenir de son nom, mais ce gars-là, il a fait ni une ni deux et il est allé au *Winnipeg Free Press* le jour même acheter tout une pile de journaux et il est revenu les vendre à la porte de chez Eaton, juste en face de l'ascenseur.

« Tout le monde l'a reconnu, tout le monde s'est mis à en parler, y a rien eu dans le journal et vous trouverez jamais un patron chez Eaton qui va l'admettre, mais, en dedans de deux heures, c't'homme-là était revenu devant son ascenseur avec son uniforme sur le dos. On aurait dit que toute la ville le savait. On appelle ça améliorer l'image de la compagnie, c'est ça ? »

Chapitre 17

Les troc : des oignons pour l'accoucheur

À la campagne, le troc n'avait jamais vraiment disparu mais voilà que cette coutume se pratiquait de nouveau dans les villes.

Un ami chômeur de la famille s'occupait de la comptabilité mensuelle de quatre petits magasins de la région et recevait en retour de chaque propriétaire pour $5 d'épiceries et tout le monde était content. Un dentiste de la Nouvelle-Écosse — plombage, 50 cents; extraction, un dollar — soignait tous les membres d'une famille qui, en échange, s'engageaient à abattre de gros arbres, les couper, les fendre et lui livrer des cordes de bois de chauffage. Un cultivateur de l'Okanagan troquait pour du bœuf son plein camion de pommes et de poires.

Et puis, il y avait le vagabond qui faisait du porte à porte offrant de tondre la pelouse en échange d'un repas. Souvent, il était jeune, voyageant à bord des trains de marchandises, toujours à la recherche de nourriture. Et, souvent aussi, les femmes lui donnaient gratuitement à manger parce qu'il leur rappelait leur propre fils.

Le système du troc était efficace parce qu'il était nécessaire. La seule alternative était de s'endetter ce qui, dans les années 30, était le pire des péchés.

Des bébés de légumes

« J'appelle mes enfants les bébés de légumes. Quand mon plus vieux est né, le médecin a troqué ses services pour une poche d'oignons, deux pots d'œufs marinés et assez de porc pour nourrir une famille pendant une semaine.

« Doreen, elle est née au mois d'août, alors on l'a troquée pour des légumes, frais cueillis du jardin. Je les ai cueillis moi-même avant qu'on parte pour l'hôpital.

« C'est comme ça que ça marchait. Cinq enfants et le médecin a reçu des légumes, du porc, des œufs, du bois de chauffage. Personne avait un sou. Juste de quoi payer les balles, pour l'orignal, et le plus souvent on empruntait le fusil du voisin. Si vous aviez un voisin. Ceux qui ont tenu le coup dans le pays ont réussi aujourd'hui. Ils sont riches, de grosses terres, de grosses voitures, des voyages au Mexique, à Londres. Mais pas nous.

« Le dernier hiver était de trop. Cinquante, soixante sous zéro. Dieu a pas voulu que l'homme vive comme ça. Les Sœurs de la Providence et le curé du village, ils disaient de prier. De prier le Seigneur. C'était pas assez. Rien était assez. On n'était pas faits pour ça. »

Le balcon congélateur

« Papa était médecin, au nord de Saskatoon. On avait un grand balcon au deuxième étage de la vieille maison merveilleuse qu'on avait. Je dormais sur ce balcon de mai à la fin septembre, quand il commençait à faire froid, et c'est alors que mon père transformait le balcon en congélateur.

« Les gens avaient pas d'argent, voyez-vous. Pas d'argent, c'est pas d'argent. Il travaillait quasiment pour rien malgré tout ce que vous avez entendu au sujet des médecins qui refusaient de soigner les malades à moins d'être payés comptant. De la foutaise. Tout l'été, papa pratiquait, visitant les malades, le jour comme la nuit, aidant aux accouchements, soignant les accidentés, enfin tout ce qui arrive en milieu rural. Inévitablement, on avait jamais d'argent pour le payer, mais mon père disait de pas s'en faire avec ça et que, si c'était possible, ils pourraient lui donner des légumes, de la viande ou de la venaison, mais en octobre. Et tous le faisaient. Ces Ukrainiens étaient des gens très honnêtes. D'ailleurs, dans le temps, tout le monde l'était.

« Petit à petit, le balcon se remplissait et, en novembre, il était plein à craquer. De tout ce que vous vouliez : des légumes, des pots de confitures aux fraises, aux framboises, du blé d'Inde en conserve, un ou deux quartiers de bœuf. On vivait très bien avec ce système de troc et papa en donnait même beaucoup à ses patients dans le besoin. Certains Ukrainiens lui apportaient des bouteilles de leur alcool maison. Une boisson blanche qu'il fallait savoir mélanger sans quoi les flammes nous sortaient par les oreilles. Tout le monde était pauvre, médecin comme patients, mais on se débrouillait en s'entraidant.

« À mon avis, en ce qui concerne les gens, l'histoire de ces années-là est l'une des meilleures parties de l'histoire du Canada. »

L'amour dans un taxi

« Y avait le cul. Surtout avec les serveuses de restaurant. On recevait des appels de chez Child's, un restaurant qui restait ouvert tard la nuit, et on savait bien qu'une serveuse avait pas les moyens de se payer un taxi pour rentrer chez elle. Alors quand elle disait de pas faire marcher le taximètre, on comprenait tout de suite et on partait. Ça pouvait lui coûter autour de 50 cents ou moins mais, si elle était prête à se vendre pour ça, moi, ça me dérangeait pas. Je stationnais dans une ruelle et je la prenais sur la banquette arrière. C'est pas la meilleure place pour prendre sa botte mais ça me dérangeait pas et les filles non plus. J'étais jeune et fort dans ce temps-là et j'aurais jamais refusé ça. Je baisais deux ou trois fois par semaine régulièrement et je voudrais bien connaître l'homme marié qui peut en dire autant.

« Une petite bonne femme m'avait même demandé d'être son maquereau, elle aurait eu sa chambre quelque part et je lui aurais amené des gars. Pour ça, elle a eu une bonne claque sur la gueule, mais ça l'a pas empêchée de revenir et je l'ai baisée souvent.»

Papa savait pas dire non

« Mon père avait un magasin général dans un tout petit village près de Deloraine, le genre d'endroit qui faisait dire à l'étranger: 'Comment peut-il bien gagner sa vie ici?' On se débrouillait bien, papa était un bon homme d'affaires, mais quand les années 30 sont arrivées, tout a changé dans le pays. Les cultivateurs arrivaient au magasin complètement cassés. Ils avaient pas un traître sou dans leurs poches et leurs femmes s'amenaient avec leur liste parce que papa était là depuis tellement longtemps qu'elles s'attendaient tout naturellement à recevoir ce qu'il leur fallait de monsieur Tubbs.

« On avait une grande cave en ciment, creusée dans le sol, où il faisait toujours frais en été, et ça nous arrivait de manger là, les jours de chaleur torride. Mais papa est mort subitement et l'avocat a dit à ma mère de faire l'inventaire de tout ce qu'on avait, tout, alors nous, les enfants, on se promenait avec du papier et un crayon et on faisait des listes. Dans la cave, y avait une section que papa avait fermée avec des planches pour en faire une chambre froide.

« Eh bien, m'sieur, vous avez jamais rien vu comme ça. Y avait des pots et des pots et des pots de beurre non salé, des pots de cinq gallons. Des pots et des pots d'œufs marinés, de cornichons, de poulet en conserve, tout ce que vous pouvez imaginer.

« Ce qui était arrivé, c'est que les fermières avaient tout apporté ça pour troquer. Et papa, étant l'homme qu'il était, savait pas dire non à ces femmes, qui étaient ses fidèles clientes depuis tant d'années. Alors il avait accepté ces produits en échange de ceux qu'il achetait à crédit à Winnipeg et j'ai pas besoin de vous dire que c'est pas comme ça qu'on fait marcher un commerce. Jamais il aurait vendu tout ce beurre, même frais, quand il se vendait cinq sous la livre et que toutes les fermières du Manitoba faisait leur propre beurre. En tout cas, il était rance, les œufs étaient pourris et ça se vendait pas de toute façon. La même chose pour les cornichons. Pour tout. Des pots et des pots de rien du tout.

« Ça faisait déjà un bon bout de temps que papa était en faillite mais il avait continué quand même à faire affaire comme ça. Un avocat était descendu de Winnipeg pour parler à notre avocat et il avait dit que les grossistes voulaient que maman continue à faire marcher le magasin et se sorte du pétrin. Mais comment? Elle aurait fait ce que papa avait fait, elle aurait continué à aider les gens et à s'endetter plus profondément chaque semaine. Ils étaient pareils. »

Centre d'échanges

« J'avais mis sur pied un centre d'échanges. Je suppose que l'idée est vieille comme le monde parce que l'échange, c'est l'essence même du commerce, mais dans les années 30, les gens trouvaient ça pratique, et je gagnais ma vie, ou je croyais gagner ma vie.

« Je travaillais chez moi, une belle vieille maison sur Younge et, pour survivre, fallait que je fasse beaucoup de publicité. Si un dentiste, disons, avait des travaux de menuiserie à faire faire et qu'un menuisier avait une fille dont les dents avaient besoin d'être soignées, alors je les faisais se rencontrer. Ils se passaient pas d'argent entre eux mais, moi, je leur chargeais chacun 25 sous. Ça marchait bien. Des gens avaient à se rendre à la mer avec plusieurs caisses d'œufs et je leur ai trouvé d'autres gens qui partaient pour la mer. J'ai fait toutes les sortes d'alliances possibles. J'en faisais quatre par jour et ça me faisait deux dollars, et un homme et une femme vivaient bien avec cinquante ou soixante dollars par mois. Pas la grande vie, mais ils vivaient.

« Fallait que je paie le téléphone, évidemment. En tout premier lieu. Je publiais un petit journal que je distribuais gratuitement. C'était une liste de ce que les gens avaient à offrir. Ça s'appelait Nouvelles du centre d'échanges. On le trouvait dans les cinémas et les épiceries partout à Toronto. Pour rien, vous comprenez, et ça, ç'a été mon erreur. L'imprimerie coûtait pas cher mais fallait quand même que l'imprimeur soit payé et, même quand les affaires allaient à fond de train, avec ma femme et moi sur les deux téléphones, j'ai jamais pu payer l'imprimeur. Six ans après la Crise, je le payais encore, alors vous voyez que je gagnais pas vraiment ma vie. Je payais le loyer, on mangeait bien, on s'achetait une bouteille, le samedi soir, et rien de plus. On croyait se tirer d'affaires. Mais c'était amusant, on rencontrait beaucoup de monde. »

Trouvons-lui un piano

« Y avait une dame Cowan, elle avait déjà enseigné la musique, et comme les enfants avaient rien à faire, elle avait décidé de leur donner des leçons. Mais elle avait pas de piano et elle leur enseignait à partir des notes. Da da da da da da da. Comme ça, vous voyez. « Ça fait qu'un groupe de cultivateurs, on a décidé ensemble qu'on lui trouverait un piano et je connaissais un petit Juif, à Regina, qui avait un commerce de seconde main et je lui ai envoyé un mot. J'ai dit aux gars qu'il était correct et qu'on pouvait se fier à lui. Carrot River, c'est à peu près à 220 milles au nord de Regina et voilà qu'il nous envoie un piano à $150. C'était beaucoup, beaucoup d'argent dans le temps.

« Je lui ai écrit lui disant qu'on le paierait quand on pourrait. Pas de problème.

« L'hiver suivant, j'ai dit aux gars qu'une partie du bois qu'on coupait irait chez le Juif de Regina. Madame Cowan faisait plus pour les enfants de la région que tout ce que l'argent pouvait acheter. Alors on lui a envoyé plusieurs cordes de bois par l'intermédiaire d'une cour à charbon à Regina. C'est comme ça qu'on l'a payé. Avec du bois. Ça nous a pris trois ans et il nous a jamais poussés dans le dos. C'était un gars direct. Quand il disait quelque chose, c'était comme ça. »

Tout le monde troquait

« Y avait bin du poisson dans le Fraser mais, le plus souvent, ça se vendait pas pis quand on arrivait à le vendre c'était à un prix qui voulait rien dire. Le saumon blanc du printemps, c'est un bon poisson, et pourtant un poisson de vingt-cinq livres se donnait pour 10 ou 12 sous. Le Coho, un cent, peut-être deux, la livre, si vous étiez chanceux.

« On troquait. Tout le monde troquait. On faisait le tour des fermes et on troquait du saumon pour des œufs, des patates, des navets, des poulets, de la viande. Une chaudière pleine de lait frais pour un poisson de sept livres. Le lendemain matin, vous aviez cinq pouces de la meilleure crème sur le dessus. »

Du travail à troquer

« J'ai toujours cru que le travail était une valeur d'échange. Durant la Crise, j'avais jamais d'argent, c'est vrai, mais personne en avait. J'avais jamais un sou, pendant des jours et des jours, mais je pouvais toujours travailler. Je frappais aux portes, par la porte d'en arrière habituellement, et je demandais à la femme si elle était consentante à me donner un sandwich, enfin de quoi manger, en retour de quoi je m'offrais à fendre du bois, pelleter de la neige, sortir les cendres, tondre la pelouse. Pensez pas que je faisais ça pour la forme. Non, j'étais sincèrement prêt à travailler pour manger. Après tout, le marché du travail, c'est quoi? C'est rien d'autre. Je demandais jamais d'argent. Seulement de la nourriture. Parfaitement correct. En me présentant comme ça, en exposant ma situation calmement, avec la volonté évidente de travailler, c'est rare qu'on me refusait. Parfois on me faisait manger dans la cuisine, mais l'hospitalité a ses limites et, la plupart du temps, je mangeais sur les marches de l'escalier de la cour quand il faisait beau, ou dans la grange ou dans la cave, en hiver et quand il pleuvait. »

Une vache en étalage

« Mon grand-père était agent de Dodge dans notre petite ville et, un jour, autour de 1933, il avait vendu une voiture à une grosse famille qui avait une immense maison. Comme premier versement — peut-être que c'était plus — il avait reçu une vache, un veau — qui valaient à peu près rien — et trois pianos. Il devait y en avoir quatre dans cette maison-là.

« Il avait une espèce de salle d'exposition — pas du tout comme celle qu'on voit aujourd'hui — dans laquelle il avait installé la vache, le veau et les pianos, il avait mis plein d'affiches tout autour et demandait 10 pour cent comptant. À la fin de la journée, il avait tout vendu.

« Grand-papa était rentré ce soir-là en disant qu'il avait vendu une Dodge. C'est comme ça qu'il voyait ça. L'acheteur lui avait pas donné un seul sou, mais il avait vendu une voiture. Partout, ça troquait à gauche et à droite. Tous les moyens étaient bons. »

Chapitre 18

N'importe comment, mais de l'argent

Si vous parveniez à rouler l'autre, c'est que vous étiez 'rusé' et alors vous aviez droit à l'envie et au respect de vos parents, amis et voisins. Sauf, évidemment, si celui qui s'était fait avoir était l'un d'entre eux. Dans ce cas, il y avait certes du mauvais sang, mais cela durait moins longtemps.

La ruse n'allait peut-être pas toujours sans malhonnêteté, mais c'était sans malice. Parfois, c'était par pur plaisir de jouer l'autre ou, mieux encore, le gouvernement, comme le type dans ce chapitre qui avait utilisé un côté du trottoir de bois pour se chauffer, en se gardant l'autre pour l'hiver suivant.

C'était du vol... mais pas tout à fait. C'était plus que malhonnête, c'était rusé et n'importe qui l'aurait admiré.

On pouvait dire que, si toute l'ingéniosité, la réflexion et la ruse employées à contourner la bureaucratie, exploiter les failles de la loi et tromper l'autre, avaient été canalisées vers l'entreprise, la Crise se serait peut-être terminée plus tôt.

Mais ce serait vouloir faire fi de la nature humaine.

Une belle cabane d'oiseau

« Y avait eu un concours de bricolage à l'école et c'était à qui ferait la plus belle cabane d'oiseau. Les commerçants offraient les prix et le premier était de $2.50.

« Mon oncle était menuisier et je suis allé le voir dans son atelier et il m'a construit une belle cabane d'oiseau. Il avait fait 98 pour cent du travail et s'était contenté de me faire resserrer quelques vis. Mais je l'avais regardé faire, j'avais aidé, et si on m'avait questionné j'étais prêt à répondre comme un homme de métier.

« Évidemment, j'ai gagné. La mienne tranchait comme Joe Louis dans une bande d'amateurs. Chaque cabane avait un numéro, pas de nom, ce qui fait que personne s'est demandé comment un ti-cul comme moi avait bien pu faire un chef-d'œuvre pareil.

« Ces $2.50 ont payé notre dîner de Noël — de la dinde, des atocas, la farce, les patates, les légumes, du jello avec de la crème, des biscuits et du thé. Pour nous cinq. Bien sûr que c'était tricher. En maudit. »

Le super insecticide

« Les malins étaient vite sur leurs patins et le pauvre cultivateur se faisait jouer par tout le monde. Y a eu le coup de l'insecticide miracle, l'arme ultime garantie à 100 pour 100 contre les bibittes qui mangent les patates. Tous les cultivateurs faisaient pousser leurs patates, ça les aidait à passer l'hiver. Y a rien de mal avec les patates. Après tout, est-ce que c'est pas avec ça que les Irlandais ont survécu et ont même fait leur whisky? Mais fallait faire la guerre aux bibittes, autrement c'était la ruine.

« Y avait des annonces dans tous les journaux pour cultivateurs. C'était le coup sûr, le coup fatal qui rate jamais, facile à employer et même à l'usage des enfants. Et seulement $1.50 ou $1.25.

« Bin, y avait pas un fermier qui pouvait pas gratter un dollar cinquante pour sauver sa récolte et, jusqu'à ce que les journaux interrompent leur publicité, y a dû s'en vendre des milliers et des milliers. Vous receviez deux bouts de bois, à peu près de la grosseur d'un paquet de cigarettes. Ça valait pas cinq cennes. Et le mode d'emploi était simple: déposer une bibitte à patate sur un bout de bois et frapper bien fort avec l'autre. Adieu bibitte! C'était garanti, instantané, super, c'était vrai, ils avaient raison, mais c'était pas ça la question.

« Ils en ont vendu un moyen paquet et c'était devenu la farce. Quand un maître de poste tombait sur un petit paquet, il disait: 'O.K. Joe, le vl'à ton superinsecticide.'

« Dans le temps, ça valait bien une piasse et demie pour s'amuser comme ça. »

Les billets de tramway

« Pour vingt-cinq sous, on avait 12 billets de tramway pour enfants. En commençant avec une lame de rasoir, on parvenait à les ouvrir en deux, ce qui nous en faisait 24. Quand on le déposait dans la boîte, on priait pour qu'il tombe du bon côté. Y avait des enfants qui disaient qu'en mouillant bien le côté ouvert avec sa langue il tombait toujours de ce côté-là.

« J'allais à l'école secondaire dans le bas de la ville et mon père travaillait sur Hastings. Alors je prenais le tramway sur Commercial Drive, à deux rues de Hastings et je prenais une correspondance. Mon père m'attendait à l'arrêt, deux rues plus loin, où y avait toujours beaucoup de monde qui sortait. J'avais un étui à lunettes en fer-blanc et quand la porte arrière s'ouvrait, je le laissais tomber avec la correspondance dedans. Papa le ramassait, traversait la rue et prenait son tramway. C'était parfait. Personne s'en est rendu compte. On en avait des trucs! »

Fish and chips

« Billie MacKay et moi, on avait découvert tout à fait par hasard qu'à l'endroit où l'égoût du Parlement se déversait dans la rivière Assiniboine, à Winnipeg, ça bouillonnait de poissons. L'eau chaude de l'égoût avait fondu un grand trou dans la glace et c'était rempli de barbottes de quinze pouces.

« On travaillait le métal à l'école et on s'était fait des harpons à trois dents, vous savez, qu'on avait fixés à des manches à balai. On prenait un poisson à tout coup, c'était impossible de faire autrement. On y allait la nuit parce qu'on voulait pas que personne sache ce qu'on faisait, que personne découvre notre truc. On remplissait deux poches à charbon en quelques minutes et on les rapportait à la maison sur nos traîneaux.

« On avait une entente avec un Chinois qui avait un grand jardin, il nous donnait un sou par poisson et il en mettait un sur chaque butte à patates. C'est tout ce qu'il cultivait. On a sorti des centaines de poissons de ce trou-là et y en avait encore autant. On a dû en vendre au Chinois pour à peu près dix piasses.

« Une fois, Billy a dit qu'y avait pas plus de deux ou trois cents buttes dans son jardin et j'ai dit qu'il devait en avoir un autre ailleurs. J'avais dit ça à mon père et il connaissait le Chinois en question, il m'a dit qu'il vendait des 'fish and chips' sur la rue Morley. Je me suis souvenu, moi aussi, du p'tit restaurant, j'y étais jamais allé et j'y suis pas allé depuis parce que je suis encore certain qu'il vendait nos barbottes. C'est logique. Quand je pense à ces barbottes qui vivaient à la sortie de l'égoût, ça m'écœure. Aujourd'hui, je veux dire.

« Pour nous ça voulait rien dire. L'hiver suivant, on a demandé deux sous le poisson. Et on les a eus. C'est ça qui m'a convaincu. Jésus ! que la rivière était sale. »

Pas besoin de trottoir

« On habitait un quartier domiciliaire en dehors de Winnipeg, la Place Morse. Tout ce que je peux vous dire c'est que quelqu'un, un moment donné durant les années 20, avait eu des grands projets. Y avait souvent des trottoirs de bois dans les banlieues, dans ce temps-là, et y en avait chez nous. On habitait la dernière maison de la rue et le voisin était à deux blocs de chez nous. On était en plein champ et le trottoir s'arrêtait devant la maison.

« Le bonhomme cherchait du travail, il marchait jusqu'à l'arrêt du tramway, le conducteur le connaissait et le laissait monter pour rien. C'était courant dans le temps. Pas de travail, le bonhomme revenait après le dîner. Il allait à la soupe, rue Water, et il ramenait du pain dans ses poches, des fois des patates, quand il trouvait des pommes qui traînaient, il en ramenait quelques-unes.

« Mais en tout cas. On avait eu un de ces hivers, un enfant de chienne. Trente, quarante en-dessous pendant des semaines. Un après-midi, le bonhomme est rentré par la porte d'en arrière et il a jeté deux grandes planches dans la cave. 'Quand ça sera fondu, Jos, t'en feras du bois de poêle', qu'il m'a dit. Je lui ai pas demandé d'où ça venait. Le bon vieux trottoir. Pendant tout l'hiver, papa est rentré tous les jours avec une couple de planches. Y avait personne pour s'en plaindre, on était les seuls clients et, au printemps, on en avait brûlé à peu près un tiers de mille.

« En juin, un gars de la ville s'est amené avec un flic et ils voulaient savoir où était le trottoir et papa a dit qu'il savait pas, qu'il l'avait vu un après-midi l'hiver dernier et que le lendemain il était plus là. Le gars de la ville a levé les épaules et a dit: 'Oui, évidemment.'

« L'hiver suivant, on a brûlé le trottoir de l'autre côté de la route.

« Mon bonhomme, c'était tout un numéro. »

La patente

« Aïe, les gars, je suis ici pour vous dire que je pense que je détiens encore le championnat mondial des pouceux à travers le pays. Sept jours et demi, de Vancouver à Halifax. J'ai même battu le train, je pense. C'était en 1936, quasiment pas de voitures, des routes qui valaient rien, sauf en Ontario pi ici et là dans les Prairies. Pas d'autoroutes. Quinze heures par jour, les gars, c'est comme ça que je l'ai fait. Mais j'avais ma patente.

« J'étais à Vancouver, je volais de la pitoune pour vivre, pis un jour mon ami est arrivé dans notre hangar à bateaux et m'a dit que j'étais dans le trouble, que la police était à nos trousses, nous trois. J'ai dit aux deux autres de me donner la part de ce qui me revenait et ils ont ri. J'ai dit correct, mangez d'la marde, que je rentrais dans mon vrai pays pis ça, les gars, c'était à Halifax où y a pas de billots de cèdre à voler pis de flics avec des matraques.

« J'ai eu une idée géniale. J'ai pris un petit baril à huile de trois gallons, en métal, j'ai fait un grand trou sur le côté avec des ciseaux, pis j'ai remis ça en place avec des pentures en cuir pis des courroies pis ça me faisait une valise. Je l'ai toute bien lavée et j'ai fourré mes précieuses affaires dedans. Pis je suis parti, j'ai marché jusqu'au tramway qui m'a amené jusqu'à Westminster. Dix cennes. J'étais déjà sur la route, planté là avec mon baril d'huile pis le monde pensait tout le temps que j'étais en panne quelque part pis tous ceux qui passaient m'embarquaient. Vous voyez comment ça marche, les gars? Y a rien de mal à ça.

« Les gens arrêtaient tout naturellement. Gentils. J'étais pas un vagabond, j'étais un confrère automobiliste en panne. Ils me demandaient jusqu'où j'allais et je disais à Halifax. Je les jouais, voyez-vous, et ils trouvaient ça drôle. Y en a qui riaient pas fort mais ils étaient tous gentils. Des grosses voitures, des vieilles bagnoles, des *pikopes*, des gros camions, des camions à lait.

« Les affaires commençaient à aller mieux à ce moment-là pis y avait bin des cultivateurs qui étaient venus en Colombie britannique pour manger les pommes pis les cerises aux arbres qui s'en retournaient chez eux dans les Prairies. Un parent leur écrivait de s'en revenir, que les choses allaient mieux, qu'i's pourraient se trouver une job. C'était toujours des bouts de quelques milles à la fois, jusqu'au prochain village, des fois quelques centaines de milles. Mais je refusais jamais. Quand i's parlaient de voyager toute la nuit, je les enjôlais pis je voyageais avec eux. Tant qu'y avait des voitures, je continuais. Laissez-moi vous dire que les routes étaient terribles. De la gravelle presque partout. I's savaient pas paver pour que ça dure dans ce temps-là pis les hivers massacraient tout.

« À Port Arthur, j'ai sauté un train jusqu'à Parry Sound, j'ai trouvé ça beau pis c'est pour ça que je suis revenu ici. Y avait pas de route qui venait jusqu'ici dans le temps. C'est pour ça que j'avais sauté le train.

« À travers le pays. Ça faisait une heure qu'i'm'avaient rencontré pis les gens m'invitaient à dîner. À passer la nuit chez eux pis i'm'avaient jamais vu. Quand i's avaient pas de place, i'm'installaient avec des couvertures dans la voiture. Des affaires comme ça. Y en a qui m'offraient de l'argent. Je le prenais si je pensais qu'i' pouvaient se le permettre. Autrement, je disais non merci, j'en ai encore. Les gens se faisaient bin plus confiance. Aujourd'hui, i'sont sceptiques pis i's se méfient des autres. I' nous est arrivé quelque chose. J'aime pas ça. »

Elle jouait pour vrai

« On riait pas souvent, mais cette fois-là on a ri à brailler, tout le monde alentour. Je vous dirai pas son nom parce qu'il a encore de la parenté dans le bout. Je comprends! Ils sont dans le bout depuis 1800! Ce gars-là avait 80 acres, plutôt minable comme terre, et il avait plus d'enfants que de vaches. Douze. Six garçons, six filles et sa pauvre femme s'est brûlée complètement. Six enfants en quinze ans, les nourrir, les élever, faire le train, voir à tout. Elle est morte, épuisée.

« À l'enterrement, il a pris son air triste et pas longtemps après il s'est mis à courtiser les femmes. On le voyait passer dans son vieux Modèle T, sur son trente-six, comme un Don Juan. Personne en voulait. Les veuves savaient ce qu'il en était et les mères se renseignaient autour et disaient toujours que leur fille était sortie quand il s'amenait. C'était devenu une farce. Il s'est mis à chercher de plus en plus loin et finalement il a trouvé une veuve, près de Cornwall, sur le bord de la rivière. Je pense qu'elle s'appelait Chappell. Une bonne femme, grosse, bruyante, heureuse, les joues roses, capable de brasser la pâte d'une main et de repriser une salopette de l'autre.

« Ils se sont rencontrés comme deux trains sur la même voie et les fleurs étaient pas encore mortes sur la tombe quand ils se sont mariés. Il a dit à mon mari qu'ils étaient faits l'un pour l'autre. Les voisins ont donné une réception même si tout le monde se sentait mal à l'aise et ils sont partis pour Peterborough en lune de miel. Ça dû être toute une lune de miel !

« Il avait seulement 80 acres et une maison pleine à craquer. Il faut que je raconte ça comme il faut. Elle savait pas qu'il avait douze enfants parce qu'elle était jamais allée chez lui et qu'il lui avait pas encore dit. Elle se doutait peut-être qu'il était pauvre comme un rat d'église mais elle le montrait pas. Sur le chemin du retour, en approchant du village, elle lui a dit de continuer tout droit plutôt que de tourner sur le rang. Ils sont arrêtés au terminus d'autobus et là, ça été le grand accueil. Elle était veuve mais ça veut pas dire qu'elle avait pas d'enfant. Pas quatre, pas six, pas huit, mais dix. Dix enfants qui l'attendaient. Pat devaient en avoir les yeux croches. Il se retrouvait maintenant avec 22 enfants, tous en-dessous de seize ans.

« Ils se sont tous entassés dans le Modèle T laissant un enfant sur place pour garder tous les bagages. Ç'a été la fin des beaux jours pour Pat. C'est elle qui menait pis je vous dis que Pat se grouillait le cul. Et plus question d'avoir un autre enfant. Et pas d'histoire de tes enfants battent mes enfants, non m'sieur. Le Pat, il travaillait. Elle a organisé les enfants, acheté d'autres têtes de bétail, fait un jardin de trois acres, un grand jardin, et elle vendait du lait, de la crème et des légumes. Ils ont pas lâché et, quand la guerre est arrivée, ces enfants-là étaient prêts à se débrouiller dans la vie et c'était la meilleure chose qui aurait pu leur arriver. Je sais pas comment elle a fait pour cacher à Pat qu'elle avait dix enfants, mais une femme qui peut faire ça peut mener le monde entier. J'admire son courage, s'être embarquée comme ça. »

Fausse identité

« Mon Dieu, mon Dieu, dans ce temps-là, les gens faisaient des drôles d'affaires, on dirait des affaires folles aujourd'hui. Complètement toqué. Je me souviens d'un jeune MacDonald autour de Sydney — c'était rien que des MacDonald dans le bout — et ce garçon-là, c'était une tête chaude, fallait tout le temps faire attention quand il était autour. Il pouvait être en train de s'amuser et de rire et tout à coup il devenait enragé, les yeux sortis de la tête, sans que personne sache pourquoi.

« Il travaillait sur un treuil et, un jour, au travail, la bagarre a éclaté pour une question d'heures de travail, à coups de poings pis à coups de pieds, et dans la mêlée y en a un qui a reçu une clé anglaise sur la tête et mon fils, qui l'a vu, m'a dit qu'il est tombé raide mort. Les hommes travaillaient seulement une ou deux heures par jour — s'ils étaient chanceux — alors ils étaient pas de bonne humeur. Mais cette fois-là, c'était différent. Un homme était mort. Tout le Cap Breton le savait. On se cognait pis on se cassait le nez souvent mais de là à s'entretuer, mon Dieu, où est-ce qu'on s'en va, disait tout le monde. Comme si Dieu était censé protéger les habitants du Cap Breton et qu'il faisait pas sa job.

« Le jeune a sacré le camp, son oncle l'a conduit jusqu'à Boston, ce qui était tout un voyage dans le temps, puis on a entendu dire qu'il travaillait dans une cour à charbon, à Toronto. Ses parents le savaient, toute la rue le savait, mais la police faisait rien.

« Puis, on a lu dans les journaux qu'il était mort. On l'avait trouvé dans un bidonville de vagabonds, mort de la tuberculose, et ça c'était étrange parce que, six mois plus tôt, il était en pleine santé. Mais c'était là, en noir sur blanc. Et la police de Sydney avait dit à sa mère que la police de Toronto voulait savoir quoi faire avec lui. Elle leur a dit de l'enterrer là où il était. Ça prend une drôle de mère pour dire ça, c'est pas une mère écossaise qui aurait agi comme ça c'est pas ça que j'aurais fait, moi non plus. Ni aucune mère au Cap Breton. Dans la rue, après ça, les gens faisaient comme s'ils la voyaient plus.

« Un an plus tard, ma fille et moi, on était en train de magasiner, et voilà un grand jeune homme qui vient vers nous et nous salue: 'Bonjour, madame MacDonald, bonjour Jessie' et je dis: 'Bon Dieu, t'es Ian et t'es censé être mort.' Il a dit qu'il était pas Ian, mais son cousin Alex de Toronto et ma fille a dit: Alors comment se fait-il que tu connais le nom de ma mère et que tu sais que je m'appelle Jessie?' Il était coincé et il nous a fait un clin d'œil.

« C'était pas un mystère. Sa mère m'a expliqué. C'était bel et bien Ian. Ce qui était arrivé, c'est qu'un matin, c'est lui qui avait ouvert la cour à charbon et il avait trouvé un homme gelé sur la banquette d'un camion. Mort. C'est là qu'il avait eu l'idée. Il avait conduit le camion à quelques milles de là, c'était en hiver et il faisait pas encore jour, il avait mis ses papiers d'identité dans les poches de l'homme mort et l'avait fait rouler au creux d'un ravin. Plus tard, dans la journée, on avait trouvé le pauvre Ian MacDonald, mort gelé dans un ravin.

« C'était tout. Ian était pas resté longtemps autour de Sydney. Il était reparti vers Truro et on en a plus jamais entendu parler.

« Faut avoir l'esprit vif pour réagir comme ça. C'est des garçons comme Ian qui mènent les affaires à Toronto. Des jeunes brillants, comme Ian. »

$50 pour $36

«Neuf dollars par semaine, c'était pas assez pour vivre, pas avec une femme et quatre enfants, mais c'est tout ce que je faisais. Y en avait qui se faisaient douze par semaine, mais je suppose qu'y a quelqu'un qui m'aimait pas. Alors, un soir, je me suis assis dans la cuisine et j'ai décidé que je trouverais un truc. C'est peut-être moi qui y a pensé le premier et y en a encore qui le font. Y avait une couple de grosses brasseries dans le port de Vancouver. C'est là que je faisais tirer mon salaire du mois au sort. Je vendais cinquante billets à un dollar chacun. Jésus, ces gars-là, c'était des débardeurs, des matelots et des pêcheurs, ils avaient du fouin dans leurs poches. Ils pouvaient passer la journée à boire, alors une chance sur 50 de gagner $36, c'était pas si mal.

«Je faisais ça en douce et un jour je me suis rendu compte que ça faisait des mois que je vendais des billets à deux détectives et ils disaient pas un mot. Ils voulaient gagner comme tout le monde. C'est le barman qui pigeait le numéro gagnant dans mon chapeau. Je me faisais $50 avec mes $36 et ils voyaient bien que j'étais pas gourmand. Je me faisais seulement $14, mais laissez-moi vous dire que ça faisait toute la différence entre manger et avoir faim.»

Un homme branché

«Ça fait 40 ans que je vis comme ça. Depuis l'âge de 14 ans, en 1932. J'ai grandi dans le beau pays du Bassin des Mines, en Nouvelle-Écosse, dans un petit village, Parrsboro, où y avait un phare blanc avec un toit rouge, et j'aidais ma mère aux champs, de la patate, surtout. Mon père était mort. Je suis pas bête, mais faut croire que l'école c'était pas pour moi. Je regardais toujours les arbres par la fenêtre. J'ai pas été plus loin que le troisième manuel de lecture mais je me suis amélioré depuis.

(Il a sorti un livre de sa poche: L'homme de Graham Greene.)

«J'ai sauté toutes les sortes de trains et de toutes les manières possibles, entre les wagons, en-dessous, par-dessus, et une fois j'ai été embarré dans un wagon rempli d'arachides vertes de Georgie à destination de Toronto et j'en ai mangé à m'en rendre malade, la diarrhée, je pensais que j'allais mourir, ils m'ont sorti de là quand le train s'est arrêté près de l'entrepôt. Quelqu'un a entendu mes derniers appels au secours. J'ai été pourchassé par les bœufs des chemins de fer, j'ai partagé des sandwiches et du café avec les serre-freins dans les *cabooses*, j'ai voyagé à bord des wagons-restaurants avec une passe signée par le gérant du Canadien Pacifique dans les Prairies, mais ça, c'est une histoire trop compliquée pour maintenant. J'ai crevé de faim dans le Nord, entre Capreol et l'observatoire des Sioux, j'ai gelé à mort dans les Rocheuses en novembre et j'ai sauté les barges de trains à destination de Terre-Neuve et de l'Ile de

Vancouver, et je pense que je dois au Canadien National et au Canadien Pacifique au moins cent mille dollars en voyages et en repas.

« Je suis arrivé à Montréal à 14 ans. Une forteresse commandée par quelques centaines d'Anglais et d'Écossais pour soumettre quelques deux millions de Français. Moi, je suis moitié, moitié, Anglais et Écossais, mais mes sympathies penchaient vers Jean-Baptiste. Aujourd'hui encore. Je donnerais vingt-cinq sous à un Canadien français et un sou seulement à un Écossais, et je me fous bien de sa cornemuse et de ses petits drapeaux de guerre.

« Quand je suis arrivé à Montréal, j'étais pauvre. Je connaissais pas encore les rudiments de la survie, les coutumes de la route, comment traverser les temps durs, comment persévérer et réussir. Comment traiter avec l'autre correctement pour qu'il te serre la main plus tard.

« J'ai réfléchi et je me suis fait un plan. Où est la Légion canadienne ? J'ai demandé à un type sur la rue, et j'avais deviné qu'il était Anglais par la coupe de ses vêtements et l'amertume dans son visage. C'était un vendredi soir et je suis resté à la porte de la Légion et à tous ceux qui en sortaient je racontais que j'étais un pauvre garçon du Bassin des Mines, en Nouvelle-Écosse, que mon père était un vétéran et que ma mère venait de m'écrire pour me dire qu'il était en train de mourir de ses vieilles blessures. Pouvaient-ils m'aider, un petit peu, pour que je puisse aller caresser ses cheveux blancs avant qu'il disparaisse. De quoi faire pleurer une montagne. J'improvisais, j'élaborais certaines parties, je mettais le paquet. Bref, j'étais un bon petit menteur.

« Après ça, j'ai jamais plus manqué d'argent. Mon truc de la Légion marchait à travers le pays. C'était pas une histoire vraie, évidemment, mais elle avait toute l'apparence de la vérité. Pendant la Crise, ça m'a valu des centaines et des centaines de dollars, en pièces de monnaie et, pendant que les autres hommes et leurs femmes étaient en train de devenir fous, collés sur le poêle dans leur maison, moi, je voyageais à travers le pays. Un adolescent. En fait, d'une manière, j'ai trouvé ça dommage quand ça s'est terminé en 1939, quand Hitler a déclaré la guerre et que même le Canada est devenu un pays moins agréable à vivre.

« J'ai jamais payé pour voyager, même pas le tramway. J'avais toujours une petite histoire triste et j'avais une voix qui pouvait chanter aux anges.

« J'ai rarement payer pour un repas, même dans les restaurants chinois où le plancher est tout proche, où la graisse du poêle est toute figée au plafond avec des rats gros comme des chats de ruelle dans la dépense. J'ai mangé dans des grands restaurants, invité par des messieurs importants qui m'avaient embarqué sur la route. Merci, m'sieur, merci. C'était contre mes principes de payer pour voyager, manger et me vêtir, l'Armée du Salut avait plein de vêtements pour les enfants sans foyer, ou payer pour des choses comme du savon, du papier, des enveloppes, de la gomme, des crayons, des peignes, une lampe de poche, des épingles, des lacets — que tout commerçant aurait été ravi de me donner s'il avait su que j'en avais besoin. Mais je savais que les commerçants étaient des hommes très occupés à surveiller leurs employés alors je les ai jamais dérangés.

« J'ai jamais travaillé. Pendant la Crise, une femme à qui j'étais venu en aide une fois dans sa petite chambre à Regina m'avait dit que j'avais les mains d'un pianiste de concert. J'avais 18 ans. Elle était une femme ravissante, excellente cuisinière, et elle était peinée de me voir partir. Je lui envoyais une carte postale de temps en temps.

« Une autre femme, qui vivait sur son bateau dans le port de Vancouver, un bateau rempli de tous les beaux objets qu'elle avait récupérés dans sa maison juste avant la saisie, avait regardé ma main et m'avait dit que j'avais la lettre M dans ma paume. Ça veut dire *mors*, en latin, et en chiromancie, je crois que c'est le signe d'une mort violente et précoce. En tout cas, elle voulait dire une fin emmerdante.

« Dans ce temps-là, j'étais un beau garçon aux cheveux blonds et aux yeux bleus, le visage aussi reluisant que les boutons de veste d'un Hollandais, et un bagoût à faire fondre le cœur d'une femme ou d'un homme de pierre.

« Je me débrouillais très bien, mais les choses étaient plus simples. Je me débrouille encore très bien aujourd'hui, parce que je pourrais avoir un bel appartement. Mais me v'là sur la route, on n'efface pas 40 ans de nomaderie comme ça. J'ai de bons vêtements chez des amis à Calgary, Vancouver, Winnipeg et Toronto. Je peux rester chez eux tant que je veux. Je vais plus jamais à l'est de Toronto, c'est un pays ennemi, le Vietnam du Sud du Canada. Je pourrais avoir la vie facile, mais je préfère la vie de nomade. Je mendie et je vagabonde, mais je suis ni un mendiant ni un vagabond. Je suis un homme branché sur ses sens, je veux dire ses cinq sens et je vous serais reconnaissant de publier ça. »

Feux de forêts à volonté

« Ç'a jamais été un secret pour personne qu'y avait des gars qui allumaient des feux de forêt juste pour se faire engager à les combattre, à une piasse et demie par jour. J'étais dans le vieil hôtel en face de la gare du Canadien Pacifique, à Calgary, pis y a un gars qui s'amène, il veut savoir où il pourrait emprunter une voiture. Il faisait chaud, c'était en '36, tout le pays était en train de sécher, et son plan à ce gars-là c'était de monter dans le bout de High River, dans les montagnes, et d'allumer un feu. Cette année-là, en plus, on était en août et on avait déjà les Chinooks, ça soufflait fort dans les vallées. Le gars avait dit que ça prendrait seulement une allumette. Il est parti avec le char de mon frère, une Reo, pis pas longtemps après le feu était parti.

« Y avait plein de beaux gros arbres là-dedans, des petits lacs, le plus beau pays que j'ai vu.

« En tout cas, on a eu une job. Ils embarquaient les hommes dans les rues de Calgary dans des gros camions pis le bâtard de Johnson, c'était son nom, i' savait où se tenir pour se faire embarquer ça fait que je me tenais à côté de lui. I's ont rempli cinq camions, rien que des bommes pi des robineux pis des gars qui savaient rien des feux de forêts. Pis y avait seulement deux gardes forestiers avec nous. Deux pour travailler avec 120 hommes. I's disaient à Calgary de continuer à leur en envoyer pis i's faisaient travailler les meilleurs, en petites équipes, i's les envoyaient dans les montagnes. Au départ c'était une farce, mais i' fallait bin faire quelque chose. Pis le ciel nous aidait pas beaucoup.

« On aurait dit que tout le pays était en feu, on voyait la fumée à cent milles. Comme une explosion atomique. Haut, haut dans le ciel. Le vent l'emportait vers l'est. Pis un gros orage est arrivé juste au bon moment, un enfant de chienne d'orage pis on a passé une autre semaine à éteindre tout ce qui fumait.

« Johnson était p'us là. Pas pu tenir le coup. I' était complètement inutile, i' pouvait même pas laver les casseroles. I's l'ont ramené en ville quatre jours plus tard. I' disait qu'i' était bûcheron, à Port Arthur, pis c'est lui que je soupçonne d'avoir mis le feu. Les affaires qui se passaient pendant ces années-là, des fois j'ai de la misère à y croire maintenant. »

Chapitre 19

Un emploi, la chose la plus précieuse

Pendant la Crise, il fallait se satisfaire de n'importe quel emploi.

Le chef pâtissier d'un grand hôtel ou le serre-frein des chemins de fer pouvaient se retrouver conducteur de tramway ou gardien d'entrepôt, parce que le beau-frère connaissait un type qui cherchait quelqu'un disposé à travailler de longues heures pour très peu — et même la nuit.

Mais c'était un emploi. Ça payait le loyer, le pain, la viande et le lait sur la table, des bottes pour Pierre ou Jean et, surtout, c'était une sécurité.

Ce qu'il y avait de plus précieux, c'était d'avoir un emploi, n'importe lequel, et le chômeur avait tôt fait de découvrir que l'homme est né pour travailler. Sans travail, tout allait mal.

L'argent valait ça

« On construisait une route à l'est d'ici, de Braintree à Falcon Lake. Ç'a jamais été beaucoup plus qu'une piste. Là où on travaillait, c'était à 30 milles de la civilisation, alors si on voulait aller voir notre famille, le dimanche, on partait à pied le samedi soir, on passait une demi-journée avec nos parents, pis on rentrait à pied.

« I' faisait presque tout le temps 10 ou 20 en-dessous. On travaillait dans la neige jusqu'aux genoux, parfois jusqu'à la taille. On travaillait à la hache. On se faisait $1.75 par jour, pour dix heures et fallait se nourrir. Ce qui voulait dire qu'il fallait qu'on transporte notre nourriture quand on rentrait le dimanche. Des fois, on avait un cheval, mais pas toujours.

« Le matin, on mangeait à peu près trois bols de gruau avec du sucre brun, du bacon pis des œufs qu'on avait rapportés de la maison pis, le midi, une couple de sandwiches de tête en fromage, à peu près ce qu'y avait de moins cher, pis une pomme. Pour souper, on se faisait un bouilli, de la venaison pis des légumes. On le mettait au feu, le matin avant de partir pis, le soir, quand on rentrait, c'était prêt. On tuait un chevreuil par semaine pis on en avait assez.

« On se faisait $1.75 par jour, quelque chose comme $10 par semaine. Le travail était dur, le climat était dur, tout était dur, mais on calculait que ça valait l'argent. »

L'accordéon

« J'étais aide-cultivateur et je considérais que c'était un métier respectable.

« Au printemps de 1937, j'ai marché de Saskatoon à Regina en me cherchant du travail et j'ai trouvé une job chez un type à l'ouest de Regina. Il avait des bons bâtiments, pis ça, dans le temps, ça voulait dire qu'ils étaient encore debout, mais lui, il les avait même peinturés, pis sa machinerie était en bon état. C'était un gars correct, un nommé Pascot ou Pasquette, quelque chose comme ça. Il était franc avec moi. Il avait vraiment besoin d'aide mais il avait pas d'argent, tout juste assez pour passer l'été. L'entente était que j'aurais un dixième de la récolte, c'était pas ordinaire une entente comme ça. La ferme lui appartenait, c'est pour ça. Une grosse place pis, en 37, les affaires commençaient à aller mieux. On a ensemencé 300 acres pis, à la mi-juin, ça regardait bien, pis si on avait eu les pluies des premiers jours de juillet, on aurait été partis pour la gloire.

« Mais le soleil lâchait pas pis tu voyais l'orge, l'avoine pis le blé se tordre de plus en plus. Pis on a eu les sauterelles. Pis la rouille, aussi. Je pense qu'y a plu une fois, mais c'était de la grêle. En tout cas, pas de récolte. Pas de quoi payer la corde pis la graisse de l'essieu.

« J'ai tenu bon jusqu'en octobre pis je leur ai dit que je m'en allais à Vancouver. Je voulais plus rien savoir de ce pays-là, c'était fini. Le fermier m'a dit : 'Eh bien, Harry, ç'a pas marché pour ni l'un ni l'autre, mais t'as travaillé fort pis t'es un bon homme, ça fait que si tu vois quelque chose dans la maison que tu penses que tu pourrais vendre, je vas te donner un reçu pis peut-être que cet argent-là va t'amener jusqu'à Vancouver. J'ai vu la vallée du Fraser pis c'est une belle place.

« Bon Dieu, j'aurais pu vendre un cheval ou une vache ou un outil, mais c'est ça qui les faisait vivre, ça fait que j'hésitais, pis j'ai aperçu le vieil accordéon sur la commode dans la cuisine et j'ai dit que ça ferait l'affaire. Je pourrais probablement pas le vendre mais je pouvais le jouer en maudit et je leur ai dit que ça me ferait oublier mes troubles.

« T'aurais dû voir l'air de la femme pis des enfants, mais le vieux Tascoe, i' a dit : 'Bin sûr, Harry, prends-le.' Je suis monté à ma chambre pour chercher mon sac pis j'ai entendu la petite fille de dix ans pleurer, sa mère lui disait de se taire, et je me souviens que la fillette dit : 'Mais qu'est-ce qu'on va faire, où est-ce qu'on va en trouver un autre? Qu'est-ce que papa va jouer cet hiver quand on a rien à faire pis qu'on chante?'

« Maudit de maudit, pour c'te famille-là, c'te vieil accordéon valait plus qu'un cheval ou une vache et j'étais trop bête pour m'en apercevoir. J'ai descendu l'escalier en faisant beaucoup de bruit, pis j'ai dit au fermier, j'ai dit : 'Qu'est-ce que je vas faire avec un accordéon? C'est trop gros, trop lourd. Je vas le perdre en sautant le premier train.'

« Je leur ai serré la main. Elle m'a donné un goûter, du pain, du fromage pis deux carottes. J'ai passé la porte et i' m'a reconduit jusqu'à la barrière, pis i' m'a dit: 'Merci, Harry, y en a pas beaucoup comme toi.'

« Je suis parti avec mon sac, sans un sou dans mes poches après cinq mois de travail dur. »

Mallory et Derek

« À Terre-Neuve, le Secours direct donnait $1.80 par mois par personne, ce qui faisait six sous par jour et avant ça, ç'avait été cinq sous.

« J'étais sur le quai un après-midi, à Lunenburg, au moment où une goélette arrivait des Grands Bancs. Elle s'était arrêtée à St-Jean où deux jeunes *Newfies* étaient montés à bord. Le capitaine les avait fait travailler.

« Le plus jeune devait avoir 14 ans, pis son frère, peut-être 16, et ils venaient d'un petit village de pêcheurs et toute la famille crevait de faim. Un seul gros repas par jour: de la morue, des patates pis du thé.

« Ils avaient l'air débrouillard mais ils connaissaient rien du travail de la ferme et j'étais fermier. Mais j'ai dit au capitaine que je verrais ce que je peux faire. Toujours la même histoire. Ils étaient partis de la maison pour laisser leur part de nourriture aux plus jeunes. Avec six sous par jour, y a tout juste de quoi payer la farine pour faire cuire la morue, pis des fèves pis des pommes sèches.

« Ils avaient rien apporté avec eux et je leur ai dit qu'ils pouvaient rester chez moi, m'aider au foin, que je leur donnerais trois bons repas par jour et que je leur ferais peut-être réparer les dents. Ils avaient des dents épouvantables. Toutes noires.

« Mallory et Derek. C'est pas des noms ordinaires, hein? Ils sont restés chez nous quatre ou cinq ans. Ils sont devenus de grands hommes forts, ils demandaient jamais un sou et ils étaient très contents des quelques dollars que je leur donnais. Ils voulaient rien. Habitués à travailler fort, tout ce qu'ils voulaient c'était de sortir de cette prison qu'était Terre-Neuve. Pendant ces années-là, ils n'ont jamais reçu une seule lettre de leur famille. Y a bien des jeunes qui ont disparu comme ça. »

L'amitié était à vendre

« Je travaillais dans un petit magasin sur la rue Bloor. Un petit magasin, mais le patron avait une bonne clientèle dans le voisinage.

Des légumes, des produits en boîtes. Un magasin de famille comme y en a des centaines à Toronto.

« C'est moi qui ouvrais le magasin à huit heures parce qu'il fallait qu'y ait quelqu'un pour les premières livraisons, le pain, les légumes, et je restais jusqu'à six heures, le soir, et je me faisais $7 par semaine. Ça faisait mon affaire. Et, en plus, le propriétaire me laissait rapporter à la maison les légumes défraîchis et les choses qu'il savait qu'il ne vendrait pas le lendemain. C'était pas beaucoup et ma sœur, qui travaillait pas, vivait avec moi. Alors c'est avec les miettes qu'on se débrouillait. Notre chambre nous coûtait $6 par mois.

« Édith, une fille avec qui j'étais allée à l'école, venait souvent faire un tour à notre chambre pour manger. Elle travaillait pas non plus. Édith et moi, on avait grandi ensemble. On était de bonnes amies.

« Un samedi après-midi, le propriétaire, un Italien, m'a demandé si j'étais prête à travailler pour $5 par semaine et je lui ai dit que je voyais pas comment je pourrais, que je supportais ma sœur, que c'était pas juste. Je faisais pas du bon travail? Je le volais pas. Alors il a dit qu'il regrettait mais qu'il était forcé de me laisser tomber et voilà qu'en moins d'une minute, j'étais sans travail, et sans même avoir refusé clairement la baisse de $2, une diminution de 30 pour cent.

« Le mardi suivant, je suis allée chercher des choses que j'avais laissées dans la cuisine et devinez qui était là, derrière le comptoir? Eh oui, fatiguez-vous pas la tête, c'était ma merveilleuse amie, Édith. Elle avait offert à Aiello, le propriétaire, de travailler pour lui à $5. Ça se faisait beaucoup dans le temps. Quand il fallait trancher entre l'amitié et le travail, c'est l'amitié qui s'envolait par la fenêtre. J'ai mis quatre mois à me trouver un autre emploi. »

Les sales cochons

« Le monde du tourisme, i's disent que la Nouvelle-Écosse c'est le pays du plaisir. Des choses comme ça. Peut-être. Mais t'aurais dû être là en 1934.

« À 13 ans, je travaillais dans une mine de charbon pour Acadia. I's étaient les gros de la région. Ça, c'était en 1930. En 34, quand j'avais 17 ans, je pouvais fourrer une volée à n'importe quel gars de l'équipe pis c'est pour ça que le foreman était si gros. Fallait qu'il soit capable de les prendre tous. Je me suis jamais pris avec lui, même si i' était pas de taille, mais c'était un vrai dictateur. Tu faisais ce qu'i' disait. On était comme des petites souris blanches, heureux d'être dans notre petite cage.

« En 34, on se faisait $2.80 par jour. Ça semble beaucoup, je sais, surtout dans le temps. Le bœuf coûtait six sous la livre, pas de graisse. Le syndicat avait proposé une nouvelle entente mais l'Acadia avait dit non, qu'i's pouvaient pas payer pis, au lieu de nous augmenter à $3.20 par jour, les sales cochons voulaient nous descendre à $2.40. I' retiraient le pain de la bouche de nos enfants.

« On était environ 2 500 hommes dans cette mine-là, pis on a débrayé, pis le gouvernement, le vieux Angus *(le premier ministre MacDonald)* a dit non, i' nous aiderait pas. Dans ce temps-là, c'était toujours le travailleur qui perdait. Le gouvernement l'écoutait pas, mais i' écoutait les compagnies.

« Tout allait vraiment mal ça fait que j'ai dit à ma mère de me préparer un goûter, que je m'en allais à Montréal pis que je serais dans le train pendant 24 heures. Alors je suis allé prendre mon train à Halifax, c'était ma première fois, pis un moment donné, en cours de route, le conducteur a dit à tout le monde de reculer sa montre d'une heure pis je me suis dit tout de suite, comme ça, que même si je pouvais y faire fortune, j'allais pas perdre mon temps dans une place où un homme peut pas vivre à la même heure que l'autre, pis je suis revenu chez nous. J'ai pas bougé depuis, j'ai travaillé dans la mine jusqu'au jour où le soutènement a craqué. »

La soupe de Port Arthur

« C'est à Port Arthur qu'on servait la meilleure soupe, pis tout le monde à travers le pays le savait. À Vancouver, à Regina, n'importe où, on comparait toujours la soupe à celle de Port Arthur. Si elle était presque aussi bonne, c'est qu'elle était bonne.

« Ça faisait une couple d'années que je voyageais à travers le pays pis j'ai décidé de m'installer à côté de la marmite à soupe de Port Arthur. Ça fait que je faisais la queue tous les jours avec les autres pour avoir mon bol de soupe, pis chaque fois que le patron se montrait, je lui demandais une job. Je voulais être logé et nourri et j'étais prêt à travailler sans salaire, un lit de camp pis des couvertures dans l'entrepôt, trois repas par jour pis l'argent pour mon tabac.

« Je me rendais utile pis, p'tit à p'tit, je me suis installé. Je dormais là un soir, le lendemain j'y allais pas, pis le surlendemain je revenais pis au bout d'une couple de mois j'avais ce que je voulais. Personne a dit un mot, pis je travaillais. Derrière les casseroles surtout, parce que c'était profitable de pouvoir servir des grosses portions à certains ou bien d'oublier qu'un gars avait déjà eu sa soupe, une première fois.

« Une fois, deux gars à qui je faisais des faveurs, m'ont embarqué dans leur plan de cambrioler un entrepôt qu'i's avaient enligné, pis on s'est partagé les $1 200 de la caisse, $500 pour chacun des deux pis $200 pour moi. C'était juste, j'étais là pour guetter seulement. J'ai aidé bin des gars pis i's m'ont aidé pis je me suis fait bin des amis pis, de temps en temps, une fois par année, comme ça, y en a un qui s'amène par ici *(le quartier des robineux à Vancouver)* pis on va prendre une bière ensemble. On est tous des vieux maintenant.

« J'ai passé à peu près cinq ans dans c'te cuisine-là pis je fournissais un boucher dans le bas de la ville, un quartier de bœuf par ci par là. Personne s'en est jamais aperçu pis si c'te viande-là était pas sortie par la porte d'en arrière avec moi, elle aurait abouti dans la cuisine d'un échevin ou d'un autre gars de la ville. Mais vous pouvez me croire, oui, j'ai volé, pis les gars qui faisaient la queue mangeaient à leur faim. »

On mangeait pas trop mal

« Vous me demandez pourquoi je travaillais dans une station-service à $5.50 par semaine de 55 à 60 heures ? C'est simple.

« Ça faisait 10 cents de l'heure. Avec 10 cents, ma mère pouvait acheter plus qu'une livre de bœuf haché. Une pinte de lait. À peu près trois livres de fèves ou presque deux livres de riz ou deux livres de sucre ou deux pains. Une livre de beurre d'arachides pour 20 cents.

« J'ai pas oublié ces prix-là, je les ai encore dans la tête.

« Avec $5.50, on survivait, ma mère, ma sœur et moi. On était plutôt serrés en ce qui concerne les remèdes, les vêtements et le cinéma, mais on mangeait pas trop mal. »

Les travailleurs de l'Est

« Je me demande souvent où sont les hommes aujourd'hui comme ceux qu'on avait dans le temps. Je me souviens des hommes qu'on avait, des petits maigrichons, mais des hommes quand même, capables de travailler dans le champ pendant 12, 14 heures. À la fourche. Y a des places dans l'Ouest où i's ont pas eu de récolte pendant trois ou quatre ans, mais y en a d'autres où ça poussait. Quand vous avez une récolte d'orge ou de seigle, c'est toute une job.

« Les hommes arrivaient de l'Est sur les trains à récolte. Des jeunes, des collégiens, en les voyant, je me disais qu'i' passeraient pas la matinée. La première journée, c'était pas fort, pis la deuxième non plus. Mais autour du quatrième jour, i' commençaient à se bouger comme du monde, leurs muscles s'endurcissaient pis, Jésus-Christ, i' travaillaient fort.

« Pis des salaires que vous auriez pas donnés à un Chinois pour couper du riz. Une piasse par jour. Des années, c'était plus, mais pas beaucoup. Une piasse par jour, une baraque, bin de la nourriture pis un tour en ville le samedi soir, c'est tout ce qu'i' pouvaient espérer avoir. Pis c'est tout ce qu'i's avaient. Une joyeuse bande. Des étudiants, pour la plupart, forcés d'aller travailler parce qu'y avait plus d'argent à la maison. P'us d'argent nulle part.

« I' s'amusaient comme des p'tits fous pis i' rencontraient les filles de la région. Laissez-moi vous dire qu'y avait des bébés qui naissaient en mars pis en avril qui connaissaient pas leur papa. Et pis après! Ma propre fille en a eu un. Un garçon. Y avait pas de quoi s'alarmer, si je me souviens bien. Sur une ferme, les choses s'arrangent tout le temps. Le garçon est revenu en août pis i' l'a mariée. Pas compliqué.

« À tout prendre, homme pour homme, je miserais sur le travailleur canadien contre n'importe quel autre dans le monde. Des bons gars. »

Travailler pour rien

« Je suis pas du tout sûre que je pourrais recommencer. Non, je pense que personne pourrait recommencer ça. Quand je sortais, ma mère devait rester à la maison en pantoufles parce qu'on avait seulement une paire de chaussures convenables à la maison.

« Je suis sortie de l'école commerciale avec des bonnes notes, sténo-dactylo et toute l'affaire, vous savez, mais on était en '32 et y avait pas de travail. J'avais failli obtenir un emploi à l'hôpital, mais une autre fille l'avait eu. J'avais découvert ensuite qu'elle était l'amie d'une amie de la fille du patron. C'était important d'avoir des connaissances et ce l'est encore.

« Cet hiver-là, j'avais marché la rue Jasper trois fois de long en large, m'arrêtant partout pour demander du travail. Pas de chance. Puis il s'est passé quelque chose. Mon oncle m'avait dit que les bureaux d'avocats étaient de bons endroits parce que les avocats faisaient toujours des affaires, des saisies et des faillites et j'avais essayé dans l'édifice Jasper plus qu'ailleurs, parce qu'y avait beaucoup d'avocats dans cette place-là. En tout cas, un matin, j'étais entrée dans le lobby pour me réchauffer, i' faisait 30 en-dessous, quand un homme est sorti d'un des bureaux d'avocats et m'a reconnue. J'étais souvent aller demander du travail dans son bureau et il m'a demandé comment j'allais. J'ai dit que ç'allait pas, pourri, et, subitement, j'ai eu l'idée de lui demander si je pourrais travailler dans son bureau pour rien. Je pouvais plus rester à la maison et entendre maman se plaindre, et là, au moins, je serais au chaud et je pourrais perfectionner ma sténo-dactylo.

« Quand j'ai dit que je travaillerais pour rien, c'était pas tellement extraordinaire parce que les jeunes avocats sans expérience commencent comme ça. Il m'a dit d'accord, de venir le lendemain. C'est ce que j'ai fait, dans les chaussures de maman, la blouse de ma cousine et ma propre jupe. Et toute bien coiffée. Oh mon Dieu, que c'était bon! Seulement 18 ans et un véritable emploi. La première semaine, j'ai travaillé comme si j'avais eu le diable à mes trousses et, à la fin de la deuxième semaine, ils m'ont donné un dollar. Pour le tramway, qu'ils avaient dit, mais je marchais jusqu'au bureau.

« Au bout d'un mois, je faisais pas mal de travail légal, les formules, j'allais au Palais de Justice, je faisais affaire avec le régistraire et, la cinquième semaine, j'ai reçu un salaire. Trois dollars. Je m'en souviens encore, une enveloppe jaune adressée à mon nom à l'encre rouge. Ce midi-là, je suis allée m'acheter des chaussures au Surplus de guerre pour $1, j'ai donné un dollar à maman, et j'ai gardé l'autre dollar. J'étais riche.

« Au bout de deux mois, j'ai eu une augmentation de deux dollars et j'ai travaillé avec eux pendant 20 ans, jusqu'à ce qu'ils se retirent. C'était les gens les plus gentils au monde. Y en a un qui est mort et je reçois encore une carte de noël de l'autre. »

Brillant universitaire

« J'étais désespéré. Pas de travail, une femme et trois enfants, une belle maison dans Norwood que j'allais bientôt perdre. Un ami m'a téléphoné pour me dire qu'il croyait qu'on cherchait à engager quelqu'un dans un bureau d'assurance. J'ai téléphoné au gérant, on a causé, puis il m'a dit qu'il aimerait me rencontrer. Remarquez bien, il s'agissait de vendre de l'assurance et, à moins d'être très bon, c'était pas une façon de gagner sa vie en 1933. Mais il m'a dit d'aller le voir et juste avant de raccrocher, il a dit: 'Ah j'oubliais, êtes-vous allé à l'université?' J'ai dit oui. Il a dit parfait.

« J'ai pris un tramway jusqu'à l'Université du Manitoba et j'ai visité tous les édifices, un par un. Même les étables. Le lendemain, j'ai eu une bonne entrevue, j'ai rempli les formules et j'ai dit que j'avais étudié à l'Université du Manitoba. Personne a vérifié et pourquoi l'auraient-ils fait? J'ai été engagé et je me suis découvert un talent de vendeur. Je gage qu'on pourrait faire la même chose aujourd'hui.

« Êtes-vous allé à l'université? Oui. Bien, vous êtes engagé. »

Une émeute pour trois emplois

« Je crois que c'était Woolworth, le 5-10-15, qui avait fait passer une annonce dans le *Edmonton Journal* demandant des vendeuses et, le lendemain matin, je m'étais levée à cinq heures et j'étais rendue au magasin à six heures. Le gardien de nuit était encore là et y avait déjà pas mal de femmes, de filles, j'étais peut-être la 35ème en ligne, mais à en juger par leur mine, je me suis dit que j'avais une chance d'être embauchée. De pauvres femmes, sales, mal vêtues, maigres, je savais bien qu'on les engagerait pas. À neuf heures, au moment où on allait ouvrir les portes, y avait une queue qui faisait le tour du bloc et on avait même fait venir la police. Y a quelqu'un, ce matin-là, qui se servait pas de sa tête. C'était dans le temps de Noël et il faisait froid.

« Puis, tout à coup, y a quelqu'un derrière qui a essayé de passer avant les autres et toutes les femmes ont commencé à pousser d'un côté et de l'autre, toute une masse de femmes criant et hurlant. La police pouvait rien faire, ils ont même pas essayé. Je me sentais tellement écrasée que finalement j'ai décidé de sortir de là et, juste comme je m'en libérais, la vitrine s'est écrasée en miettes. Elles l'avaient défoncée.

« C'est à ce moment-là que les policiers s'en sont mêlés. Ils empoignaient les femmes et les lançaient dans la rue. Quelle affaire ! Je suis rentrée chez moi.

« Plus tard, j'ai appris qu'ils voulaient trois vendeuses. Pourquoi n'ont-ils pas eu recours à toutes les demandes d'emploi qu'ils avaient. Plutôt que de causer tout ces troubles. Stupides. »

Mémoires d'un animal

« Dans le bout de la Rivière de la Paix, i's ont jamais manqué une récolte. I's faisaient pousser pas mal d'avoine pis d'orge par là-bas. Je suis monté là en 1935 parce que dans le sud y avait plus rien qui marchait, la sécheresse, la rouille, le vent, les sauterelles, on aurait jamais cru que tout ça pouvait arriver en même temps.

« Dans le nord, la saison était plus tardive, évidemment, et y avait encore de la neige sur le sol, mais c'était parti. À Dawson Creek, un fermier m'a demandé si j'avais déjà travaillé à la fourche. J'ai dit que oui, mais i' pensait pas que j'étais assez gros. Mais i' m'a engagé à deux piasses par jour. On était dans l'entrée de l'hôtel à ce moment-là et un grand gars a dit : 'Une piasse soixante-quinze' et j'ai dit que je travaillerais pour une piasse et demie.

« Maintenant, remarquez bien, on travaillait pas en équipe, on aidait tout le monde à travers le champ et on arrêtait pas de la journée, on enfourchait les gerbes pis on les lançait sur la charrette. Fallait aider les gars dans l'écurie, faire le train, atteler, pis on travaillait jusqu'à midi, pis jusqu'à la tombée du jour. Un travail de brute et on priait pour que la batteuse se brise, ou bien le tracteur, juste pour pouvoir se reposer un peu. Le fermier, lui, il espérait que tout aille bien. Il avait toujours la chance de son côté.

« On mangeait bien, un bon dîner et les femmes nous amenaient un goûter dans le champ vers 3h 30, mais y a des soirs où j'étais trop fatigué pour manger. Je tombais, épuisé, pis je dormais jusqu'au lendemain. Tout habillé, avec mes bottes aux pieds. Pis y avait pas de mal à ça, non plus. Le fermier disait : 'Bin, si t'aimes pas ça, y a une douzaine de gars à l'élévateur qui demanderaient pas mieux que de prendre ta place.' Pis c'était vrai.

« Des temps durs. On était traités comme des animaux pis c'est pas mal ça qu'on est devenus. »

La sécurité

« Je travaillais dans un grand magasin, chez Ashdown, ce qu'on appelait un magasin de famille. Fondé par le vieux Phil, puis légué à ses fils, à la famille. Ça payait pas bien, mais c'était une sécurité et, jusqu'en 1929, on travaillait fort dans l'espoir d'avoir une augmentation. Pas grosse, mais si on travaillait fort, on l'avait. Je crois que je faisais $80 par semaine, en 1929, et on se débrouillait.

« Puis, ç'a été le Crash puis la Crise et après ça il était plus question d'augmentation mais seulement de diminution. Cinq pour 100 une année, sept pour 100 l'année suivante, on rognait et on grattait et, même à ça, m'sieur, c'était pas si mal.

« On payait pas de taxes avec un salaire comme ça et on était fiers de pouvoir dire qu'on travaillait à salaire et non à l'heure, parce que ça, ça voulait dire du travail dur, du travail de Polonais, dans les usines. Ils étaient mieux payés que nous, j'imagine, mais on avait le prestige. Ça me paraît tellement ridicule, maintenant, quand j'y pense.

« J'ai travaillé très fort chez Ashdown et ils étaient bons pour moi. Mais les diminutions. Oui, là, ils nous avaient. On y pouvait rien et on savait très bien que si on travaillait pas, on serait renvoyés. Je donnais mon salaire à ma femme, l'argent venait dans une enveloppe, elle le comptait et quand y avait pas de diminution elle souriait. Je crois qu'on m'a coupé mon salaire trois ou quatre fois, mais il faut pas oublier que le coût de la vie baissait aussi, la nourriture, le loyer, les vêtements, alors ça changeait pas grand-chose. Ç'a duré environ sept ans. On a élevé quatre enfants comme ça. Trois, en fait, parce qu'il y en a un qui s'est fait tué par une voiture en allant à l'école. Quand la guerre est arrivée, j'ai entendu dire qu'y aurait du travail dans les chantiers maritimes, à Vancouver, et j'ai fait mes adieux à Ashdown. Mon conseil aux jeunes c'est de jamais travailler dans un grand magasin. À moins d'épouser la fille du patron, ce qui est la formule idéale du succès. »

Fais attention, sois prudent

« Eh bien, je suis sorti de l'école secondaire en 1928 et j'ai décroché un emploi à la Centrale du grain, à Winnipeg, comme commis de bureau, à sept dollars par semaine, peut-être six. Les temps étaient durs et les salaires étaient toujours très minces, à moins que vous soyiez vendeur à commission. Les gens achetaient n'importe quoi dans ce temps-là. En tout cas, j'étais simple commis de bureau, puis ç'a été le Crash aux États-Unis. Le Canada s'est évidemment effondré comme des quilles, on avait pas la moindre chance d'en sortir. Six millions d'habitants totalement dépendants du marché extérieur, et surtout des Américains.

« J'ai maintenant ma propre compagnie et si, en 1929, j'avais su ce que je sais aujourd'hui et avais pu diffuser le message, y aurait un monument en mon honneur dans chaque ville canadienne. Trop tard maintenant. J'ai travaillé pour la Centrale pendant deux ans durant lesquels ç'a pas cessé d'aller de plus en plus mal. En fait, on avait réduit mon salaire à $5 et je l'avais accepté.

« Je voulais être pilote d'avion et, dans le temps, Winnipeg était le tremplin vers le Nord, où il se faisait déjà beaucoup d'exploitation minière. Je connaissais un type qui dirigeait une petite école de vol et il m'avait dit qu'il me donnerait des leçons en vue de mon permis, si je travaillais pendant un an sur une base dans le nord, nourri, logé. Je fumais pas, je buvais pas, je passais mon temps autour des avions et c'est ça que je voulais. Merde, c'était comme m'embarquer en mer avec Sir Francis Drake. J'ai dit oui, on s'est serré la main, puis j'ai dit ça à ma mère... mais il faut que je vous la décrive un peu.

« C'était une femme grande et forte, elle faisait presque six pieds, l'air sévère, toujours vêtue de noir, et terriblement sérieuse. Elle a dit non, et j'ai dit oui, et c'était la première fois que je l'affrontais. À la Centrale, mon bureau était au cinquième étage et, pour l'amour du Christ, elle s'est amenée un midi, et je la vois encore faisant les cent pas dans le corridor tout sombre, parlant sans arrêt, complètement indifférente aux travailleurs qui entraient et sortaient de l'élévateur. Je l'avais détestée d'avoir fait ça, mais je l'admirais aussi.

« Les avions sont dangereux. On peut pas se fier aux pilotes. Ils battent leur femme, courent les filles, ils boivent à se saouler, travaillent seulement de temps en temps, les compagnies aériennes font faillite, la concurrence est trop forte, le climat est mauvais, le Nord est pas vivable. Et tout ça, d'une voix lente et monotone. 'Tu vas te faire tuer en moins de six mois, une hélice va se décrocher et te couper en deux, comme il est arrivé à ce pauvre type de Kenora le mois dernier', et patati et patata.

« Puis elle renversait la vapeur. Ici, c'est une compagnie stable. Un bon emploi, propre, des gens aimables, les choses vont s'améliorer, les chances d'avancement sont excellentes — ha! — et ainsi de suite. Pendant cinq jours, à l'heure du dîner, puis à la maison, au déjeuner et au souper. À la fin, je pouvais plus le prendre et j'ai dit d'accord, je vais rester pour $5 par semaine, j'irai pas, je serai pas pilote et je travaillerai pas dans le nord.

« J'ai téléphoné mon ami, celui que j'avais appris à connaître, et il m'a dit tout simplement: 'O.K., Ken, si c'est ça que tu veux', puis il a raccroché. J'avais trouvé ça pire que de céder devant ma mère. Ça m'a pris seize ans et toute une guerre avant de pouvoir me sortir de cette maudite compagnie et j'ai jamais appris à voler. J'ai même jamais essayé.

« Fais attention. Sois prudent. Prends pas de chance. Écoute toujours ta mère. »

Chapitre 20

Tout allait très bien,
si vous aviez de l'argent

Les Crises favorisent les gens qui ont de l'argent. Certains Canadiens que j'ai interviewés s'en souviennent comme d'une époque merveilleuse. Un type de Winnipeg se faisait $200 par mois à vendre des automobiles — à qui? — et se souvient à peine de la Dépression, sauf qu'il a assisté à tous les grands combats de boxe du championnat mondial de la décennie. Un ami s'est souvenu des jours heureux au club de tennis et qu'il avait deux douzaines de canards blancs. Pourquoi tant de canards? lui ai-je demandé. «Parce qu'ils se vendaient très bon marché et qu'une fois la Crise terminée, ils vaudraient beaucoup plus.' C'était un homme intelligent, mais il ne voyait toujours pas la fausseté de son raisonnement.

À Vancouver, des maisons de deux étages se vendaient $2 000. Une voiture neuve, moins de mille. Le somptueux dîner à bord d'un wagon-restaurant du Canadien Pacifique coûtait un dollar. Un hamburger se vendait cinq sous et un milk shake aussi.

On pouvait vivre dans le velours avec un salaire relativement bas et ne pas payer d'impôt. Le salaire minimum imposable était de $2 000, c'est-à-dire environ $180 par mois, ce qui était beaucoup. Avec $6 000 par année, on vivait comme un millionnaire. C'était aussi simple que ça.

Moi, j'étais chanceux,
les autres, pas

«Les sales années 30, si vous aviez de l'argent, c'était la belle époque. J'étais l'apprenti senior d'un maître meunier dans un gros moulin à farine et je recevais $100 par mois et je vous dis que j'étais dorloté. Oui, je me souviens très bien de ces années-là.

«Je faisais donc un très bon salaire. J'étais célibataire, pas d'impôt à payer, j'avais un bel appartement avec un garage pour $17.50 par mois, cuisine, salon, deux chambres à coucher, salle de bain. Pas si mal, non?

«J'étais membre du club de canotage sur la rivière Rouge, je jouais au curling et, en été, je partageais un chalet avec deux copains à la place Winnipeg et on suivait toutes les parties de hockey, dans le temps c'était les Monarques de Winnipeg, et j'avais un gros appareil de radio. On appelait ça des radio-récepteurs dans le temps. On mangeait dans les grands restaurants. La vie était belle avec $100 par mois et j'économisais aussi. Environ $15 par mois.

« Ah oui, j'avais une belle petite Auburn argentée 1929 et je l'avais pas payée cher. J'avais offert $100 comptant et le reste en versements de $15 par mois et ils étaient très contents. C'était chez Webb Motors, je crois. La plupart de ces commerces ont fait faillite — pas assez de célibataires à $100 par mois. Une merveilleuse petite voiture et ça attirait les filles.

« Non, on pensait jamais aux pauvres gens. Ceux qui étaient sur le Secours direct. On les voyait nettoyer les ruelles, arracher les pissenlits dans les parcs, transporter du charbon. J'ai jamais pensé à les prendre en pitié, à les aider. Je connaissais personne qui le faisait. Ils étaient là, tout simplement. Quand j'allais à la bibliothèque publique, je me demandais comment les gens autour pouvaient vivre comme ça. Mais je me demandais pas qu'elle était la cause d'une telle pauvreté. J'étais chanceux et les autres, pas, c'est tout. Mon nom paraissait dans le journal en tant que membre de l'équipe gagnante de la course de canots et si, dans le même journal, on parlait des pauvres gens emprisonnés pour avoir volé chez Eaton, et bien tant pis pour eux. Pour moi, la pauvreté allait de paire avec la vie de criminel, je crois, si vous étiez criminel ou enclin à ça, alors vous viviez dans la pauvreté.

« Non, j'avais pas de conscience sociale. L'expression existait même pas dans le temps. Le soir, sur la place du marché, y avait toujours des types qui déblatéraient contre les temps durs, la corruption, R.B. Bennett, le manque de travail. On disait que c'était des communistes ou, plutôt, des bolchéviques. En général, les journaux les ignoraient.

« Je me souviens qu'un jour un policier m'avait arrêté pour vitesse et c'était un gars avec qui j'étais allé à la petite école, on a causé et il a dit qu'il se faisait $19 par semaine, ce qui le chatouillait d'aise. Je lui ai dit que j'en faisais 25 et il a dit: « Dans ce cas-là, Ernie, tu vas payer une amende, comme ça l'argent sera partagé plus équitablement.' Je me suis souvenu de ne plus me vanter. Y avait trop d'eux autres et pas assez de nous autres, alors valait mieux ne pas réveiller les chiens de garde.

« Du bon temps. Quand je me suis marié en 1939, je me faisais $120 par mois et tout laissait croire que je remplacerais le meunier. Mais ç'a pas marché comme ça parce que je me suis enrôlé dans l'armée deux ans plus tard et, après la guerre, on voulait pas d'un vétéran de 40 ans dans un moulin à farine. J'étais pas né pour un petit pain, alors j'ai déménagé en Saskatchewan et j'ai ouvert un magasin de semences et, en plus, j'avais un petit moulin pour continuer à me faire la main. J'ai réussi.

« Ça vous paraît superficiel? »

Aucun problème

« Si vous étiez dans l'armée, vous n'aviez aucune inquiétude. Mais les gens disaient : 'S'il porte un uniforme, c'est parce qu'il peut pas se débrouiller comme civil.' L'armée, pour bien des gens, c'était pour les chiens et chats perdus.

« J'aimerais leur dire que mon père était sergent-major et qu'on vivait sur une base militaire, à Kingston, en grande partie. Il se faisait $145 par mois et il blaguait souvent en disant qu'il faisait plus que son courtier. Ça le faisait bien rire.

« Il nous avait trouvé une bonne maison, les soins dentaires et médicaux étaient gratuits, on était soignés à l'huile de foie de morue, mes frères suivaient des cours de tennis à la base, on passait de belles vacances et on avait toute la nourriture qu'on voulait. Aucun problème. Voyez-vous, mon père était en charge du mess des sous-officiers.

« On était bien vêtus, on mangeait bien, on vivait bien et c'est seulement en septembre 1939 qu'on a appris ce qu'était vraiment l'armée. Le bal était terminé. Fallait que tout le monde travaille. »

Un voyou élégant

« Mon père était un homme d'affaires. Il avait huit vendeurs sur la route. Il vendait n'importe quoi, à condition que ce soit fait de tissu, de cuir ou de caoutchouc. À travers l'Ontario et jusqu'à Montréal. Pour lui, un dollar, c'était un dollar.

« Je me suis essayé dans un territoire qui était plutôt bon, mais j'étais à commission et pensez pas que je faisais une fortune. Déjà en 1929, on voyait bien qu'il se passait quelque chose. Les clients achetaient pas, alors les magasins passaient pas de commandes et y avait des mois, comme en septembre, par exemple, alors qu'habituellement c'était les commandes de Noël, je crois que j'ai fait $80 de commissions. Je pouvais gonfler ça un peu jusqu'à $100 en arrondissant mes dépenses de voyage, mais c'était pas mon genre, alors j'ai lâché ça et j'ai fait bien honte à mon père en lui demandant de me donner une allocation. Quinze par semaine. Je dormais à la maison et j'y mangeais souvent aussi.

« La crise est arrivée. Les affaires du bonhomme ont baissé, la moitié des vendeurs sont partis et les autres ont pris leurs territoires, ils travaillaient comme des chiens et ils étaient contents.

« Mon père a ensuite réduit mon allocation à $10. Et après ? Bennett distribuait la pitance et j'avais des amis, alors j'ai obtenu $8 par semaine du Secours direct et c'était parfait. Le gars au bureau du Secours direct me demandait toujours pourquoi je travaillais pas et je lui disais : 'Es-tu fou ? Qui c'est qui engagerait un voyou comme moi ?' Et j'étais sérieux. J'étais un voyou, mais un voyou élégant. Avec $18 par semaine, pas de dépense, je faisais presque partie de la classe des banquiers. J'ai pas travaillé un seul jour durant la Dépression. Seulement du bon temps.»

La vie de croisière

«Je voyageais beaucoup. Une fois que le bateau avait quitté Québec, Vancouver ou San Francisco, on pouvait dire au monde entier d'aller chez le diable. D'ailleurs, c'est là où il s'en allait. La bière à 10 sous la bouteille; 15 sous pour un double brandy et, si on faisait attention on tenait le coup. Et la nourriture! C'est même encore agréable d'y penser. Ils vous suppliaient presque à genoux de voyager. Ce qu'ils appelaient les croisières d'hiver. On partait la première semaine d'octobre et on rentrait vers la fin d'avril. Le tour du monde.

«Plein de femmes. Le premier jour, je les ignorais. Je me tenais à distance. Le deuxième jour, je prenais un air intéressé. Le troisième jour, je souriais gentiment à celle que j'avais choisie, l'air ennuyé de celui qui veut de la compagnie. Ce soir-là, après le souper, c'était la grande manœuvre. Le gros méchant loup. Ça marchait tout le temps parce que, voyez-vous, c'est pour ça qu'elles étaient à bord. Par romantisme. Pour oublier un amour perdu. Se remettre d'un divorce. Elles étaient très, très vulnérables. C'était tout cuit.

«Disons qu'on partait de San Francisco. Ensuite, c'était Hawaï, puis le Japon. On allait en Corée. Tout était bien fait. Manchujuo, la ville de Mukden. Les Japonais l'avaient envahie, au début de la guerre avec la Chine. La moitié des gens savent même pas que le Japon a fait la guerre à la Chine pendant des années avant la dernière guerre. La Chine! J'ai vu la grande muraille trois fois. La dernière fois, je faisais le guide. En amateur, mais j'en savais autant que le guide. Shanghai! L'Entente internationale. Quelle ville! Des femmes à volonté. Blanche, noire, rouge, brune et dorée. Les femmes dorées! En tout cas... les Philippines, le Siam, ça, c'est la Thaïlande, Singapour, la Malaisie. Les temps changent. Java, c'est maintenant l'Indonésie, là y avait des femmes dorées, tellement mignonnes. Bali, Ceylan, l'Inde, quand c'était encore le Raj qui menait le bal. L'Égypte, l'Italie, puis la France et le bon vieux New York.

«Ça coûtait $2 000. En première classe, sur le premier pont. Quand je dis première classe, faut savoir qu'y a rien de pareil aujourd'hui et qu'y en aura jamais plus. Ça comprenait aussi la visite des villes.

«Pendant sept mois. Ça revient à environ $300 par mois pour vivre aussi bien qu'un roi. Sept mois loin de l'Amérique du Nord. Ça vous coûtait au moins dix mille aujourd'hui et vous vous sentiriez comme l'affreux Américain, ou l'affreux Canadien. Vous savez, le colonialisme a du bon, pour garder ces enfants de chienne à leur place. Moi, je suis en faveur.»

Ah ! les parties de bridge !

« Ce sont nos parties de bridge qui nous gardaient en vie. Littéralement. Je suis sérieuse.

« Mon mari était professeur à l'Université de Saskatoon, et contrairement à ce que pensent la plupart des gens, les professeurs se retrouvaient plutôt bas dans l'échelle des salaires. On dit qu'un concierge d'école élémentaire fait presque autant aujourd'hui qu'un enseignant, eh bien, laissez-moi vous dire que c'était pas tellement différent dans les années 30. Il y avait la stabilité d'emploi, évidemment, on pouvait pas vous congédier mais, croyez-moi, ils savaient fort bien comment couper les salaires dans ce temps-là.

« J'avais trois enfants à élever et je suivais tous les conseils dans les journaux, j'achetais seulement du pain vieux d'un jour, parce que c'était moins cher et meilleur, je conservais l'eau dans laquelle les légumes avaient cuit et je la réutilisais pour sa valeur nutritive et je remplaçais la viande par du fromage ou des fèves.

« Y en avait une bonne, on disait de ne pas boire de thé parce que ce n'est pas nourrissant. Bien, laissez-moi vous dire que j'aime mon thé. Ce n'est peut-être pas nourrissant, mais le thé a une valeur philosophique qui réchauffe le cœur.

« Mais le bridge... une fois par semaine, tous les jeudis, d'octobre à avril... on commençait à 1h 30, on jouait pendant deux heures, après quoi on prenait un délicieux goûter puis on rentrait chez soi pour une autre semaine de Dépression. Une année, on jouait à deux tables, mais les autres années, nous étions seulement quatre dames, quatre bonnes amies. Nous vivions toutes près du campus, dans de très jolies maisons, il est vrai, mais les gens invitaient très peu, parce que personne en avait les moyens, voilà la vraie raison. Mais nous avions nos beaux salons avec nos meubles et notre plus belle porcelaine et nous pouvions toujours cuisiner. C'est tellement important. Nous nous sentions tellement isolées que nous étions affamées de causer.

« À toutes les quatre semaines, c'était à mon tour de les recevoir et, la semaine précédente passait à anticiper et planifier. Voyons un peu, le lundi, je faisais un peu de cuisine et les planchers, le mardi, je nettoyais la salle de bain, le salon et la cuisine et, le mercredi, je préparais le goûter. Je vous dis, c'était succulent. C'était pas une compétition à savoir laquelle servirait le meilleur goûter mais nous faisions toutes de notre mieux et y avait pas de jalousie. Nous étions tellement de bonnes amies.

« C'était l'anticipation qui comptait, de savoir qu'elles viendraient chez moi et de savoir que, le jeudi suivant, c'est moi qui serait invitée. Quand madame Henley est morte, c'est comme si nous avions perdu notre meilleure amie et nous avons mis beaucoup de temps à choisir sa remplaçante. Oh ! bien des dames voulaient se joindre à nous. Dans ce sens-là, c'était plutôt un petit club exclusif.

Pas snob mais, d'une certaine façon, oui, c'était snob, si vous comprenez...

« Les temps étaient tellement durs. Parfois, un professeur partait, avec une bonne lettre de recommandation et tout ça, mais quand même. À la reprise des cours en septembre, lui et sa famille étaient partis. Saskatoon était une ville tellement jolie, avec ses arbres et sa rivière et tout le monde se connaissait et nous en avions des choses à raconter lors de nos parties de bridge. Évidemment, j'aurais dû vous le dire, ces parties n'étaient pas du tout dispendieuses. Il faut se souvenir que les prix étaient très bas et on faisait beaucoup avec peu d'argent. Et les journaux étaient remplis de recettes économiques, avec des noms fantastiques, mais ça restait des recettes de Dépression. Ah! ces parties de bridge, comme c'était du bon temps! »

Le grand tour du joueur

« Jésus! si je me souviens de ces années-là! Comme de ma figure dans le miroir. Après avoir fait la guerre 14-18 dans la marine, j'ai travaillé pour les chemins de fer. C'était l'époque de ce que j'appelais les familles de chemin de fer. Mon grand-père avait travaillé à la construction des chemins de fer et mon père était conducteur, ce qui est très haut placé, et il avait glissé un mot à celui qui embauchait, ce qui fait que son fils faisait aussi partie du conseil. J'étais serre-frein, à l'est et à l'ouest de Winnipeg, et je me faisais environ $100 par mois, ce qui était assez. Je me débrouillais. Mais je voulais plus que ça.

« En 1929, j'étais seulement le 17e sur la liste. Les gens mouraient pas comme ils auraient dû, et en '31, on s'est fait dire que tous les hommes au-dessus de 50 ans étaient maintenant surnuméraires, moi y compris. À cet âge-là, on sait combien c'est difficile d'avoir du travail à temps partiel. C'était en 1931, donc rien à faire. Pelleter la neige dans les rues, travailler dans un entrepôt un ou deux jours par semaine. Je me suis lancé comme peintre en bâtiments et j'ai perdu tout mon capital parce que personne songeait à faire peinturer leur maison. Les municipalités peinturaient même pas les écoles. On les laissait pourrir. Y avait plein de monde qui n'avait rien à faire et, dans une situation comme celle-là, y a en toujours qui en profitent. Comme ceux qui jouent à l'argent. Il devait y avoir au moins une vingtaine de maisons de jeu à Winnipeg, à l'époque. Ils fournissaient la maison, ratissaient les mises et prospéraient.

« Mais d'où venait l'argent, vous me demanderez? Je vais vous dire une chose, mon ami. Vous pourriez ouvrir une maison de jeu au Pôle Sud et ça serait pas long que vous auriez des joueurs, d'abord les pingouins, et ensuite du monde de la Nouvelle-Zélande. C'est comme ça que Las Vegas est devenu florissant. Un joueur c'est un joueur et s'il ne l'est pas de naissance ça prend pas de temps à le devenir. Je le sais. Un joueur vendrait la bague de mariage de sa femme ou même sa femme s'il croyait pouvoir trouver un acheteur.

« Alors je me suis mis à jouer et j'étais bon. Je connaissais les cartes, les combinaisons, les chances et j'avais une qualité indispensable. Ça prend de la patience. Une autre chose aussi, mon ami : j'étais chanceux. Pas toujours, mais plus souvent qu'autrement.

« Bref, en deux ans, j'ai gagné environ $10 000. C'est beaucoup d'argent. Très beaucoup. J'ai gagné à Winnipeg jusqu'à ce qu'on me dise de partir. Pas la police mais les propriétaires des maisons. Ils auraient pu simplement m'interdire d'entrer, mais ils me voulaient en dehors de la ville, loin, parti. Et leur parole avait autant de poids que celle de la police.

« Une fois j'ai vu quatre ou cinq enveloppes qui sortaient des poches d'un des propriétaires et je lui ai demandé s'il répondait au courrier du cœur. 'Non, qu'il m'a dit, c'est pour mes gars.' J'ai pas compris mais une heure plus tard un flic est entré, habillé en civil, il est allé à la cuisine avec le propriétaire et, en ressortant, il était en train de fourrer les enveloppes dans sa poche. Et c'était pas des violettes séchées qu'y avait dans ces enveloppes-là, mon ami.

« Alors je suis parti. À Toronto. Avec la chance et la patience encore de mon côté, j'ai gagné là aussi et c'est à ce moment-là que j'ai rajouté $2 000 à mon capital de $10 000, au cours d'une fin de semaine à Montréal. Au fond, y avait plein d'argent dans ces maisons-là, il suffisait de le ramasser. Mais j'en avais assez, pour l'instant.

« Je suis allé chez un bon tailleur, un petit Juif qui devait faire ça depuis toujours, et je lui ai dit que je voulais deux nouveaux complets, deux ensemble sport, enfin toute l'affaire. Je voulais avoir l'air d'une carte de mode, mais pas trop apprêté. Je lui ai donné $250 et vous auriez dû voir ses yeux cligner. J'étais vêtu comme un lord anglais pour $500. Pas pire pour un serre-frein, non ?

« Puis, j'ai changé mon argent en dollars américains, j'ai pris le train pour Détroit, je me suis rendu à l'usine et j'ai acheté une Lincoln-Zephyr V-12. Ça, c'était toute une voiture. Verte pâle. Et seulement $1 200, environ. Aujourd'hui, ça serait $10 000. J'ai pris une chambre au Brooks-Cadillac, j'ai fait venir le porteur et je lui ai dit qu'il y avait 50 dollars pour lui s'il pouvait me trouver une fille qui consentait à voyager avec moi aux États-Unis. Je la voulais belle, distinguée, bien mise, enfin tout ça. Eh bien, il m'en a trouvé une. Jeannie. Une fille merveilleuse et on a passé plusieurs mois ensemble à nous promener dans notre grosse voiture. À New York, on est restés au Ritz-Carlton, à $7 la nuit, traités comme un roi et une reine. En Floride, les gros hôtels aussi, à $3 ou $4 la nuit. Le Greenbriar : six jours et six nuits en croisière dans les Caraïbes, ce qu'y a de mieux, et seulement $130 pour les deux. Un soir, à bord du bateau, j'ai joué et j'ai gagné un autre mille. Finalement, je jouais seulement quand ça me tentait, peut-être une fois par semaine, et j'ai abouti avec plus d'argent que quand j'étais parti.

« Cinq mois plus tard, quatre à voyager et un à l'Ambassador, à Los Angeles, j'ai donné mille dollars à Jeannie, je lui ai payé son billet de retour et je lui ai souhaité bonne chance. Elle voulait pas partir, elle a pleuré pendant deux jours, mais c'est ça que j'avais décidé. J'ai vendu la voiture, pris le train pour Vancouver et je pense que j'étais fatigué de tout ça parce que j'ai investi mon argent et ça m'a rapporté, j'ai déménagé à Calgary, puis je suis revenu à Winnipeg, mais j'avais plus envie de rien faire et quand la guerre a commencé je me suis enrôlé. C'est à peu près tout. »

Velours, dentelles et Secours direct

« Guelph était une ville manufacturière, voyez-vous, depuis des générations et, même si certaines usines réduisaient leur main-d'œuvre, y avait toujours du travail. Les salaires avaient été coupés, mais un homme pouvait travailler. Durant les périodes creuses, les immigrants arrivés au cours des vingt dernières années, comme les Italiens, étaient les premiers mis à pied. Mais, non, chez nous, on en a pas vraiment souffert.

« On nous avait demandé, à l'église, de s'organiser entre nous et de nous préparer à remplir tout un wagon de train avec toutes les choses que nous voulions donner aux pauvres gens des Prairies qui crevaient de faim. Notre ministre avait lancé le slogan : 'De la verte Ontario à la Saskatchewan calcinée.'

« Des vêtements pour hommes, femmes et enfants, des chaussures, des bottes, des mitaines, des couvertures, des pots et des casseroles, enfin tout ce qu'on croyait qui pourrait venir en aide aux gens de la Saskatchewan. Est-ce que c'était dans les Prairies ou seulement en Saskatchewan ?

« On avait eu une réunion, convoquée par la Croix Rouge, je pense, on avait formé un comité et nous avions tout un wagon à remplir. C'est gros, un wagon.

« Eh bien, vous avez jamais rien vu de tel. Imaginez ces grosses maisons ancestrales, comme des forteresses, où depuis des générations, semblait-il, on entassait tout dans le grenier plutôt que de jeter quoi que ce soit. Quand les femmes ont découvert ça, on s'est demandé comment ces maisons avaient tenu le coup sous un tel poids. Vous avez pas idée de tout ce qu'y avait là. Des valises et des valises, pleines de vêtements apportés d'Écosse et jamais utilisés. Mais des vêtements anciens, des robes à trois ou quatre jupons, des chapeaux incroyables. On se croyait au cirque. Mes trois filles s'amusaient comme des petites folles, mais finalement j'ai dû faire la loi et leur dire de me passer les vêtements et de me laisser choisir. Y en avait ! on en voyait plus la fin.

« Mais, en fin de compte, on a presque tout envoyé parce que tout était de bonne qualité. Je crois qu'on avait une vingtaine de boîtes et sur chacune on avait collé la liste des articles qu'elle contenait. On imaginait les fermières s'activant autour de l'étable en longue robe de velours et chapeau de plumes d'autruches et on riait aux larmes.

« Remarquez bien que tout ça se passait également dans d'autres villes au même moment, à Galt, Toronto, Brantford, Hamilton, puis à Woodstock et London, enfin partout. On organisait le train du Secours direct. Puis, tout ça est finalement parti vers l'Ouest.

« Mais c'est pas tout. La suite s'est passée plusieurs années plus tard, après que j'avais déménagé à Winnipeg. Je parlais à une vieille dame de mon âge, la voisine de ma fille, et j'ai mentionné l'épisode en question et les greniers que nous avions vidés et tout ça. Je dois dire que des trains de nourriture leur avaient aussi été envoyés mais j'avais rien à voir à ça.

« Toujours est-il que pendant que je lui parlais, j'ai vu la vieille dame se raidir, sa figure se durcir et elle a dit : 'Madame Monk, vous saurez jamais combien les gens de la Saskatchewan méprisaient ces vêtements. Combien ils les détestaient. C'est vous autres, les gens de l'Est, qui nous avez plongés dans la Dépression et quand la sécheresse est arrivée et qu'on pouvait plus rien faire, vous nous avez lancé vos vieux vêtements de boules à mites à la figure comme une bande de mauvais garnements qui lancent des pierres à l'idiot du village. Faut que je vous le dise, parce que c'est vrai et que je crois qu'il faut dire la vérité.' C'est ce qu'elle m'a dit.

« Inutile de vous dire combien j'étais renversée. Pourtant, je lui ai dit, c'étaient de bons vêtements qui pouvaient sûrement encore servir... ils n'en avaient pas besoin ? Elle a répondu : 'Madame Monk, ça vous intéressera peut-être de savoir que j'ai passé un hiver à traire trois petites vaches maigres dans une robe que j'aurais pu porter à un bal en l'honneur du couronnement de la Reine Victoria. Une robe ravissante. Vraiment merveilleuse.'

« On s'est regardée toutes les deux, deux vieilles bonnes femmes, et finalement on en pouvait plus et on a pouffé de rire. C'était trop drôle et puis on s'est embrassée en riant. On est devenues de bonnes amies. »

Les gros

« Les Canadiens ne possédaient pas tellement de bons, d'actions et de titres parce qu'un grand nombre d'entre eux avaient perdu lors de la Dépression de 1919 quand nos gars sont rentrés de France et que tout a chuté. En 1929, souvenez-vous, nos banques étaient solides. Nos grosses compagnies étaient passablement solides aussi et le gouvernement était fort. Les grandes familles de l'Ontario, celles de Westmount, à Montréal, les grandes familles françaises, quelques familles dans les Maritimes, quelques autres dans les villes des Prairies, et, évidemment, les grandes familles de la Colombie britannique de l'industrie forestière, des pêcheries et des mines, tous ces hommes riches, les financiers, ils s'en sont très bien sortis.

« Oui, ils ont accusé des pertes mais pas de quoi faire une brèche dans leur fortune. N'oubliez pas qu'un bon nombre de ces hommes-là étaient de descendance écossaise, sinon des Écossais eux-mêmes, et vous avez entendu parler de la parcimonie écossaise. Eh bien, c'était ça. La prudence. Les banquiers et les financiers, ceux qui présidaient aux grandes transactions du pays et qui conseillaient les autres, leurs amis, ils s'en sont tous sortis en très bon état.

« Je sais qu'il y avait une terrible amertume chez les gens ordinaires face à la *Big Business* mais je crois que c'était sous l'influence des États-Unis. Dans le temps, comme maintenant, nous étions submergés par l'information des journaux américains, des revues et de la radio.

« D'après moi, la plupart des gens riches sont restés bien tranquilles, sachant que leur argent était en sécurité. Leur style de vie n'a pas tellement changé. Évidemment, bien des petits ont été balayés, mais dans ce temps-là, ils n'auraient pas dû se retrouver sur le marché de toutes façons. C'était pour les gros. Les spéculateurs ont piqué la tête la première. Il fallait que ce soit comme ça. C'est comme ça que le système fonctionnait. Les constructeurs d'empires et les amis des constructeurs d'empires ont plus tard doublé et triplé leur fortune. »

Tante Mary part en voyage

« J'avais une tante qui s'appelait Mary Hudson et elle vivait avec nous à Brandon, au Manitoba. C'était la tante de ma mère, une drôle de petite créature et personne la connaissait beaucoup. Elle avait sa propre chambre et toilette dans notre cave et elle aidait maman seulement quand ça lui disait. Elle payait loyer et pension, ce qui nous aidait, mais vraiment on la connaissait pas beaucoup. C'était une personne dans la maison, voilà tout.

« Elle était de Toronto et tous les jours elle recevait par la poste le *Globe and Mail* de Toronto, vieux de plusieurs jours. Et elle passait la matinée à le lire. Attachée comme elle l'était à Toronto, je me demande pourquoi elle restait chez nous. Toronto, dans le temps, c'était très, très loin.

« Un soir, au souper, elle nous a annoncé qu'elle partait en voyage autour du monde dans deux semaines. Comme ça! Cette petite vieille qui voulait même pas aller en ville seule partait pour faire le tour du monde. Dans les années 30, c'était impensable. Pour nous, un grand voyage, c'était d'aller au Parc national, à 70 milles de chez nous. En une semaine, elle avait préparé une grosse valise et pris le train pour Vancouver et elle a été absente pendant des mois et des mois et de temps en temps on recevait une carte.

«Plusieurs mois plus tard, juste avant Noël, on a reçu un télégramme disant qu'elle arrivait le lendemain et papa et moi, on est allés la chercher à la gare du CP dans notre vieille voiture. Cette fois, elle avait trois valises, mais elle n'avait pas changé d'un poil. La même vieille tante Mary. Les deux autres valises étaient remplies de souvenirs qu'elle a distribués à la ronde et, en y repensant maintenant, c'était de la pacotille mais on était contents. Je pense que tout ça avait abouti au musée de l'école.

«Mais ce que je voulais surtout vous dire c'est qu'elle avait dit à ma mère que son voyage ne lui avait pas coûté plus de $600, en tout et partout. Six cents dollars pour six mois. C'était ça la Dépression. Si vous aviez de l'argent, sa valeur augmentait. Vous pouviez vivre comme un roi avec peu. Elle était loin d'être folle, la vieille tante Mary.»

La vie dure c'est pour les pauvres

«Si vous étiez salarié, fonctionnaire, si vous ne lisiez pas les journaux et n'écoutiez jamais la radio, que vous faisiez simplement votre travail et receviez votre salaire, vous n'auriez vraiment jamais connu les temps durs.

«Dans les villes, il me semble que la Dépression c'était pour ceux qui sont toujours dans la dèche. On les nomme autrement aujourd'hui, mais c'étaient les pauvres. Ceux qui ne pouvaient pas s'aider. Les personnes âgées, les retraités, les infirmes. Les femmes dont les maris s'étaient enfuis sans laisser d'adresse. Les jeunes sans éducation qui n'avaient que leurs muscles. Les hommes de 40 ou 45 ans qui avaient fait un seul et même travail toute leur vie, qui ne savaient rien faire d'autre et n'avaient aucune possibilité d'apprendre autre chose. Les plus dépourvus de matière grise, les retardés. Les filles-mères, les jeunes couples mariés qui avaient eu trop d'enfants à la fois et qui n'avaient à peu près pas de revenus. Repassez cette liste et vous verrez que ce sont les mêmes que nous avons aujourd'hui. Les sans-emploi et les non-employables.

«Mais si vous aviez du travail, vous pouviez vivre très bien. Bon Dieu, même le facteur était bien. C'était un emploi couru. La sécurité, l'air frais, l'occasion de donner des coups de pieds aux chiens. Le salaire était pas extra, mais dans ce genre de travail il ne l'a jamais été. Les fonctionnaires ont toujours été des hommes peureux. Je le sais, j'y étais. Bien sûr, on coupait les salaires comme dans le secteur privé, 5, 10, 15 pour 100. Un homme se mariait avec un salaire de $80 par mois. Moi, j'en faisais $19 par semaine quand May et moi on a signé le sale contrat. Si vous en faisiez $125, alors c'était du poulet tous les dimanches, une voiture neuve, des vacances à la plage et peut-être un beau grand voyage à tous les trois ans. Une bonne maison se louait entre $18 et $25 par mois. Voux pouviez acheter une grosse maison pour $1 200, trois chambres à coucher, salon, salle à dîner, cuisine, salle de bain, garage. Sans blague. J'ai connu des gars qui sont riches aujourd'hui parce qu'ils couraient les ventes de saisie et achetaient des maisons pour presque rien, cinq ou six cents dollars. Ça vous prenait soit de l'argent comptant, soit un très bon jardin. Tout le monde avait son jardin et, en banlieue, les gens gardaient des poules et des lapins.

« Les spectacles étaient pas chers. Ça coûtait 35 sous sur la rue Jasper et aujourd'hui c'est $3 en montant. C'était seulement des mauvais films, des produits d'évasion, genre faites-leur-oublier-la-Dépression. J'ai entendu dire que Roosevelt avait une fois demandé à Hollywood dans ce temps-là de produire seulement des films gais. Voilà ce que les gens voulaient, des histoires heureuses, des belles filles, de la danse, de la musique, un beau baiser amoureux à la fin.

« Enfin, ce que je veux dire c'est que si vous vous fermiez les yeux devant la misère, alors ça allait. Mais si vous étiez un être qui se sentait impliqué, alors c'était troublant. »

Chapitre 21

Divertissements maison

Il faut oublier l'image folle des années 20, les Roaring Twenties, *inventée par les potineurs de Hollywood, et se rappeler plutôt que le Canada était un pays fier d'être conservateur, économe et prudent — dans les années 30, tout le Canada allait à l'église le dimanche. Mais ce n'était pas un pays solennellement sobre où l'on ne s'amusait jamais.*

Il y avait des parties de patinage sur les rivières, des joutes de hockey sur toutes les patinoires de coin de rue; en été, le samedi était consacré au baseball; il y avait de grosses épluchettes de blé d'Inde, de grandes parties de camping où l'on chantait autour des feux — avec biscuits d'avoine et chocolat chaud; des clubs de bridge, de collectionneurs de timbres, de joueurs de Monopoly; il y avait la corvée des courtepointes, où les dames fermières pouvaient enfin parler, parler et parler encore; on chassait les marmottes avec son lance-pierre, on envoyait des messages dans des bouteilles qu'on laissait flotter sur la mer et on allait faire son tour à la gare, tous les soirs, ne serait-ce que pour assister à l'arrivée du train qui n'arrêtait deux minutes.

En somme, il y avait plein d'action durant la Crise et toutes sortes de divertissements maison. On s'amusait ferme mais simplement... si on était capable d'oublier...

Festin spontané

«C'était en août 1934, je me souviens de la date. Je me souviens de toutes les dates. Je me souviendrai de la date de ma pendaison. En tous cas, j'étais à Vancouver pis j'étais en fonds avec une centaine de piasses dans ma poche, ce qui voulait dire trois mois de travail dur dans un camp de la *Hastings Mill*, en haut sur l'île, trois mois, sans rien dépenser, avec le foin pour le prouver, pis y avait des centaines de chômeurs dans les rues. Je me suis dit que je prendrais ça tranquillement, un petit hôtel sur Cordova, un de ceux qui étaient tenus par des Chinois, à l'époque, deux bons repas par jour avec de la bière autour de ça en jasant avec les gars.

«J'étais bien décidé de pas faire le généreux avec mes sous, grand dépensier que j'étais. J'avais calculé qu'avec cent dollars j'étais bon pour deux mois, femmes non comprises. Seulement chambre, pension, bière et cigarettes. Pas de femmes. Mais oublie pas que ça, c'était sur *Skid Road*, où c'était pas vraiment un problème de se trouver une femme. Elles avaient tellement faim que t'avais rien qu'à penser 'je veux une femme' pour qu'il s'en présente une devant toi, prête à tout pour une couple de bières et des mots tendres.

« En tous cas, j'étais en foin, pis je m'en allais sur Cordova, en direction de Granville. I's aimaient pas les bûcherons dans ce boutlà, le quartier des grandes affaires. Sur Granville, y avait un boucher pis il fallait voir sa vitrine, je te dis, bonhomme, maudit, c'était tout un spectacle. Y avait une espèce de patente électrique, le premier barbikiou de ma vie, y avait deux poulets sur la broche.

« Bon Dieu, bonhomme, i's étaient dodus pis juteux pis tout bruns, pis y avait trois autres gars qui regardaient ça, ça attirait vraiment l'attention, pis on regardait ça et j'ai dit tout haut: 'Vous savez, si j'avais une place où je pourrais manger ça, je les achèterais.' Pis le gars à côté de moi, i' a dit: 'Moi, j'achèterais le plat de salade aux patates'. Pis le troisième a dit: 'J'ai pas un sou noir, mais ma femme pis moi, on a un appartement, pas loin, sur Pender, pis si vous voulez venir chez nous, vous êtes tous bienvenus.' Et que le diable m'emporte si le quatrième a pas dit qu'il aimerait venir lui aussi pis qu'il irait tout de suite chercher une bouteille au magasin des alcools. Alors j'ai acheté les deux gros poulets, je pense qu'ils m'ont coûté un dollar chacun. L'autre gars a acheté le plat de salade pis un pot de cornichons, pis l'autre gars a pris un quarante-onces de rye pis on est allés à l'appartement.

« Pis remarque bien qu'on se connaissait pas, personne, on s'était jamais vus avant, mais on s'est amusé comme des petits fous. Sa femme était charmante pis on a mangé, pis on a bu le quarante-onces, on a ri, on a fait les fous, pis on s'appelait par son petit nom, pis on essayait pas d'en imposer à l'autre pis on posait pas de questions. On était tout simplement amis, tous les cinq, on savait qu'on se reverrait probablement jamais alors on était tous naturels.

« Ce que je veux dire, c'est qu'on faisait les choses autrement dans le temps. Bien sûr, y en avait qui étaient méfiants, pis ça, c'est naturel, mais les gens étaient amis, et ils s'entraidaient. J'ai acheté les poulets, Doug a acheté la boisson, un autre a fait ceci pis un autre a fait ça, pis personne nous a demandé de signer sur le pointillé. Personne s'attendait à être remboursé. Je sais bien que la nature humaine change pas, ça, je le sais mais, maudit, je l'ai vue changer au cours des vingt dernières années pis j'aimais mieux ça dans le temps, comme ce jour-là, en août 1934, où je regardais la vitrine du boucher. Je me trompe peut-être, mais je pense pas. Les gens étaient différents dans ce temps-là. »

Y avait toujours le baseball

« Le baseball, mon Dieu ! Si t'étais des Prairies, tu pouvais pas oublier le baseball. Y avait rien d'autre à faire. Tu labourais ta terre, t'ensemençais pis tu regardais le chardon de Russie envahir ton blé ou ton orge, pis la chaleur brûlante s'installait pis tu voyais tout se dessécher sous tes yeux. Ensuite, c'était les sauterelles, peut-être, et l'année était foutue. Pas d'assurance-récolte, rien, mais y avait toujours le baseball.

« Si t'avais une voiture, tu pouvais assister à un tournoi par semaine. Partout à travers l'Alberta, la Saskatchewan, le Manitoba, et y avait des équipes de la vallée de l'Okanagan qui venaient aussi. Je me souviens que les gars d'une équipe de Penticton, je pense, avaient sauté un train pour aller jouer à Vulcan.

« Chaque village avait sa journée des sports, à partir du début de juin jusqu'à la Fête du Travail, des sports à travers tout le pays. Balle dure et balle molle, des équipes d'hommes, de femmes, de garçons et de filles. Les villes plus grosses avaient parfois quatre équipes. J'ai vu des équipes senior de villages de la Saskatchewan qui auraient pu tenir tête à n'importe qui au pays aujourd'hui. Personne en a jamais entendu parler parce qu'ils étaient perdus dans le fond des campagnes, mais y avait là des lanceurs de grande ligue. Au baseball, surtout. Pas tellement de courbes. Les gars lançaient tout simplement aussi fort qu'ils le pouvaient pendant sept manches et y a personne qui va me dire qu'y avait pas là-'dans des Dizzy Deans pis des Lefty Groves en puissance. Maudit, ces gars-là avaient rien d'autre à faire à part pratiquer, et ils adoraient le base-ball. J'ai vu des hommes de 40 ans jouer aussi fort qu'un gars de 20 ans et quelques-unes de leurs femmes, ouf ! je te dis que ces femmes-là jouaient fort. La balle molle, évidemment, mais quand c'est une grande fille forte ukrainienne qui la lance, ça rentre vite en maudit.

« Chaque village avait son tournoi et on trouvait l'argent pour le premier prix tant bien que mal, dans le prix d'entrée, certaines fois, mais pas toujours parce que le terrain de baseball était souvent rien d'autre qu'un pâturage, et les commerçants et le gérant de banque offraient des prix. Des fois le premier prix se montait à $500 et même plus, jusqu'à $1 000, dans des places comme Swift Current ou Wayburn ou Brandon ou Wetaskawin ou Lethbridge et ça, c'était assez pour attirer les grandes équipes de l'aut' bout du monde, y compris les États-Unis, quand on le permettait. Un jour, j'ai vu dix équipes jouer sur trois terrains à partir de dix heures du matin jusqu'au coucher du soleil et, ce jour-là, y avait plusieurs milliers de spectateurs.

« C'étaient des grands événements. La grosse affaire. Beaucoup de plaisir. Quand le premier prix était assez élevé, y avait des équipes qui faisaient venir un professionnel des États-Unis ou de l'Est. Y avait rien de pas correct là-'dans, je pense bien, mais le professionnel avait jamais le genre de réception royale qu'il pensait qu'il méritait. Même pas de la part de ses coéquipiers, parce que, s'il était si bon que ça, il se réservait le tiers du premier prix, ce qui représentait beaucoup d'argent en moins pour les autres joueurs.

« Les jours de tournois, c'était la fête. Tout le monde venait, y avait une danse et ça buvait beaucoup dans les voitures et les camions stationnés autour. Des fois, y avait une bataille par-ci, par-là. Les flics s'en mêlaient pas, ils laissaient le monde s'amuser. Pas comme à un mariage polonais où ils restaient stationnés devant la salle attendant qu'une bombe fasse explosion. C'était du bon temps, pas riche, mais chacun faisait son possible pour aider l'autre et les dames et les organisateurs mettaient beaucoup de leur temps à planifier ces tournois. La rivalité entre certains villages était pas mal féroce au niveau du terrain de balle, à cause du gros lot, mais en dehors de ça, c'était du monde de la Saskatchewan ou du Manitoba ou de l'Alberta essayant tout simplement de tirer le meilleur parti d'une situation difficile.

« Si tous les gens assis dans les gradins d'un terrain de baseball avaient vidé leurs poches, t'aurais été chanceux d'y trouver $50 en tout. On s'en faisait pas tellement. Y a une chose que j'aurais toujours aimée voir. J'aurais aimé voir certains de ces jeunes-là, les gros gars de ferme, s'essayer dans les grandes ligues. Ils auraient peut-être pas réussi, mais on aurait peut-être eu des surprises. Y en avait qui étaient vraiment bons. »

L'amour dans les bosquets

« Les temps étaient durs pour les jeunes. Pour se courtiser, je veux dire, pour apprendre à se connaître, se faire des mamours. En hiver, tout ce qu'un jeune couple pouvait espérer, c'était qu'il vienne la voir chez elle et que les vieux aillent se promener, et même à ça, c'était loin d'être parfait.

« Y en a qui se sont même pas mariés. Y a bien des filles qui se sont jamais mariées durant les années 30, non pas faute de courtisans, mais parce que les jeunes hommes en avaient pas les moyens. En général, sur la ferme c'était différent, le beau-fils s'installait chez ses beaux-parents et devait travailler fort, mais en ville c'était différent.

« Tout ce que les jeunes amoureux avaient de mieux à faire, c'était d'aller à la danse le samedi soir, et de s'asseoir dans le salon ou la cuisine et d'écouter Jack Benny ou Fred Allen, le dimanche soir, à la radio. Personne avait d'argent, mais je me souviens de bien des soirs où j'ai attelé le traîneau et suis allé chercher une fille pour faire un tour. Faisait froid. On pouvait pas se tenir chauds longtemps, mais si on était assez décidé, on avait ce qu'on voulait. Mais y avait trop d'hommes célibataires. Demandez à n'importe quelle fille qui était maîtresse d'école dans le temps. Comme des mouches.

« Mais c'est au printemps que le plaisir commençait. À la campagne. En ville aussi. Les parcs étaient faits pour baiser et les sentiers de campagne aussi. C'était pas tellement terrible d'avoir un bébé, les foudres du ciel nous tombaient pas dessus, mais c'était quand même un problème. Mais c'est pas de ça que je parle.

« Y avait pas d'argent. Mon Dieu, quarante dollars, c'était un bon salaire et un jeune homme donnait la moitié de ça à sa famille. Y avait pas de bars où vous pouviez amener une fille et la regarder dans les yeux rêveusement. On pouvait aller se faire des mamours au cinéma mais, règle générale, les trois ou quatre dernières rangées étaient toujours remplies et ça sentait la luxure à plein nez, ça montait par vagues et ça se répandait partout.

« Je dis pas qu'y avait pas beaucoup de mariages durant la Crise, parce que les jeunes s'accoupleront toujours, envers et contre tout. Bien des bébés aussi. Mais j'ai entendu bien des gars dire que c'était pas pareil. Ce qu'ils voulaient dire, c'est que c'était pas comme ils l'avaient imaginé et, si c'était vrai pour les jeunes hommes, ça l'était d'autant plus pour les filles, qui sont plus romantiques. Et d'un autre côté, elles sont pas mal pratiques aussi.

« Ce que je veux dire c'est que c'était dur pour les jeunes, c'est pas eux qui avaient amené ces temps-là, ils étaient pas responsables de la situation, et y en avait qui étaient amers.

« Je sais que je l'étais. Je calcule que j'ai manqué six ou sept des meilleures années, les bonnes années où tout le monde devait être heureux et gai et ç'a pas été des années gaies et heureuses pour moi. Pour les autres, peut-être, mais pas pour moi. »

Par où sont passés tous les pianos?

« Vous êtes-vous déjà demandé par où sont passés tous les pianos? Rappelez-vous. Dans ce temps-là, tout le monde avait un piano. Bin, presque tout le monde.

« Vous pouviez vous promener dans n'importe quelle ville, l'après-midi, après l'école, et entendre des enfants s'exercer au piano. C'était courant. Presque toutes les filles apprenaient le piano et bien des garçons aussi. Moi, j'ai étudié le piano pendant quatre ans, chez madame Pearce. Les deux premières années, elle chargeait 15 sous la demi-heure et, ensuite, 25 sous la demi-heure.

« Seigneur, il devait y avoir des dizaines de milliers de pianos dans le temps. Il me semble que toutes les maisons en avaient un et que la plupart des gens savaient jouer. Peut-être pas très bien, mais assez pour accompagner les chanteurs, le dimanche soir. »

Camping 1935

«On faisait du camping. Des fois, en famille, les frères, les sœurs, les cousins, les cousines et, des fois, c'était deux, trois familles qui s'entendaient bien. Ça coûtait pratiquement rien dans ce temps-là. Et c'était pas tellement populaire non plus. Y avait beaucoup de chalets d'été et y avait des trains qui desservaient les lacs tout l'été et y avait des camps de scouts et des choses comme ça. Mais y avait pas beaucoup de terrains de camping comme on en voit aujourd'hui et ils étaient pas organisés. Un barrage, un ruisseau, un quai branlant, quelque chose comme ça. Les toilettes, un trou dans la terre.

«Les choses ont beaucoup changé mais je suis pas sûr qu'aujourd'hui ils ont autant de plaisir qu'on en avait. On remplissait une couple de voitures, on partageait les frais d'essence et on partait pour une ou deux semaines. Je me souviens pas d'avoir rencontré un travailleur qui avait plus que deux semaines de vacances. Évidemment, y en avait beaucoup qui travaillaient pas. Chaque famille avait sa tente, des tentes qui en avaient vu d'autres, je vous le dis. On voyait les tentes blanches que les soldats utilisaient durant la Première Guerre mondiale, elles se vendaient pas cher, toutes déchirées et raccommodées. Les enfants se faisaient des genres de tipis indiens avec des couvertures, des bouts de toile et de papier goudron. On s'installait comme des gitans.

«C'était pas compliqué, on avait un sac pour les effets de cuisine, un sac pour les légumes et un troisième pour les denrées sèches et les produits en boîtes. Après ça, je pense pas qu'on dépensait cinq dollars par semaine. Ça buvait pas tellement parce que personne en avait les moyens et, si je me souviens bien, les gens buvaient pas autant qu'aujourd'hui. Je pense que la guerre y est pour beaucoup.

«On faisait beaucoup de pêche et y avait beaucoup de poissons partout dans ce temps-là, et des parties de baseball. Y avait toujours une partie de baseball l'après-midi, des fois les filles contre les garçons, et c'était pas si inégal que vous pensez. Certaines filles jouaient très bien. Et y avait aussi le ballon volant. Ça aussi, c'était très populaire. Ça se jouait partout.

«Le soir, les jeunes allaient danser au village voisin ou assister à une partie de balle, mais on faisait toujours un feu et on se mettait toujours à chanter. Tout le monde, même les petits, connaissaient toutes les vieilles chansons, des dizaines, et c'était toujours bien amusant. En août, on faisait de grosses épluchettes de blé d'Inde. On pouvait nourrir toute une bande avec quelques sous et les saucisses et les petits pains coûtaient quasiment rien. À minuit, au plus tard, tout le monde dormait.

«Et puis, y avait les romances, naturellement. On appelait ça les allumages d'été. Ça durait quelques jours, quelques semaines, puis ils se trouvaient quelqu'un d'autre. Mais pas toujours. J'en connais pas mal qui ont rencontré l'amour de leur vie durant ces étés-là. Des bébés? Bin, je peux pas dire. Y en avait évidemment, parce qu'on était pas aussi prudes que les jeunes d'aujourd'hui le pensent. Pas moi, mais les jeunes à l'époque. Oui, y avait pas mal d'allumages d'été. La nature humaine change pas, vous savez.

« On avait beaucoup de plaisir et, je me trompe peut-être, mais il me semble que le soleil brillait tout le temps dans ce temps-là. Vous pouviez toujours compter sur deux semaines de beau temps, ce qui est impossible aujourd'hui. Dans ce sens-là, on était chanceux. Y avait pas d'argent mais on se considérait pas pauvres. Personne avait beaucoup d'argent mais on s'amusait et, tout compte fait, je pense qu'on a élevé de pas mal bons enfants. »

L'épluchette de blé d'Inde

« Quelqu'un lançait l'idée de faire une épluchette de blé d'Inde. Y avait plein d'enfants autour, de six à seize ans, alors y avait tous les travailleurs qu'il fallait pour aller ramasser du bois, le jour de l'épluchette. Mais la veille, on partait à cinq environ et on pédalait nos bicycles jusqu'au marché des cultivateurs. Quand j'y repense maintenant, je vous dis que c'était tout un endroit. Vous pouviez acheter à peu près n'importe quoi dans ce marché, même de la poterie et des peintures d'amateurs, mais y avait surtout de la nourriture, fruits, légumes, canards, oies, poules, et des saucisses de tous les pays d'Europe. C'est tout fini maintenant. Depuis longtemps. Quelqu'un a décidé d'en faire un terrain de stationnement ou une station-service, y a de ces décisions qui n'ont pas de bon sens, il me semble. Des fois, quand je passe par là, je dis: 'Que Dieu les maudisse tous!' En tout cas, c'est le progrès.

« On attendait jusqu'à vers neuf heures, la tombée du jour, avant d'acheter le blé d'Inde. Les fermiers le vendaient moins cher parce qu'ils voulaient pas rapporter ça chez eux. Je me souviens qu'on pouvait en acheter une douzaine pour cinq sous, ou six douzaines pour 25 sous. Le plus délicieux des blés d'Inde. Le blé d'Inde aujourd'hui, je sais vraiment pas ce qu'il a. On en achetait dix ou douze douzaines et on rapportait ça à la maison. On calculait environ six épis par personne. On était 20 ou 25, adultes et enfants.

« Les femmes achetaient une couple de livres de beurre, maudit, ça coûtait seulement quelques sous la livre et elles l'enveloppaient dans du coton fromage. Comme ça, c'était parfait pour beurrer nos épis, on en perdait pas une goutte. Le vieux Best sortait son trépied et sa marmite et allumait un grand feu dans le terrain vacant à côté de sa maison. On mettait les épis dans la marmite et on attendait que ça bouille. On attendait aussi qu'il fasse noir pour voir les étincelles monter dans la nuit, ça nous donnait l'impression d'être dans le bois. Jésus Christ, je revois tout ça.

« Chaque enfant s'apportait une couple de patates qu'il enfonçait dans les braises. Comme ça. Puis on mangeait le blé d'Inde. On en mangeait jusqu'à ce que ça nous sorte par les oreilles. Madame Best faisait du chocolat chaud qu'elle apportait dans sa grosse casserole émaillée. Je me souviens pas, mais il me semble qu'on apportait chacun sa tasse, on devait sûrement. On mangeait du blé d'Inde à en avoir les yeux croches, bien chaud et tout beurré avec beaucoup de sel. Puis quelqu'un se mettait à sortir les patates des braises avec un bâton. On enlevait la croûte, je me souviens, et l'intérieur était tout blanc, ferme et fumant comme du blanc de poulet. À la maison, je détestait les patates au four mais, le soir de l'épluchette, Christ, je pouvais en manger deux grosses. On se bourrait de blé d'Inde, de patates et de chocolat chaud, puis quelqu'un ranimait le feu et on se mettait à chanter.

« Tout le monde chantait, même les tout petits connaissaient les vieilles chansons. Et celles qu'on chantait à l'école, nos parents aussi les connaissaient.

« Maudit, on avait pas grand-chose à faire à part ça. On faisait ça à peu près trois fois avant la fin de la saison. Avez-vous entendu parler d'une épluchette de blé d'Inde, vous, depuis la guerre ? Pas moi, et je pense pas qu'ils en font. Les gens ont changé, et je sais pourquoi. Dans le temps, on était tous dans le même bateau, sans argent. Je gagerais dix sous contre un beigne qu'une épluchette pour 20, 25 personnes coûtait pas beaucoup plus qu'une piasse, une piasse et dix peut-être. Cinquante sous pour le blé d'Inde. Cinquante sous pour le beurre. Dix sous pour le chocolat. Le bois coûtait rien, on trouvait tout ce qu'on voulait dans le boisé derrière. Et c'était tout. Christ, on dirait que je sens encore l'odeur de la fumée et que j'entends les chansons. Oui, vous avez raison, j'ai quasiment le goût du blé d'Inde dans la bouche. »

Ça coûtait pratiquement rien pour s'amuser

« La Grande Plage. C'était vraiment une maudite belle place, environ un mille de plage de sable, plein d'endroits pour camper, et de la bonne pêche, de la barbotte, de la perchaude et, si vous connaissiez les bons endroits, du brochet aussi. Tout était bon marché. Les chalets étaient bon marché, la nourriture aussi et tout le monde apportait ses provisions dans le train.

« Y avait une espèce de route, mais ça vous prenait une bonne voiture et beaucoup de courage, si je me souviens bien. Fallait stationner sa voiture et continuer à pied. Y avait pas de routes, voyez-vous, parce que les chemins de fer y voyaient. Ça leur appartenait.

« Ça coûtait rien pour baiser, non plus. Fantastique. Je parle pas tellement pour moi, parce que j'étais trop jeune, mais, le soir, on marchait sur les dunes de sable et on voyait des couples étendus partout. Dans les creux, sur les pentes, sous les drôles de petits arbres tordus qui poussaient là, tout battus par le vent. Y avait une raison à ça. Y avait pas beaucoup de couples qui avaient les moyens de se marier, et le garçon vivait avec sa famille et la fille avec la sienne. Alors, où est-ce qu'ils pouvaient faire l'amour? Sur le bord de la rivière, bien sûr, mais ça, c'était comme la gare centrale. Alors ils prenaient le *Clair de Lune*, bin oui, j'avais oublié ça, c'était le nom du train du CN qui se rendait jusqu'à la Grande Plage, tous les soirs. Il quittait Winnipeg vers six heures et ça prenait une heure, un beau petit voyage le long du lac. Une fois arrivés, ils oubliaient la salle de danse, qui était la raison d'être du *Clair de Lune*, ils piquaient droit vers les dunes et baisaient.

«Ils avaient près de quatre heures avant que le train reparte vers Winnipeg et on voyait des dizaines de couples revenir vers la gare, bras dessus bras dessous, l'air fatigué, fatigué mais heureux, vous savez ce que je veux dire. Combien de bébés ont été conçus sur ces dunes, je crois qu'ils sont les seuls à le savoir. Beaucoup, en tout cas. Y en a probablement qui le voulaient, comme ça, ils étaient obligés de se marier.

«J'ai dit que tout était bon marché. Le billet aller-retour du *Clair de Lune* était bon pour un soir seulement, alors si vous vouliez rester une semaine ou deux, vous restiez pris avec un billet de retour de 25 sous, qui valait rien. Minute! Dans ce cas-là, on le vendait à un autre qui avait déjà vendu le sien une semaine plus tôt. Vingt-cinq sous. Tout le monde était content, sauf les chemins de fer. Eux, ils étaient pas contents. Pourtant, maudit, c'était probablement la seule ligne au pays qui faisait un profit, à partir du 24 mai jusqu'à la Fête du Travail.

«Une famille de quatre pouvait se payer deux semaines de vacances là-bas et s'en tirer avec pas plus que $25 de dépenses, billets, chalet, nourriture, tout compris.

«Mais c'est pas ça l'affaire. En avril dernier, ici, au nord de Toronto, j'ai décidé de louer le chalet qu'on a là-bas. Je voulais que le loyer couvre les taxes et les frais de la patrouille de sécurité, autour de $500 par année. J'en parle à mon beau-frère qui connaît ça. Je dis $500 et il me dit que je suis fou. Demande $800. Alors je demande $800. J'ai rien à perdre? Un médecin l'a pris sans sourciller. Bien sûr. Alors, comparez: $800 pour juillet, seulement un mois. Dans le temps, un mois, ça coûtait $50 tout compris.

«Allez-y voir. Moi, j'y comprends rien.»

Les fameux rebelles de Winnipeg

«L'éducation, à quoi ça servait? On a vite compris, y avait pas de travail. Mais on s'amusait bien. La ville *(de Winnipeg)* installait des patinoires un peu partout, avec des bandes pour jouer au hockey et des cabanes en bois pour se réchauffer près du feu qu'un gardien s'occupait d'attiser. On passait notre temps là, toute une bande de gars, de 18 à 25 ans, et on jouait au hockey parce que c'est tout ce qu'on avait à faire. On était pas mal bons et quelques-uns sont devenus semi-professionnels, ce qui voulait dire qu'ils jouaient pour une ville ou un village et que ça les payait.

« La deuxième année, en '34 ou '35, Danny Lock avait demandé à son père, qui était commis-voyageur pour Nabob, de nous organiser des matchs de hockey avec les équipes des autres villages sur sa route. Y avait pas de problèmes là, évidemment. Nous, on était les Rebelles de Winnipeg, c'est comme ça notre équipe. Monsieur Lock nous avait organisé à peu près six parties. Toutes le samedi soir. Et la ville avait promis de bien faire les choses. Après la partie, y avait une danse et de la nourriture.

« On a duré seulement une saison, mais je me souviens qu'on a joué avec des Canadiens français de Letellier et avec des Mennonites de Steinbach, et à Morden et à Emerson. En tout cas, six parties.

« On se foutait de tout, évidemment. Le frère d'un des gars travaillait à l'Hôpital général de Winnipeg et il nous chipait une pinte d'alcool de grain — de quoi nous faire sauter la tête — et on avait chacun une chopine vide dans laquelle on mélangeait une partie d'alcool avec de l'eau, de la limonade ou du Kik. En général, on buvait ça avec du Kik. C'était affreux, absolument affreux. Et pas cher.

« On s'empilait à dix dans la voiture de monsieur Lock et dans celle du père d'un autre gars. Un gardien de but, trois défensiers et deux lignes d'avant et c'était assez. On avait aussi un seau, c'était très important. On arrivait toujours une demi-heure avant la partie, on patinait, on se mettait en forme et on rencontrait l'autre équipe. Ils avaient de bonnes patinoires dans ces villes-là, des patinoires extérieures avec une bonne cabane, mais certaines villes avaient un aréna.

« Avant la mise au jeu, on buvait chacun environ un tiers de notre bouteille, à peu près quatre onces puis on les mettait dans le seau qu'on remplissait de neige. On buvait glacé dans ce temps-là.

« Puis on embarquait sur la glace et on était pas mal bons. À la fin de la première période, c'était peut-être 4 à 1 pour nous. On se dirigeait immédiatement vers la voiture où on avait laissé le seau et on prenait une autre rasade de quatre onces, le gardien aussi, c'était comme du feu dans le ventre et on jouait comme des fous, durant la deuxième période. On jouait plus aussi bien. Et ça paraissait, mais à la fin de la période, ça pouvait être 6 à 5 pour nous.

« Les gens commençaient à se demander ce qu'il se passait. On faisait plein d'erreurs, des mauvaises passes, beaucoup de gaffes. Puis une dernière rasade et adieu, bouteille, on s'amusait comme des petits fous durant toute la dernière période. On était ronds, on faisait de plus en plus d'erreurs, on faisait les clowns, tout semblait drôle et la partie se terminait 9 à 7 ou quelque chose comme ça. Pour les autres, pas pour les fameux Rebelles de Winnipeg.

« Tout le monde était content, puis on allait s'habiller pour la danse où on s'empiffrait de hot dogs, de chocolat, de tarte et de gâteau, puis on se mettait à danser et on avait un plaisir fou. Tout le monde était content pour les gagnants et personne savait qu'on était ronds. Après la partie, y avait toujours quelqu'un qui s'amenait avec une bouteille. Des fois, un de nous parvenait à entraîner une des filles du village dans une voiture pour se faire des mamours. Tout se terminait vers minuit, on s'empilait de nouveau dans les voitures et on rentrait à la maison. On avait beaucoup de plaisir.»

Tout le monde jouait au hockey

«La grosse affaire, dans le temps, c'était le hockey. Les Maple Leafs de Toronto et Foster Hewitt, le samedi soir. Maudit, il était plus populaire que le premier ministre. C'était le tremplin vers la gloire pour un jeune, le moyen de se faire une renommée et une petite fortune, d'arriver à jouer pour Toronto, Montréal, Détroit ou Chicago.

«C'était comme pour le nègre avant d'être admis dans les sports organisés. Fallait qu'un nègre soit un champion avant d'être admis dans l'univers du Blanc. Vous vous souvenez de Joe Louis?

«C'était la même chose au hockey et le hockey junior dans le temps, c'était du hockey très rapide, des bonnes parties. Mais tout le monde jouait. J'ai vu des hommes de 40 ans jouer toute une partie dans les ligues intermédiaires et tous les garçons avaient l'ambition de devenir une étoile, dès le premier jour où ils chaussaient leurs patins. On faisait des patinoires dans tous les terrains vacants de coins de rue et c'est là que les étoiles se formaient. Mais c'était pas suffisant. Y avait presque jamais de bandes ou de cabane pour se réchauffer et se changer. Puis, quelqu'un a eu une idée. J'aime croire que c'est mon père et quelques-uns de ses copains, alors qu'ils trinquaient à la Légion, le samedi après-midi. Leur seule journée pour s'amuser. Ha! Cinquante sous, c'était beaucoup pour une cuite à la bière dans le temps. Mais l'idée a peut-être surgi dans une centaine d'endroits en même temps à travers le pays, comme une idée qui arrive à temps, bien mûre.

«Faut voir la situation. C'était partout rempli de terrains vacants dans toutes les villes, durant les années 30, que les municipalités reprenaient pour taxes non payées. C'était pas l'espace qui manquait. Le CP et le CN avaient des centaines de wagons à marchandises qui restaient inutilisés d'une année à l'autre, à travers l'Ouest, pourrissant sur place, et ces wagons étaient forts bien construits avec le meilleur bois, construits pour faire face aux rudes hivers canadiens.

«Et puis, y avait des bornes fontaines partout, et des pompiers qui restaient assis à rien faire. Et finalement, y avait plein d'hommes oisifs, des maîtres menuisiers, des plombiers, des électriciens qui étaient tout disposés à travailler pour rien, pour la bonne cause, évidemment, seulement pour se sentir utiles.

«Alors mettez tout ça ensemble et, oui, voilà ce que ça donne. Les gens du quartier formaient une entité légale appelée Club communautaire ou l'Association sportive communautaire, ou quelque chose comme ça, dûment constitué, avec conseillers, trésorier, minutes, et tout ça. La ville se faisait un plaisir de prêter le terrain à l'Association. Je suis pas certain de l'entente avec les chemins de fer mais je crois qu'ils vendaient un wagon pour une somme nominale, comme $10, par exemple, et l'Association devait s'occuper du transport du wagon jusqu'à la patinoire. Y avait le problème des bandes, mais comme y avait toujours un chantier de démolition quelque part et qu'y avait toujours quelqu'un qui avait un vieux camion et plein de monde pour charger et décharger, tôt ou tard on montait des bandes autour de la patinoire.

« Les pompiers s'amenaient deux ou trois fois, d'abord pour inonder le terrain, puis pour faire une belle glace épaisse. On avait abouté deux wagons, ce qui nous faisait un beau *clubhouse,* le tout chauffé par un poêle à bois fait de deux barils de l'Imperial Oil, soudés ensemble.

« Évidemment, y avait des problèmes, des gros problèmes. Y avait jamais rien qui marchait sur des roulettes avant la troisième année mais, au départ, si une association se mettait au travail en juillet, ça fonctionnait assez bien. Le problème numéro un, c'était l'argent, évidemment. C'est toujours comme ça, non? Mais les femmes organisaient des bazars, des thés ou des tombolas, un commerçant donnait un jambon ou pour la valeur de $5 d'épiceries et les jeunes livreurs de journaux s'employaient à vendre à leurs clients un billet à dix sous ou trois pour vingt-cinq sous. Y avait toujours à peu près 40 000 tirages à Winnipeg, de toutes les sortes. C'était la ville des tirages, et j'ai jamais connu quelqu'un qui a gagné quoi que ce soit. Peut-être que c'était tout de la fraude. Mais les clubs ont survécu et ont grandi et y avait de vraies ligues qui jouaient tous les jours de 4h 30 à 10 heures le soir, et du patinage le samedi et le dimanche, et les plus âgés jouaient avec une balle et des balais, le samedi soir, après quoi, c'était la danse.

« Ces clubs, c'étaient les débuts, les premières versions de la Crise des centres communautaires de trois, quatre millions de dollars qu'on voit dans toutes les villes aujourd'hui et qu'on construit encore, parce qu'ils répondent encore à un besoin réel aujourd'hui, tout comme en 1934. Comme je disais, c'était peut-être une idée dont le temps était venu, mais j'aime croire que ç'a commencé avec mon père et ses copains de la Première Guerre mondiale par un samedi après-midi à la Légion. »

Chapitre 22

L'univers fantaisiste

Dans n'importe quelle interview, que ce soit sur l'île de Vancouver ou sur la côte de la Nouvelle-Écosse, les gens en sont tôt ou tard à me parler de la radio.

«Ça m'a sauvé la vie, m'a dit une femme des Maritimes. Pendant que mon mari bûchait dans le bois, j'étais seule avec mes trois petits à la maison, sur une ferme à des milles de toute civilisation. C'était le monde entier qui me parlait. J'avais jamais assisté à une partie de hockey, mais je crois que j'étais devenue une sorte d'expert à force d'écouter Foster Hewitt décrivant les parties du samedi soir. Et les nouvelles de Radio-Canada. Et la série dramatique Baker's Dozen. *Je m'en souviens encore. Et le* Lux Radio Theatre, Pepper Young's Family, Ma Perkins, *les romans savon.»*

La radio parlait à tout le monde et plus, je crois, que la télévision aujourd'hui, car elle introduisait le monde entier dans les foyers pour la première fois.

Et il y avait le cinéma aussi. Beaucoup de films, tous médiocres, à l'exception de quelques grandes œuvres, et tous moulus dans les moulins de Hollywood où l'on s'employait à répondre à la demande incessante. Les gens voulaient s'évader dans un univers de fantaisie.

Deux univers : la réalité et la fantaisie

«J'ai souvent pensé à ça. Vous rappelez-vous Jack Benny — c'est toujours son nom qui me revient le premier parce qu'il était vraiment bon — et Fred Allen et Fibber McGee et Molly et Singing Sam et Amos et Andy et toutes ces fameuses personnalités de la radio qu'on écoutait comme si notre vie en dépendait? Vous rappelez-vous avoir entendu une de ces personnes mentionner la Crise une seule fois, parler des temps durs, des millions de chômeurs, des jeunes dormant dans les fossés et les granges? Vous rappelez-vous avoir entendu l'un d'eux mentionner ne serait-ce qu'une seule fois toutes les choses terribles qui se passaient autour d'eux? Pensez-y. Ça fait plutôt peur, non? Il y avait deux univers dans ce temps-là, la réalité et la fantaisie.»

Les chaînes de lettres

« La rage des chaînes de lettres revenait une fois par année, semble-t-il. Je me laissais prendre là-dedans autant que les autres. Vous receviez une lettre et il fallait rayer le nom en tête de la liste et envoyer un dollar à cette personne et vous mettiez votre propre nom au bas de la liste et il fallait envoyer six copies de la lettre à des amis. Si vous brisiez la chaîne, vous étiez menacé d'un sort effroyable.

« Une fois, j'ai reçu sept linges à vaisselle, de grandeur et de couleur différentes, comme si c'était essentiel. On entendait toujours parler d'une personne qui avait reçu $480 ou $1 480 ou quelque chose comme ça. Évidemment, c'était la personne dont le nom était à la tête de la liste ou qui avait lancé la chaîne. C'était de la fraude, mais les gens y croyaient. Dieu! qu'ils y croyaient! Si une amie vous envoyait une lettre et que vous la mettiez au panier c'était la fin de cette amitié. Les journaux disaient que si une chaîne se poursuivait huit fois, elle atteindrait tous les habitants du Manitoba. Complètement fou, évidemment. Ça s'est jamais rendu là. Elles étaient toujours interrompues. Y en avait des folles, une entre autres, qui demandait simplement qu'on envoie des bons souhaits aux gens et j'avais répondu à celle-là. Ç'avait du bon sens, vous trouvez pas ? »

Toujours de l'argent pour les courses

« En été, je descendais de Dauphin pour travailler comme vendeur au guichet de deux dollars des champs de course de Whittier Park ou Polo Park. J'ai toujours été surpris par le grand nombre de gageurs. Les mises étaient rien comparées à celles d'aujourd'hui et, d'ailleurs, les chevaux étaient pas de grande race, non plus. Aucun d'eux auraient pu gagner une course à Lethbridge aujourd'hui.

« Y avait des exceptions, évidemment, mais dans l'ensemble, j'ai raison. Mais ça décourageait pas les joueurs. Y avait pas grand-chose à faire et la plupart pariaient deux dollars. Où est-ce qu'ils prenaient l'argent ? Bin, en grattant et en économisant, j'imagine. En général, ils gageaient six ou sept fois à mon guichet, ce qui faisait $14, disons, et s'ils étaient chanceux ils en gagnaient dix et, en étant prudents, ils pouvaient en perdre six.

« Et ils s'amusaient beaucoup parce que la plupart économisaient toute l'année pour se permettre cette journée aux courses et ils s'en tiraient en gagnant ou perdant quelques dollars. Maudit, en pleine Crise, c'était pas si pire. Tout ce qu'ils voulaient, c'était de passer une belle journée ensoleillée avec des amis et d'avoir le plaisir de gager quelques dollars. Personne les critiquait, y avait rien de mal à ça. »

Le golf miniature, une sotte distraction

« Ne me demandez pas la date parce que je pourrais me tromper de quelques années, mais y a eu la toquade pour le golf miniature. C'était vraiment stupide même si ç'avait quelques bons côtés. Ça prenait simplement un lot vacant grand comme ça, et un seul homme pouvait aménager les 18 trous. C'était fait en sable ou en gravier, la pelouse aurait pas tenu le coup. Puis des tuyaux, des tuiles et des boîtes de conserves, c'était à peu près tout ce que ça prenait. On frappait la balle qui roulait jusque dans un trou d'où elle traversait un tuyau, frappait une flèche de bois et tombait dans une boîte. C'était ridicule.

« Mais c'était une affaire de rien pour un homme et sa femme d'aménager un terrain comme ça. Il suffisait d'acheter une douzaine de vieux bâtons et des vieilles balles pour quelques dollars et le tour était joué. Oui, le golf miniature.

« Mon père et son frère en avaient un à Toronto et ils ont fait une fortune en une saison. Le samedi et le dimanche, ça dérougissait pas de dix heures du matin jusqu'à minuit. Le soir, ils allumaient les lumières d'arbre de Noël, des rouges, des bleues, des jaunes et les gens continuaient à jouer. Y avait rien à faire, voyez-vous, et ça coûtait dix sous la partie, alors un couple pouvait passer un bon moment avec vingt sous.

« Ensuite, ils pouvaient aller baiser sur le bord de la rivière s'ils voulaient mais, au moins, le gars pouvait se dire qu'il avait sorti sa blonde.

« Quand il rentrait à la maison le samedi soir après minuit, mon bonhomme avait les poches remplies de dollars, de vingt-cinq sous et de dix sous. Soixante, soixante-dix dollars dans une journée, c'était rien. Mais ça pouvait pas durer. L'année suivante, y en avait partout, alors mon bonhomme et son frère ont eu la bonne idée de vendre leur affaire pour $500.

« Et cette année-là, ils ont tous fait faillite parce que les gens avaient changé de manie, c'était maintenant les courses de bicyclettes, le bridge, ou quelqu'autre toquade. Les chaînes de lettres. Des espoirs et des rêves. »

Une journée mémorable

« Y avait déjà des affiches le long des routes annonçant la tenue de la grande foire à Outlook, le 1er juillet, et, comme les enfants avaient déjà commencé à m'embêter avec ça, j'avais commencé à mettre des sous et des cinq sous de côté. Deux jours avant la foire, j'avais un peu plus qu'un dollar, mais le bébé est tombé malade et on l'a amené chez le médecin, à Outlook, qui nous a donné une prescription et le pharmacien a dû voir à travers ma poche, parce qu'il dit que le médicament se montait à un dollar.

« Le jour de la foire, ça devait être en '36 parce que l'année suivante on n'était plus là, le jour de la foire, les enfants étaient debout à l'aube, on a marché trois milles jusqu'au terrain de la foire, les enfants en salopettes et pieds nus, mais c'était pas grave parce que dans ce temps-là, y avait beaucoup d'enfants de cultivateurs qui marchaient pieds nus. C'était une belle foire, du popcorn, des pommes sucrées, toutes sortes de manèges, un carrousel, et les enfants arrêtaient pas de me demander: 'Papa, je veux aller sur celui là, papa, je veux manger ça' et je m'étais dit qu'on ferait le tour de la foire une fois puis que je leur dirais que l'argent de ce grand jour avait servi à sauver la vie du bébé. Les enfants étaient assez grands pour comprendre.

« Eh bien, m'sieur, on était pas à cent pieds de la sortie, et j'avais le cœur bien gros, quand, tout à coup, j'ai aperçu sur le sol, au pied d'un kiosque à hot dogs, une chose bleue et j'ai su tout de suite en la voyant, c'était un billet de cinq dollars, m'sieur. Le vent l'avait poussé là et personne l'avait vu.

« Je sais que ce gain de cinq dollars représentait une perte pour quelqu'un mais j'ai pas pensé à ça. Alors j'ai dit aux enfants: 'Maintenant qu'on a fait le tour une fois, qu'est-ce que vous voulez faire maintenant?' Partis pour la gloire, m'sieur. Les manèges, les hot dogs, les jeux, toute l'affaire, et moi je sirotais une petite flasque de boisson de contrebande que j'avais achetée derrière une tente. Les enfants ont pas réussi à dépenser plus que deux dollars. Cinq sous pour ci, cinq sous pour ça, ça monte pas vite.

« Puis on est rentré à la maison vers l'heure du souper et ma femme savait que j'étais complètement fauché et elle avait dit qu'il fallait que j'amène les enfants de toute façon et que peut-être on rencontrerait quelqu'un qui me prêterait un dollar. Elle avait l'air un peu drôle et je lui ai donné les deux dollars en lui disant que je lui expliquerais plus tard mais que je voulais pas qu'elle les dépense pour le bébé ou pour Suzanne ou Edgar ou Robert, ou pour moi ou la maison, mais que je voulais qu'elle les dépense pour elle. Pour une toilette, je lui ai dit, et j'ai dit que Dieu m'avait donné cet argent et ça c'était la vérité. »

L'arrivée de la radio

« Je pense que c'était en 1935 que mon père a acheté sa première radio, une RCA Victor. On lisait dans *Mechanics Illustrated* que les Anglais étaient en train de mettre au point la télévision dans ce temps-là, mais seulement la radio, c'était déjà beaucoup pour nous.

« Bien sûr, dans les villes, y avait beaucoup de radios. Dans notre région, on captait Ottawa faiblement et, si je me souviens bien, y avait un gros poste à Cleveland. Et quand il vous arrivait de capter New York par un beau soir d'hiver, vous descendiez au magasin général le lendemain matin pour l'annoncer à tout le monde.

«Je me souviens qu'un vieux bonhomme, on pensait qu'il avait perdu la tête, s'était acheté une de Forest Crossley. Trois cents dollars. Où est-ce qu'il avait trouvé l'argent, je pense que lui et Dieu seuls le savent, mais il l'avait installée dans son petit salon. Quand il la faisait jouer à plein volume, les fenêtres en tremblaient et les bibelots de porcelaine se mettaient à danser sur les tablettes. Tout vibrait. Il s'appelait Vance et les gens partaient de Pembrooke pour venir entendre ce gros monstre d'acajou. Y avait aussi les ondes courtes et ça, c'était quelque chose. Les bateaux en mer. Un navire approchant le détroit de Belle Isle et demandant sa position, ça c'était vraiment quelque chose.

«Tous les autres avaient une RCA Victor ou une Stromberg Carlsons et les enfants avaient des appareils de cristal. Ça valait pas grand-chose mais si le poste diffuseur était situé dans le champ à côté, on parvenait à capter quelques mots. Mais la radio avait quelque chose de bien dans le temps. D'abord, y avait moins de commerciaux et, ensuite, les commerciaux avaient plus de bon sens. Ils disaient: 'Nous avons expérimenté avec ce savon et c'est le meilleur que nous puissions faire, alors pourquoi ne pas l'essayer? Nous croyons que vous serez d'accord avec nous.' Alors, on l'essayait et, si on l'aimait, on continuait à l'acheter. C'était la même chose avec le jello, le dentifrice ou l'huile à moteur. On entendait pas de foutaise comme cette petite fille, une vraie petite peste, qui déclare à son père que ses cavités ont diminué de 22.3 pour cent. Y avait pas de ça.

«La radio rapprochait les gens et les familles. Y avait de la bonne musique. Jack Benny, Fibber McGee et Molly étaient drôles, mais le plus drôle était Fred Allen. Voilà un homme naturellement drôle. Tout le monde, dans n'importe quel village, pouvait dire: 'Y a un type dans le village qui a un sens de l'humour comme ça.' Un que j'ai jamais aimé une miette, c'est Bob Hope. J'ai toujours trouvé qu'il essayait trop fort.

«Personne avait l'électricité, voyez-vous, seulement de vieux moulins à vent, et une de Forest Crossley, comme celle de Vance, consommait tout le jus pour une raison ou pour une autre, alors il valait mieux avoir un petit appareil. Mais on était dans les années 30, oubliez pas, et ils avaient commencé à diffuser les grands tournois de boxe, alors si vous vouliez entendre le combat de Joe Louis, vous vous rendiez chez Vance. Je pense que c'était vraiment le seul avantage.

«Je vous ai déjà parlé du prédicateur de Flin Flon? Son service était à huit heures et, corrigez-moi si je me trompe, c'était l'heure à laquelle Fred Allen passait, ce qui fait qu'il avait pas beaucoup de fidèles, alors il avait avancé l'heure de son service d'un quart d'heure pour permettre à ses ouailles de rentrer à temps pour écouter Fred Allen. Ça dérangeait personne. En fait, ça prouvait tout simplement que le prédicateur était un bon homme d'affaires.

«Pendant bien des années, la radio a battu son plein mais elle n'a pas pu faire concurrence à la télévision. Ou peut-être qu'il faut dire plutôt que les parents ont pas pu faire face à la concurrence de leurs enfants qui voulaient la télévision. »

La petite réserve

« Je faisais $6 par mois, nourri, logé, de mai à septembre, avec le carnaval de Paddy Cronklin, en Ontario, et avec ce qu'on parvenait à voter on se faisait un salaire convenable. J'étais arrivé à Vancouver, après avoir passé quatre ans comme matelot, j'étais grand et fort, et j'avais décroché ce travail avec une unité en Colombie britannique et j'ai travaillé avec eux pendant toute la Crise. Je faisais tout ce qu'ils voulaient, sur les manèges, à la cuisine, partout.

« Je me suis toujours demandé d'où venait l'argent. Chaque fois qu'on s'installait quelque part, les policiers venaient aussitôt faire leur petit tour d'inspection et ils disaient toujours au patron qu'y avait pas dix sous dans la région et que si y en avait, c'était le Chinois du petit magasin du coin qui les aurait avant la fin du jour. Mais dès qu'on mettait de la musique et que les filles sortaient et que l'odeur des hot dogs du petit Juif commençait à se répandre, eh bin, Bon Dieu, ils arrivaient et Bon Dieu! ils avaient de l'argent. Un dollar, deux dollars.

« D'où ça venait, je le sais pas, mais au bout de deux jours ou cinq jours, on repartait et ç'avait valu la peine. Et ça, c'était dans les années 30. Les gars qui travaillaient sur les jeux de hasard avaient raconté qu'un type avait perdu $20 et un autre $35 et pourtant c'était dans un village où les gens étaient sensés se jeter sur vous si vous échappiez vingt-cinq sous. C'est toujours la même chose, la petite réserve cachée quelque part pour s'amuser un peu. Les gens du carnaval ont eu la vie dure, eux aussi, mais pas autant. Vous pigez? »

Le jour des enfants au cinéma

« Vous voulez l'histoire de la Crise? Eh bien, allez voir les films de l'époque, ils en disent long. L'âge d'or du cinéma. Personne avait d'argent, mais si vous étiez né dans une caverne y a cinq mille ans et que votre bonhomme peignait des ânes et des vaches sur les murs, comment auriez-vous pu savoir que plus tard y aurait du monde comme Rembrandt? Pour nous, c'était pareil.

« Le vendredi soir, c'était pour les jeunes de 15 ans et plus, les amoureux. Le samedi soir, pour les parents et les adolescents. Les lundi, mardi et mercredi soirs, c'était pour les mères qui allaient se chercher leur morceau de vaisselle ou de coutellerie qu'on leur distribuait avec leur billet. Une semaine, c'était une soucoupe, une autre semaine, c'était la tasse et il fallait assister à trois films pour avoir droit à une grande assiette, dont la fabrication coûtait probablement un sou dans une usine du Japon dont le propriétaire payait ses travailleurs 16 sous par jour.

« Le jeudi soir, c'était pour tout le monde, parce qu'en général, c'était la soirée des amateurs, où tous les cinglés du village venaient faire leur petit numéro. La danse à claquettes était très populaire à cause de Shirley Temple. De l'accordéon. Tous les enfants du village en jouaient, et mal. Le premier prix, en général, c'était deux dollars, le deuxième prix, un dollar.

« Des fois, le gérant tirait un numéro chanceux d'un chapeau, d'après un billet vendu la semaine précédente et il fallait être présent ce soir-là pour y avoir droit, alors il n'avait rien à perdre, et il pouvait même tirer un numéro qui n'existait pas et s'en sortir.

« Mais je veux parler du samedi après-midi. Ça, c'était les tranchées, le *no man's land,* la guerre entre le Nord et le Sud, les cowboys et les Indiens, nous et les autres. Le film commençait à une heure, on ouvrait les portes à midi et trente, au cinéma Tivoli, et y avait déjà une queue. Pourquoi, je le sais pas, parce qu'on pouvait encore se trouver une place en arrivant cinq minutes avant le film. Puis on fermait les lumières, le gros lion de la MGM faisait son *ouarrouff* et c'est la seule compagnie de film dont je me souvienne. Et là, la guerre commençait.

« Tous les garçons apportaient leur fusil à pétards qu'ils cachaient dans leur poche pour pas que monsieur Beasley ou une de ses deux placières le leur enlèvent. Des films de cowboys — Tom Mix, Hoot Gibson, Ken Maynard, Hopalong Cassidy — et on tirait avec le héro. Quand il était coincé derrière une roche sous le tir de quatre bandits et qu'il lui restait plus que 20 coups dans son revolver à six balles, et qu'une balle venait de lui enlever son chapeau, alors là, tous les petits gars dans le Tivoli étaient debout et tiraient comme des fous sur les bandits, et les filles criaient. Ça pouvait durer cinq minutes et la salle se remplissait d'une fumée bleue et on voyait quasiment plus l'écran. Mon Dieu que c'était fantastique ! Y avait là de quoi occuper un psychologue !

« Les cowboys et les méchants. Les cowboys et les Indiens. Les films de sport ou de romance nous attiraient pas du tout. Un film de Shirley Temple nous retenait, ou un bon film d'aventures comme « La famille Robinson », mais n'importe quel film d'embrassades ou, en fait, n'importe quel film qui aurait mis nos petites cervelles de maringouin à l'épreuve, étaient hors de question. Le samedi après-midi, il fallait que ça tire.

« Alors monsieur Beasley descendait l'allée et tous les enfants se mettaient à scander 'V'là Monsieur Beasley', et il montait sur l'estrade, allumait une lumière, le film s'arrêtait, et il faisait son petit discours : 'Si vous ne vous conduisiez pas bien, si vous n'arrêtez pas de jouer avec vos fusils à pétards, je vais tous vous renvoyer chez vous. Alors conduisez-vous bien.' Il avait fait son devoir, le film recommençait, il descendait l'allée, fier de lui, et le tir reprenait aussitôt de plus belle.

« Faut dire qu'on cassait rien. On déchirait jamais les fauteuils, on sculptait jamais nos initiales et on mettait jamais le feu au tapis. On était des enfants. Les filles faisaient notre auditoire et plus nos gestes étaient osés plus elles criaient. Le grand exploit, c'était de descendre l'allée sans se faire voir, de sauter sur l'estrade, de la traverser à la course en faisant toutes sortes de mouvements avec ses bras et ses jambes, descendre de l'autre côté et retourner à son fauteuil sans se faire prendre. Ça, c'était être homme !

« Il pouvait y avoir deux cents enfants là-dedans. Deux cents fois dix sous, ça fait $20. Feriez-vous aujourd'hui pour vingt dollars ce que faisait monsieur Beasley ? Ouvrir le cinéma, montrer un film, quelques courts métrages aussi, distribuer ces maudits suçons, payer un projectionniste, un vendeur de billets et deux placières qui agissaient comme des flics et puis voir votre salle se remplir de fumée de pétards ? Eh bien, lui, il le faisait, parce qu'y avait de la compétition. Oh Seigneur ! qu'y avait de la compétition. Tous les gérants de cinéma en ville, et il devait y en avoir une cinquantaine, en faisaient autant pour s'assurer les dix sous des enfants. Et ils se débrouillaient malgré tout, et ils ont habitué les enfants au cinéma, une industrie qui a fait fortune durant la guerre et les années 40, jusqu'à l'avènement de la télévision. »

Le bon vieux Joe Louis

« La radio était la grande affaire et la boxe, c'était la radio. Parfois, c'était le seul divertissement qu'y avait. Dans le temps, l'étoile, c'était Joe Louis. Il doit y avoir des millions de types aujourd'hui qui se souviennent de Joe Louis mieux que n'importe quel autre boxeur moderne, à l'exception d'Ali, parce que lui, il est vraiment spécial.

« On a jamais eu la chance de le voir en personne. Ça se passait à New York, au Madison Square Garden, et avec tout le tralala. Les pages sportives étaient pleines d'histoires sur Joe Louis. Il se battait contre tout le monde et gagnait tout le temps et j'entends encore l'annonceur. J'ai oublié son nom, je devrais m'en souvenir. On sait maintenant que Joe Louis donnait pas tellement de coups de poing mais l'annonceur en donnait beaucoup pour lui, pour rendre le combat plus excitant et vendre plus de lames de rasoir Gillette. On a peine à croire que ces combats de championnat mondial leur rapportaient seulement quelques milliers de dollars.

« Tout le monde savait, sans la moindre espèce de preuve, que tout l'univers de la boxe était croche. Pas Joe Louis, mais tous les autres, les gérants, les entraîneurs, même l'arbitre et, oui, pourquoi pas, mêmes les médecins de l'arène.

« Mais Joe était accepté dans les clubs de Blancs, les clubs privés où même un Noir, gagnant du Prix Nobel, ou le scientifique juif le plus brillant du monde pouvaient pas entrer, et pourtant Joe était seulement un jeune un peu bébête sorti des taudis de Détroit.

«Joe Barrow était son vrai nom. Louis était pas un penseur, vous savez. Il avait été bien entraîné et il savait comment assommer mais le vieux Tommy Farr l'avait drôlement surpris. À mon avis, cet Anglais savait pas frapper mais il a duré quinze rondes contre Joe Louis sans tomber, même si sa figure n'a plus jamais été la même.

«Tout le monde était fou de la boxe. Plus que du baseball, et le football, c'était rien. En fait, durant les parties de football, ils ouvraient les barrières toutes grandes à la mi-temps et vous pouviez rentrer pour rien.

«Je me souviens qu'on était à peu près quarante dans le salon de la grande maison qu'on avait à Toronto, et les enfants mimaient le combat — on devait être une vingtaine — sautillant partout et donnant les coups de poing que décrivait l'annonceur.

«Farr restait debout, il gagnait pas, mais il tenait bon et se battait. Y avait un arrêt de tramway juste devant notre porte et, à la fin de chaque ronde, je sortais en courant et, s'y avait un tramway, je l'arrêtais et je criais: 'Farr tient bon après six rondes' ou 'Farr se bat encore après neuf rondes' et tous les passagers acclamaient. Il était britannique, voyez-vous, et Toronto était une ville anglaise, à l'époque. Y avait pas de ces Italiens et toutes des autres tribus. Alors, c'est à peu près tout. Louis a gagné, comme on s'y attendait, mais Tommy le Gallois avait livré un bon combat. En fait, ils en avaient presque fait un héros national à la maison.»

Les pilotes d'avion étaient des vedettes

«L'avion, c'était encore une nouvelle affaire, à l'époque, et le samedi après-midi et le dimanche, toute la journée, y avait des foules le long des clôtures qui assistaient aux prouesses des aviateurs. C'était un vrai cirque, avec tous ces pilotes qui se donnaient des airs, tout souriants, et qui faisaient faire des tours aux belles filles. Quand je pense à toutes les femmes que ces gars-là devaient avoir, ça rend songeur.

«Trois, quatre mille personnes par un beau dimanche après-midi, c'était rien. C'était tout ce qu'il y avait à voir, des avions qui décollaient et atterrissaient et un pilote qui faisait son petit numéro, à l'occasion. Rien de difficile. Comme on était naïfs.

«Par contre, je me souviens qu'une fois ils nous avaient vraiment donné un bon spectacle, avec la chute du double parachute. Ça semble extraordinaire mais ce l'était pas. Le type a deux parachutes et il sort sur l'aile de l'avion, quand ils sont à sept ou huit mille pieds, et il saute et ouvre son premier parachute. Parfait, il s'ouvre. Il se laisse descendre pendant une couple de cents pieds, tire une corde et se libère de son parachute, tombe en chute libre sur une distance de mille ou deux mille pieds, puis il tire une autre corde et ouvre son deuxième parachute et atterrit normalement.

«Mais ça, c'était la grande affaire et, ce dimanche-là, paraît que 15 000 personnes sont venues le voir, ce qui voulait dire environ dix pour cent de la population de Winnipeg. C'est quand même beaucoup.

«Faut se rendre compte combien le public était intéressé à l'aviation, dans ce temps-là. Chaque jour, les journaux annonçaient de nouveaux records de vol, partout dans le monde, chacun essayant de battre les vieux records ou d'en établir de nouveaux sur des distances jamais parcourues avant. Celui qui établissait un nouveau record, simplement parce qu'il était le premier à l'essayer, entre Westakawin, en Alberta, et Swan Lake, au Manitoba, par exemple, était sûr d'avoir son nom dans le journal. C'était un peu cinglé. Et les grands vols, au-dessus des océans, jusqu'en Australie et par-dessus les jungles, Christ! c'était comme le deuxième avènement du Christ. Mais en plus grand.

«Les pilotes étaient des héros et, même si le pilote de brousse était plus souvent qu'autrement tout sale, couvert de graisse et puait l'essence, cela n'enlevait rien à son charme. J'en connaissais quelques-uns quand j'étais enfant, et ils avaient tous un certain style. Mais dans ce temps-là, n'importe qui dans un Norseman, un Stinson ou un de Havilland aurait eu du style.

«En tout cas, vous aviez cinq mille personnes tous les dimanches après-midi qui venaient voir quelques jeunes garçons de ferme en casque de cuir monter ces vieilles carcasses et les redescendre. Y en a qui payaient cinq dollars pour survoler le champ deux fois comme passager, des gens qui n'avaient peut-être pas d'argent pour de la nourriture, des médicaments ou des chaussures pour leurs enfants mais qui pouvaient se permettre de payer cinq dollars pour leur premier tour d'avion de cinq minutes.

«C'était amusant, c'était nouveau, l'aviation, c'était un nouvel horizon dans un monde qui était devenu plutôt plat, alors ça valait le coup. Moi, j'étais un enfant de 12 ans et j'ai marché huit milles jusqu'à l'aéroport pour voir la chute du double parachute. Les enfants aujourd'hui riraient de moi et me diraient qu'ils ont vu un type marcher sur la lune.»

Chapitre 23

Les enfants

Je crois que ce sont les enfants qui ont le moins souffert de la Dépression.

Souvenez-vous qu'un enfant âgé de 10 ans, en 1936, n'a que 52 ans aujourd'hui. Combien de personnes de cet âge-là portent maintenant les cicatrices de la Dépression, la peur de dépendre du Secours direct, la peur que des amis arrivent le soir sans s'annoncer pour un brin de causette et de n'avoir rien à leur offrir à manger en fin de soirée? La peur du créancier, de l'agent d'assurance, ou la peur de se raser quand on n'a plus que la peau et les os?

En hiver, il suffisait d'inonder un terrain vacant ou de pelleter la neige sur un étang, de se trouver des vieux patins, de rafistoler un bâton et une vingtaine de garçons pouvaient jouer au hockey toute la journée avec un bout de glace comme rondelle. L'été, un pantalon, une chemisette, et des chaussures de toile, le tout pour $2, duraient toutes les vacances.

Pour les filles, c'était la même chose. Un ensemble de vaiselle à poupées à 50 sous leur durait toute la vie. Une fournée de biscuits à la farine d'avoine coûtait trois fois rien et ça faisait de bons petits goûters.

Toutes les familles se débrouillaient de leur mieux et les conditions de vie pouvaient être misérables, mais les enfants ne s'en rendaient pas vraiment compte puisque tous leurs copains vivaient de la même façon. Les pères n'étaient pas sans emploi, ils ne travaillaient pas, tout simplement.

La plupart des enfants de cette époque ne savaient même pas qu'ils vivaient en pleine Dépression, parce qu'ils n'avaient pas d'autre point de comparaison.

L'histoire d'un jeune Cri

« Papa avait été cultivateur près de Shauvanon mais la sécheresse l'avait chassé et on avait déménagé dans le nord. C'est là qu'on a perdu maman. L'hiver 1936. Elle avait une très mauvaise toux et on l'avait transportée à l'hôpital dans la charrette remplie de foin, emmitouflée sous toutes les couvertures qu'on avait. Mais le trajet de 12 milles l'avait tuée. Quand papa l'avait prise dans ses bras pour la rentrer à l'hôpital, elle avait la bouche et les yeux ouverts et j'ai dit: 'C'est trop tard, papa.' Elle faisait une pneumonie, il faisait trente en dessous et on avait mis cinq heures pour parcourir les 12 milles sur ces pistes qu'ils appelaient des routes, dans le nord de la Saskatchewan. On l'a enterrée en ville, puis on est rentré chez nous annoncer ça aux cinq autres enfants.

«Jusque-là, c'était maman qui nous avait fait l'école, alors papa l'a remplacée. Mais il comprenait pas l'algèbre et, pour ce qui est de la grammaire, il nous disait d'écrire comme on l'entendait. On savait tous lire, alors il nous enseignait l'histoire. L'histoire de l'Ouest canadien, il l'avait vécue. Je me souviens, durant le jour il allait travailler aux champs, et moi je faisais la mère et, le soir, après le souper — du caribou, du navet et une tisane d'orge grillé sans sucre — il nous racontait l'ancien temps. La vie rude des pionniers, la rébellion de Louis Riel, la construction du chemin de fer et il jouait tous les personnages, c'était du grand théâtre. Il changeait sa voix en passant de l'un à l'autre et inventait le dialogue. Et on le suivait, tous les six, bouches bées, et si quelqu'un nous avait vus par la fenêtre, il aurait jamais pu imaginer ce qu'i' se passait.

«Une histoire pouvait durer plus d'une semaine. Il courait et sautait à travers la cabane en criant. Il était l'Indien, le soldat, le pionnier, le cowboy, il jouait tous les rôles. C'était fou!

«La meilleure histoire, c'était celle de Voix Toute-Puissante. C'était un Cri, autour de Batoche, en 1895, qui avait tué un gars de la Police montée et il avait fallu la moitié d'une armée pour le descendre. Papa avait mis cinq jours à nous raconter cette histoire-là et, évidemment, toute notre sympathie allait à Voix Toute-Puissante. Il était jeune et se battait contre l'injustice. Oui, il avait tué plusieurs hommes mais à cause de la stupidité de l'homme blanc. Je sais pas où il avait appris ça, ou s'il l'avait tout simplement inventé, mais il nous avait chanté le Chant de la Mort du Cri, celui que Veau Moucheté avait chanté pour son fils et on s'était couché en pleurant ce soir-là.

«C'est comme ça que l'histoire devrait être enseignée, par ceux qui connaissent et aiment leur pays. Pas à travers les phrases toutes sèches d'un manuel écrit par un vieux. On a peut-être souvent eu faim, mais je me souviens de ces années-là comme de très bonnes années. Grâce à papa.»

La mode des poches de farine

«On prenait une poche à farine vide du moulin Maple Leaf, de Moose Jaw, on la lavait comme il faut au décolorant pour faire disparaître le lettrage, on faisait deux trous pour les bras et un autre pour la tête, une petite pointe ici et là, un ourlet et on avait une robe pour une fille de neuf ans.

«C'est ce que je portais pour aller à l'école et mes cousines aussi. Personne riait. Puis, je me souviens qu'une autre compagnie, un moulin de Mennonites, avait sorti des poches en tissu imprimé de fleurs colorées avec le nom du moulin imprimé en petites lettres faciles à décolorées et ça vous faisait une robe de reine pour les grandes occasions. Ma mère en faisait aussi.

« J'ai raconté ça à mes enfants et ils voulaient pas me croire. »

L'enfant avait volé une banque

« Quand j'avais neuf ans, on vivait à Winnipeg, et j'avais trouvé le chien d'un homme riche dans le bois. Je l'avais ramené à la maison, je l'avais nourri et lavé et mon père avait vu l'annonce dans le journal et on l'avait rapporté, lui et moi, et l'homme m'avait donné un billet de cinq dollars, comme récompense. C'était quelque chose, croyez-moi. Mon père l'avait fait changé et m'en avait donné deux, pour moi. Le lendemain, j'avais acheté pour vingt-cinq sous de bonbons au magasin, tout un gros sac, et le propriétaire, un monsieur Wheeler, avait fait entré un policier qui passait. Mon nom ? Où est-ce que j'habitais ? Que faisait mon père ? Où avais-je pris ces deux dollars ? Pourquoi ? Pourquoi ? Pourquoi ? J'en étais cramoisi. Le bâtard à Wheeler, c'était pas de ses maudites affaires, avait finalement téléphoné à mon père au travail et il était revenu en disant que c'était correct. Dans ce temps-là, voyez-vous, personne avait d'argent et un enfant de neuf ans avec un billet de deux dollars, eh bien, c'était évident qu'il venait de voler la Banque de Montréal, non ? »

Les poubelles, une mine d'or

« Que Dieu bénisse la maison Libby, McNeill et Libby. Je sais pas si elle existe encore mais, dans le temps, grâce à elle, elle faisait que la vie valait la peine d'être vécue, pour un enfant.

« Voici comment ça marchait. On avait rien, absolument rien. Assez à manger, le Secours direct nous donnait des vêtements pour aller à l'école, mais c'était à peu près tout. J'avais environ dix ans quand j'ai appris pour la première fois tout ce qu'on pouvait avoir en collectionnant les étiquettes qui entouraient les boîtes de conserves Libby, McNeill et Libby. Je le croyais pas, mais quelqu'un m'avait fait voir un catalogue et tout était là, équipement de camping, tentes, couteaux, des chemises et pantalons de scout, des bas, des chaussures, des bicyclettes, un vaste choix. Il suffisait d'envoyer le nombre requis d'étiquettes. Ils en voulaient beaucoup, mais ça me dérangeait pas.

« On achetait pas de conserves à la maison, parce que le Secours direct permettait pas ça. Des patates, des fèves et du sirop, c'est tout ce que le Secours direct permettait. Mais on vivait pas loin d'un quartier chic, le plus beau de Victoria, Oak Bay, et un jour après l'école, j'ai essayé.

«J'ai fouillé dans toutes les poubelles d'une ruelle et y avait là une vraie mine d'or en boîtes de conserve Libby. En une heure, j'en avais trouvé une vingtaine. Même à cet âge-là, j'avais un certain sens des affaires, parce que j'ai vu tout de suite tout le potentiel de la situation si c'était bien fait, que deux gars pouvaient couvrir beaucoup plus de terrain qu'un seul, alors j'ai mis Cliffie Newton dans le coup. À la maison Libby, ils ont dû se dire qu'on achetait dans le gros seulement pour avoir les étiquettes.

«On travaillait à deux, je passais le premier à travers les poubelles et lançait toutes les boîtes dans la ruelle et Cliffie passait par derrière, déchirait les étiquettes avec un clou fixé au bout d'un bâton et remettait les boîtes dans les poubelles. On travaillait proprement. La police était venue rôder autour une couple de fois parce que quelqu'un nous avait vus dans la ruelle, mais en voyant qu'on faisait pas de saleté, ils ont dû se dire que même les enfants avaient le droit de gagner leur vie.

«On partageait tout en deux et on a reçu des tas de choses. On en gardait pour nous et le reste on le vendait ou on le troquait parce que le troc était très populaire à l'époque. En un sens, on était des capitalistes. J'ai encore un havresac et des assiettes en aluminium qu'on utilise encore, mon fils et moi, quand on va à la pêche. C'est vous dire la qualité de ces produits. Après 35 ans !

«Ça vous donnait une idée des revenus de ces familles-là, parce que peu importe la grosseur des maisons dans ce quartier-là, ça voulait pas nécessairement dire qu'ils avaient de l'argent. C'était en grande partie des étiquettes de fèves au lard et de spaghetti et laissez-moi vous dire qu'y avait pas beaucoup d'asperges et de choses comme ça. Les enfants étaient pleins de ressource dans le temps.»

Un lunch bien bizarre

«Tous les jours, hiver comme été, on marchait quatre milles pour aller à l'école et je portais notre lunch dans un sac. C'était un gros pain de seigle que maman faisait et dans lequel elle faisait un trou sur la longueur qu'elle remplissait de fèves cuites avec de la mélasse et du poivre rouge. Mon Dieu, imaginez le mélange.

«Le midi, ma sœur, mon frère et moi, on mangeait ça comme une grosse banane ou un cornet de crème glacée, de haut en bas, et ça nous prenait à peu près une demi-heure. Ça devait pas lui coûter plus de dix sous dans le plus.

«Avec quelques verres d'eau, ça gonflait nos petits ventres jusqu'au souper. Quelle femme !»

Shirley Temple le sait-elle?

«Shirley Temple. Voilà ce dont je me souviens des années 30. Les poupées Shirley Temple. Une année, elles avaient fait fureur. Tout le monde parlait de Shirley Temple, de ses films, les journaux et les revues arrêtaient pas d'en parler. Shirley Temple, Shirley Temple, Shirley Temple.

«Dans le temps de Noël, toute une section du rayon des jouets chez Eaton. On commençait à 8h 30 et on faisait des jour-Il devait y en avoir des centaines et pas bon marché. De neuf à seize dollars, je dirais, et seize dollars c'était souvent beaucoup plus que ce qu'une famille recevait par mois du Secours direct. Vous pouviez louer un chalet à Grand Beach pour deux semaines avec ça.

«Cette année-là, je travaillais justement dans le rayon des jouets chez Eaton. On commençait à 8h.30 et on faisait des journées de quatorze heures, debout tout le temps, sauf pendant la demi-heure du dîner ou à la toilette. Sept dollars par semaine. Ils nous donnaient vraiment rien pour rien. Les filles étaient toujours contentes de quitter cet emploi. Y en avait qui mariaient des types qu'elles n'aimaient même pas, seulement pour pouvoir lâcher Eaton.

«Ah oui, les poupées. Je regardais les figures des petites filles, de cinq à onze ans. Y en avait qui arrivaient dès l'ouverture, le matin, et elles passaient des heures à les admirer. Des petites figures sous-alimentées. Y en avait qui avaient mille fois plus besoin d'une pinte de lait par jour que d'une poupée Shirley Temple. On essayait de les renvoyer mais y avait rien à faire, elles revenaient aussitôt. Et c'était comme ça, jour après jour après jour, on pensait qu'on allait devenir folles. Y a une fille qui en avait fait une crise de larmes. Toutes ces centaines de petites filles pauvres qui jamais n'auraient leur poupée Shirley Temple.

«Et y avait pas seulement les petites filles mais leurs mères aussi. Fallait voir leurs regards désespérés quand elles essayaient d'entraîner leur enfant plus loin, sachant qu'elles n'avaient qu'un ou deux dollars pour les cadeaux de toute la famille. Une fois, j'avais été prise par l'envie folle de distribuer les poupées à la ronde, tiens, ça, c'est pour toi, et voici pour toi et puis, tiens, en voilà une grosse pour toi, ma chérie. Je me disais que je le ferais jusqu'à ce qu'on m'arrête et que je plaiderais la folie. Mais je l'ai pas fait, évidemment.

«Ces six semaines-là avec ces maudites poupées ont été les plus dures de ma carrière chez Eaton. Tous ces grands yeux qui vous dévisageaient. Je me demande si Shirley Temple a jamais réalisé toute la misère que ces poupées ont causé dans le temps. Je suppose qu'elle n'y a jamais pensé.»

Malade deux jours par année

«Quand j'étais en 10ème et 11ème années à l'école secondaire, à Winnipeg, j'étais malade deux vendredis par année, le premier, en octobre et, le deuxième, à la fin juin, les deux jours où il y avait la grande danse à l'école.

« Bien sûr, on m'invitait. J'avais toujours deux ou trois invitations quelques semaines à l'avance mais c'était plutôt difficile de dire au garçon qui me plaisait que je serais malade au lit dans deux semaines. Mais j'avais toujours la grippe ce qui voulait dire que j'avais rien à me mettre sur le dos. À l'école, on portait un uniforme noir et j'avais le mien... mais à la danse ?

« Plutôt triste, non ? J'aurais peut-être rencontré mon grand amour à une de ces danses-là. »

Merci, les gars

« Tout enfant de Calgary avait sa pelle, soit celle de la cave ou celle qu'il s'était faite en bois. Le lendemain d'une bonne tempête de neige, Harry Webster pis moi, je vous dis qu'on avait hâte de quitter l'école à quatre heures. On courait en haut de la côte aussi vite que nos jambes pouvaient nous porter, on choisissait une grosse maison, où de toute évidence les gens avaient de l'argent, et on se mettait à l'œuvre. On pelletait l'entrée de devant, puis celle du côté, puis la ruelle et ensuite on sonnait à la porte et on disait : 'Madame, on vient de nettoyer vos entrées.' Généralement, ça voulait dire 25 sous, pas si mal pour une heure de travail pour des ti-culs.

« Mais des fois la dame disait : 'Merci, les gars', puis refermait la porte. C'était pas la peine de se fâcher, on avait couru le risque. Pendant la Dépression, on a appris des choses sur l'être humain qu'on a jamais oubliées. Une autre chose qu'on apprenait aussi, c'était de jamais retourner à cette maison-là. Non, m'sieur. »

Mon ami, le boucher

« On vivait à Windsor, mon père, ma mère et moi et, quand ils ont cessé la production de voitures, mon père a été l'un des premiers mis à pied chez Ford. Y avait pas de travail et pour des raisons que j'oublie maintenant, papa pouvait pas avoir le Secours direct. Il parvenait à travailler une couple de jours par mois ici et là, c'est tout. Je pense que c'était peut-être parce qu'il avait une vieille voiture, payée, et il pouvait pas la vendre parce qu'on vivait en dehors de la ville et alors, pas de voiture, pas de travail. Et au Secours direct, le monde lisait les règlements et disait vous avez une voiture, vous voulez pas la vendre, alors on peut rien faire. Quelque chose comme ça.

« On crevait de faim. Le matin, j'avais seulement du gruau, c'est tout, et j'allais à l'école où les autres enfants, eux, avaient eu du jus d'orange, du gruau, des œufs et du bacon, du pain, de la confiture et du lait. Et ça paraissait. Y a des photos d'école à la maison et j'étais tout maigre et pâle.

« Puis, j'ai eu de la chance. Voici comment. Quand j'étais en cinquième année, un boucher a déménagé à côté de chez nous. C'était en 1935, je crois. Un gros homme jovial. Bon Dieu qu'il aimait la bière. Il en buvait une caisse tous les soirs. Il aimait manger aussi. Il travaillait dans une sorte de supermarché près de chez nous et, comme il tenait à manger un repas chaud, le midi, il s'était arrangé avec moi pour que je lui apporte sa boîte à lunch, durant l'heure du midi, quand je rentrais à la maison. Sa femme lui préparait un repas chaud, de la soupe, de la viande, des légumes, de la tarte. Je lui apporterais ça et je rapportais pour lui la boîte vide de la veille parce qu'il aimait pas être vu portant une boîte à lunch d'ouvrier. Après tout, pour l'amour du Christ, il était boucher. Il avait compris ce qui se passait chez nous, que j'avais pas de lunch pour l'école ce qui fait que la boîte que je rapportais était jamais vide. Y avait toujours des tranches de pâté de foie ou trois ou quatre saucisses et toujours une chopine de lait. Des choses qu'il pouvait prendre au magasin où il travaillait sans se faire prendre. Alors, tous les midis, j'allais à ce magasin, je passais tout droit devant la caissière et, en me dirigeant vers le comptoir du boucher au fond du magasin, je me prenais toujours une grosse poignée d'arachides que je fourrais dans ma poche. Tout le monde savait que c'était nourrissant et, en ressortant, je me chipais un petit pain et une pomme.

« Tout le monde savait que j'avais pris une pomme. En fait, les premiers jours, le gérant m'avait donné une pomme alors, ensuite, j'en prenais une tout simplement. Un cadeau d'un sou. Au printemps et à l'automne, j'allais m'asseoir sur un banc dans un parc pour manger mon lunch, d'abord les saucisses avec le pain, puis les arachides en buvant mon lait, et je terminais avec la pomme que je mangeais en entier, le cœur y compris. Tout le monde faisait ça, dans le temps.

« C'était un bon dîner. Je l'ai jamais dit à personne, croyez-moi. »

Douze milles à vingt sous zéro

« Y a déjà eu un petit hôtel dans ce village-ci. Dans les années 30, ça marchait à plein et, un samedi, je m'étais fait un dollar à battre tous les tapis de l'hôtel. Je les avais tous transportés dehors, je les avais étendus sur la corde pour les battre puis je les avais remontés.

« Et j'avais gardé mon dollar pour Noël. En décembre, je l'avais encore et je suis allé à Red Deer avec le laitier, un samedi matin, pour faire mes achats de Noël.

«J'ai acheté des chaussettes de laine pour papa: 20 sous. Pour ma mère, une bouteille de parfum à dix sous, des épingles à cheveux, 10 sous, et j'ai acheté deux feuilles de musique de chansons populaires pour ma sœur qui jouait du piano, 25 sous. J'ai mangé deux hot dogs et un milk shake qui m'ont coûté 20 sous. Puis j'ai acheté des décorations d'arbre de Noël à 15 sous et j'ai marché jusqu'à la route et j'ai fait du pouce jusqu'au rang qui menait chez nous. De là, j'ai marché douze milles jusqu'à la maison et il faisait 20 sous zéro.

«J'avais trouvé ça tout naturel, d'avoir acheté tout ça pour un dollar et d'avoir marché trois heures à la noirceur. C'est comme ça qu'on vivait dans le temps et tout le monde trouvait ça naturel.»

Un de ces enfants esclaves

«On avait déménagé sur une petite ferme à St-Siméon, à l'est de Québec, pis dans ce temps-là, y avait pas de touristes dans le bout, seulement des habitants. Pis c'était pareil comme en 1800, je veux dire la manière de vivre.

«La ferme était pauvre pis mon père était un pauvre cultivateur. Son père avait été un bon cultivateur, mais si vous sentez pas la bonté de la terre, si vous avez pas ça en vous, c'est pas les pamphlets du gouvernement à Québec qui vont vous aider. Mon père les suivait à la lettre. Peut-être qu'il aurait dû écrire un pamphlet pour dire que ces pamphlets-là valaient rien.

«Il avait 16 enfants, comme les barreaux d'une échelle. Un enfant par année. Mes deux sœurs aînées sont entrées chez les sœurs pis deux de mes frères sont devenus prêtres ça fait que le Saint-Père a eu sa part des Beaubien de St-Siméon.

«On a jamais eu beaucoup d'argent de toute façon. Assez à manger mais de l'argent comptant, on connaissait pas ça. Ça, c'était pour les autres. Pis les vêtements, les bottes, les médicaments, pis tout le reste? Pas d'argent.

«Un jour, un voisin est arrivé chez nous. Papa pis moi, on était dans la cour, pis le gars, en farce, i' dit: 'Je vois, Roméo, que t'as des fils à vendre.' Mon père, i' dit: 'J'ai pas mis d'annonce au village.' Pis je les écoute parler pis ce qu'i' arrive, c'est que je vais aller travailler pour c'te gars-là pour gagner ma nourriture pis mes vêtements, ce qui voulait dire que papa aurait pas à me nourrir. En plus, le gars lui donnait $10. I' faisait une bonne affaire. Pis l'autre cultivateur aussi, mais c'était pas bin bon pour moi.

«Y avait deux choses que je pouvais faire. J'avais 14 ans, j'étais grand et fort, je pouvais peut-être aller travailler dans le bois. Sacrer mon camp, tout simplement. Ou bien, je pouvais dire non, j'y vas pas. Mais là, le bonhomme serait allé voir le curé, pis le curé se serait amené avec son cheval noir pis son buggy pis i' m'aurait dit: 'Écoute ton père.' Pis là, je serais forcé d'y aller. Ça fait que j'avais plus le choix, non? Fallait que je sacre mon camp. Mais ma mère aurait été malheureuse — ça fait qu'i' fallait que j'aille travailler pour le gars.

« C'était pas si pire. Le gars était correct, sa femme était bonne cuisinière, pis j'ai appris le métier de la bonne façon, de manière à faire du profit. En hiver, j'allais à l'école pendant quelques mois. C'était pas trop pire.

« L'année suivante, mon père a fait la même chose avec Henri, André pis Denis, pis avec Annette pis Marie, pis finalement y avait des enfants Beaubien un peu partout.

« Une couple d'années plus tard, je devais avoir 17 ans, j'étais allé jouer aux cartes chez du monde. Y avait pas de danse, le cardinal voulait pas. Pis là, j'avais rencontré une fille de l'autre bout de la paroisse que je trouvais de mon goût, pis je lui avais dit mon nom parce que je voulais la revoir, pis elle était partie à rire en disant: 'Ah! je te connais, t'es un des enfants esclaves.'

« C'était la première fois que j'entendais ça, pis ça m'avait pas trop dérangé parce que, maudit, ç'avait du bon sens ce que mon père faisait, après tout. Ça marchait bien. »

La maison des bandes dessinées

« On vivait à Hamilton et mon père avait perdu son travail à l'aciérie et il était allé en Nouvelle-Écosse pour se chercher du travail là-bas dans un moulin. Pendant son absence, ma mère, ma sœur Annie et moi on était allés rester chez son jeune frère qui vivait dans une cabane près d'un dépotoir. Je me souviens que c'était au bout d'une ligne de tramway, dans l'est de Toronto, quelque part.

« Eh bien, on a plus jamais entendu parler de mon père, il a disparu. Parti. Puis mon oncle s'est fait arrêté et emprisonné pour avoir cambriolé un wagon de marchandises, ce qui fait qu'i' restait plus que maman, Annie et moi dans la petite cabane. C'était autour de 1936, c'était l'automne, il commençait à faire froid, ça fait qu'on était allés ramasser des douzaines de caisses de bois dans le dépotoir, pis des caisses de carton et on avait tout cloué ça sur les murs endedans de la cabane pour que ça soit plus chaud. Y avait seulement une grande pièce.

« On trouvait de la nourriture aussi dans le dépotoir, tout ce que les restaurants et les hôpitaux jetaient. C'était surtout du pain, du gâteau et des patates, on enlevait tout ce qui était pourri et le reste était bon à manger. Et y avait les chaudières à confiture dans lesquelles on faisait bouillir de l'eau et ça nous faisait une liqueur sucrée. Le monde autour faisait ça.

« J'avais trouvé un gros paquet de revues de bandes dessinées et maman avait dit que ça ferait aussi un bon isolant, alors elle avait fait de la colle avec de la farine et de l'eau et on avait tout tapissé les murs de pages de bandes dessinées, Tarzan, Mandrake, Annie, la petite orpheline, Dick Tracy. Le monde commençait à savoir que la maison des Turnbull était faite de bandes dessinées. Les enfants arrivaient de partout, se promenaient dans la maison, grimpaient sur la table, sur les chaises pour lire les bandes dessinées.

« Notre cabane était devenue une espèce de centre social. Le soir, les parents des enfants venaient faire leur tour et ça discutait politique, MacKenzie King, Mussolini, la Dépression. Les hommes apportaient du bois pour le poêle et les femmes apportaient des biscuits pis d'autres affaires.

« Un après-midi, un petit vieux d'à peu près 80 ans avait frappé à la porte et avait tendu à maman une note qu'elle avait lue et qui disait : est-ce que quelqu'un pourrait me lire les bandes dessinées. Il pouvait pas lire mais il pouvait regarder.

« Il venait faire son tour une fois par semaine et un des enfants lui lisait un mur de bandes dessinées, Il riait puis il s'en allait. On a dû lui lire les mêmes bandes dessinées au moins quinze fois cet hiver-là mais ça le dérangeait pas. C'était un vieux, vieux bonhomme et il voulait de la compagnie.

« Un jour, en partant, il avait donné deux billets de un dollar à ma mère, tout fripés et graisseux. Ah ! oui, en fait, j'oubliais de vous dire qu'il ne parlait jamais. Elle voulait pas le prendre mais il arrêtait pas de lui repousser la main. On l'avait aidé à passer l'hiver et il avait voulu nous montrer sa reconnaissance. »

La tricoteuse obsessionnelle

« Winnipeg, en hiver, peut être l'endroit le plus froid au monde. Un jour, en rentrant de l'école, j'avais dit à ma mère qu'une petite fille italienne dans ma classe pouvait pas tenir son crayon parce qu'elle avait les mains tellement gercées par le froid que ses jointures en saignaient. Elle avait pas de mitaines. Ma mère m'avait dit : 'Donne-lui les tiennes.' Et puis moi ? 'Laisse faire, donne-lui tes mitaines. Laisse-les dans son pupitre s'il le faut.' Et c'est là que le grand tricotage de mitaines avait commencé.

« Maman s'était mise à tricoter des mitaines, elle arrêtait plus. Elle défaisait des vieux chandails, tout ce qui était fait de laine, se faisait des boules et tricotait des mitaines de toutes les grandeurs et les distribuait. Y avait des enfants qui voulaient pas les prendre mais je trouvais toujours une façon. Je vois encore ma mère assise près du radiateur en train de tricoter. Je pense qu'elle en faisait une paire par jour et finalement tous les enfants pauvres en avaient. Mais elle continuait à tricoter, c'était devenu une obsession. »

Les souliers de M. Marshall

« Y avait un p'tit vieux qui habitait à côté de chez nous, un nommé Marshall. Il avait déjà été boucher dans une épicerie mais il avait été mis à pied et il avait pas économisé un seul sou. Sa femme était morte et il s'ennuyait. Il devait avoir autour de 50 ans, je pense, mais pour un enfant de 12 ans, c'est pas mal vieux. Maman lui apportait des restants de ragoût, du pain, de la tarte et il savait très bien que c'était de la pure charité mais comme ça passait sous le couvert du bon voisinage, ça allait.

« Un soir, il était venu jouer aux cartes avec mon père, il avait la mine basse, et en partant, il avait dit: 'Harry, je me sens pas bien depuis un bout de temps. Si tu vois pas de fumée dans la cheminée, viendrais-tu faire un tour pour voir comment je suis' et il avait porté la main à son cœur comme pour expliquer.

« Un mois plus tard, ma mère avait dit, un jour, que ça faisait quelque temps qu'elle avait pas vu le voisin et m'avait demandé d'aller voir. Les portes d'en avant et d'en arrière étaient barrées mais celle de la cave était ouverte. Il faisait noir chez lui et je savais pas où était l'interrupteur et j'avais commencé à grimper l'escalier à tâtons quand tout à coup j'ai senti quelque chose me frapper la poitrine mais je savais pas ce que c'était. Je me suis mis à tâter avec mes mains et c'est seulement quand j'ai senti des chevilles que j'ai compris qu'il s'agissait de souliers. Des pieds. Le vieux Marshall s'était pendu. Il avait attaché la corde autour d'une poutre, puis autour de son cou et il avait sauté dans le vide.

« C'était toute une découverte pour un enfant de 12 ans. Un souvenir de la Dépression. »

Travail de tête

« Maman disait que ça nous prenait de l'éducation, mais voilà qu'on se promenait en voiture de gitans le long du Fraser pour faire de la cueillette là où on nous le permettait. C'était pas riche.

« Deux années de suite, on s'est trouvé une maison à l'automne et on vivotait tant bien que mal avec papa qui faisait un peu de travail dans la région. Pas beaucoup.

« Maman avait essayé de nous faire entrer à l'école, y en avait une à Silverdale, mais on était de la Saskatchewan, voyez-vous, et on nous voulait pas. Alors elle nous enseignait à partir du catalogue d'Eaton. On apprenait la composition en écrivant des lettres pour commander des robes et des sous-vêtements dans nos cahiers et on faisait des mathématiques en multipliant 14 paires de bottes pour hommes par le prix du catalogue. Des choses comme ça.

« Pour ce que maman appelait du travail de tête, elle nous faisait apprendre par cœur le nom des livres de la Bible. Je peux encore vous les réciter d'un bout à l'autre. Elle nous faisait aussi mémoriser de longs extraits de la Bible, les Psaumes, les Révélations, et c'est comme ça qu'on s'est instruit sur la route. Plus tard, ça nous a aidés quand on s'est finalement installé dans notre propre maison. »

Sans bon sens

« Ça n'avait pas de bon sens. Par pour moi, en tout cas.

« J'ai grandi sur une ferme entre Guelph et Galt et quand j'étais haut comme trois pommes je voulais déjà devenir vétérinaire plus tard. C'est ça que je voulais.

« J'avais une tante qui savait ça, une bonne vieille dame très âgée qui vivait à Toronto. Quand elle est morte, à la lecture de son testament, après les funérailles, il y avait 30 parts de Ford Canada pour moi et ça stipulait que cela devait servir à payer mes études au Collège d'agriculture de l'Ontario, à Guelph. J'étais aux petits oiseaux. C'était en décembre 1928, je crois. Dans trois ans, j'irais au CAO! Ha! Savez-vous ce qui est arrivé?

« Pendant trois ans, y a eu des problèmes de succession au sujet des titres, les voisins contestaient l'arpentage et des histoires comme ça. Alors tout était bloqué. Y a fallu attendre jusqu'en 1932 pour que tous les points soient mis sur les i. C'était sans bon sens.

« À la mort de ma tante, les parts de Ford valaient $67 environ mais en 1932 elles ne valaient plus que $6 chacune. Avec trente parts à $67, j'étais gras dur, mais à $6, j'étais aussi pauvre que les autres. Voilà ce que la Dépression a fait. Ça nous enfonçait encore plus profondément dans le trou, les pauvres, les personnes âgées, les malades et les jeunes qui pouvaient pas se trouver du travail.

Chapitre 24

Les femmes fortes

Il y a quelques années, j'ai rencontré une femme à Soda Creek, dans la région de Cariboo, en Colombie britannique, qui avait survécu avec ses deux enfants à trois hivers de Dépression en tuant un caribou chaque automne et en troquant deux poches de farine de 100 livres chez le marchand de Williams Lake pour un mois de travail de ménagère.

Je l'ai interrogée au sujet de son mari et elle a dit: «oh! Jack descendait toujours à la mer et errait jusqu'au printemps. Il n'aurait pas pu prendre la vie que nous vivions ces années-là. »

Cela ne veut pas dire que toutes les femmes étaient fortes durant la Crise, mais un grand nombre d'entre elles l'était. Elles restaient à la maison et veillaient à ce que le feu ne s'éteigne pas.

Dans les familles les plus dépourvues, elles ont appris à étirer les $10 du Secours direct jusqu'à la fin de chaque mois. Elles économisaient sur tout, rafistolaient, reprisaient, recollaient, cousaient, empruntaient, copiaient et travaillaient sans relâche jour après jour sans grand espoir. Elles réfléchissaient toujours par deux fois avant de dépenser cinq sous, voyaient à ce que leurs enfants soient toujours propres, visitaient les voisins malades et j'imagine qu'elles priaient beaucoup aussi. C'est pénible d'aider ses enfants à décorer l'arbre de Noël sous lequel il n'y avait pas de cadeaux.

Elles avaient bien d'autres préoccupations aussi, comme celles de rester en contact avec un fils errant à travers le pays ou consoler un mari désespéré; de faire le ménage du printemps pour des voisins en frottant les planchers à quatre pattes et nourrir cinq personnes avec cinq dollars par semaine, en se servant toujours les dernières.

Des milliers de mères ont vécu cette vie pendant des années et il nous faudrait ne jamais l'oublier.

J'en étais malade

«J'avais un mari et trois garçons à nourrir et je savais où allait jusqu'au dernier sou de mon argent. Si le total des épiceries du mois dépassait dix dollars, j'en étais malade. Je peux vous dire quelles ont été mes dépenses en nourriture pour chaque mois depuis que nous sommes mariés. J'ai tout ça dans mon livre et je sais que, durant les années 30, si le compte dépassait dix dollars, j'en faisais une maladie, parce que je ne savais pas comment je pourrais le payer.

« Quand ça m'arrivait, je refaisais mes comptes jusqu'à ce que je découvre mon erreur. Dix dollars, c'était le maximum et mon mari et mes enfants n'ont jamais crevé de faim. »

Vendue en mariage

« Nous avions une bonne, Loretta Livingstone. Une fille merveilleuse, tellement gentille. On vivait à Winnipeg à l'époque. Ses parents étaient Écossais, une famille très nombreuse et très pauvre. Elle arrivait avant le déjeuner qu'elle préparait, lavait la vaisselle, faisait le ménage, bien que j'avais une femme de journée pour les travaux plus durs, parce que Loretta n'était pas tellement forte.

« Les enfants mangeaient à l'école, de sorte que, Loretta et moi, on dînait tranquillement ensemble et on causait comme deux dames de paroisse. Elle faisait la lessive et le repassage, ce qui la tenait assez occupée.

« Elle aimait beaucoup notre maison qui était ravissante. Elle avait appartenu à la mère de mon mari et il y avait de bien jolies choses. Vers quatre heures, Loretta mettait la table dans la salle à dîner et préparait le souper. Nous mangions bien, mon mari insistait là-dessus et j'étais d'accord avec lui. Vers 4h 30, ma gentille Loretta s'en retournait chez elle. Je la payais dix dollars par mois, ce qui était très bien dans ce temps-là et elle rapportait souvent des vêtements de nos enfants pour ses frères et sœurs.

« Un jour, au dîner, elle a éclaté en sanglots. Depuis quelques jours, j'avais senti que quelque chose n'allait pas et je savais qu'elle m'en parlerait lorsqu'elle serait prête. Nous étions de si bonnes amies. Elle pleurait à gros sanglots. Pauvre Loretta, ce qui lui arrivait c'est qu'elle était vendue en mariage. 'Vendue' n'est peut-être pas le mot juste, pour cette époque, mais vous verrez par vous-même. Un jeune homme avec lequel elle était allée à l'école, à Kelvin, un Italien, venait de rentrer de Flin Flon où il avait travaillé dans les mines et lui avait rendu visite. Pour Loretta, c'était tout simplement un ami qui était passé la voir, mais le résultat c'est que cet Italien l'avait demandée en mariage et elle avait dit non. Elle ne l'aimait pas, en fait, il ne lui plaisait même pas. Je suppose que c'est comme ça qu'ils font les choses en Italie parce que ce Joe était allé voir le père de Loretta et lui avait offert de l'argent. Beaucoup d'argent, apparemment. Son père était sur le Secours direct depuis cinq ou six ans, il avait tous ses enfants à nourrir et voilà qu'un beau jeune homme fort lui offrait quatre ou cinq cents dollars pour sa fille. C'était une somme énorme, plus qu'il en avait jamais vu dans sa vie, j'imagine. Il avait ordonné à Loretta de l'épouser et c'est pour ça qu'elle était si troublée.

« J'étais tellement indignée que j'avais téléphoné à mon mari et lui avais demandé de rentrer tout de suite, à l'instant même. J'avais été très ferme et il avait compris qu'il se passait quelque chose et il était arrivé au bout de dix minutes. Loretta pleurait toujours et je me souviens qu'il avait dit: 'Ils font ça en Afrique, mais sûrement pas ici.' Finalement, j'étais allée voir son père, ce qui était impardonnable, et il était aussi Écossais qu'on puisse l'être et têtu comme une mule et ne voyait que les quatre cents dollars. J'avais offert que Loretta habite avec nous, on lui aurait aménagé sa place dans la cave. J'avais pas d'enfant, voyez-vous, et elle aurait pu travailler pour nous et faire partie de la famille. George, mon mari, était d'accord. C'était un homme bon et aimable. Évidemment, il était impensable d'offrir à son père les quatre cents dollars parce que cela n'aurait absolument rien réglé.

« Et Loretta avait épousé cet Italien et était allée vivre dans le nord et, un an et demi plus tard, elle m'avait envoyé une photo d'elle et de son enfant. Rien d'autre. Une autre année, j'avais reçu une carte, alors qu'ils visitaient les Rocheuses, et puis j'en ai jamais plus entendu parler. »

Retour à l'ancien temps

« On avait dû revenir aux manières de nos mères, aux vieilles méthodes de l'ancien temps, parce que le moulin à vent qui nous fournissait l'électricité était tombé en panne à plusieurs reprises et qu'on n'avait pas d'argent pour le réparer ou pour acheter de nouvelles batteries, ces grosses batteries en verre très dispendieuses. On avait donc ressorti les vieilles lampes à l'huile de charbon.

« Je faisais du beurre. John avait trouvé une vieille baratte de huit gallons dans la remise. Elle devait être là depuis vingt ans. Elle était encore en bon état, son père achetait toujours des objets de qualité. Ma mère était venue me montrer comment m'en servir. Il fallait tourner une poignée pendant des heures et des heures, y avait rien de plus monotone. Il fallait verser de l'eau froide. Ce que ça faisait, je l'ai jamais su. Le beurre commençait à prendre et il fallait continuer à tourner.

« Puis il fallait mettre le beurre dans un bol de bois. C'est ce que maman m'avait dit. Je lui avais demandé pourquoi et elle m'avait répondu: 'Demande-moi pas pourquoi. Fais-le tout simplement.' Comme à l'école. Pourquoi? Parce que. Il fallait laver le beurre avec ses mains et ça, c'était bon. Fallait le saler. Les gens de la ville étaient habitués au beurre salé. La plupart des habitants n'aimaient pas le beurre salé et aujourd'hui non plus. Eh bien, jamais les deux ne se rencontreront — vous m'entendez, M. Trudeau? Fallait faire pénétrer le sel tout autour. Le lendemain, fallait le travailler de nouveau. J'utilisais environ une livre de sel par vingt livres. Fallait en extraire toute l'eau, le mettre dans une jarre, le couvrir d'un coton-fromage. Des jarres de dix à douze livres, si je me souviens bien.

« Un jour, ma mère était là pendant que je barattais, et elle m'avait dit: 'C'est ça que je faisais y a 30 ans. Qu'est-ce qu'y a qui va pas?' J'ai dit tout. Depuis qu'on avait plus d'électricité, je séparais la crème à la main, et parce qu'on avait pas d'argent, je faisais tout mon pain et John réparait lui-même ses harnais, là, sur la table de la cuisine à la lumière de la lampe à l'huile et si les lames de la laboureuse se brisaient, il en fabriquait de nouvelles, et il avait appris à ferrer ses chevaux et je faisais la lessive à la main parce qu'on pouvait pas se permettre une laveuse à gaz et, Seigneur, c'était du travail dur et je disais tout ça à ma mère qui m'avait répondu: 'Tout va finir par s'arranger. Et tu en seras une femme d'autant meilleure.' Bon Dieu, j'avais jamais eu autant envie de tuer quelqu'un que cette fois-là. »

Ève s'en va en ville

« Ma jeune sœur Ève était la plus belle de la famille. Très belle. Cheveux bruns bouclés, des grands yeux bleus.

« On avait une petite ferme de rien près de Selkirk, juste assez grande pour qu'on y crève de faim. Une année, vers le mois d'août, Ève était partie pour Winnipeg travailler comme serveuse. Elle était revenue le jour de l'Action de Grâce et, au souper, papa — il avait un mélange de Polonais, d'Ukrainien et de Russe en lui — avait dit qu'elle portait des vêtements beaucoup trop beaux pour une serveuse. C'est ce qu'elle avait dit qu'elle faisait. Il lui avait demandé à plusieurs reprises comment elle parvenait à s'acheter des vêtements pareils avec son salaire de serveuse, et finalement la voilà qui se lève et déclare: 'Pa, je suis pas serveuse, je vends mon cul.'

« Le bonhomme s'était levé de table et était sorti dans la cour, avait poigné sa hache et s'était mis à fendre du bois à toute allure, à scier et à fendre, sans arrêt pendant cinq bonnes heures. Quand il est rentré, il faisait noir. Il s'était dirigé tout de suite vers sa chambre à coucher et avait fermé la porte très doucement, je me souviens. À ma connaissance, il a plus jamais adressé la parole à Ève. Même pas aux funérailles de maman. »

Les enfants ont besoin de sucre

« On avait une petite ferme. Six acres avec une petite maison, quatre enfants, et mon mari était en mauvaise santé. À 14 ans, il était allé travailler sous terre, dans les mines de charbon, à Sydney. C'est là qu'il avait signé son arrêt de mort. Il avait de la misère à respirer et ça l'empêchait de se trouver un travail décent.

« D'une manière, on se débrouillait. Y avait de la nourriture sur la table. Personne crevait de faim. On avait un grand jardin, une vache, des poules, des canards et quelqu'un nous donnait toujours un petit cochon qu'on engraissait avec du p'tit lait et des feuilles de légumes alors on avait toujours du porc. Mais pas d'argent. La seule bonne chose c'est qu'on était jeunes alors on s'inquiétait pas. Si c'était à recommencer, bien, je pense que je survivrais parce que je sais comment faire maintenant.

« Notre gros problème c'était de trouver de l'argent pour acheter du sucre. Oui, je sais, on dit que les enfants ont pas besoin de sucre et que c'est un goût acquis, mais essayez seulement d'élever des enfants sans sucre. Essayez. Ne serait-ce que pour les gâteaux. Pour leur gruau. Pour le sucre à la crème du dimanche soir. Pour la crème glacée. Parce que, voyez-vous, on avait une vache et on faisait de la crème glacée. Tout le temps. Ça vous prend du sucre. Les enfants ont besoin de friandises. On avait jamais un sou pour des bonbons. De temps en temps, quelqu'un leur donnait un morceau de gomme ou quelque chose comme ça. Mais à Noël, je faisais toutes sortes de bonbons. On cultivait notre propre blé d'inde, alors on faisait du *popcorn*.

« J'ai jamais senti que c'en était trop ou que j'en pouvais plus. Je me souviens d'avoir eu seulement cinq dollars un Noël. C'est tout ce que j'avais réussi à économiser en grattant toute l'année. Cinq dollars. Surtout en vendant des œufs et des vieilles poules. Avec ça, fallait que j'achète tout pour Noël, les cadeaux pour les quatre enfants, le dîner, tout. On manquait de toutes sortes de choses. Aujourd'hui, même les gens sur le Bien-Être diraient qu'ils pourraient pas vivre comme on le faisait. Mais on se débrouillait et les deux garçons sont partis au Canada *(en Ontario)* et se sont trouvés une bonne job et les deux filles se sont mariées autour d'ici. Mon mari est mort, la mine l'a eu finalement.

« Mais, vous savez, on sortait pas de l'ordinaire. »

Le plus vieux métier

« Je souhaiterais qu'elle puisse vous raconter son histoire mais elle doit être morte aujourd'hui et emportée aux quatre vents. Je l'ai rencontrée une fois seulement, dans le nord-est du Manitoba, vers 1935, 1936.

« Le gouvernement construisait une route vers une mine, à l'est de Manigotagan et une première équipe d'hommes avait commencé à ouvrir la forêt, coupant les arbres et tout ça. Une bonne équipe peut avancer assez vite ce qui veut dire qu'il faut déménager le camp souvent. On l'installe dix milles plus loin de l'endroit où ils commencent; arrivés au camp, ils continuent pendant encore cinq milles puis on déménage le camp 10 milles plus loin. Un peu comme le saute-mouton. Un bon entrepreneur bien organisé peut se faire un paquet d'argent. Là-bas, l'entrepreneur était un Bohunk et il avait cinq Indiens, des jeunes de Selkirk, qui travaillaient à la hache et faisaient les feux, les jours de pluie.

« Mais voici mon histoire. Je prospectais, dans ce temps-là, en été, et comme ils m'avaient ouvert une piste, je l'avais suivie. J'avais un cheval et j'étais arrivé au camp vers trois heures de l'après-midi. J'avais été surpris de voir de la fumée sortir de la cheminée de la tente et encore plus surpris de voir une jolie petite femme en sortir. Autour de 20 ans peut-être. Elle était mauditement surprise de me voir aussi. J'ai oublié son nom mais peut-être que je l'ai jamais su. Elle était Irlandaise et elle était venue au Canada l'année précédente pour travailler comme domestique. On pouvait les avoir pour rien dans le temps, cinq dollars par mois avec pension. Toujours est-il que cette petite-là avait été engagée par l'entrepreneur après avoir travaillé dans deux ou trois endroits comme domestique et savez-vous ce qu'elle faisait ? Elle cuisinait pour l'équipe, six hommes, un Ukrainien et cinq Cris. Imaginez le cirque !

« Elle m'a servi du café et des brioches et y avait la question évidente qui me brûlait la langue et je la lui ai posée aussi gentiment que possible. Devinez ? Comment une jolie petite femme fait-elle face aux affections de six animaux dans la forêt nordique ? Quelque chose du genre. Elle était pas gênée du tout et elle me l'a dit aussi simplement que si elle m'avait parlé de la vaisselle de tous les jours. L'entrepreneur la payait cinq dollars par semaine et Bon Dieu vous me direz pas que ça valait pas ça. Mais, en plus, chaque gars l'avait un soir par semaine et la payait un dollar par soir. Elle avait sa propre petite tente. Cette petite aux yeux bleus tenait son bordel en plein bois. Elle se faisait 20 dollars par mois comme cuisinière et peut-être un autre $25 à se taper l'équipe ce qui lui faisait $45 par mois, et sans aucune occasion de dépenser.

« On était assis là tous les deux, je mangeais ses brioches et je buvais son café et je me disais que je l'aurais prise volontiers mais c'était tout simplement pas dans mes habitudes. Mais elle a tout vu ça dans mes yeux, elle s'est levée, m'a fait un clin d'œil et m'a dit, comme ça : 'Je suis tellement écœurée de servir ces bêteslà que, cette fois, c'est pour le plaisir, alors amène-toi et pas un mot là-dessus quand ils seront là.' On l'a fait par deux fois dans sa petite tente et quand je suis revenu au Lac DuBonnet, je me disais que j'avais toute une histoire à raconter à la taverne. Mais j'y ai repensé et j'en ai pas dit un mot parce que je savais que personne me croirait. J'aime pas me faire traiter de menteur et ça n'aurait pas manqué. Mais c'est tout vrai. »

C'était plus dur pour les femmes

« À l'automne, tout le monde allait à Vancouver, parce qu'y a pas d'hiver. Mais y avait pas de travail, non plus. Les menuisiers, les plombiers, les installateurs de fournaise, les maçons, les débardeurs, ça faisait pas plus que deux dollars par jour. Dix dollars par semaine. Y en a qui risquaient sept ans de prison à voler la moitié de ça.

« Imaginez de rentrer à la maison le vendredi soir avec dix piasses pis de dire à sa femme: 'Avec ça, paye le loyer, la nourriture, les vêtements, le cinéma du samedi pour les enfants pi donne-moi 50 cennes pour de la bière.' Pas surprenant qu'elle s'énervait.

« On pouvait pas les blâmer, ces pauvres femmes. Obligées de porter les robes de l'Armée du Salut ou de la parenté de l'Ontario. Ma femme se servait de mousse comme *Kotex*. Oui, vraiment. Comme les femmes des cavernes y a quatre mille ans ou comme les Indiennes.

« C'était dur pour les hommes mais c'était encore plus dur pour les femmes. Mais quand les temps sont durs, les femmes sont très fortes. »

Les confessions d'une bonne

« J'arrivais d'la ferme. Môman! j'étais verte. À quinze milles du village. Pas d'eau courante. J'avais à peine vu une 'tite vue plus que deux fois. Pas d'auto. J'aidais mon père pi mes frères à ramasser de la roche, fardocher, arracher les racines. Ça, c'était moi ça. Ça c'était Mamie, forte comme une jument.

« Y avait monsieur Wilson qui venait chasser su' not' terre pis manger chez nous pis mon père m'avait trouvé une job dans la maison de monsieur Wilson. Une grosse maison, pis à Ottawa à part de ça! Môman! c'était une belle maison. J'avais ma 'tite chambre en bas avec ma 'tite toilette, mon 'ti lavabo, une belle 'tite commode pis mon lit. Je commençais à sept heures le matin pis ç'allait jusqu'à la vaisselle du souper. Jeudi après-midi, j'avais congé pis j'allais aux 'tites vues. Madame Wilson me donnait ses vieux vêtements pis sa fille aussi. Une vraie peste. I' s'passait bin des affaires. Des grandes soirées pis je passais les verres. Tout le monde buvait pis y en avait qui allaient dans ma chambre pour faire l'amour. Moi, j'aimais pas ça mais je pouvais rien faire.

« Un soir, en été, je suis en train de repasser les draps en bas pis monsieur Wilson arrive. I' avait bu, mais pas trop. I' s' promène, i' regarde les vieilles revues que j'avais pis monsieur Wilson, i' m' prend par le bras pis i' dit: 'Viens, Mamie, on va au lit.' Ouais! qu'est-ce que je fais? J'suis grande mais j'ai seulement 17 ans. Monsieur Wilson, lui, c'est un gros homme. Au lit. Quand madame Wilson est sortie la fois suivante, encore au lit. J'ai peur d'avoir un enfant, ça fait que j'en parle à mon amie pis elle me dit de demander de l'argent à monsieur Wilson. Je lui en demande pis i'm' flanque une claque sur l'oreille. Comme ça, pas trop fort, mais une bonne claque. Je me mets à pleurer. I' dit: 'O.K. j'vas te payer mais i' faut que tu travailles plus pour ça. Si madame

Wilson te demande où tu prends tes robes neuves, tu dis que je te paye plus d'argent pour que tu travailles plus. Pas pour ça.' Je dis O.K.

« Y avait des pommiers dans le jardin. Je laisse ma fenêtre ouverte pis quand j'entends les garçons dans le jardin je sors en courant avec un gros bâton pis, bang, bang, bang, je donne des coups sur le couvercle de la poubelle pis les jeunes partent en courant. C'est fou. Pour cinq piasses de plus par semaine. Pour des affaires bêtes de même pis pour me faire mettre. Je l'aime monsieur Wilson, pour lui ça pourrait être gratuit.

« Pendant dix ans. Pis elle l'a jamais su. Pas une fois. Elle était pas plus fine. Mais, moi, je me trouvais bin fine. Vingt-cinq piasses par mois. J'étais riche. »

Pleure pas, Petite Violette

« Papa m'a dit qu'il se souvient pas qui c'est qui l'a poussé dans le trou mais ça devait être un commis dans un bureau de grossiste, à Winnipeg ou à Toronto, qui s'est aperçu un jour que le compte du magasin Major était dû depuis plusieurs mois et il nous a fait le coup tout naturellement. Il a dû remplir une formule comme d'habitude, le nom, l'adresse et les montants et il a envoyé tout ça au sherif par la poste avec l'ordre de mettre fin à tous nos espoirs et nos rêves.

« La banqueroute, dans le temps, c'était honteux. Ce l'est encore, je suppose. J'ai jamais su si on devait $4.99 ou $123. Les petites filles de dix ans étaient pas sensées fatiguer leur belle petite tête avec des choses comme ça. Tout ce que je savais c'est que maman nous avait dit, à mon frère et à moi, qu'on déménageait sur la ferme de grand-papa et qu'on pourrait nourrir les animaux. Je suppose que c'était mieux que je comprenne pas ce qui se passait dans les détails mais, à dix ans, je savais assez observer pour me rendre compte de pas mal de choses. J'ai tout suivi ça par la fenêtre du deuxième étage de la grande maison vide. Ils avaient sorti tous les meubles mais ils avaient laissé les vieux rideaux sales et je me cachais derrière pour observer. Le crieur d'enchères avait déjà fini sa job au magasin, une rue plus loin, et il avait tout vendu, marchandises, meubles, la caisse. Le résultat de quatre ans de travail, très, très dur pour papa. Il avait dit: 'C'est tout parti quasiment pour rien.' Et il avait éclaté de rire. Il pouvait rire comme il voulait et c'est peut-être pour ça qu'il était un si mauvais homme d'affaires. Gros et rieur, mais pas riche.

« Y avait une foule devant la maison, tous les enfants du quartier étaient là, évidemment, mais surtout du monde qu'on avait jamais vu parce que les avis avaient été affichés pendant dix jours. Nos voisins étaient pas là par gentillesse, ils voulaient pas nous embarrasser. Je sais pas comment est la loi aujourd'hui, mais dans le temps ils pouvaient pas tout nous enlever. On avait droit à une table, des chaises, nos lits, nos vêtements, les casseroles, la vaisselle et le poêle, je pense. Le divan. Je me trompe peut-être mais je pense pas qu'ils avaient pris la vieille auto, parce que je me souviens pas comment on se serait rendu à Swan River. Tout le reste était empilé sur la pelouse devant la maison. S'il avait fallu qu'il pleuve ce jour-là. Mais, en fait, la pluie se faisait plutôt rare en Saskatchewan, ces années-là.

«Chaque région avait son crieur d'enchères. D'habitude, c'était un commerçant. J'étais jeune mais je me souviens qu'il avait ouvert la vente en commençant avec un tapis roulé. Quelqu'un avait misé dix sous, puis un autre était monté à vingt sous et le crieur avait déroulé le tapis, laissant voir un grand trou au milieu et à travers lequel il s'était passé la tête et tout le monde avait bien ri. Il avait dit: 'Non, celui-là, je vous le vendrai pas, mais restez, restez y a bien des aubaines.' Plus tard, papa m'avait dit que tous les crieurs ont leur petit truc comme ça pour mettre le monde de bonne humeur. Ça c'était le sien. Très drôle.

«Tout s'est vendu. Les cadres, la machine à coudre dont maman avait besoin, les tapis, les nappes, les tables, les outils de jardinage, deux petits barils de pommes et même les caisses de bière d'épinette que maman avait faite. Elle avait sorti les conserves mais elle avait oublié de prendre sa bière.

«La veille, une voisine, madame Collins, la meilleure amie de maman, était venue faire un tour et maman lui avait dit qu'ils prenaient sa vaisselle de porcelaine Doulton à laquelle elle tenait beaucoup. Madame Collins avait dit qu'elle tenterait de l'acheter le lendemain. C'était tout ce qu'elle avait de précieux, à part ses bagues qu'elle avait gardées. Quand la vaisselle a été mise en vente, la voisine a gagé jusqu'à trois cinquante puis elle s'est arrêtée et la vaisselle s'est vendue pour quatre. Elle avait seulement trois cinquante, pas un sou de plus, et c'est une femme qu'on avait jamais vue qui l'a eue. Les harnais pour deux chevaux et un beau buggy, cinq dollars. Notre vache est allée en chercher six et elle en valait vingt, une merveilleuse Guernsey. Son lait était plus riche que la crème qu'on achète aujourd'hui.

«En tout cas, la vente a duré des heures et des heures et tout s'est vendu. À la fin, il restait plus que les 20 poules et le coq de maman. Des bonnes pondeuses et, apparemment, maman savait pas qu'ils les vendaient. Elle était à côté de moi, à la fenêtre, en haut et elle s'est écriée: 'Ah non!' Comme si les poules avaient été ce qu'elle avait de plus cher. Elles étaient dans le poulailler derrière la maison et c'était pas nécessaire que la foule les voit. Des poules, c'est des poules et le coq, lui, il savait qu'il se passait quelque chose et il faisait un de ces vacarmes et tout le monde sait qu'un coq alerte et en santé, c'est le gage d'un poulailler productif. Alors, elles ont été vendues à quarante sous chacune et c'est le boucher qui les a achetées. Maman n'arrêtait pas de protester.

Pour moi, ça voulait tout simplement dire que nos poules avaient été vendues et qu'on aurait pas grand-chose à apporter chez grand-papa. Mais maman est descendue près du poulailler et elle pleurait et j'ai couru derrière elle. Elle criait au boucher: 'Que Dieu te maudisse!' et le boucher la regardait sans comprendre. Il était dans l'enclos du poulailler et tenait dans chaque main une poule par le cou, qu'il leur avait cassé d'un seul mouvement, comme s'il avait fait claquer un fouet, Puis, il les avait lancées à son fils qui leur avait ouvert la gorge pour les saigner. Le boucher était un gros Allemand cramoisi et il arrêtait pas de dire: 'Oui, madame Major?' et je suis sûre qu'il comprenait rien à ce qu'i' se passait parce qu'il en avait aussitôt empoigné deux autres.

«Mon père est arrivé en courant, il a tout vu d'un coup et il a entraîné maman à l'écart et a dit au boucher: 'Hans, il te reste plus une goutte de bon sens dans la tête dure?' Il l'a amenée dans la cuisine de madame Collins qui lui a servi de la limonade. Il faisait très chaud. Tout ce que maman pouvait dire, c'était: 'Ils m'ont même pas laissé de quoi nourrir ma famille! Jusqu'à mes petites poules!'

«Papa est resté près d'elle pendant une heure, à lui parler et lui flatter la tête. Il disait: 'Là, là, Petite Violette, pleure pas, tout va bien aller, tu vas voir.' Je m'en souviens encore parce que j'avais jamais entendu papa l'appeler Petite Violette. Quand j'y pense, j'ai envie de pleurer.»

Le complot du mariage

«Pour nous aut', au Nouveau-Brunswick, y avait toujours une manière de Dépression. Pour moi, l'affaire de 1929, ça voulait dire pas assez d'argent mais, pour ma mère, ça voulait dire qu'il fallait que mes trois sœurs se marient.

«Son seul but dans la vie, c'était de marier ses filles à des hommes riches. Chère maman, chère maman stupide. Que Dieu la bénisse. Elle était convaincue que n'importe quelle fille peut séduire avec de la nourriture. Alors y avait des montagnes de nourriture. Tout le monde aimait manger et l'amour s'ensuivait.

«Je niaisais à l'Université de Fredericton pour avoir un diplôme. Maintenant, je sais que c'est une université qui vaut pas grand-chose, mais je valais pas mieux. On se méritait.

«Ma mère me demandait tout le temps, ou plutôt elle m'ordonnait de ramener deux ou trois copains à la maison chaque fin de semaine. Elle passait même des commandes pour des jeunes professeurs. À partir du lundi, elle et les filles commençaient à préparer l'orgie de trois jours, du vendredi soir au dimanche soir. La grande bouffe. J'invitais les garçons à venir à la ferme, à une heure d'autobus, et je leur promettais qu'ils pourraient manger tout leur saoûl pendant deux jours et deux nuits. Ils étaient pas obligés de marier mes sœurs. Il suffisait de garder ma mère dans son état d'euphorie rayonnante.

«On vivait au bord de la mer, assez près pour voir les cargos de charbon déverser leurs sales ordures dans l'océan, mais on avait toujours des huîtres, des moules, des pétoncles, du homard, enfin tout ce qui nage, y compris du saumon qu'on pêchait à l'année longue. Et les millionnaires de New York, de Boston et de la Virginie pouvaient bien aller se faire foutre avec leurs droits de pêche.

«On avait toutes les viandes possibles, du bœuf, du veau, du porc, des canards, des poules, des oies et tous les légumes imaginables de notre jardin, grand comme un terrain de football et des marinades de toutes les sortes, et des brioches et des biscuits et des tartes et des gâteaux et la boisson coulait à flots. De la boisson faite à la maison, du gros cidre fort. On le faisait geler dans une chaudière à lait et quand tout l'alcool était rassemblé au centre du bloc de glace on le drainait. De la vraie dynamite. Deux verres et vous étiez en-dessous de la table. On en mélangeait quatre onces dans une pinte de *Canada Dry* et c'était en masse.

«Comme vous voyez, c'était toute une production. Tasse-toi, Cecil B. DeMille, tes orgies, c'étaient rien, comparées à nos festins.

«Les filles aimaient ça comme des petites folles et savez-vous quoi? Ç'a marché! Ces femmes-là se sont mariées. Y en a un qui a tenu le coup pendant neuf fins de semaine. On s'apprêtait à lui offrir un anneau de serviette gravé à son nom mais la dixième semaine il a capitulé et Marie a mis la main dessus. Les deux autres ont fait leur choix et toutes se sont trouvé un bon homme. Et remarquez bien que tout ça, c'était à une époque où les hommes étaient très réticents à se marier, parce qu'ils n'avaient aucune sécurité.

«Une fois les filles mariées, je peux vous dire que maman avait fini de les supporter. Le grand retour à la normale: du gruau et du hareng salé pour déjeuner; du pain et une salade du jardin le midi et, pour souper, de la morue ou du maquereau ou du porc avec des légumes. Finies les orgies. Plus de nappe. Plus rien. La bataille était gagnée.»

À *qui sont ces enfants?*

«Je vous dirai pas mon nom, mais je vais vous raconter ceci. Un jour, mon mari est parti pour ne plus revenir comme bien d'autres dans ce temps-là, tous trop honteux de ne pas pouvoir faire vivre leur famille.

«Il m'avait laissée avec deux petits enfants, dont un bébé, et tout ce que j'avais pu trouver, c'était une petite chambre en face de l'Hôpital général de Vancouver. Je recevais moins de $10 par mois du Secours direct. Pas par semaine, par mois. Y avait pas d'eau chaude parce que le réservoir était tout percé par la rouille et le propriétaire voulait pas le remplacer. Alors, tous les matins, j'endossais ma robe blanche pour avoir l'air d'une infirmière et j'allais laver mes enfants à l'hôpital. Personne m'a jamais posé de questions et, au bout d'un certain temps, je laissais mes bébés dans des berceaux parce qu'il faisait chaud et je m'occupais à me rendre utile. Je passais la moppe. Je lavais la vaisselle. Je nourrissais des enfants et les miens aussi. Tout le monde croyait que je faisais partie du personnel.

« C'était complètement fou. De quoi rire pour le restant de ses jours. Mais ensuite y a eu une épidémie, je sais plus laquelle, et on avait rassemblé tous les employés dans une grande salle pour nous inoculer. Mais comme ils biffaient les noms sur une liste au fur et à mesure, le chat est sorti du sac. J'ai tout confessé et quelques-uns ont pris ma défense auprès du patron disant que j'étais une bonne travailleuse. Il n'en revenait pas. Mais le résultat, c'est qu'ils m'ont donné une job, y avait un poste vacant et je l'ai eu. Mon affaire était réglée.

« Une autre chose. Pendant toute l'année où j'ai joué mon petit jeu, devenant chaque jour de plus en plus brave, jamais une seule personne dans tout ce grand hôpital s'est demandé à qui étaient ces deux petits enfants. Jamais une infirmière s'est demandé pourquoi l'hôpital avait toujours deux enfants de plus. Curieux, hein? »

Je parlais à mon poêle

« Le soir, vous savez, quand mon Walter et les enfants étaient couchés, je restais assis près du poêle à ressasser nos problèmes, pas un sou en poche, le bœuf qui se vendait à un sou la livre, pas de médecin avant Quesnel, les enfants avaient des difficultés à l'école, et je parlais à mon poêle comme à un vieil ami et si j'ai pleuré devant lui, je peux vous dire qu'il l'a jamais dit à personne.

« Aujourd'hui, ma cuisine est comme dans les images de magazine avec poêle électrique, laveuse et tout ça mais c'est pas assez. Demandez à n'importe qui, qui a déjà eu un poêle à bois, avec un réservoir d'eau chaude de quinze gallons en permanence et des tartes aux pommes dans le four, ce que ça leur rappelle, et ils vous parleront de l'odeur de la fumée, le crépitement du feu, la douce chaleur mais, moi, le poêle à bois m'a aidé à traverser la Crise. Il en reste encore de ces poêles-là dans la région et je crois que les gens qui vivent dans ces maisons sont beaucoup plus heureux que les tourneurs de boutons que nous sommes. Vous pensez pas? »

Chapitre 25

Ailleurs dans le grand monde

*Durant tous les mois que j'ai passés à interviewer des gens,
j'ai très rarement entendu parler des événements qui se déroulaient
ailleurs dans le monde durant les années 30. Hitler, oui, mais
uniquement en rapport avec l'entrée en guerre du Canada ou la
perte d'un fils ou d'un frère. Mussolini, jamais. La Russie, parfois,
par le biais du communisme au Canada. Et quant à l'affreuse
Guerre civile espagnole, tout ce qu'on en savait, semble-t-il, c'est
que quelques centaines de Canadiens avaient quitté le pays à la
sauvette pour aller se battre.*

*On a fait allusion à l'abdication du roi Édouard V et à la
montée du nazisme dans les grandes villes mais, en général, tout
ce qu'il se passait ailleurs dans le monde à cette époque n'atteignait pas le Canadien moyen.*

Le roi et cette femme

«J'ai jamais trouvé la vie dure. On peut dire que j'étais simplement une fille de famille bourgeoise vivant à Toronto. J'allais
à l'école, j'avais des amis et j'aimais mes parents et, comme je suis
née en 1928, je savais pas vraiment qu'il existait une chose telle
que la Crise. Je le sais maintenant, mais de façon tellement super-
ficielle que ça compte pas. Je me souviens d'une seule chose. Le
Prince de Galles. Quand il est devenu roi. Et de madame Simpson,
que mon père (qui était un véritable Loyaliste de l'Empire uni et
qui l'est encore, à 84 ans) appelait 'cette femme de Bàltimore.'
Croyez-vous que c'est important?

«Bon, très bien. Ce matin-là, le principal avait annoncé
qu'il y aurait une grande assemblée spéciale dans l'auditorium, et
c'était la première fois que toutes les classes étaient réunies en
même temps. On était tous assis sur le plancher, des centaines
d'enfants, pour entendre un important message du roi sur les ondes
courtes de la radio, à 10 heures. Je me souviens de la façon dont
le principal nous avait parlé du roi et de cette madame Simpson,
l'Américaine. À l'entendre, cette madame Simpson devait être la
pire des garces. Il nous l'avait pas dit comme ça mais même les
petites de première année avaient compris. Quoi? Le roi d'Angleterre va épouser une Américaine! Les Américains étaient pas
très estimés dans notre famille, comme dans bien d'autres familles
à Toronto dans le temps. On aimait le roi et j'avais des photos
dans ma chambre du jeune prince, si beau, faisant de l'équitation
sur son ranch en Alberta, faisant l'inspection d'un régiment, jouant
au polo.

« Maintenant, je pense pas qu'il était très brillant et je crois qu'il a laissé tomber son pays et l'Empire. Mais suffit, il est mort maintenant et c'est dommage.

« On avait entendu sa voix très clairement à la radio mais je pense pas qu'on avait vraiment compris ce qu'il disait. Il avait parlé de la femme que j'aime, de celle que je veux avoir à mes côtés pour m'aider à traverser les épreuves. Puis le principal s'était levé, quelques institutrices pleuraient et ça nous avait impressionnées, et il nous avait dit qu'on aurait un autre roi et ils nous avait demandé de chanter: *God Save the King*. Je me souviens que j'avais pleuré. C'était peut-être parce que j'avais vu ma maîtresse pleurer dans son coin, et nous l'aimions beaucoup; et, pendant que nous chantions, celle qui jouait du piano avait fondu en larmes, elle aussi.

« Je crois que j'avais jamais rien vu d'aussi dramatique. Quand j'y repense, ces temps-là feraient un beau sujet de film. J'ai jamais compris ce qu'il avait trouvé dans cette femme. »

Politique et toasts à la cannelle

« Quand je pense à ça, nous n'étions qu'une bande de petits farceurs comme tous les étudiants d'université au pays. On restait assis toute la journée à discuter de communisme et de fascisme mais on n'avait pas vraiment la moindre idée de ce que c'était.

« Évidemment, y avait la Guerre d'Espagne et je dirais que la presse et la radio couvraient ça de façon adéquate. Mais de là à s'enrôler dans le bataillon canadien de la Brigade internationale pour aller se battre en Espagne, non, il n'en était même pas question. Je ne connais pas un seul intellectuel ou, plus précisément, un seul pseudo-intellectuel qui l'ait fait et, incidemment, nous faisions partie de ces derniers.

« On savait que l'Allemagne était en train de mettre sur pieds des forces armées colossales. L'occupation de l'Ethiopie par les Italiens, Mussolini se révélant sous son vrai jour. Quel clown, celui-là, mais on ne le voyait pas comme ça.

« Les Russes, eux, c'étaient les bons. On avait tous un penchant socialiste, voire, des sympathies pour le communisme. Vous savez le type, j'oublie son nom, qui en rentrant de Russie, en 1933, avait déclaré: 'J'ai vu l'Utopie et ça marche.' Ça nous avait énormément impressionné. En tout cas, on discutait plus de la Russie et du communisme que de notre propre parti socialiste, le C.C.F.

« Dans ce temps-là, on ne voyait pas la Russie comme une menace. Un peu étrange, peut-être, mais il nous paraissait évident que l'Angleterre ayant à combattre l'Allemagne, les vieilles alliances de 14-18 en Europe se reformeraient et que la Russie serait l'alliée de l'Angleterre. Alors les Russes étaient les bons gars.

«Nous étions la jeune élite, n'est-ce pas, les privilégiés qui allaient à l'université. On n'était pas nombreux dans le temps, croyez-moi. On discutait jusqu'à l'aube, garçons et filles, dans une chambre à coucher d'une maison d'étudiants ou dans le salon de quelqu'un. Thé et toasts à la cannelle. Je me souviens pas de bière ou de whisky. Mais du verbiage, des mots et des mots, on défaisait et refaisait le monde entier chaque soir, comme un puzzle.

«Dieu, comme on était frais, naïfs et beaux! Oui, beaux dans notre simplicité, notre foi. Même notre bêtise était nette. Nous étions de la génération des 18 à 25 ans et, pour nous, y avait pas de Crise au Canada, pas de problème indien, pas de problème français parce qu'aucun d'entre nous n'avait pris la peine d'aller au Québec et découvrir sur place l'existence d'un problème très amer, et nous aurions notre *cum laude,* après quoi nous nous dirigerions, valeureux et altiers, vers les grandes universités, Harvard, Cambridge, pour revenir ensuite prendre la place qui nous revenait de droit au Canada.

«Je me rends compte que seuls les gens dans la cinquantaine et de la haute bourgeoisie dont nous étions comprendront ce que je vous dis.

«Peut-être même que ceux qui faisaient partie de notre petit groupe de trente ou quarante, ceux que l'esprit du groupe reconnaissait comme biens, corrects et semblables à nous, à l'Université de Toronto, vers la fin des années 30, peut-être que ceux-là ne se reconnaîtront même pas, aujourd'hui. J'en vois un de temps en temps. Des femmes dans les pages féminines, membres de comités. Quelques types haut placés dans les affaires. Deux ou trois seulement ont poursuivi dans le domaine académique. J'en connais au moins quatre qui ont été tués à la guerre, tous dans l'aviation, parce que l'aviation était la meilleure force armée dans cette guerre. Vous voyez ce que je veux dire?»

La Guerre d'Espagne

Un volontaire du Bataillon canadien Mackenzie-Papineau qui a combattu dans la Guerre civile espagnole.

«On a trop parlé et écrit à notre sujet, trop et pas assez, si vous comprenez ce que je veux dire. On était tout simplement une bande de gars qui se sont faits prendre dans le milieu, dans la mauvaise guerre. Y avait pas de fanfares pour nous.

«Au Parlement, ça se levait pour nous traiter de communistes. Bolchévistes. Un type avait dit que nous étions allés en Espagne pour combattre avec l'Armée rouge et que le Canada était bien débarrassé de nous. Y avait des communistes parmi nous, bien sûr, personne dira le contraire et y avait aussi bien des gars qui faisaient partie de divers groupes affiliés au Parti communiste du Canada, mais ils étaient pas communistes. Je le répète, ils étaient là sans trop savoir pourquoi. Fatigués de vagabonder à travers le pays sans un sou ou fatigués de leur femme. Comme dans toutes les guerres, non? Mais, en gros, si y a eu un groupe de Canadiens, dans le temps, avec une conscience sociale, un but commun et le sens de ce qu'il fallait faire pour vaincre le mal, c'était bien nous.

« Les Canadiens nous traitaient comme des parias. Non, pas tous. Pas la majorité. Bien, la vérité, c'est que la majorité des Canadiens savaient pas et savent toujours pas qu'y a eu une Guerre civile en Espagne. Mais ceux qui contrôlaient, les politiciens et, oui, vos précieux journaux, eux savaient ce qu'il se passait. Oh oui, ils le savaient et ils nous traitaient comme des rats. Mais nous sommes morts comme des hommes. Peu importe comment on meurt si la cause est juste, comme dit le proverbe.

« Y a de nos hommes qui se sont noyés, je veux dire dans l'océan, et d'autres se sont noyés dans la boue du champ de bataille. Y en a qui se sont faits tuer par les gars de Franco, par les avions d'Hitler et les canons de Mussolini et les commissars *(les commandants russes de la Brigade internationale)* avaient le don d'engager leurs bataillons dans des attaques désespérées où personne pouvait survivre. Beaucoup sont morts de fièvres épidémiques.

« Je crois qu'il y avait environ 1 200 Canadiens et j'ai lu quelque part plus tard que le Canada était le pays le plus fortement représenté. Je sais pas.

« Mais à quoi ça sert d'en parler? Interrogez les gens au-dessus de cinquante ans sur la Guerre d'Espagne, vous aurez jamais de réponse. Y en a qui savent que c'est une guerre civile dans laquelle la Russie, l'Italie et l'Allemagne ont testé leurs armes modernes, canons, chars d'assaut, bombardiers, sur les forces espagnoles. Et, d'une manière, oui, c'était ça. C'était pas seulement une guerre civile. Je suis pas trop sûr si la plupart d'entre nous comprenaient la situation dans toute sa complexité. D'ailleurs, un soldat au front, sait-il ce qu'il arrive un demi-mille plus loin? Le lieutenant le sait-il? La plupart du temps, les généraux le savent pas non plus.

« Les Canadiens ont pris part aux batailles de Brunette et de Quinto, et de la vallée de la Jarama et Dieu sait que nous avons bien combattu. Mauditement bien. Des garçons d'environ 18 ans et quelques vieux routiers au-dessus de quarante ans.

« Non, y a plus de raison d'en parler. Personne s'en souvient et j'ai beaucoup oublié. Je me souviens de quelques noms, des combats auxquels nous avons pris part, la bataille de l'Èbre, une dure celle-là, et des quelques bons moments que nous avons eus. C'est drôle, y avait beaucoup de Finlandais du Canada avec nous. Beaucoup d'Anglais et d'Écossais aussi. Pas beaucoup de Canadiens français. Peut-être qu'ils avaient entendu que le gouvernement poursuivrait les gars à leur retour d'Espagne. Ils nous ont pas poursuivis mais on nous a traités comme de la merde quand on est revenus.

« En 1939, nous étions les seuls soldats du Canada, les seuls hommes qui avaient l'expérience de la guerre moderne. Ne me parlez pas des gars de la Première Guerre mondiale. Je parle pas d'eux. En 1939, nous étions endurcis et nous connaissions tous les trucs mais l'Armée canadienne voulait pas de nous. Nous étions subversifs. On avait combattu dans l'Armée rouge. Boulechitte.

« Mais c'est plus la peine d'en parler, c'est fini tout ça. La plupart des gars veulent oublier ça. Moi, j'avais embarqué parce que j'avais étudié l'histoire et les modèles d'agression et ce qui allait se passer était bien évident et, pourtant, je peux pas dire que c'était tellement évident, à moins de dire que, moi et quelques autres, on était les hommes les plus intelligents au monde. C'est aussi par goût d'aventure que j'ai embarqué. Oui, pourquoi ne pas le dire. Mais, dans le fond, je me suis enrôlé parce que je croyais que je pouvais aider à arrêter Hitler.

« Je me souviens des feux d'artillerie, la nuit. Des enfants espagnols dans les rues bombardées de Madrid. Des cadavres empilés partout, les blessés sans aide, et la façon qu'ils avaient d'engager des bataillons entiers dans une vallée d'où bien peu sortaient vivants. Je me souviens de la brigade américaine, des gros bombardiers trimoteurs des Allemands. Je me souviens qu'on savait qu'on allait perdre la guerre et qu'on sortait des lignes pour s'asseoir à un café, et boire cet affreux cognac qu'ils avaient et qui pouvait vous tuer aussi sûrement qu'une balle si vous en buviez suffisamment. C'est de ça que je me souviens. »

Les nazis à Winnipeg

« Fallait être aveugle pour pas voir qu'un bon nombre d'Allemands de Winnipeg était du côté d'Hitler. C'était probablement comme ça dans le monde entier, sûrement à Toronto et aux États-Unis et en Amérique du Sud, surtout en Argentine... mais de les voir à Winnipeg ! Ça faisait bizarre. Je me souviens d'avoir pensé à leur histoire, Bismarck, la Prusse et tout ça, et de m'être dit que c'est typique.

« Ils avaient organisé la *Bund* canadienne-allemande, *bund* voulant dire société amicale, ou quelque chose comme ça. Ils professaient leur amour pour le Canada, mais je n'y ai jamais cru un seul instant. Ils étaient du côté de *Der Faderland*, un point c'est tout. Ils ont commencé petit, sans rien brasser, mais en parlant aux leaders, on voyait bien qu'ils étaient fiers de ce que Hitler faisait et ils commençaient à mordre à pleines dents dans le nazisme, en même temps qu'ils grossissaient en nombre. Ils savaient pas ce qui s'en venait mais ils étaient pas mal durs avec les Juifs du nord de la ville. Même en 1935, ils avaient leurs durs, leurs fiers-à-bras qui font partie de la chanson aujourd'hui. Y avait une salle de cinéma sur Notre-Dame, pas loin de Portage, où ils montraient beaucoup de films allemands, genre *Force par la Joie,* et c'était toujours bondé d'Allemands, chaque soir. Si je me trompe pas, Marlene Dietrich a fait quelques films pour les nazis glorifiant la race aryenne.

« Nous autres, évidemment, on trouvait que les Allemands étaient des gens très bien et ils le sont. Sauf quand ils mordent dans quelque chose comme ça. C'est comme de dire que tous les chiens sont bons jusqu'à ce qu'ils attrapent la rage. La boutique d'un tailleur juif était saccagée, une nuit, et la police terminait son rapport en déclarant : aucun suspect. Les flics le savaient mauditement bien qui l'avait fait. Y avait un Allemand, entre autres, à Winnipeg, qui protestait ouvertement contre les nazis et ils avaient saccagé son bureau plusieurs fois.

« Oubliez pas que c'était bien avant les atrocités, en Autriche, et tout ça. À l'époque, les Canadiens étaient les êtres les plus endormis, les plus béats et les plus insulaires de la terre, ils traitaient ce nouveau mouvement comme n'importe quel autre, comme les sociétés islandaises ou les Jeux calédoniens de Saint-André. Mais la *Bund* canadienne-allemande grossissait et pas seulement à Winnipeg mais à travers le Canada. C'est les communistes qui se faisaient botter le cul par la Police montée, des descentes dans leur quartier-général, saisies de littérature. La vieille histoire. Mais la *Bund* n'en continuait pas moins à enfler comme un burger.

« Les journaux en parlaient pas. Pas un mot. Oh, ils couvraient leurs réunions et leurs concerts tout comme les réunions des Dames auxiliaires de l'Église unie ou du Club belge, à Saint-Boniface. Sauf pour le vieux Dafoe *(John Dafoe, rédacteur en chef du Winnipeg Free Press)* et ses éditoriaux que personne lisait, le *Free Press* était l'un des journaux les plus lents dans l'Ouest et le *Tribune* était pareil. Les reporters savaient ce qu'il se passait, mais les gros canons disaient que c'était pas bon pour le pot-au-feu d'agiter la marmite. La marmite du profit.

« Les Juifs de Winnipeg le savaient aussi parce qu'ils commençaient à recevoir des lettres de leur famille. Un grand nombre de Juifs avaient leurs racines en Allemagne et ils apprenaient comment leurs oncles et leurs tantes et leurs vieux amis se faisaient transportés dans les camps. De nouveaux réfugiés arrivaient aussi et ils avaient des histoires à raconter.

« C'était en 1937, je crois, et y avait un grand pique-nique de la *Bund* en ville ce jour-là et j'étais descendu sur Osborne pour assister à la parade. Beaucoup de monde faisait la même chose. Après tout, une parade, c'est une parade. Et celle-là en était toute une ! Elle en finissait plus. Il devait y avoir 10 000 marcheurs, tous des Allemands, béats et souriants, des hommes, des femmes et des enfants. Chantant. C'était mauditement bien organisé, en petits groupes, en pelotons, avec des drapeaux allemands, beaucoup de chemises brunes avec la croix gammée sur le bras. Fallait pas être sorcier pour voir qu'ils étaient bien organisés et qu'ils savaient ce qu'ils faisaient. Comme s'ils avaient répété la veille. En tout cas, c'était mauditement impressionnant.

« Dans le parc, y avait des tables et des tables, sous les arbres, remplies de nourriture et y avait des barils de bière partout, et ça, c'était un dimanche, à Winnipeg, le bon Winnipeg chrétien aux bas bleus, vous vous rendez compte! Y avait des photos d'Hitler et Goering et de l'autre petit, comment il s'appelait, le ministre de la Propagande, Goebbels, épinglées sur les arbres et on faisait des discours sur la plateforme, en anglais, mais surtout en allemand et c'était le salut nazi tout le temps. Mon père était avec moi et on se promenait comme ça et deux gros types nous ont arrêtés, alors j'ai sorti ma carte de presse et ils ont souri et puis, oui, mon Dieu, ils nous ont dirigé tout souriant vers une tente où on nous a épinglé un ruban de la presse, à mon père et à moi. On s'est bien amusé. Partout où on allait, des femmes joviales nous offraient des saucisses et des grosses portions de choucroute et des bocs de bière et le bonhomme et moi, on s'est empiffré et on était plutôt saouls, et on écoutait les musiciens qui étaient mauditement bons et on regardait le monde danser et y avait pas une chambre à gaz en vue. Quand on est parti, mon père a déclaré qu'il s'était beaucoup amusé et y avait aucun doute là-dessus. Tous ces gens heureux célébrant.

« Deux ans plus tard, certains de ces gens heureux étaient dans des camps de concentration, la guerre, voyez-vous, la *Bund* n'existait plus, kaput, et les Allemands de Winnipeg se sont remis à faire de l'argent et à dire qu'ils savaient rien d'Adolf Hitler.

« Ils se souvenaient mauditement bien d'Hitler et de leurs brassards et des discours et les vieux s'en souviennent encore aujourd'hui. Je me demande souvent si la Gendarmerie était à ce pique-nique et s'ils ont pris des photos des orateurs et de ceux qui étaient là. J'en doute, parce qu'ils étaient trop occupés à chasser les communistes et, au journal, on savait que la Police montée obtenait ses renseignements sur les communistes de la *Bund,* des nazis. C'était un monde dingue dans ce temps-là. »

Les soldats du samedi

« Il se passait pas grand-chose dans le quartier, alors on était entré dans la milice. Les soldats du samedi. Y avait de l'entraînement le samedi après-midi et ensuite on buvait le dollar qu'ils nous donnaient, le soir même, à la cantine, à cinq sous la bière. Ça, c'était l'effort d'avant-guerre du Canada, on se préparait pour Hitler. Jééézzzu! On était pas beau à voir et, en fait, y a pas beaucoup de ces garçons-là qui sont revenus de la guerre tout d'une pièce. Les premiers arrivés et ils ont été les premiers servis dans l'affreux avortement de Hong Kong, en Sicile, en Italie, en Normandie, je devrais peut-être pas rire d'eux. J'étais là moi aussi.

«Mais le gouvernement canadien était tellement ridicule, y avait vraiment de quoi rire. Ce Mackenzie King. Lui, quand ils l'ont fait, ils ont jeté le moule après.

«Je me souviens qu'y avait des manœuvres de deux semaines à Shilo. En '37, '38. On avait un uniforme et on vivait sous la tente. Le vent soufflait le sable partout et on était là, dans nos uniformes de la guerre de 14, avec nos fusils *Ross,* qui avaient causé tout un scandale durant la Première Guerre parce qu'ils s'enrayaient, et quelques vieux camions. On pratiquait l'exercice antiaérien. C'était à la fois offensif et défensif. On allait dans la montagne et un ou deux vieux *Tiger Moth* jaunes venaient flotter au-dessus de nous, oui, flotter, on aurait pu les frapper avec une pierre, et ils nous bombardaient avec des petits sacs de farine de deux livres. Quand ils tombaient assez près de nous, on était considérés hors d'usage. On restait couchés et on faisait le mort, avec nos fusils de bois, faisant bang-bang, comme on l'avait fait dix ans plus tôt en jouant aux cow-boys et aux Indiens.

«Oubliez pas qu'au même moment, en 1938, les usines d'Hitler sortaient des bombardiers *Stuka* à la douzaine, mais nous, on faisait bang-bang en regardant les *Tiger Moth* passer. Ça fait réfléchir, hein?»

Chapitre 26

Les Indiens, c'était pas du monde

Je me souviens d'avoir parlé à un homme qui était propriétaire d'un camp de pêche sur le Lac des Bois, et qui m'avait dit qu'il avait congédié son guide indien. Il avait ajouté tout naturellement que cet Indien connaissait parfaitement la forêt. Alors pourquoi? lui ai-je demandé. Parce qu'il l'avait remplacé par un Norvégien qu'il connaissait. Mais... était-il meilleur que l'Indien? Non. Alors pourquoi l'avoir congédié? Parce que, dit-il, le guide était un Indien. Tout à fait illogique, mais c'était comme ça.

N'importe quel Indien au Canada pourrait probablement vous raconter des dizaines d'histoires semblables.

Pour l'Indien, la Crise n'a fait qu'aggraver davantage son sort déjà intolérable. Qu'il fût en ville, en banlieue ou sur une réserve, l'Indien était sans cesse traqué de tous les côtés par l'homme blanc, sa police, ses magistrats, ses préposés au Secours direct, ses bureaucrates des Affaires indiennes, ses enseignants, ses commerçants et ses contrebandiers d'alcool.

Il ne lui restait plus qu'à essayer de retourner cent ans en arrière, en allant vivre très loin dans le bois, où il y avait encore du chevreuil, du rat musqué, des fruits sauvages et du poisson dans tous les ruisseaux. Certains l'ont fait.

L'homme aux deux noms

« Vous pouvez faire ce que voulez avec ce que je vous dis. Ça m'est parfaitement égal. Est-ce que vous me prendriez pour un Indien? Un pur sang? (J'ai dit peut-être, en d'autres circonstances, et il a souri.) Oui, je le suis. J'ai mon nom indien et, évidemment, j'ai mon nom d'homme blanc. Je représente plusieurs clients assez importants et, ici, à Ottawa, comme en Saskatchewan, jamais personne s'est pris pour un visage pâle face à une maudite peau rouge. Oui, j'ai grandi pendant la Crise. Pas sur la réserve, mais autour de Calgary, High River et plus à l'ouest, Black Diamond, ce pays-là.

« Évidemment, l'Indien savait pas ce que c'était qu'une Crise. Nous, on avait notre propre petite crise qui nous collait dessus comme un poncho. Si j'avais su à l'époque, au moins j'aurais pu bien rire de vous voir en prendre plein le cul comme on le faisait depuis 50 ans et plus.

« Je travaillais sur des ranchs et j'étais un bon cow-boy. Avec huit ans d'études à l'école de la réserve, je parvenais à me faire 25 sous par jour en faisant les foins. Ça vous donne une idée de la valeur d'une bonne éducation. J'ai dompté des chevaux sauvages pour $3.40 par jour et j'ai déjà fait ce même travail en plus d'autres tâches plus dures et plus dangereuses, pour $2 par jour. J'ai travaillé pour une compagnie où, pour un mois de travail, ils m'ont donné des parts pour la valeur de $50 et il fallait pas être courtier ou géologue pour savoir que ça valait pas le coût de l'imprimerie. Une fois, j'ai mendié à Winnipeg, j'avais 19 ans, tout maigre, et un flic m'a donné un coup de poing en pleine figure, comme ça, sans dire un mot, je l'ai même pas vu venir. Sur les terrains de l'Exposition, là où ils font le *Stampede*, on servait la soupe et le gérant m'avait renvoyé en me poussant en dehors de la ligne, comme un Noir en Alabama. À l'ouest de Staveley, un rancher m'avait fait embarquer alors que je marchais sur la route. Un Indien aurait jamais osé faire du pouce. Il m'a donné du travail et, quand je lui ai demandé mon salaire au bout de deux mois, il m'a dit que mon salaire c'était d'être nourri et logé. La nuit suivante, il a perdu trois meules de foin pour ça. Trois allumettes de la cuisine, trois meules. La Gendarmerie avait aucune preuve contre moi mais le rancher les a mis à mes trousses, comme s'il m'avait mis une cloche au cou. J'ai cueilli des betteraves avec des femmes à Taber pour presque rien par jour et ils le font encore là-bas.

« J'ai marché de Lethbridge à Fort MacLeod puis jusqu'à Cowley et personne m'a fait monter en voiture. Environ 80 milles, je dirais. Je crois pas avoir rencontré un seul homme blanc qui ait été aimable envers moi. Toutes les forces tournées contre le sang. De 1934 à 1939, j'ai travaillé en Alberta. On m'avait dit que si je traversais en Colombie britannique on m'arrêtait. De la pure foutaise, évidemment, mais je le savais pas. Je travaillais surtout pour manger et, si je recevais quelques dollars, je les buvais.

« J'ai vu des hommes mourir sur le bord de la rivière, à Calgary, par des beaux jours d'été, mourir de vin et de malnutrition et peut-être des suites des coups de pied administrés par les bœufs. Y en avait qui savaient comment donner des coups de pied dans les reins de manière à ce qu'un gars s'en remette jamais. C'était du meurtre, évidemment, mais comme on dit, ce n'était que de pauvres sauvages. Les hommes mourants, les Indiens chassés des lignes de soupe parce qu'ils étaient Indiens et vous autres, les Blancs, enragés les uns contre les autres et vous trahissant en affaires comme personne de mon peuple ne l'a jamais fait. En réalité, l'Indien est un être doux, vous savez. Il préférerait être votre ami plutôt que le contraire et un Pied-Noir vous donnerait sa chemise ou son cheval si vous en aviez besoin.

« Les photos dans le *Herald (de Calgary)* du premier ministre R.B. Bennett arrivant à la gare du Canadien Pacifique, satisfait et l'air tellement repu que ça vous donnait l'envie de lui vider votre fusil dans le visage. Et même à ce moment-là — c'était en 1935 — tout le monde savait qu'il avait fourré le pays et qu'il était à la veille de débarquer, mais y avait les hommes d'affaires et les politiciens qui faisaient leur petite danse de baiseurs de culs autour de lui. C'était dégoûtant. J'ai mangé beaucoup de merde pendant six ans et je crois pas que j'aie jamais reçu plus que $15 par mois, et ça, seulement une ou deux fois.

« Bien sûr, j'ai volé. Les hommes blancs ne volent pas, eux? C'est drôle que je puisse employer cette expression: hommes blancs, mais vous m'avez embarqué. Une fois, dans le bout de la rivière Highwood, en pleine tempête de neige, j'ai rencontré un troupeau de bétail, la queue dans le vent, attendant, au creux d'un ravin, que la tempête se passe. J'en ai pris six avec moi et je les ai conduits dans le vent et la poudrerie, à travers les champs et les routes et, au bout de deux jours environ, je les ai fait entrer dans la cour d'un rancher et je savais que je risquais 15 ans de pénitencier à Prince Albert, mais je l'avais vu dans sa forge et j'avais six veaux à vendre. J'ai dit: 'Deux piasses chaque, pas de reçu, pas rien.' Il est sorti, il les a examinés, il a sorti son portefeuille et m'a tendu un dix et deux uns puis il a flanqué une claque sur la fesse de mon poney en disant: 'Fous le camp.' C'est ce que j'ai fait. Je suis revenu un peu sur mes pas au cas où on m'aurait suivi et, le lendemain, je me suis saoulé à Cochrane et j'ai envoyé à ma mère les dix dollars qui me restaient, et j'étais de nouveau à zéro. Un financier pouvait voler un demi-million mais si un Indien partait avec un veau, il pouvait se retrouver en cage pour dix ans. C'était une drôle d'époque.

« En 1939, tout ce que j'avais, c'était un cheval qui avait un peu de Morgan en lui, une selle et un sac, et ça faisait six ans que je travaillais. Puis la guerre est arrivée et alors là, ce qu'ils étaient heureux d'enrôler ce pauvre Indien! Après tout, est-ce qu'on était pas sensés être des sauvages, de bons chasseurs, donc de bons tueurs? Il resterait plus beaucoup d'Allemands une fois qu'on en aurait fini avec eux. J'étais devenu malin à cette époque et je le suis devenu encore plus, et on m'a fait caporal, puis sergent, et quand un homme aimait pas prendre mes ordres, j'allais chercher deux paires de gants de boxe et je lui disais de me le dire autrement. C'était parfaitement légal. J'ai cassé la gueule à tous les hommes qui ont essayé. Avec le temps, je me suis fait toute une réputation et, quand je suis sorti, j'étais capitaine. En mai '45, avec une balle dans la jambe. Pas assez pour un galon de blessé. J'ai fait ma onzième en deux mois, je suis allé à l'université, j'ai marié une fille blanche et me voici. Un homme important, si je me compare à d'autres. »

Parce qu'ils pouvaient vivre dans le bois

« En 1931, quand le gouvernement fédéral a institué le Secours direct, une famille urbaine recevait $15 par mois et une famille rurale en recevait 10, parce qu'ils avaient une vache, un cochon et un grand jardin, et une famille indienne recevait $5 parce qu'ils pouvaient vivre dans le bois.

« Les Indiens vivent plus dans le bois depuis Custer, mais vous pouviez pas dire ça à ces bâtards à Ottawa. Pour eux, les Indiens, c'était pas du monde. »

Tout le monde nous haïssait

« Moi ? Je suis un Métis. Grand-père canadien-français, grand-mère cri. Moitié moitié, mes enfants aussi, mes petits-enfants, tous de la merde de par leur naissance et rien que de la merde aussi longtemps qu'ils restent par ici. Tout le monde est Métis au nord d'ici *(Prince Albert)*. Les Portugais qui travaillent sur les chemins de fer, ils sont plus foncés que nous mais ils sont pas dans la merde.

« Ouais, les sales années 30. On avait une petite maison tout à fait au nord d'ici, mes deux frères, moi pis un cousin de Sandy Lake, pis les Indiens nous haïssaient, pis les Blancs nous haïssaient, tout le monde avait besoin d'haïr quelqu'un, alors ils nous haïssaient tous. Nous aut', on haïssait personne.

« Ils envoyaient des Blancs des villes, de Regina pis d'autres places comme ça, pour en faire des fermiers, mais ces gars-là, i' connaissaient pas la différence entre une fourche pis un râteau. Ça fait qu'i's crevaient de faim, je vous le dis. Ce monde-là, i's crevaient de faim pis nous aut', moi pis mes frères, des fois on les aidait. I's avaient pas d'argent mais qu'est-ce que tu voulais qu'on fasse ? Une fois, un gars m'a donné son vieux fusil quand i' a lâché. Y en a bin qui lâchaient. I's savaient rien pis leurs enfants crevaient de faim, i's gelaient bin raides la nuit. Y en avait bin comme ça, c'est de valeur.

« Un jour, je rencontre l'inspecteur des concessions au village. I avait p'us grand-chose à faire, tout le monde lâchait les concessions, pis i' m' dit : 'Roy, y a de la bonne terre à foin là-bas.' J' savais où i' voulait dire. 'On devrait faire une entente. Le gouvernement va acheter ce foin-là pour l'envoyer dans le sud, alors donne-moi $15 pis m'a t'inscrire pour cinq tonnes avec tes chevaux pis t'en prendras 60 pis t'en feras ce que tu voudras. M'a t'arranger un permis pour dire que t'es correct pis tu vendras le reste au gouvernement.'

« Tu vois, c'est de même que ça marchait. Le permis du gouvernement coûtait 25 sous pour une tonne de foin. Ça veut dire que je payais le gouvernement $1.25. Mais j'lui donnais $15, ce qui fait qu'i' mettait $13.75 dans sa poche. Pis i'm' dit envoye fort, prends-en 60 tonnes pis vends-les au gouvernement à $1 la tonne. Ça nous faisait quasiment 60 piasses. Le foin valait bin plus que ça mais les temps étaient durs pis y avait seulement le gouvernement qui achetait. O.K. un peu d'argent c'est mieux que rien. C'est pas correct mais c'est l'inspecteur qui a commencé.

« Ça fait que les gars pis moi, on en fait à peu près 60 tonnes. Du gros foin, haut pis pesant, pis ça nous a pas pris de temps. On savait ce qu'on faisait pis on avait des bons chevaux.

« On avait tout fini pis le gars des Affaires indiennes s'amène chez nous pis i' veut voir notre permis. 'Vous êtes bons pour cinq tonnes, qu'i' dit, mais vous en avez pas loin de 60.'

« Foutus. L'agent dit que le gouvernement va saisir ce foin-là pis de fermer nos gueules si on veut pas qu'i' mette les flics à nos trousses. On dit pas un mot. Mais sais-tu quoi? Une amie de ma sœur, qui travaillait dans un bureau du gouvernement, me dit que l'agent des Affaires indiennes a pas le droit de prendre notre foin. On était pas Indiens, on était Métis. J'voulais p'us rien savoir de toute l'affaire pis la fois suivante, la fille me dit que l'agent vend notre foin au gouvernement à une piasse la tonne, pis qu'i' sépare ça avec l'inspecteur des concessions. C'est comme ça qu'i's nous fourraient toute la gang. Tous les gars du gouvernement étaient contre nous aut' pis on savait pas quoi faire, on était trop caves. C'était tout le temps de même. J'espère que les gars du Pouvoir rouge vont casser la gueule à tous ces maudits bâtards pourris du gouvernement. »

La privation dans l'abondance

« On entendait pas beaucoup parler des Indiens dans le temps, parce que je pense que les Indiens existaient pas officiellement. Je veux dire qu'ils étaient pas un problème, on leur permettait seulement de crever tranquillement.

« Je me souviens, un jour, on était au large de la côte, à peu près à une demi-journée au nord de Campbell River, quand notre moteur est tombé en panne. Le capitaine avait décidé d'aller amarrer à Theodosia Arm pour se faire aider. Y avait une bande d'Indiens qui vivait là, environ cinq familles, beaucoup d'enfants, et ils vivaient dans des cabanes montées sur des billots de cèdre au-dessus de l'eau. Dans les deux dernières, y avait à peu près deux pouces d'eau sur le plancher. On était en juillet et le détroit était rempli de saumons. Christ! la moitié du saumon du nord du Pacifique descendait le détroit en direction du Fraser et ces Indiens-là crevaient de faim.

« Ils avaient pas de bateau, voyez-vous. En fait, ils en avaient un, mais j'aurais pas donné cinq piasses pour. Une vieille barque de 30 pieds avec un moteur *Star* qu'ils avaient trouvé quelque part, mais le gouvernail était fini et fallait tirer la quille avec des chaînes pour le faire tourner. Y avait pas moyen de pêcher avec ça et leur filet était tout troué. Ça fait qu'y avait des millions de saumons qui passaient là tous les jours mais ces Indiens-là étaient cassés et crevaient de faim.

« Ils avaient une poche de farine de blé d'Inde, ce qu'y avait de meilleur marché, un peu de lard, quelques morues de roches qu'ils avaient attrapées et quelqu'un avait tué un lynx dans le bois. C'est tout ce qu'ils avaient. Pas de vêtements pour la peine, les enfants étaient tout couverts de plaies. Jésus Christ! ils étaient pas beau à voir. On leur a donné ce qu'on pouvait, c'était pas beaucoup, mais on pouvait pas réparer leur gouvernail et, sans ça, ils pouvaient pas pêcher. Mais ç'avait pas l'air de les déranger, c'est ça, l'affaire, voyez-vous, on aurait dit que ça les dérangeait pas.

« La semaine suivante, on était de retour à Campbell River et Barney Fellows, Lionel Sanderson et moi on est allés raconter ça aux gars du gouvernement, surtout à cause des enfants. L'agent des Affaires indiennes avait l'air d'un bon gars et il a dit: 'Où avez-vous vu ces gens-là?' et Barney lui a montré l'endroit sur la carte qui était au mur. Le gars a dit: 'Ah, Takoosh. C'est Takoosh. Ils sont encore là, hein? On se demandait ce qu'il leur était arrivé.' Comme si quelqu'un avait dit: 'On se demandait ce qu'il était arrivé des Phéniciens et des Carthaginois.'

« Il nous a pas remerciés et il a pas dit qu'ils enverraient un bateau. C'était comme ça dans le temps, les pauvres prenaient toute la merde et je connais personne qui était plus pauvre que ces Indiens-là. »

Foutez le camp, m'sieur

« Mon père avait engagé des Indiens une fois pour faire les foins. Y avait plein de Blancs autour qui étaient meilleurs travailleurs, mais il avait fait une entente en-dessous de la table avec le surintendant de l'école indienne et il les avait pour 25 sous par jour. Des jeunes, de 15, 16 ans. Le surintendant se faisait 10 sous par jour pour chaque travailleur. Si vous aviez un petit peu de pouvoir, tout vous était permis, je veux dire tout ce qui était croche.

« Le premier matin, les Indiens ont commencé à travailler pas trop mal mais, vers 11 heures, ils ont aperçu un énorme lièvre, le plus gros que j'avais jamais vu. Et voilà les cinq partis après le lièvre. Avez-vous déjà vu des Indiens courir après un animal? C'est quelque chose! Ils sont partis à la course en tentant de l'encercler et, juste avant de disparaître à l'horizon, ils s'en approchaient. Un lièvre aussi se fatigue de courir, vous savez. Papa et moi, on est partis à leur recherche et, une heure plus tard, on a aperçu de la fumée. On les a retrouvés, assis autour d'un feu, dans un boisé, en train de faire rôtir à la broche non pas un lièvre, mais deux. C'était beau à voir, comme dans l'ancien temps, je suppose, mais ils étaient en train de gaspiller notre temps et notre argent alors papa leur a dit de se brancher.

« Ils se sont mis à ricaner entre eux et l'un d'eux a passé une remarque en cri, puis le plus grand a dévisagé papa et lui a dit:

'Monsieur Dickinson, si vous foutez pas le camp d'ici bientôt, vous et votre fils, vous allez vous faire faire mal.' On est partis. De retour à la maison, papa a sauté dans son camion et il est allé engager des hommes blancs au village. Moins dangereux comme ça, j'imagine. »

Il avait dix-neuf ans

« Ils avaient pendu un Indien à Headlingly, mais je me souviens pas pourquoi. Oh, un meurtre, évidemment, mais je sais pas lequel. Je crois que c'était lui qui avait fendu son beau-frère avec une hache, de la tête à la fourche.

« Quand un homme est condamné à mort, la coutume est de lui accorder tout ce qu'il veut manger pour son dernier repas. S'il veut manger une dinde de quinze livres, comme à Noël, c'est son droit, on la lui donne. Une vieille coutume anglaise, je crois.

« En tout cas, ce jeune-là sortait d'une réserve, dans le nord, autour des lacs, et tout le monde était pauvre dans ce bout-là, dans le temps, mais les Indiens étaient les plus pauvres de tous. Ils avaient rien, littéralement, et ils attendaient rien. Alors, la veille de son exécution, le gouverneur de la prison lui a demandé ce qu'il désirait manger et le gars a répondu qu'il voulait du merlan bouilli. Christ, même en prison la nourriture était dix fois meilleure que ça. Non, il voulait du merlan bouilli. Autre chose ? Oui, du thé bouilli avec beaucoup de sucre. C'est tout ? Oui, juste du merlan bouilli et du thé. On me dit qu'il s'est bien régalé. Le pauvre, c'est tout ce qu'il connaissait, c'est là-dessus qu'il avait grandi, du poisson et du thé, et ça en dit long sur la façon dont on a traité ces gens-là. Ce monde-là ont toujours eu leur propre Dépression. Toute leur vie. Du merlan et du thé. Je crois qu'il avait 19 ans. »

Un ours, un homme, une balle

« Vous savez, y a une chose que je n'oublierai jamais : malgré leur très grande pauvreté, les Indiens étaient des gens merveilleux. Vers 1935, on nous avait engagés comme concierges d'hiver d'un endroit de villégiature. Un endroit ravissant, à l'est de Kenora. Nous avions déménagé de Toronto et nous nous étions installés. Je crois que c'est le plus beau pays du monde en automne, si paisible, ces lacs bleus entourés d'arbres de tous les tons de rouge, d'or et de jaune. Nous avions tous les deux grandi sur une ferme, de sorte que nous avions des ressources et nous étions heureux d'avoir une place pour passer l'hiver, ce qui nous consolait de ne pas avoir pu trouver d'emploi comme instituteurs.

« Nous avions pensé pouvoir enseigner aux enfants indiens de la région, pour rien évidemment, mais le ministère des Affaires indiennes a immédiatement fait avorter le projet. Ces Indiens-là leur appartenaient, ils pouvaient en faire ce qu'ils voulaient.

« Mon mari avait grandi dans les Rocheuses et il avait déjà fait de la prospection, ce qui fait qu'un soir il a proposé qu'on prenne quatre jours de congé et qu'on parte faire de la prospection avant l'arrivée de la neige. Tout le monde parlait d'or dans ce temps-là, l'or était une valeur sûre et tout le monde en cherchait. J'étais d'accord, alors nous avons rempli nos havresacs et nous sommes partis en direction du nord-est, sur de vieilles routes à bois et ça commençait à être pas mal sauvage. C'est là que nous avons rencontré des Indiens. Ils avaient récolté du riz sauvage, en le ramenant par dessus leur canoe et en le battant avec leurs avirons, vous savez, et ils nous en avaient vendu un peu. Non, ils nous l'avaient donné et nous leur avions donné des cigarettes. Nous avions campé tout près et, durant la nuit, y avait eu un vacarme épouvantable. Les hommes et les enfants criaient et j'avais demandé à John où ils avaient bien pu trouver tout ce whisky et il m'avait dit que j'étais bien sotte de penser qu'ils avaient du whisky. Quand nous sommes arrivés, tout était fini. Un ours était passé par là et quel ours ! Il avait déchiré tous leurs filets, défoncé un canoe, avait démoli leurs séchoirs et une femme était étendue par terre, le bras cassé. D'habitude, les ours n'agissent pas comme ça, et celui-ci devait être malade ou devenu fou. Tout le monde était retourné se coucher et, de nouveau, le silence complet. Les enfants indiens ne pleurent pas beaucoup, vous savez.

« Le lendemain, nous avions pu nous faire une meilleure idée de la vie de ces gens-là. Ils faisaient pitié, ils n'avaient rien. Et par surcroît, ce carnage de la veille. Nous avons assisté à leur réunion et quand ils croyaient que nous devions comprendre, le chef nous traduisait ça en anglais. Une vieille femme qui avait un don, un pouvoir de guérisseur, allait s'occuper du bras de la fille ; ils répareraient leurs filets ainsi que leur canoe et mon mari, John, leur avait offert de partir à la recherche de l'ours. Il leur avait montré la belle carabine que nous avions apportée. Non, c'est le Vieil Homme qui irait. Il connaissait les ours, nous avait dit le chef. Il les respectait et il pensait comme eux aussi. Il avait dit que le Vieil Homme avait connu un ours quand il était jeune. Pour ce que ça voulait dire.

« Le Vieil Homme devait avoir entre 70 et 80 ans. Il aurait pu tout aussi bien être centenaire. Il lui manquait l'œil droit et la main gauche. Ses vêtements étaient en haillons et il portait des caoutchoucs déchirés par-dessus ses mocassins. Il s'était fait une petite provision de farine qu'il avait mise dans un vieux linge sale dont il avait attaché les quatre coins et il avait mis ça dans son petit sac avec trois poignées de thé et du sucre. Il avait enlevé le vieux feutre qu'il portait sur sa tête et avait enfoui quelques hameçons et un bout de ligne à l'intérieur de la doublure de cuir et il avait mis un grand couteau dans sa ceinture.

«John avait murmuré que c'était ridicule. Et ce l'était. Ce vieil homme tout courbé partait à la recherche d'un ours, probablement enragé par une vieille blessure causée par une balle, et on aurait dit qu'il s'en allait tout bonnement acheter des allumettes au magasin du coin. Il avait une vieille carabine 22, toute rafistolée avec du fil de fer. Mon mari avait demandé au chef combien de munitions il avait et le Vieil Homme avait ouvert sa main dans laquelle il tenait quatre petites balles à courte distance et une seule longue. Le chef nous avait dit que les petites étaient destinées à des perdrix au cas où il aurait faim, et que la grande était pour l'ours. John leur avait offert notre carabine tout en sachant que si quelque chose arrivait ça nous aurait coûté trois mois de salaire pour la remplacer. Mais le vieux voulait pas. Le chef avait dit: 'C'est tout ce qu'il nous reste mais quand on aura vendu le riz, ça ira.'

« Si je peux terminer cette histoire sans la rendre insipide, je serai très heureuse. Quatre jours plus tard, nous étions assis sous un gros arbre près d'une clairière où y avait un ruisseau, il devait être 10 heures du matin, quand John m'a dit qu'il croyait avoir entendu quelque chose. Nous avons tendu l'oreille et moi aussi j'ai entendu. Un animal qui marchait. Puis nous avons entendu un claquement sec, un seul, et nous avons compris tous les deux qu'il s'agissait d'un coup de fusil et nous étions à des milles de toute civilisation. Nous avons couru dans le bois et nous avons vu un gros ours renversé sur le dos. Je ne l'oublierai jamais. Il était énorme, environ 450 livres. Il avait une grosse langue rouge qui lui sortait de la bouche et il agonisait. Une grosse convulsion l'a secoué tout entier et il est mort. Nous avons entendu une voix: le Vieil Homme était là, à 20 pieds de nous. Je me suis mise à pleurer et je ne savais pas pourquoi. Y avait cette grosse bête et ce vieux fou avec son fusil tout croche et il était parti depuis quatre jours.

« Il avait suivi l'ours jusqu'à ce qu'il soit en position de le tuer d'un seul coup. Je me souviens que John avait examiné l'ours de très près pendant trois ou quatre minutes puis il s'était relevé et avait mis sa main sur l'épaule du Vieil Homme et l'avait embrassé comme un frère. Je vous dis que je braillais.

« L'ours n'avait aucune autre blessure à part le petit trou de la balle dans son cou, qui avait dû lui couper l'épine dorsale. Le coup vraiment fatal. Ce soir-là, mon mari m'avait dit: 'Il a même pas viser le cœur. Il l'a eu à l'endroit où il lui fallait absolument l'attraper.'

« Nous étions fatigués de prospecter de toute façon, alors John avait coupé la tête qu'il avait enfoui dans un sac et le Vieil Homme l'avait pelé. Nous lui avions servi un bon repas. Quand avait-il mangé la dernière fois, nous ne le savions pas. Il ne parlait pas anglais, mais il n'avait plus de farine. Son camp était à environ une vingtaine de milles et nous sommes arrivés avant la nuit. En arrivant, le Vieil Homme avait lancé la peau à une femme qui l'avait rangée et mon mari avait sorti la tête de son sac en pointant vers le Vieil Homme. Tous s'étaient mis à parler en cri, on nous avait traduit brièvement et, essentiellement, c'était que le Vieil Homme avait bien fait ça. Mais ces gens-là n'y voyaient rien d'exceptionnel. Ils s'attendaient à ce que le Vieil Homme poursuive l'ours et le tue et ils étaient contents qu'il l'ait fait. Pour nous, les gens de la ville, c'était l'exploit le plus étonnant que nous ayons vu. Mais pour ces Indiens, ça faisait partie de leur vie. »

Les Indiens de l'autre côté de la rivière

« C'était une bonne terre pour le navet pis la patate pis elle était là pour tout le monde. Je parle de la vieille route au nord du Lac Williams, le long du Fraser. Y avait un bon grand ranch, en bas, dans la vallée, pis le rancher m'avait dit: 'Eh bien, madame Karpenchuk, si vous êtes capable de clôturer un demi-acre de c'te pâturage, il est à vous.' Eh bin, c'est ce qu'on a fait.

« Vous avez remarquez le nom: Karpenchuk. Notre nom. Le nom de l'homme que j'ai marié à Saskatoon, en 1918. J'appelais ça mon nom de Saskapoosh. Maintenant, on s'appelle Carman. C'est mieux. La sécheresse, le gel, la grêle et même l'inondation nous avaient fait déménagé vers l'ouest dans not' vieux camion. A Ashcroft, un policier amical nous avait demandé pourquoi on allait pas au nord du Lac Williams. Il a dit qu'y avait une belle p'tite route sur le bord de la rivière pis qu'y avait des cabines faciles à réparer pis i' avait raison. La route était jolie. Des peupliers, des trembles pis de l'aulne.

« La cabine qu'on a trouvée, ça nous a pris à peu près huit piasses pour l'arranger, du papier goudron pis des clous pis on a remplacé les plaques du poêle qu'on a pris dans une autre cabine pis le caveau à légumes était en bon état.

« Mais le policier nous avait pas dit qu'on pouvait s'écœurer au coton du caribou pendant tout un hiver. On était trop loin du Lac Williams pour que les enfants aillent à l'école. On avait pas d'argent pis mon plus vieux, Sandy, il trappait un peu pour des cartouches pis de la farine pis on se débrouillait.

« Mon homme était parti travailler dans une mine à Wells le premier hiver pis i' est revenu de moins en moins souvent jusqu'à temps qu'i' revienne plus jamais. Parti. Pis i' est mort dans un accident quelque part au nord d'ici. De toute façon, Mike aimait pas la vie à la maison, fendre du bois, transporter de l'eau pour le jardin, appeler les enfants pour souper. Je pense qu'i' trouvait que ça ressemblait trop à la vie de son enfance sur la ferme près de Saskatoon, ça fait qu'i' était parti. J'ai dit au policier: 'Enterrez-le où il est.'

« Y avait des Indiens de l'autre côté de la rivière pis, un jour, ils sont arrivés sur la glace pis i's ont vu qu'on avait pas de nourriture dans la cabine. Seulement des patates pis un sac de farine pis i's se parlaient dans leur langue. Le lendemain matin, deux de ces gars-là arrivent à cheval avec deux autres chevaux derrière. Savez-vous ce qu'i's nous apportaient? De la viande d'orignal sur un cheval, autant qu'un cheval peut en transporter pis du saumon séché sur l'autre, chargé de la même façon. On a passé l'hiver là-dessus. À la fin, les enfants se plaignaient: 'De l'orignal, des patates pis de la sauce à la farine, matin, midi et soir, tout le temps.' Pis je priais la Vierge pour les Indiens.

« L'automne suivant, ça allait un peu mieux. On a eu bin des patates, du navet, du blé d'Inde, des fraises, des prunes sauvages, en masse, mais un ours est venu casser le cou à notre veau juste avant l'hiver pis, une fois la rivière gelée, qui c'est que vous pensez qui est arrivé? Ouais, les Indiens. Pas les Blancs d'Alexandria ou du Lac Williams, mais les Indiens, Eux aut', i's savent. C'te fois-là, i's nous ont apporté tout un orignal, bien vidé, sur un traîneau pis i' l'ont accroché dans le hangar. Bon Dieu! c'était une grosse bête. À peu près 700 livres. Mon garçon, qui avait 13 ans, a pogné deux chevreuils avec sa carabine un p'tit peu plus tard pis, à Noël, le rancher nous a apporté une oie. On vivait bien. Les enfants auraient aimé boire du lait mais où c'est qu'on prend du lait dans le bois?

« L'été suivant, moi pis les enfants, on est allés faire un tour à la clinique au village. Y avait un médecin pis i' nous a dit: 'Forts comme des chevaux'. Pis j'ai dit: 'Docteur, trouvez-nous un cheval pis vous aller voir qu'on est plus forts.' Ç'a pas pogné. Dans ce pays-là, un cheval se vendait 15 piasses, mais on les avait pas.

« Le lendemain, tout était à recommencer. En arrivant chez nous, la cabine avait brûlé pis tout était parti. Les Indiens nous ont dit que des Blancs étaient passés par là, i's cherchaient de l'or dans les hauts-fonds, pis qu'i's avaient dormi chez nous. Comme ça. Pas longtemps après qu'i's étaient repartis, le lendemain, la maison avait pris en feu pis leurs chevaux avaient tout piétiné mon jardin.

« Le voisin m'a amenée au Lac Williams pis le policier, i' m'a dit: 'C'était pas à vous, c'te cabine-là, madame Karpenchuk.' Pis j'ai dit: ma machine, mes draps, mes couvertes, les vêtements des enfants? les livres des enfants, la Bible? Pis mon jardin?

« Il a dit que la rivière était bin basse, que les hauts-fonds étaient à sec pis qu'y avait une cinquantaine d'hommes par jour qui passaient par là à la recherche d'or. Quatre hommes sur des chevaux? Il a dit que personne pourrait jamais rien prouver. Ils nous ont payé le train pour moi pis les p'tits jusqu'à Vancouver pis là on a appris ce que c'est que d'avoir le ventre vide. Les enfants ont trouvé que c'était pas mal beau au Lac Williams, pas comme à Vancouver. C'était une bonne place par là-bas. C'est les Blancs qui l'ont ruinée. »

Chapitre 27

Ces chers politiciens

Un sage homme a déjà dit que la meilleure façon de survivre à une Crise, c'est de se faire politicien. Mais il avait tort. La meilleure façon de survivre était de devenir un politicien réussi. Il y en eut très peu.

Sur la scène fédérale, seul le rusé William Lyon Mackenzie King a survécu et on l'a surnommé «le plus grand virtuose du compromis au monde.» À l'échelon provincial, les gouvernements se succédaient les uns aux autres, les têtes roulaient, les réputations anéanties à jamais.

Tout le monde essayait de faire l'impossible: résoudre le problème insoluble de la Crise. Relancer l'économie. Rouvrir les usines. Réactiver les chaînes de production d'équipement agricole. Réduire ou éliminer les déficits croissants des chemins de fer. Faire disparaître les longues queues aux portes des cuisines de soupe. Donner de la pluie aux cultivateurs de l'Ouest, empêcher le vent d'emporter l'humus et ramener le prix du blé canadien à $1.60. Éliminer la mendicité, empêcher les jeunes de voyager sur les trains de marchandise et faire en sorte que les mères aient de quoi nourrir leurs enfants.

Mais les solutions résidaient ailleurs. Chez les hommes qui dirigeaient les usines d'automobiles, à Détroit, chez les financiers de Wall Street qui décidaient de la valeur de la monnaie dans le monde, chez un dénommé Hitler qui envoyait ses troupes envahir la Tchécoslovaquie, dans l'extraordinaire déséquilibre de la balance commerciale du Canada avec ses voisins américains, et dans une centaine d'autres facteurs où le Canada se retrouvait tout à fait impuissant.

Toutes les tentatives des politiciens étaient vouées d'avance à l'échec. La solution n'existait pas. Il ne restait que les palliatifs.

Les politiciens et les enfants

«D'une manière, c'était comme une guerre. En 1915, quand mon bataillon est arrivé dans les tranchées, en France, nous étions de jeunes Canadiens vigoureux et alertes, supposément entraînés au combat. On l'était pas du tout, évidemment, mais on l'a appris terriblement vite. Au bout de quelques mois, la détérioration était complète. On vivait dans sa propre merde. Il s'agissait avant tout de survivre et chaque jour vécu était une petite victoire. Peu nous importait d'être crottés, d'avoir à faire ses besoins n'importe où, de manger de la nourriture avariée ou de ne pas manger certains jours, chacun se jurait de survivre de n'importe quelle façon. Et je vous dis que toute cette notion de mère patrie avait vite foutu le camp.

« Passons maintenant à 1931, alors que tous les jeunes sortaient des écoles secondaires en pleine forme parce que la Crise ne faisait que commencer, entraînés à rien du tout sinon qu'à apprendre rapidement et poussés, eux aussi, sur les premières lignes du front, celui du travail qui n'existait pas. Pas de travail. Aucun signe de changement. Aucun espoir. Pendant des mois et des années, même si personne s'attendait à ce que ce soit aussi long et dur. Puis vint le laisser-aller, l'esprit du je-m'en-foutisme chez ces jeunes réduits à la vie de taudis, tout comme les tranchées étaient devenues d'affreux taudis, remplies de rats, de saleté, de puanteur, de merde. Je voyais tout ça arriver et je protestais, j'écrivais des lettres, j'assistais aux réunions puis, un soir, ça m'a frappé comme une balle. Je me suis rendu compte que l'ennemi de ma génération n'était pas l'Allemand devant moi, dans sa propre tranchée et vivant dans sa propre merde, mais que l'ennemi, c'était mes propres généraux, l'orgueil politique, la stupidité des gouvernements, et que c'était la même chose pour le jeune Allemand que je tuerais peut-être le lendemain ou qui me tuerait.

« Et pour la génération de la Crise, c'était la même chose, les R.B. Bennett du Canada et ce méprisable petit avorton de Mackenzie King, et la grosse finance perpétuellement obsédée par la croissance avec sa façon de tout accaparer, de tout prendre, de voler et de piller les forêts, les mines, les fermes. Les enfants des années 30 étaient aussi impuissants face à ce genre d'ennemis que nous l'étions en '16 et '17 contre la stupidité infatuée des généraux. C'est alors que j'ai commencé à les combattre et j'ai pas accompli grand-chose mais j'étais toujours prêt à donner un coup de main à un jeune, un sandwich, un vingt-cinq sous si je l'avais et quelques paroles d'encouragement. C'est tout ce que je pouvais faire. »

King, la petite souris

« La Crise. William Lyon Mackenzie King. Bien sûr, je m'en souviens. On l'appelle le Père du Canada moderne, William Lyon Mackenzie King. Pour moi, c'était un rat.

« R-A-T. Je n'ai jamais fait confiance à un politicien depuis et j'ai 85 ans.

« On était en 1930 et King était au pouvoir. Il avait été le protégé de Sir Wilfrid Laurier, son lècheur de bottes, et les conservateurs réclamaient à hauts cris une forme d'aide aux provinces pour parer au chômage qui ne faisait qu'augmenter. King, petit homme chétif qui portait toujours en hiver ce chapeau de fourrure qu'on appelait un Dominion et son gros manteau de buffle. Il avait l'air d'une petite souris dans la peau d'un gros animal. Mais il était rusé et il avait du flair.

« Alors que Bennett et ses conservateurs demandaient que le gouvernement s'occupe directement des pauvres qui crevaient de faim, King voulait que le plan d'attaque du gouvernement consiste à dépenser de l'argent pour stimuler l'emploi plutôt que de donner de l'argent aux chômeurs pour qu'ils se nourrissent et se logent. Les philosophies de la Crise se confrontaient. King s'opposait à l'aide directe.

« Alors, ils s'étaient mis à se traiter de tous les noms à la Chambre des Communes et King, le premier ministre, avait perdu son sang-froid et avait dit qu'il considérerait peut-être de donner de l'argent aux quelques provinces qui avaient un bon gouvernement, c'est-à-dire libéral, mais qu'il ne donnerait pas cinq sous à un gouvernement conservateur. Pas cinq sous, vous entendez, et il mettait tout ça en termes de dollars et de sous et ce qu'il disait, en réalité, c'est que si les gouvernements provinciaux voulaient recevoir l'aide fédérale, il valait maudiment mieux qu'ils soient pas conservateurs. C'était clair, votez libéral.

« Je pense que le petit bâtard croyait qu'il gagnerait beaucoup de votes, mais les gens ont commencé à penser autrement et que, si c'était tout ce qu'il ressentait à l'endroit du peuple qui crevait de faim, c'est donc qu'il n'avait pas une très haute estime pour le Canada et qu'il ne valait pas grand-chose comme homme.

« Il devait y en avoir pas mal qui pensaient comme ça, parce qu'aux élections suivantes, on s'est débarrassé de ce bandit. »

Cette face de crapaud

« Oh oui, je me souviens de bien des choses. Les politiciens, je les oublierai jamais, ces maudits menteurs pourris, ces bons à rien d'enfants de chiennes. Mon préféré, c'était R.B. Bennett. S'il est allé en enfer, je vais changer de manières pour y aller moi aussi, parce que je suis certain que je pourrais le rendre encore plus misérable qu'il ne l'est déjà.

« J'oublierai jamais une photo de lui dans les journaux quand il était premier ministre. Il était là, sur le pont d'un paquebot de luxe voguant vers l'Angleterre et il portait un beau manteau avec un col de fourrure et un chapeau melon, mais c'était sa figure. Une face de crapaud repu, gras et reluisant. Je sais que des milliers de Canadiens étaient furieux. Il avait sa sœur à côté de lui, aussi grasse et suffisante que lui. Il était avocat de compagnies, vous savez. Dieu sait si un avocat est déjà assez mauvais, mais un avocat de compagnie c'est de la pure dynamite. Voler les sous d'un homme mort et jurer parce que ce ne sont pas des vingt-cinq sous. Oh oui, tout le mauvais de la Crise dont je me souviens était dans cette photo. »

Pompeux, suffisant et riche

« Monsieur Bennett était pompeux, suffisant et riche. Il avait le bureau d'avocats le plus prestigieux de Calgary et il pouvait choisir ses clients. Non, il n'était pas un homme du peuple. Je pourrais jamais dire ça. Il connaissait absolument pas le peuple canadien. Non, même après quatre ans au pouvoir, je crois qu'il connaissait toujours pas le peuple.

« Je vais vous raconter une histoire qui le décrit assez bien. Il s'était acheté une voiture neuve, la plus belle de Calgary et pendant qu'il apprenait à conduire il l'avait grimpée dans un poteau. Eh bien, il l'avait laissée là et il était parti à pied et, en autant que je sache, il ne s'est jamais retrouvé au volant d'une voiture.

« Personne pouvait jamais lui parler et il avait une secrétaire nommée Mlle Miller et ça vous prenait huit clefs différentes pour l'atteindre. Il ne s'est jamais marié. Pourquoi? Bien, je peux pas répondre à ça et y a pas d'enfants à lui qui courent autour non plus.

« Mais je sais que sa défaite en 1935 a été le plus grand choc de sa vie. Il pouvait pas le croire. Tout le monde savait que ça s'en venait, mais il était tellement arrogant, tellement étranger à la véritable situation du peuple qu'il croyait tout simplement pas que cela pouvait lui arriver. Un choc terrible. Voilà le genre d'homme qu'il était. »

Le Buggy Bennett

« Vous voulez savoir ce que c'était qu'un Buggy Bennett? Il y en avait des centaines et je ne serais pas surpris qu'il y en ait un quelque part dans un musée. Durant les années 20, les cultivateurs achetaient des automobiles, des Chevrolets, des Fords, des Overlands, des Reos, des Hupmobiles, beaucoup de voitures qu'ils font même plus. Puis, ç'a été le Crash, puis la sécheresse, et plus personne avait d'argent pour l'essence ou pour les réparations et tout le monde s'était débarrassé des bons vieux buggys que chaque ferme avait. Alors qu'est-ce qu'il restait? Une voiture qui marchait pas.

« Mais quelqu'un a eu l'idée d'enlever le moteur et le pare-brise, de fixer des brancards à l'avant de la carrosserie de sa voiture, ou un timon, et d'y atteler ses chevaux. Un deux chevaux vapeur. Cinq milles à l'heure, mais ces brûleurs d'avoine vous amenaient à destination. Puis quelqu'un a eu l'idée — c'était pas l'humour qui manquait au pays — d'appeler ces machins des Buggy Bennett. Pauvre vieux Bennett. On rencontrait partout de ces voitures défigurées à travers la Saskatchewan et l'Alberta et portant son nom comme pour lui rappeler qu'il était premier ministre lorsque le désastre s'est abattu sur nous.

« Évidemment, c'était aussi une merveilleuse publicité pour les libéraux. Les Buggys Bennett — voilà le type qui nous a mis dans le pétrin. »

De la religion plus $25

« C'était pas tellement mystérieux. Pas si vous viviez en Alberta dans ce temps-là. Quand on regarde ça maintenant, ç'aurait été mauditement surprenant que le vieil Aberhart et sa bande du Crédit social prennent pas le pouvoir cette année-là. En '35.

« Pourquoi ? Les banques et les compagnies de finance saisissaient à gauche et à droite. Tout le monde était perdant. Les cultivateurs avaient pas deux sous à frotter ensemble et y en avait pas un qui appartenait pas à une compagnie de prêt à 8%.

« On le sentait dans l'air. On pouvait pas être plus creux qu'on l'était pi on le voulait pas non plus. Avec ces Tories d'Ottawa pi cette bande de politiciens débiles à Edmonton, tous bien haut perchés avec pas la moindre idée de ce qui se passait.

« Puis voilà le vieux Bill qui s'amène avec sa Bible. À bas les banquiers, à bas les gros intérêts, à bas tout ce à quoi le peuple s'opposait. Tout le monde recevrait vingt-cinq piasses par mois et ça, ça brasserait l'économie. Savez-vous ce que ça voulait dire, vingt-cinq piasses par mois, en 1935 ? Eh bien, il faut savoir qu'une famille sur le Secours direct pouvait recevoir 10 ou 15 dollars par mois, oui, dix ou quinze, et il fallait les mendier, et mendier son charbon, mendier des vêtements pour les enfants et mendier des bottes pour pouvoir les envoyer à l'école.

« Bien sûr que le Bill Bible Aberhart était un faux, mais il était le faux que le peuple cherchait. Ils auraient voté pour un vendeur d'huile de serpent s'il leur avait montré comment s'en sortir. C'est ce qu'Aberhart a fait. Une dose de religion du bon vieux temps, puis à bas les vautours de la finance de Montréal pis de Toronto, tordant le cultivateur des Prairies jusqu'à la dernière goutte de sueur. Revenons à l'heure de la Bible. Tous les dimanches. Religion et politique. Suivez-moi, les gars, je vais vous montrer le chemin.

« J'ai tout vu ça arriver parce que je voyageais comme vérificateur du Canadien National dans le temps. Aberhart était intelligent, vous savez. En autant que je sache, il a peut-être été le premier politicien canadien à se servir de la radio de façon efficace. Peut-être qu'il avait suivi l'exemple de Roosevelt. Vous souvenez-vous comment Roosevelt commençait ses discours à la radio ? 'Bonsoir, camarades américains.' Eh bien, quand Aberhart parlait, citant chapitres et versets de la Bible, en fait, il disait : 'Bonsoir, pauvres cultivateurs imbéciles de l'Alberta, qui recevez toute la merde des banquiers de l'Est du Canada et de ce bâtard à R.B. Bennett assis dans sa grosse maison dispendieuse à Ottawa et mangeant des steaks *T-Bone* pour déjeuner et de ces Fermiers unis d'Alberta, à Edmonton, qui sont en train de tout gâcher ce pour quoi vous et vos pères avez travaillé depuis que vous avez retourné la terre la première fois avec votre charrue et vos deux chevaux.' Ouais, ça fait une longue phrase, mais c'est ça qu'il disait.

« Voici comment ça marchait. Y avait pas tellement de monde qui avait une radio, chez les cultivateurs je veux dire. En fait, c'est surtout qu'y en avait pas beaucoup qui fonctionnaient. Pas d'argent pour remplacer une lampe, ou les batteries. En tout cas, y avait toujours quelqu'un qui avait la radio dans le voisinage et les gens se rassemblaient là, le dimanche. C'était tout un pique-nique, ils apportaient de la nourriture et leur boisson maison et, quand il faisait beau, ça se passait dans la cour. Y avait toujours une quarantaine de personnes et tout ce que l'hôte avait à fournir c'était le son et des chaises. Les autres apportaient le reste. Et ce monde-là écoutait Aberhart attentivement et il le savait mauditement bien et il mettait le paquet et, ensuite, ils en discutaient jusqu'à ce que ce soit l'heure de faire le train. C'est comme ça que ça se passait à travers toute l'Alberta et même en Saskatchewan. Je le sais parce que j'y étais.

« Aberhart leur disait ce qu'ils voulaient entendre, que ce qui marchait pas c'était le système monétaire qui était contrôlé de très près par les banquiers de l'Est, et il mêlait ça avec de la religion et il avait bien choisi sa province pour faire ça parce que, comme vous le savez, l'Alberta a toujours été un peu mordue de religion, les mormons, les fondamentalistes et tout ce monde-là. Le dividende national qu'il promettait, les vingt-cinq piasses par mois pour chaque adulte, ç'était comme un arbre de Noël tout illuminé avec des cadeaux de rubans dorés. Aberhart avait des formules que je pense qu'il comprenait pas lui-même et, évidemment, il devait bien savoir que ça marcherait pas, mais les gens, eux, ils le savaient pas.

« Ç'a été une élection intéressante. Un vrai balayage créditiste. Il le fallait. Avec tous ces piques-niques du dimanche après-midi à travers la province pendant des années. Ils auraient élu le vieux Bill ne serait-ce que pour l'occasion qu'il leur avait donnée de se rencontrer entre eux le dimanche, de se changer les idées pendant quelques heures, boire un café et manger du gâteau en rêvant à ces vingt-cinq dollars. Aberhart leur offrait de l'espoir, en lettres majuscules, alors que tous les autres se contentaient de leur offrir des vieilles promesses. »

Laissons-les jouer au soccer

« Je me souviens d'une personnalité importante à Vancouver ; les journaux lui avaient accordé beaucoup d'importance. C'était un politicien à qui on avait donné une bonne position parce qu'il avait mal dirigé ses hommes durant la Première Guerre et c'était le genre qui était retourné au front durant la Seconde Guerre et avait de nouveau mal dirigé ses hommes et il était rentré au pays en héros. Je pourrais vous en nommer quelques-uns comme ça. En tout cas, vous voyez un peu le portrait. Avec toutes ses décorations dans la tête.

« Son plan était de lancer des ligues de soccer à travers le Canada. Pour vider les rues de tous les chômeurs parce que c'était pas bon pour les affaires, et sortir tous les jeunes des bidonvilles. 'Pour pas qu'ils fassent la révolution', n'est-ce pas. Vous voyez le genre ? Fallait lire l'article pour le croire. Des équipes partout.

« Mais si vous étiez allé faire un tour du côté des cuisines de soupe et chez les bonnes sœurs, sur Cordova, qui servaient des sandwichs, vous auriez vu que ces gars-là auraient pas été capables de jouer au soccer pendant cinq minutes. Trop faibles. Ils souffraient tous de malnutrition, moi y compris. Mais non, cet imbécile voulait qu'ils jouent au soccer. Je sais pas lequel des deux était le plus stupide, le colonel ou bien le journal. C'est du travail, de la nourriture et de l'argent qu'il nous fallait, pas de courir comme des fous à jouer un jeu d'enfant. »

Un chat mort

« Y avait un type qui se promenait à travers l'Ontario pour parler de sa théorie économique selon laquelle le Canada se sortirait de la Crise si seulement chaque famille dépensait 50 sous de plus par jour. L'idée avait du bon sens sauf que cela aurait voulu dire que chaque famille aurait dépensé $15 de plus alors qu'un quart de la population en recevait autour de $20 par mois du Secours direct et que la moitié des autres arrivait tout juste à rejoindre les deux bouts. Ils l'ont hué à Toronto, lui ont lancé des tomates à Hamilton et, à Windsor, quelqu'un lui a lancé un chat mort. Ils l'attendaient. »

Les politiciens qu'on mérite

« On dit qu'un peuple a les politiciens qu'il mérite et, d'une manière, c'est vrai. C'était la Crise. Je n'avais que les États-Unis et le Canada, mon pays de naissance, comme points de comparaison, mais je crois que j'aurais préféré vivre aux États-Unis durant la Crise.

« Au début de la Confédération, on avait de grands chefs. Ils étaient les radicaux de l'époque, j'imagine. Mais ensuite on a sombré dans la flagornerie qui a caractérisé tous les chefs qu'on a eu depuis, Trudeau y compris. Trudeau ne sait pas plus ce qui est bon pour le Canada que l'homme dans la lune. *(Il rit)*

« Mais, franchement, je parle de William Lyon Mackenzie King et de R.B. Bennett puis, de nouveau, de King, son successeur. La Crise n'était pas la faute de King, et le Canada ne savait pas, le monde entier ne savait pas ce qui nous attendait quand King a été renversé aux élections de 1930.

« Sans entrer dans les détails, je peux dire que Bennett a essayé. Le Secours direct n'était pas la solution au chômage, mais ça allégeait la douleur de la pauvreté. Ses mesures tarifaires étaient peut-être bonnes sur papier, mais elles ont servi à nous couper des grands marchés et à nous lier davantage à l'Angleterre. Les camps pour les jeunes chômeurs étaient affreux mais son intention était bonne. En fait, il était de bonne volonté et il a essayé, mais il était ce qu'il était, un riche et snob avocat de compagnie. Alors, bien que la solution aurait peut-être été de foncer la tête la première et de ramasser ensuite les pots cassés, il a hésité à mettre le secteur privé au pas et de dire: 'Nous sommes dans un terrible pétrin. Faites ceci et faites cela et nous allons nous en sortir ensemble.' Les compagnies étaient intouchables, les structures fiscales inviolables, les lois étaient faites depuis 1868 pour protéger l'entreprise privée, parce que c'est la pierre d'assise de notre système — et c'est le peuple qui a porté tout le poids de la misère.

« Et pourtant, vous savez, il y avait une solution. On l'avait là, devant les yeux et, à partir de 1933, tous les journaux en parlaient tous les jours. Je veux parler de Franklin D. Roosevelt et de son *New Deal*. Quand il a pris le pouvoir en 1933, les États-Unis étaient vraiment dans le pétrin. Croyez-moi, je l'ai vu. En Saskatchewan, c'était pire que partout ailleurs, mais à l'échelle du continent, je vous dis que les États-Unis ont eu le dessert. Le *New Deal*, c'était la relance générale, la création d'emplois. Qu'est-ce que ça pouvait bien faire que la Cour suprême décrète que ses gestes étaient illégaux? Absolument rien. Une fois qu'une mesure est lancée, il est bien difficile de l'arrêter. Ou encore, vous l'implantez bien comme il faut dans la tête des gens et, si les corbeaux noirs de la Cour suprême y mettent leur veto, au moins ça sera plus facile la fois suivante.

« Roosevelt voulait relancer les usines. Il était brave. Il était fort. Plus fort, je crois, qu'on l'a jamais cru. Il ne s'attendait pas à être aimé, sauf par le peuple. Souvenez-vous de ses causeries à la radio. On n'a jamais rien eu de tel au Canada. Le gouvernement était froid, réservé, en redingotes, et toute cette folie du Chevalier à la Verge Noire pour l'ouverture du Parlement. En tout cas, Roosevelt a fourni des emplois mais, ce qui est encore plus important, il a offert de l'espoir. Pas tellement, mais un peu.

« Regardons les choses bien en face: plusieurs milliers de ces emplois avaient été créés de toute pièce et financés avec de l'argent emprunté qui devait être remboursé plus tard. Mais après tout, il était le gouvernement et quel mal y avait-il à cela? N'est-ce pas ce que font tous les gouvernements maintenant?

« Roosevelt n'a pas sorti les États-Unis du pétrin. Au début de la Deuxième Guerre, le pays était encore en plein marasme économique, mais c'était pas si terrible et tout ce qui affectait les États-Unis affectait le Canada. Bon ou mauvais. Vous savez ça et l'idiot du village aussi. Alors quand les choses se sont améliorées, elles se sont améliorées chez nous aussi. Pas autant, je l'admets, mais quand même. Il n'a pas créé d'Utopie mais il a aidé à partager l'argent un peu plus, moins pour les riches et plus pour les pauvres. C'est pas une forme de socialisme, ça? *(Il rit de bon cœur.)* Quelqu'un avait écrit dans le temps que Roosevelt n'avait pas de réponse pour les prochaines cent années mais, pour une crise de six mois, il avait des réponses pour six mois. C'est ce qu'il nous fallait au Canada et c'est ce que nous n'avons pas eu.

« Non, King nous a pas aidés parce qu'il a refusé de considérer le problème dès 1929 et Bennett a pas fait mieux parce qu'il n'a vraiment jamais compris le problème durant les cinq années de Crise où il était au pouvoir. Quand King est revenu, petit être vindicatif et rusé, il a cru que les problèmes s'en iraient en créant des commissions royales d'enquête. Le refuge parfait du bureaucrate, l'homme sorti de sa compétence. »

Simples et ordinaires

« En tous cas, il y a eu du bon et du mauvais temps et je crois que les Canadiens en sont sortis quelque peu endurcis. Nous ne sommes plus aussi naïfs. Mon Dieu, que nous étions naïfs! Des paysans simples et ordinaires, vraiment. Faisons les guerres du roi, faisons confiance à nos politiciens, soyons convaincus que les récoltes de blé sont la pierre d'achoppement de l'économie nationale et allons à l'église tous les dimanches. Les années 30 ont sûrement changé tout ça. »

Chapitre 28

Autant de problèmes que de bureaucrates

Face à des gens complètement dépourvus, abattus et totalement dépendants, la moindre autorité devient une arme puissante. Voilà un thème qui réapparaît dans de nombreuses interviews et je peux dire qu'il existe encore un résidu de haine, de méfiance et de crainte à l'endroit des bureaucrates du Secours direct.

Tôt au tard, le petit bureaucrate routinier en arrive inévitablement à croire que les lois et les règlements ont été conçus pour son bon plaisir et non pour servir le peuple ou l'État.

C'est alors que les pauvres, les sans foyer, les désespérés qui ont à traiter à longueur d'année avec ces bureaucrates finissent par les détester profondément de même que les lois et règles qu'ils administrent en parfait autocrates et, finalement, ces êtres en viennent à détester l'État. Voilà ce qui donne naissance à la révolution.

Et l'on peut dire que le plus petit bureaucrate finissait lui aussi par détester le pauvre et le désespéré tout simplement parce qu'ils dérangeaient le bon ordre des choses. Mais c'est aussi que le bureaucrate avait pour tâche de fournir des réponses et des solutions qui n'existaient pas.

J'ai tout perdu

« Je me souviens, c'était en 1934, et ma femme m'a dit qu'on avait reçu le papier des taxes et que je devais environ quarante dollars à la municipalité. Pour la maison que mon père avait bâtie en 1910 quand il était monté ici du Minnesota avec sa bande d'enfants et toute une tribu de Norvégiens du Minnesota. Mais on avait pas d'argent. Les enfants allaient à l'école dans des souliers que ma femme et moi on leur fabriquait avec des pneus d'autos et de la toile.

« Ça fait qu'on a attelé les chevaux et on est allés voir le maire le jour où il recevait et je lui ai dit que j'avais pas de quarante dollars et il m'a dit : 'Tor, dis-moi pas ça. T'as ta réserve enterrée quelque part sous le poulailler. Vous êtes tous pareils. Combien t'as là-dedans ?' Eh bien, là, il me tenait, parce que c'est vrai que j'avais un billet de vingt que je gardais pour quelque chose de très spécial qui était pas encore arrivé mais que je gardais au cas.

«Je suppose que j'étais trop mauditement honnête, alors j'ai dit oui, j'ai vingt piasses et il m'a dit de l'apporter la semaine suivante et qu'il dirait au commis d'effacer ma dette. C'est ce que j'ai fait, je lui ai apporté mes vingt dollars et, imbécile de Norvégien que je suis, je lui ai pas demandé de reçu. Dans mon pays, on faisait confiance à un homme. L'année suivante, j'ai reçu deux papiers de la municipalité, une facture disant que je leur devais $40 et un autre papier disant que j'étais 'délinquant'. Eh bien, je vous dis que j'ai pas aimé ça, surtout quand ma fille aînée m'a dit comment ça se passait. Parce que je lisais pas pis que j'écrivais pas trop bien, vous comprenez.

«Ça fait que ma fille pis moi on va voir le commis de la ville. Il a regardé mes deux papiers pis il m'a dit: 'Monsieur Thorsteinson, y en quatorze comme vous qui sont venus me voir cette semaine.' Fallait pas être allé à l'école pour comprendre ça. On s'était fait fourrer.

«Le maire avait joué ce tour-là à bin du monde pis il s'était fait battre aux élections pis il avait sacré le camp. Il avait tout vendu pis il était parti. Ça, c'était un politicien. Oui, pis un bandit.

«C'est comme ça que j'ai perdu ma place, la maison que mon père avait bâtie, la grange pis les bâtiments qui étaient aussi bons que n'importe quel autre autour. Au bout de trois ans, j'avais toujours pas de quarante dollars ça fait qu'ils ont fait la vente aux enchères comme ils faisaient dans ce temps-là, pis le compte de l'avocat pis l'intérêt pis toute la paperasse, vous savez, ça se montait au-dessus de $200, pis quand tout a été vendu, une bonne terre avec des bons bâtiments pis de la bonne machinerie, j'ai reçu $90, après que tout le monde ait pris sa part. Pis ça, c'est arrivé à bin du monde, pas seulement à moi. À bin du monde, à deux autres sur le même rang aussi.

«Ils disent que ça prend bin du temps à un Norvégien pour se fâcher — et le commis m'avait dit qu'il avait envoyé du courrier à ce maire Jefferson sur l'île de Vancouver — pis je me suis dit que j'irais faire un tour par là-bas pis que si je le trouvais, y aurait un politicien pis un bandit de moins en circulation, mais ç'a pas marché de même. Ah, oui, oui, on s'est rendu là, mais i' fallait qu'on s'installe pis tout ça, pis ça m'est sorti de l'idée.

«Je suppose que s'il entrait ici maintenant, je lui dirais d'oublier tout ça pis de prendre une bière. C'était en d'autres temps.»

Du travail d'idiots

«Je suis né sur une ferme au sud de Regina, dans le bout de Maxton. Je pense que ceux qui étaient pas là en 1934, '35 et '36 peuvent pas croire comment c'était. Le vent soufflait comme un ouragan pis la terre partait avec, pis les hivers étaient plus froids qu'au Yukon.

« En 1936, j'avais 16 ans, pis ça me servait plus à rien de rester là. Ça faisait seulement un autre ventre à nourrir pis y en avait trois autres plus jeunes que moi à la maison. Je suis parti pis j'ai gagné mon chemin dans l'Est en travaillant. J'étais rien qu'un jeune cave de la campagne mais y avait bin des jeunes caves de la campagne sur les routes dans le temps. Je me suis rendu sur la péninsule du Niagara pour faire la cueillette mais y avait pas de travail ça fait que j'ai décidé de me déclarer vagabond. Ça valait pas la peine de mourir de faim. J'aimerais bin me souvenir du nom de c'te p'tite place-là, mais... ça me revient pas. On se tenait en bande devant la porte de la prison, pis i' nous ont fait entrer pis i' nous ont dit: 'Les gars, y a un bon déjeuner qui vous attend demain matin. Dormez bien.'

« Le lendemain, i' nous ont réveillé vers six heures. On devait être une vingtaine. Pis là, le gardien est sorti pis i' nous a dit de nous séparer en deux groupes à chaque bout de la cour. 'Maintenant, les gars, vous prenez chacun deux briques sur le tas pis vous les transporter à l'autre bout pis vous revenez pis vous en prenez deux autres pis vous faites ça jusqu'à temps que je vous dise d'arrêter.' On l'a fait, pendant une heure, pis on a eu not' déjeuner. C'était un bon déjeuner.

« Le gars à côté de moi à table m'a dit qu'i' ferait ça aussi longtemps qu'on le laisserait pis que la loi voulait que les vagabonds travaillent pour leurs repas. On était pas des prisonniers, évidemment, parce qu'i' nous ont laissé partir après le déjeuner.

« Je me suis souvent demandé pourquoi, s'i' voulaient qu'on travaille, i' nous faisaient pas laver la vaisselle ou bin nettoyer la prison. C'était le pire travail d'idiots que je puisse imaginer, aller-retour, deux briques à la fois. C'était pire que de creuser un trou pis de le remplir après. Au moins, en creusant un trou, on risquait de frapper de l'huile. Inutile de vous dire que j'ai pas recommencé. L'esprit bureaucratique n'arrêtera jamais, jamais, jamais de me surprendre et de me rendre complètement fou. »

Générosité gouvernementale

« On était usés jusqu'à la moelle dans le sud de l'Alberta, pis les agents du gouvernement sont arrivés pis i' nous ont dit qu'on devrait aller dans le bout de la rivière de la Paix. Bin de la pluie par là pis des bonnes récoltes. Un paquet de mensonges, i' nous ont pas parler des maringouins, qu'y avait pas de pâturage, rien que de la forêt qu'i' fallait couper pour se faire son jardin, des hivers pas croyables, pas d'écoles, pas de villages, rien.

« On a décidé de partir, on a tout vendu ce qu'on pouvait, on a rafistolé notre charrette à foin avec des nouvelles planches pis de la broche pis des courroies de métal pis des boulons pis elle a tenu le coup tout le long, 10, 15 milles par jour, vers la terre promise.

Les agents du gouvernement ont dit que le gouvernement achèterait mon bétail. Parfait, parce qu'on pouvait pas amener des bêtes squelettiques en haut là la première année, ça fait que quand le temps est venu de clairer la place, l'acheteur du gouvernement s'est amené. Il s'est contenté de faire monter chaque bête sur une balance portative pis i' m'a dit qu'i' payait un sou la livre vivante, un point c'est tout.

« J'ai dit: 'Pardon, m'sieur?'

« Il a répété pis j'avais bin entendu. Un sou la livre, pis i' pensaient qu'i' me faisaient une faveur. Qu'est-ce que je pouvais faire? Trente vaches pour lesquelles j'avais travaillé comme un fou, un peu maigres mais qui auraient pris de l'allure mauditement vite avec de la bonne nourriture, pis ça me donnait un sou la livre. Pour toutes ces années de travail, j'a reçu moins de $300 pis c'était bin assez pour qu'un gars aille voter Crédit social quatre, cinq fois. »

Allez vous noyer!

« J'en étais arrivé à détester ces gens qui venaient au bureau du Secours direct. À vraiment les détester, mais maintenant je sais que c'était le système que je détestais et pas eux, parce qu'ils étaient tout simplement le résultat du système. Je vous parle pas des jeunes ou même des gars plus vieux qui étaient célibataires ou qui avaient laissé leur famille. C'était les gars de mon âge, on aurait dit, ceux qui avaient pas de travail, évidemment, et qui avaient une maison, une femme et des enfants — et, dans ce temps-là, y avait bien trop d'enfants qui naissaient. On parle des Canadiens français. Eh bien, la moitié des Anglais sur la côte étaient comme papa Dionne. Mais c'est pas la question, comme qui dirait.

« C'était que ces hommes avaient perdu la volonté de vivre. Ils venaient traîner dans le bureau pour demander quelque chose de plus et, des fois, je leur criais à tue-tête: 'Foutez le camp d'ici! Allez vous noyer dans la rivière. Par là, juste en bas de la côte, et maintenant, sacrez votre camp!' Ils restaient là sans dire un mot puis ils disaient quelque chose comme: 'Mes enfants ont besoin de souliers pour aller à l'école', ou bien 'Ma femme fait une pleurésie pis je peux pas avoir un médecin pour la soigner' et je serrais les dents et je sortais une formule.

« Je sais ce que ça leur faisait à ces gars-là et je sais que, même sans la Crise, la plupart d'entre eux faisaient partie de la catégorie des pauvres. Parlons-en des belles années 20! Belles à New York, peut-être, ou dans les revues, mais au Canada c'était pas rose.

« Mais parlons de moi. J'aimais pas ce qui m'arrivait. Dans ce bureau-là, j'ai découvert la pourriture du système du Secours direct, ce que ça faisait aux gens, la corruption, et ah oui! y en avait beaucoup, et les faux contrats et les hommes faux et les politiciens. Vous savez, y a quelque chose dans la politique qui fait ressortir le pire chez l'homme. Y avait pas grand-chose que je pouvais faire, j'étais seulement le type qui vérifiait les formules et les initialait — et même moi j'avais obtenu ce travail de la bonne façon. Mon oncle était marchand de bois, de charbon et de glace et il faisait affaires avec un échevin qui faisait affaire avec quelqu'un d'autre et ainsi de suite.

« Alors je pestais contre ces gens qui entraient et, ensuite, je m'excusais et ils se contentaient habituellement de me regarder avec ces maudits yeux qu'ils avaient. Ils ne me détestaient pas. Je peux même pas leur donner ce mérite. J'étais en train de devenir un être détestable, méprisable. Je m'en prenais à des innocents. Je criais à ma femme, je talochais mes enfants, je grognais contre les voisins, et pourquoi? Pourquoi? Parce que je savais que je faisais partie d'un système qui était faux, que j'étais en train de devenir faux et que pour protéger ma femme et mes femmes, il fallait que je continue à devenir de plus en plus faux, tout comme il est impossible à une femme d'être seulement un peu enceinte.

« Cela a duré des années, trois ou quatre en tout cas, et c'était une bien mauvaise situation et j'étais pas le seul à en avoir plein le casque. Le bureau en était plein. Fallait être un maudit imbécile pour pas voir ce qu'il se passait. Pas assez d'argent. Pour l'amour de Dieu, qui c'est qui pouvait vivre avec 10 ou 15 dollars par mois? Avec des enfants. Et un gros gars célibataire avait droit lui aussi à $10 par mois. Trop de monde et pas assez d'argent. Beaucoup de cet argent n'allait pas aux bonnes personnes. C'était pas le bon monde qui dirigeait le bureau du Secours direct. Vous pouvez pas savoir combien ces formules étaient compliquées, on pouvait même pas les aider à les remplir — et je suis encore convaincu qu'on faisait des formules comme ça pour pas que les gens sachent comment les remplir. J'ai jamais pu en remplir trois sur trois correctement. Et je m'enfonçais toujours plus creux.

« Et pourtant, si je lis bien les journaux, la situation du Bienêtre social aujourd'hui, ici à Vancouver, est probablement aussi pourrie qu'elle l'était dans le temps et toutes les formules, les rapports et les études ne servent absolument à rien. Ça prend des gens qui comprennent les gens. En '39, quand le clairon a sonné, je me suis immédiatement enrôlé, en octobre, et je suis allé respirer l'air frais de la guerre pendant quelques années. »

Des trains de morue

« Une fois, il nous est arrivé tout un train de morue sèche. Pas pour le Secours direct, mais pour distribution générale. Des agences, des églises, des groupes de bienfaisance considéraient la Saskatchewan comme une région sinistrée, et sinistrée elle l'était, y a aucun doute là-dessus, surtout au sud de Regina, et on nous avait envoyé de l'Ontario des trains remplis de vêtements.

Les chemins de fer faisaient ça gratuitement. C'était rien d'extra-ordinaire comme geste si on considère que la dette du CN et les intérêts sur cette dette saignaient le pays à blanc, mais ça aidait. L'Église unie de l'Ontario avait ramassé des centaines de tonnes de toutes sortes de choses.

« Un wagon plein de morue sèche nous était arrivé. Avez-vous déjà vu ça? Attachées en paquets comme des bardeaux. Y en avait qui disaient que ç'avait l'air des bardeaux. Y avait une histoire qui racontait que Jack McCormick avait essayé de re-couvrir sa chiotte avec ces morues-là mais que les clous pliaient. En tout cas, c'était une bonne blague.

« Les gens des Prairies sont méfiants, vous savez. Pensez au conservatisme de l'Alberta. C'est un bon exemple. Le Crédit social. De la morue sèche, c'était tellement loin d'eux, de tout ce qu'ils avaient jamais connu, qu'ils avaient levé le nez dessus. Ç'aurait été la même chose avec des escargots japonais ou de la soupe chinoise aux nids d'hirondelles. Et puis après, quoi faire avec ça? Personne savait. Mais y avait de maudites bonnes cuisi-nières dans la région, et elles l'avaient fait tremper, bouillir, elles les avaient fumées, mais au bout d'un certain temps on pouvait même plus penser à la morue. L'intention était bonne mais c'était pas ce qu'il nous fallait. Le Canada est un pays tellement grand que même les coutumes alimentaires varient énormément d'une région à l'autre.

« Les gens acceptaient la morue parce qu'ils n'osaient pas refuser mais, aussitôt arrivés chez eux, ils la jetaient dans leur chiotte ou la faisait tremper quelques jours dans leur bain puis la donnaient à leur cochon. S'ils avaient un cochon. Ou s'ils avaient une baignoire qui coulait pas.

« Même chose avec le navet. Transportés à travers le pays aux frais des contribuables, les navets servaient en fin de compte à nourrir le bétail, comme c'était l'usage dans l'Ouest. Ça pouvait être le meilleur navet au monde mais les gens n'en mangeaient pas. Je connais pas la valeur nutritive du navet mais, pour les gens, ça ne changeait rien. »

Les immigrants britanniques

« Une certaine classe de citadins a été frappée très durement par la Crise et je veux parler des immigrants britanniques qui sont arrivés au Canada par milliers au lendemain de la Première Guerre. Des soldats et leurs familles.

« Quand la Crise est arrivée et que les temps ont commencé à être durs, vers 1931, un grand nombre de ces gens-là ont perdu leur emploi et se sont retrouvés sans ressource. Ils ne savaient absolument pas comment faire face à la situation. Tout leur était totalement étranger. Dans les bureaux du Secours direct, on essayait de trouver la façon de les faire réagir et de travailler. Ils étaient comme les Africains qui sont tellement superstitieux que s'ils savent que quelqu'un leur a jeté un mauvais sort et qu'ils vont mourir, et bien ils meurent. On pourrait dire que ces gens avaient le même genre de crainte. La plupart étaient sur le Secours direct mais ils ne savaient pas comment s'en servir. Une femme canadienne qui avait de la jugeotte pouvait faire trois fois plus avec un dollar de 1932 qu'avec un dollar de 1928 et quinze fois plus qu'avec un dollar de 1971. Mais ces gens-là! Ils achetaient leur bois de chauffage du camionneur qui le livrait à la porte alors qu'ils vivaient à trois de coins de rue de la plage, jonchée de billots flottants, et qu'ils avaient une scie dans leur cave. Il ne leur venait pas à l'idée d'aller chercher leur bois eux-mêmes. Ce bois qu'ils achetaient, d'où croyez-vous qu'il venait? Un Canadien était allé le couper sur la plage.

«Ils auraient pu prendre le tramway à deux pas de chez eux qui leur aurait coûté cinq sous et se rendre en une demi-heure à l'île Lulu et acheter des sacs de légumes et des pintes de crème et des gallons de lait et 100 livres de patates, le tout pour à peu près deux dollars. Mais non, ils pensaient pas à ça. Ça leur passait pas par la tête. Durant la saison des éperlans, ils auraient pu aller en chercher par chaudières pleines tout près de chez eux, mais non. Ils allaient à la poissonnerie de la Quatrième Avenue et achetaient leurs éperlans au prix fort.

«Tout le monde avait son jardin dans la cour, sauf eux. On dit que les Anglais adorent les jardins, leurs roses et leurs pelouses, mais cela ne s'applique pas aux patates, au blé d'Inde, à la laitue et aux épinards. Y avait des vergers dans bien des cours et, sans mentir, j'ai vu des parterres jonchées de pommes pourries chez ces gens-là. En fait, vous êtes pas obligé de me croire mais je connais des Canadiens qui sont allés demander à ces Anglais, alors qu'ils étaient assis dans leur cuisine en bras de chemise en train de boire du thé avec des biscuits et de chiâler, s'ils pouvaient ramasser ces pommes et ils ont dit oui.

«J'ai toujours maintenu qu'il était pas nécessaire que personne souffre de la faim. Y avait pas d'argent mais y avait toujours de la nourriture, semble-t-il. Les gens ont toujours eu de quoi se remplir le ventre, même si c'était pas ce à quoi le monde de Shaughnessy était habitué. *(Saughnessy est un quartier riche de Vancouver.)* Y avait toujours moyen de faire un dollar quelque part, même si c'était en travaillant à la journée sur un camion. Sur les quais, on engageait toujours et y avait toujours moyen d'être balayeur dans un entrepôt. En laissant son nom à plusieurs endroits, c'était toujours possible de se faire un ou deux dollars en plus chaque semaine. Et ça, c'était en plus du Secours direct.

«Mais ils ne le pouvaient pas, ils arrivaient pas à se sortir de leur cercle vicieux et, finalement, ils en devenaient malades. Ils étaient venus au Canada en pensant que c'était une terre d'abondance et, durant la Crise, ils ne savaient plus où donner de la tête. »

Ils essayaient tout simplement d'aider

« Les mormons étaient pas mal nombreux dans le sud de l'Alberta et ils envoyaient leurs jeunes hommes dans d'autres régions pour faire du recrutement. Ils ont jamais fait de convertis autour de Wetaskawin, que je sache, mais c'était des bons gars. Fumaient pas, buvaient pas, mâchaient pas, blasphèmaient pas. Des bons gars. Des missionnaires. La seule chose, c'est qu'ils étaient pas de la bonne religion pour faire des convertis dans cette partie du pays.

« C'était autour de 1935 et ç'allait plutôt mal. Y avait plein de monde qui partaient et y en avaient qui pouvait même pas se permettre ça. Aberhart, le vieux Bill Bible, était à la veille de gagner l'élection mais elle n'avait pas encore eu lieu.

« Un jour, deux types sont arrivés dans le village et ils avaient été entraînés depuis leur enfance à parler et à rencontrer les gens, à sourire et être aimables et à travailler pour la communauté, et ils étaient allés demander à la commission scolaire la permission d'utiliser l'école le vendredi soir pour un concert. Pas le samedi soir, parce que ce soir-là, tout le monde allait flâner au village, debout au coin de la rue, pour chiâler et se plaindre de tout. C'était le seul plaisir qu'il y avait, comparer son sort d'une semaine à l'autre.

« Le président de la commission scolaire avait dit que les règlements interdisaient que toute religion soit enseignée à l'école, mais les gars avaient dit que c'était seulement pour un concert. Rien de plus. Les gens pourraient jouer aux cartes, au 500 et les enfants pourraient jouer à différents jeux. Chacun apporterait à manger et à boire pour le réveillon et on allait chanter. Y avait un piano à l'école. C'était à peu près tout ce qu'y avait dans cette école. Le vieux Jock Thompson l'avait donné à l'école le jour où il était parti à l'hospice des vieillards.

« Je trouvais que ce qu'il fallait à ce village déprimé c'était un peu de jeux et de musique et j'avais dit que j'étais d'accord avec ces deux gars-là et le président avait embarqué lui aussi. C'était réglé. Chaque enfant avait rapporté une note à la maison et, deux semaines plus tard, y avait une foule à l'école. Au début, tout le monde était plutôt réservé, comme s'ils avaient attendu que tous se mette à aller mal. Après tout, ces jeunes-là étaient pas tellement populaires, parce que, même à ce moment-là, les mormons, c'était plutôt mystérieux.

« Mais ç'a bien marché. Quelques jeunes couples sont entrés dans le jeu et tout le monde s'est mis à jouer aux cartes et les plus jeunes sont allés jouer dehors puis la musique a commencé et, bientôt, tout le monde chantait à tue-tête.

« On a chanté toutes les vieilles chansons que tout le monde connaît, ça nous revenait au fur et à mesure, les femmes faisaient les sopranos et les contraltos et les hommes faisaient les basses et les baritons, et y en a qui ont surpris tout le monde parce qu'on aurait jamais cru qu'ils pouvaient chanter et on se sentait bien. Pas de boisson, on était heureux tout simplement de chanter et de se retrouver entre nous de nouveau. C'est ça qu'il nous fallait, de l'amour, de la gentillesse et de la compréhension humaine.

« Puis on a mangé, on a raconté des blagues et on a bien ri et quand on est rentré chez soi, y avait un clair de lune et la vie nous semblait bonne. Y aurait pas grand récolte, on le savait, mais je me souviens avoir pris ma femme par la taille et lui avoir dit que les choses iraient mieux, et ça faisait bien longtemps que j'avais pas fait ça, parce que j'étais trop déprimé.

« On a eu deux autre soirées comme celle-là, à deux semaines d'intervalle, et l'esprit commençait à être vraiment bon. Y a des gens qui venaient de dix, quinze milles et on parlait d'organiser un grand souper dansant dans le temps de la récolte, ce qu'on avait pas eu depuis 1931 quand ça s'était mis à mal tourner et que chacun s'était terré dans son trou.

« Puis là la Lettre est arrivée. L'inspecteur d'école qui nous disait qu'on n'utilisait pas l'école à bonne fin. On lui a demandé de venir à une réunion et il est venu nous dire que 'ces mormons, ces gens de l'Utah, ils prêchent d'avoir plus qu'une femme, non?' Oui, évidemment, cela remontait au temps de la colonisation quand il y avait plus de femmes que d'hommes et que c'était correct alors qu'un homme ait deux ou trois femmes. Mais on avait pas réussi à convaincre ce bâtard-là. Finies les danses. À bas les mormons qui venaient nous glisser leur religion par en arrière et emplir la tête et le cœur de nos jeunes. Je me souviens d'avoir dit à l'inspecteur qu'il était plein de merde et il avait dit que si ça continuait le district perdrait sa subvention.

« Ç'a fini là. Les deux jeunes missionnaires sont allés ailleurs, et on a pas eu d'autres danses et pas de souper de récolte non plus.

« Ç'a été comme le dernier soupir de ce village. Après ça, il a agonisé jusqu'à ce que la guerre arrive. »

Le jour où mon père a pleuré

« Mon père était maçon et les gens m'ont dit qu'il était très bon maçon. Mais, à partir de 1930, il se faisait plus du tout de construction dans la région et s'il a travaillé deux semaines, cet été-là, à réparer les cheminées des grosses maisons d'été, il a été bien chanceux.

« Il a finalement dû accepter le Secours direct. Je me souviens pas exactement à combien ça se montait, mais ça payait le loyer et ma mère m'avait dit qu'elle était sensée nourrir une personne avec huit sous par jour, ce qui veut dire qu'on devait recevoir environ $15 par mois. Mon père, ma mère, mes trois sœurs, et j'étais le seul garçon.

«Les gens du Secours direct disaient qu'y avait beaucoup d'ouvrage dans le bois et que les récipiendaires étaient tenus de travailler dans le bois à tant par jour. Peut-être un dollar par jour. Ils disaient que c'était ce qu'on attendait d'eux mais ils pouvaient pas forcer personne.

«Mon père était un homme fier. La famille était là depuis quatre générations. Il était Écossais et presbytérien et fier de son métier, un homme bon et frugal. Il jouait même de la cornemuse. Il était férocement fier et ça devait lui déchirer les entrailles d'avoir à accepter sa pitance et il était l'un des hommes qui s'étaient déclarés prêts à travailler dans le bois. Faire du bois de chauffage pour le Palais de Justice et les écoles.

«Il connaissait rien à la coupe du bois. Il était maçon. Il faut s'y connaître dans le bois et ces hommes-là savaient même pas comment se servir d'une hache ou d'une sciotte et ils étaient même pas chaussés et vêtus convenablement. Y avait rien qui marchait. Dans l'eau, la boue et le froid glacial.

«Je me souviens qu'un soir il est rentré à la noirceur, tout mouillé et gelé, et le souper consistait en une boîte de bœuf salé, ça coûtait dix sous je pense, du navet et des patates. Un cousin de l'Île du Prince Édouard nous avait envoyer une couple de cent livres de navet et de patates mais, par chez nous, on nourrissait le bétail avec le navet. Mon père avait regardé ça, il avait étendu ses bras sur la table, avait laissé tombé sa tête et il avait éclaté en sanglots. Y a quatre enfants autour de la table, six, huit, neuf et onze ans et voilà que le bonhomme se met à pleurer. Pourquoi est-ce qu'il pleure? Pour lui? Pour nous, les enfants? Pour maman? Pour le monde entier? À cause de cette moulée à vaches sur la table? Comment le savoir?

«Maman nous a dit de prendre nos assiettes et d'aller manger dans le salon et on a pas dit un maudit mot.

«Une semaine plus tard, papa avait glissé en bas du camion et s'était blessé à la hanche mais il avait continué à travailler. Puis une infection s'était installée dans l'os, pas mal sérieux, puis il était allé à l'hôpital et au bout de dix-huit mois il est mort.

«Fin de mon histoire de Dépression.

«Et puis, non. Papa et les autres étaient les bons gars, les hommes d'honneur, ceux qui avaient assez de courage pour aller travailler dans le bois. Mais savez-vous qui étaient les plus intelligents? Ceux qui ont dit à l'agent du Secours direct d'aller se faire foutre, qui n'ont pas voulu aller travailler et qui sont restés assis dans la cuisine les deux pieds sur le poêle. Les malins. Ils étaient plutôt rares dans le temps mais on les retrouve partout aujourd'hui. Le Bien-Être social. Regardez autour. Que Dieu les maudisse!»

Ils ont dit non

«Je me souviens qu'une institutrice à l'école avait commencé à s'inquiéter de l'allure physique de certains des enfants. Des enfants de cultivateurs, de bûcherons dans le bois. Un jour, elle avait demandé à sa classe d'enfants ce qu'ils avaient apporté pour manger le midi.

«Y en avait qui n'avaient rien apporté. Rien. D'autres avaient un morceau de pain avec de la mélasse. Du pain tout détrempé. C'est tout ce qu'ils avaient dans leur sac et plusieurs de ces enfants avaient à marcher plusieurs milles pour venir à l'école. Cette institutrice venait d'Halifax et les autres enseignants trouvaient aussi que ces enfants n'étaient pas en mesure d'absorber ce qu'on leur enseignait. Toute leur énergie passait à survivre.

«Elle enseignait les arts ménagers et elle avait eu l'idée de lancer le projet de faire de la soupe tous les jours à l'école, épaisse et nourrissante, ce qui aurait fait toute la différence du monde pour certains des enfants. Elle avait fait le tour des magasins et des restaurants pour leur demander de lui réserver tous les restants, du pain, des os, des morceaux de viande et tous étaient d'accord. La soupe serait pour les enfants de la campagne, ceux qui avaient à marcher cinq milles tous les jours. Tout ce qu'il fallait, c'était de l'organisation et de la coopération.

«Elle était allée avec d'autres institutrices demander quelques dollars par mois à la commission scolaire. Pas grand-chose, mais il fallait quand même acheter certaines choses. Jamais de la vie, qu'ils avaient dit. Même pas un dollar par jour. Alors 50 sous? Non, jamais. On savait évidemment que l'argent était là mais je crois encore que c'est parce qu'ils ne voulaient pas nourrir des enfants de la campagne dans une école de ville. Et je crois que bien des gens en ville étaient d'accord avec eux. Oh, c'était une époque de désespoir.»

Chapitre 29

Les banques et la finance marchaient main dans la main

Les grands hommes d'affaires perspicaces d'autrefois se retourneraient dans leur tombe s'ils savaient qu'aujourd'hui on peut se promener en ville et acheter un complet, un ensemble de bâtons de golf, une machine à écrire et prendre un repas de $12 en présentant tout simplement une petite carte de plastique et en signant son nom. Même le repas à $12 leur ferait tourner la tête.

Dans le temps des années 30, on empruntait un peu. Pour une maison, une ferme, de l'équipement, une voiture, des semences, mais pas grand-chose à part ça.

C'était clair et net: entente mutuelle sur le montant, le taux d'intérêt, les versements sur une période donnée et le collatéral. Toujours le collatéral. Un bon collatéral. Et quand le chèque était fait, une bonne poignée de main. Le banquier considérait qu'une poignée de main, c'était bon pour les relations publiques.

Mais quand le commis dans sa belle petite maison de briques rouges ne pouvait plus rencontrer son paiement mensuel de $40 plus l'intérêt à 8% parce qu'il avait perdu son emploi au magasin, qu'arrivait-il? Et qu'arrivait-il au fermier qui, ruiné par la sécheresse depuis trois ans, se faisait dire que son équipement était trop usé pour couvrir le solde de l'emprunt et que le problème serait remis entre les mains des avocats? Tous les deux étaient finis. L'un perdait sa maison et l'autre, sa ferme. Et l'on ne parlait pas d'avidité et de dureté, c'était tout simplement comme ça qu'on faisait les choses dans ce temps-là.

«Je m'en souviens fort bien», m'a dit un cultivateur des Prairies, victime d'une telle saisie il y a 34 ans. «Les banquiers et les financiers, pouah!»

Le poids de l'intérêt

«C'est l'intérêt qui nous a eus, qui nous a écrasés. Les intérêts des banques et des compagnies de prêts, on pouvait pas les contourner. Je sais, il y a eu les sécheresses, les sauterelles, la rouille et tout un concours de circonstances, mais ça, les cultivateurs ont toujours eu à y faire face. Le problème, c'est qu'on les a eus tous ensemble et, en plus, le poids de l'intérêt sur nos épaules. C'était de notre faute.

« Autour de Moosomin et plus à l'est, on a toujours eu une récolte, mince des fois, mais toujours quelque chose ; généralement passable. On avait de bonnes pluies printanières puis, habituellement, la trempée du 1er juillet et ça regardait bien. C'était le moment de l'année aussi où on allait à la foire, notre seul congé, et y avait plein de beaux tracteurs et toute sorte de machinerie agricole et on se faisait prendre chaque fois. Comme des poissons. La femme avait même pas de machine à laver mais la cour était pleine d'équipement qu'il fallait payer, évidemment, et dans des conditions très précises. Là, la banque nous prêtait. Les fabriquants d'équipement agricole exigeaient beaucoup d'argent comptant alors ils nous disaient que, la saison étant prometteuse, pourquoi ne pas emprunter de la banque et rembourser après la récolte. Le problème, c'était qu'après la récolte, il restait plus grand-chose une fois les frais essentiels payés, comme les taxes, le carburant, les vêtements des enfants. Et puis, il fallait s'en garder pour passer l'hiver, pour Noël, quelques voyages à Regina et, au printemps, fallait payer les semences, acheter d'autre carburant, alors la banque disait : 'D'accord, on va reporter ça à l'année prochaine,' et avec les intérêts ça grossissait et l'année suivante, c'était encore la même chose. Comme la grenouille dans le puits, deux sauts par en haut pour reglisser encore plus bas.

« Puis on s'est enfoncé dans la Crise autour de 1933 et les compagnies de prêts ont sorti leur fouet : 'Payez maintenant ou on prend tout.' Comme la foudre. C'est comme ça que bien des bons hommes ont abandonné l'agriculture. Des bons fermiers qui valaient rien du tout du côté du crédit. Savez-vous ce qui arrivait quand ils partaient ? Y avait personne pour prendre leur terre en main et les compagnies d'équipement agricole voulaient pas reprendre les machines non plus, qui les aurait achetées ? Ça valait plus rien et tout le monde était cassé de toute façon. Le chiendent envahissait les fermes, les maisons s'écroulaient et les puits se remplissaient. De la pure bêtise.

« Tout aurait été beaucoup mieux si le gouvernement avait mis les banques et les compagnies de prêts dans l'enclos et donné aux fermiers la chance de s'en sortir. Parce que c'était une vraie honte, une vraie honte.

« Diable ! pouvez-vous me dire ce qui se passe dans la tête des hommes quand ils croient sentir ce qui ressemble à de l'argent facile ? Y a 40 ans de ça, c'est quasiment pas croyable. C'est comme si c'était l'année dernière. Je me souviens clairement de tout ce qui est arrivé. »

La loi de la jungle

« J'ai jamais entendu parler de banquiers et de financiers canadiens qui se sont jetés en bas des gros édifices de Montréal ou de Toronto. J'ai jamais vu un homme d'affaires en guénilles vendre des pommes au coin de la rue. Je suis sûr que bien des entreprises ont fait patate mais jamais les grosses entreprises. Regardez les grosses compagnies au Canada aujourd'hui. Les aciéries. Les magasins à rayons. Les compagnies alimentaires. Les compagnies forestières. Elles ont survécu et grandi durant la Crise. Vous êtes pas obligé de prendre ma parole, mais j'ai vécu assez longtemps pour comprendre certaines choses.

« Les petits étaient acculés au mur par milliers et pas toujours par l'économie. Dans ce temps-là, la loi de la jungle primait. C'est pas Kipling qui a écrit un poème disant que les faibles périront et que les forts survivront toujours et que c'est bien comme ça? Eh bien, moi, je suis pas d'accord. Je mentionnerai pas de noms mais prenons l'exemple des magasins à rayons. N'importe lequel, ils sont tous pareils.

« Moi, j'étais manufacturier de gants pour femmes. J'employais 60 personnes, surtout des couturières. Dans les années 20, la vie était plutôt rose. On avait une maison d'été aux Mille-Îles et on passait une partie de l'hiver en Floride ou au Mexique et y avait pas grand monde à Toronto qui faisait ça. J'ai jamais été accusé d'exploiter mon monde. Garanti. J'ai déjà entendu un client parler à un autre — et il savait pas que j'étais derrière la cloison — et il avait dit: 'Isser, c'est un Juif qui agit comme un Blanc.' Pour lui, il me faisait un compliment. Mais moi, j'étais pas sûr que c'était un compliment quand j'ai su qui dirigeait les banques, les grosses compagnies et les grands magasins. Mais c'était pas grave. J'étais un petit poisson.

« Arrive la Crise. Les sales années 30. En 1931, j'ai dû laisser aller une vingtaine de filles parce que je pouvais pas faire autrement. C'est alors que cette grosse compagnie, une compagnie très respectable, est venue voir le petit Isser et ils m'ont dit que je fabriquais un très bon produit et qu'ils en avaient assez de se faire peler par les fabriquants de vêtements de Montréal et qu'ils aimeraient faire affaire avec moi. Avec moi seulement. L'exclusivité. Ils prendraient toute ma production. L'homme m'avait dit: 'Regardez-nous. Des magasins à travers le pays, dans chaque province. Regardez nos clients, la moitié du pays. Je suis tombé dans le panneau la tête la première. Un panneau que même moi je connaissais, imbécile que j'étais. De la gourmandise. C'est ça, j'étais gourmand.

« Cette année-là, ils ont pris toute ma production et l'année suivante aussi. J'avais même rengager mes filles. Mais l'année d'après, au moment du contrat, ils ont dit que les affaires allaient mal, que tout le pays s'en allait à la débâcle et qu'il fallait faire un autre contrat.

« Ça, c'était autour de 1934. Nouveau contrat ? Oui, mon ami, et ils m'ont coupé ça tellement bas que j'ai été obligé de renvoyer des filles de nouveau et de travailler d'autant plus fort. Et j'avais perdu tous mes vieux clients à ce moment-là, vous pensez bien. Isser avait laissé tomber tout le monde pour s'embarquer avec les gros. Plus personne avait besoin de moi. Pour rester en vie, j'ai dû couper les salaires et Dieu sait qu'ils étaient déjà pas tellement bons. J'étais dans des beaux draps, je vous le dis. J'étais devenu l'exploiteur de mes employés et j'y pouvais rien. Je pouvais pas me permettre d'avoir un comptable alors c'est ma femme qui tenait les livres.

« L'année suivante, j'ai levé les mains. Ce que cette grosse et gentille compagnie voulait me faire aurait même pas dû arriver à Hitler. Mais à moi, oui. Oh oui. Ils m'avaient. Tout ce que je pouvais leur dire et que je leur ai dit, c'était : 'O.K., les gars, vous m'avez eu. Je vous appartiens tout entier, coincé de tous les bords.'

« Ils ont souri et, deux jours plus tard, ils m'ont envoyé une lettre enregistrée m'offrant d'acheter mon entreprise au complet pour à peu près la moitié de ce que je calculais que ça valait et à peu près le quart de ce que ça valait quatre ans plus tôt. Ils m'avaient à la gorge parce qu'ils étaient les seuls à qui je pouvais vendre. J'ai vendu. Qu'est-ce que je pouvais faire ? Ils m'ont enlevé la petite fabrique dans laquelle j'avais mis les meilleures années de ma vie.

« Et ça, c'est arrivé partout au pays. Les preuves sont là. Les grosses compagnies ont grandi et les petits Issers ont été acculés au pied du mur. C'est pour ça que je vous dis que j'ai jamais entendu dire qu'un banquier canadien a sauté par la fenêtre. »

La marche branlante

« J'ai marié Jane en 1934. On s'est décidé comme ça, c'était pas la peine d'attendre. On s'était trouvé un petit appartement dans Kitsilano, autour de $12 par mois. Aujourd'hui, ce serait $125 et plus. Mais on voulait quelque chose de mieux et de plus grand pour les enfants qui manqueraient pas d'arriver et mon beau-père m'avait parlé d'une maison dans West Point Grey. Le propriétaire était mort et sa veuve était pas capable de faire les paiements. Dans ce temps-là, elle aurait pas pu faire autrement que de vendre pour couvrir l'hypothèque et elle devait aller vivre chez son fils et sa belle-fille. Les compagnies d'hypothèques s'emparaient des maisons à gauche et à droite. Ils savaient bien, eux, que la Crise durerait pas éternellement.

« En tout cas, tenez-vous bien ! La veuve devait autour de $400. Mon beau-père pouvait pas m'aider et je connaissais personne qui avait de l'argent comme ça, alors je suis allé voir une compagnie de finance. Bien sûr, qu'ils m'ont dit, ils se feraient un plaisir d'aller voir la maison. Ils ont envoyé leur homme et ma femme et moi on l'a rencontré devant la maison et c'était une bonne maison. Il a commencé à monter les escaliers et s'est aperçu que la première marche était branlante. Il lui manquait quelques clous. Le type s'est arrêté net, il a fait demi-tour et il a dit: 'Mal entretenue, ça se voit tout de suite. Je regrette, mais on ne peut pas vous aider pour une maison comme celle-là.' Et il est remonté dans sa voiture.

« Savez-vous qui a acheté la maison? Cette même compagnie de finance. C'était un de leurs petits trucs. Pas surprenant que le monde leur fassent pas confiance. Cette maison est encore là aujourd'hui, habitée et en bon état, et entourée de maisons qui valent de \$40 000 à \$60 000. »

L'orgueil de posséder

« Les Canadiens sont économes et ils ont un terrible orgueil de posséder. C'est pourquoi un type préfère de beaucoup payer les hypothèques sur une maison ou une ferme plutôt que de verser ça dans un compte d'épargne ou d'acheter des bonds. C'était le cas dans les années 20. De sorte que même si le Canadien moyen était économe, il considérait sa maison, sa ferme ou son entreprise comme ses épargnes.

« Quand la Crise est arrivée, avec le chômage, les baisses de salaires, la réduction des prix des produits de la ferme, les compagnies en faillite et tout ça, le Canadien moyen n'avait aucune épargne pour l'aider à traverser les temps durs. Ça prenait une réserve en banque assez considérable et je dirais qu'y avait pas un Canadien sur dix qui l'avait. Ce qui fait qu'y a bien des gens qui n'ont pas duré longtemps. Après tout, il fallait qu'ils mangent aussi. Alors ils ne pouvaient plus rencontrer leurs paiements mensuels à la banque. Condamnés par la Crise.

« Je ne dirai pas que les banques et les compagnies de finance n'ont pas fait beaucoup de saisies, parce que nous en avons fait beaucoup, mais s'il y avait eu une autre façon de s'en sortir, une forme quelconque d'aide gouvernementale, un moratoire garanti, nous ne l'aurions pas fait. Je crois que les directeurs de ma banque, de toutes les banques, n'ont pas compris que la Crise dans les Prairies n'était pas la Crise en Ontario. S'ils avaient compris qu'elles étaient différentes un grand nombre de cultivateurs n'auraient pas connu la ruine. On aurait trouvé un autre moyen. »

Deux dollars en moins

« Oui, laissez-moi vous raconter une expérience que je n'oublierai jamais, parce que je crois que ça démontre bien ce qui n'allait pas dans le système bancaire de l'époque. Le mépris des gens. Notre système bancaire était sûr et solide et pas du tout fragile comme celui des États-Unis, et mon mari disait toujours que c'est ce qui se rapprochait le plus de la galère romaine.

« J'étais caissière dans une banque, à Kingston, et je m'appelais alors Dottie McLaren. Les banques étaient d'affreux endroits où travailler. Si vous connaissez un homme aujourd'hui qui était gérant de banque ou comptable durant les années 30, regardez-le bien parce qu'il n'est pas ce dont il a l'air. Derrière sa façade, il y a un homme cruel, un homme dédié à un système cruel.

« C'était dur pour une fille ou une femme de travailler dans une banque, mais ils engageaient des femmes justement parce qu'ils payaient tellement mal. Je faisais $6 par semaine. Je connais des gars de 20, 22 ans qui se faisaient seulement $8 par semaine. Mais l'argent était une sécurité. On sait maintenant qu'on peut crever de faim avec la sécurité mais ce chèque qui nous arrivait le 29 de chaque mois représentait beaucoup alors que tout le monde traînait sur les rues.

« Une fois, en fin de journée, il me manquait deux dollars en caisse. C'est pas beaucoup, mais c'est pas la question. Pour le comptable et le gérant, ça voulait dire que j'étais négligente, stupide, idiote et pas assez intelligente pour entrer par leur grande porte et faire partie de leur grande et fière organisation.

« Mais l'affaire, c'est que je savais où j'avais commis mon erreur. Une dame Mackenzie qui était sur le Secours direct. J'oublierai jamais son nom. Je lui avais changé son chèque et lui avais donné $26. Deux billets de dix, un de cinq et un de un. C'est bête comme on se souvient des petites choses, hein? Mais en fait, pourquoi est-ce que je m'en souviens si bien? Son chèque était de $24. Je le savais, parce qu'il était toujours de $24, alors j'avais fait une erreur. Et j'avais oublié de mettre deux dollars de ma poche en caisse.

« Je ne suis pas sûre si je m'en faisais pour elle parce qu'elle avait grand besoin de son argent et qu'elle avait droit de profiter de mon erreur ou si tout simplement j'essayais de me disculper. Le gérant m'avait fait venir dans son bureau et m'avait sermonnée et j'avais bafouillé que je savais où j'avais commis mon erreur. Et ça, c'était une autre erreur. Wheeler était le comptable et le gérant m'avait dit que Wheeler m'accompagnerait chez la dame Mackenzie pour récupérer les deux dollars. J'étais renversée. Ou plutôt, j'avais honte. Pas le lendemain, mais le soir même.

« En route, je me disais que Madame Mackenzie avait probablement dépensé ces deux dollars pour acheter un gâteau ou des bonbons ou un manteau neuf pour un de ses enfants. Ils étaient peut-être en train de célébrer ça et voilà que nous allions leur enlever leur argent. On a trouvé la maison, un vrai trou à rats, dont le loyer était probablement payé par la ville. J'ai frappé à la porte et le comptable était derrière moi. Il était grand. Et gros. Madame Mackenzie est venue ouvrir, elle nous a regardés tous les deux et elle a dit 'une minute', on l'a entendue chuchoter, les enfants ont cessé de parler et de rire, le grand silence, puis elle est revenue et m'a tendu les deux dollars, mais elle regardait Wheeler. J'ai dit merci, elle a refermé la porte, nous sommes partis et nous avons marché jusqu'à la banque. Wheeler, qui n'avait pas ouvert la bouche depuis qu'on avait quitté la banque, a dit: 'Fiou! ç'a été facile.' Puis j'ai dit: 'Elle a pensé que vous étiez un policier.'

« Voilà ce qu'il fallait qu'on fasse dans ce temps-là pour deux sales dollars. »

Les chemins de fer contre la trans-canadienne

« Plusieurs années après sa défaite, en 1935, l'ex-premier ministre R.B. Bennett m'avait dit qu'il aurait pu mettre fin au chômage durant la Crise, mais que le Canadien National et le Canadien Pacifique l'en avaient empêché. Il voulait procéder à la construction d'une route trans-canadienne, comme celle qui existe aujourd'hui, mais ils ne voulaient pas d'une route toute saison et ils avaient réussi à force d'influence politique à tuer le projet dans l'œuf. Mais s'il avait tenu bon, cela aurait créé énormément d'emplois et mis beaucoup d'argent en circulation. »

Optimisme à toute épreuve

« Le fermier de la Saskatchewan est le plus grand optimiste au monde. Christ! une fois j'avais vendu une lieuse à la femme d'un fermier. Elle avait dit: 'On n'en a absolument pas les moyens', mais je lui avais dit que celle qu'ils avaient ne finirait pas la semaine et que peut-être elle serait foutue dans une heure et elle avait dit que son mari était à Moose Jaw et je lui avais dit: 'Madame Cody, c'est la dernière que j'ai et je peux la vendre à votre voisin au bout du rang.' Alors elle avait répondu: 'Bin, mon mari va me tuer, mais je suppose qu'il faut que ça se fasse de toute façon', et j'ai fait le contrat séance tenante et elle l'a signé.

« C'était complètement fou. Je savais même pas si elle avait le droit de signer. Elle avait dit: 'Je sais pas comment on va faire les paiements' et je lui avais répondu qu'elle avait signé et que je verrais à ce qu'elle les fasse. J'ai croisé son mari sur la route et j'ai décidé qu'il valait mieux lui faire face tout de suite quitte à déchirer le contrat si nécessaire. Il avait pouffé de rire: 'Harold, dit-il, tu pourrais vendre une baleine par semaine à un boucher de village'. Mais il avait signé aussi. En fait, la signature de sa femme n'aurait pas été valide.

« C'est comme ça qu'on faisait affaire dans ce temps-là. Ils ont jamais fait un seul maudit paiement de toute façon parce que les sauterelles les ont eus à la fin de juin et que la sécheresse les a achevés le mois suivant. Un pays de fous. »

48% d'intérêt

« Y avait une famille d'Italiens qui vivait pas loin des voies ferrées. Le bonhomme et ses deux garçons travaillaient pour les chemins de fer. Ils devaient connaître quelqu'un au CN ou alors le surintendant avait dû empocher une ristourne — et pensez pas que ça se faisait pas, c'était courant.

« Un jour, un vendeur a réussi à mettre son pied dans la porte et il a fini par leur vendre une radio Stromberg-Carlson, soit la Buick dans le domaine de la radio, une grosse affaire brune qui se tenait debout dans le coin de leur tout petit salon et quand le bonhomme montait le volume ça vous brisait quasiment les tympans. Ça coûtait à peu près $300, une fortune dans le temps, et ils étaient sûrement pas capables de payer ça mais ça leur donnait le sentiment d'être aussi bons que Mussolini. Le vendeur les avait embarqués avec un intérêt de 48% par année. Signez ici, monsieur Josefa, oui, ici là, merci, on va vous livrer ça demain matin. Les pauvres imbéciles.

« En tout cas, ils ont vidé leur compte de banque en faisant le premier paiement ou alors la Mama a sorti sa chaussette de laine qu'elle cachait sous sa poitrine qui était assez ample merci, puis le second paiement a commencé à leur faire mal et la douleur n'a fait qu'augmenter par la suite. En tout cas, ç'a pas été long avant que l'agent de recouvrement vienne frapper à leur porte et quand il en a eu fini avec eux, il leur restait plus rien. D'après la loi, je crois qu'ils avaient le droit de garder les lits, une table, des chaises et le poêle mais je crois que l'agence de recouvrement qui travaillait pour ce grand magasin de meubles de haute réputation sur la rue Principale a pris tout le reste, et peut-être même les images saintes et les statues du Christ de la Mama. Fallait faire très attention dans le temps et bien des gens se faisaient prendre. Y en a qui se sont faits peler complètement. La Démocratie, ha! »

Les banquiers aussi avaient des problèmes

« Je me suis souvent demandé si les fermiers finiraient par se débarrasser de la haine qu'ils avaient envers les banquiers des Prairies. Eh bien, oui. Oh! y a encore des vieux qui n'ont pas oublié, mais le bon temps a finalement eu raison de l'amertume des mauvais jours et, d'une manière, c'était pas la faute des banquiers. Mais c'était la même vieille histoire. Quand tout allait bien, c'était: 'Allez-y, empruntez, et vous paierez après la récolte.' Mais dans les temps durs, c'était: 'Rien pour vous, les gars, pas un sou, et j'ai reçu l'ordre de saisir votre terre.' C'était comme ça.

« Mais qui aurait pu prévoir qu'on serait frappés comme on l'a été durant toutes les années 30 et que le minot de blé se vendrait à 40, 45 sous et qu'une fois le transport payé il ne resterait plus rien. C'était pas humain. Mais le banquier avait des comptes à rendre aussi. Après tout, c'est eux qui avaient fait les prêts et les gros bonnets de Montréal et de Toronto s'en fichaient pas mal. Tout ce qu'ils savaient c'est que des millions de dollars avaient été prêtés sur la valeur des terres et que si l'argent ne rentrait pas alors c'était le devoir de la banque de saisir le collatéral.

« C'est les inspecteurs de banques qui étaient les pires. Ces gars-là voyageaient toujours par deux, comme des flics dans un quartier dur la nuit. Ils ordonnaient aux gérants de banque de saisir des terres à gauche et à droite, mais y avait personne qui en voulait. On arrivait même pas à les donner. Au lieu de laisser le pauvre fermier essayer de s'en sortir, ils fondaient sur lui et ils avaient la loi de leur côté.

« La plupart des gérants de banque étaient de bons gars. Ils participaient aux affaires de la communauté, jouaient au curling, chassaient le canard et allaient fumer à la Légion, mais c'est quand même eux qui avaient l'argent et qui saisissaient les terres. Quand un fermier a perdu son lot pour lequel il a travaillé comme un fou et que le type dans le bureau au fond de la banque est celui qui a signé les papiers de la saisie, c'est pas mal difficile de lui expliquer que c'est l'inspecteur de la banque qui voyage à travers le pays ou un gros homme gras dans un bureau à Montréal qui lui a fait le coup. »

La chute d'un empire

« Mon père m'avait laissé quatre maisons à Toronto et y avait aucun problème pour les louer et, quand j'ai voulu en acheter d'autres dans le quartier, la banque m'a fait crédit les yeux fermés. Ils pouvaient pas me le prêter assez vite, les quatre maisons louées servaient de collatéral et l'intérêt était de 7½%. Et puis après? On était en 1928 et tout allait bien. Enfin, c'est ce qu'on pensait. Mais quand on regarde ça maintenant, on se dit qu'on aurait pu voir venir l'orage.

« J'ai acheté quatre autres maisons, en utilisant la moitié des $7 500 que la banque m'avait prêtés comme versement initial et le reste je l'ai mis sur des réparations. De la peinture, des travaux de menuiserie, rénover une salle de bain, réparer les escaliers, faire une pelouse, toutes sortes de petites choses.

« J'étais dans le velours. Je remboursais l'emprunt avec la moitié des loyers des maisons que mon père m'avait laissées plus ceux des quatre autres. Le reste des loyers, environ $80 je crois, je gardais dans un fonds spécial qui devait me servir à acheter d'autres propriétés. J'allais devenir millionnaire avant d'avoir 40 ans. Ho! Ho!

« À la fin de 1930, quatre de mes maisons étaient vides. Désastre. J'ai baissé les loyers pour avoir des locataires mais ce n'était que changer le mal de place. L'emprunt était pas remboursé. Tous les mois, je perdais mes locataires. Ils se sauvaient la nuit. J'en trouvais d'autres. J'avais donc huit maisons mais seulement quatre ou cinq louées à la fois, ce qui me faisait environ $90 par mois alors que le paiement à la banque était de $120 avec le maudit intérêt. Fallait payer les taxes. Entretenir les maisons sans quoi je serais devenu propriétaire de taudis.

« Mon petit capital de $500 a vite disparu. Mon travail, c'était mes maisons, la gérance de tout ça, et je pouvais pas me trouver d'emploi. Personne voulait de moi, j'avais jamais fait une seule journée de travail dans ma vie. J'avais 26 ans et pas d'expérience.

« Puis arrive le jour où les lignes convergentes se rencontrent. Bien vite. J'ai plus un sou, les loyers sont insuffisants à rembourser la banque et me voilà assis dans le bureau du comptable qui sort mon dossier. Hmmmmmmmmm! J'attends le verdict comme l'accusé dans un procès pour meurtre qui sait que la peine de mort est automatique. Crounch! C'est ma tête qui roule.

« Non, je ne peux pas avoir d'autre argent. Non, ils ne peuvent pas réduire le taux d'intérêt. Non, pas de prolongement. Alors, c'est fini. La banque prend les maisons de mon père. La compagnie de finance prend les maisons que j'ai achetées. À 26 ans, je suis foutu.

« Comme c'était facile d'avoir du crédit quand les choses allaient bien et comme c'était difficile d'avoir ne serait-ce qu'un faible sourire du banquier quand les choses allaient mal! Ils restaient assis sur leur argent et y avait pas un sou qui sortait. Tout le monde était mauvais risque. Plus tard j'ai lu qu'un banquier avait dit que c'était grâce à cette tactique si le système bancaire canadien était si fort durant la Crise. Je comprends. Pas de prêt, pas de risque.»

Chapitre 30

Justice brutale et spontanée

Dans ce chapitre, il y a plusieurs exemples de justice brutale et des histoires du genre se sont probablement déroulées dans toutes les villes canadiennes et bon nombre d'entre elles ne seront sans doute jamais racontées pour des raisons évidentes.

L'histoire de cet avare, dans un village des Maritimes, qui s'est fait enduire de goudron chaud puis rouler dans le gravier, est probablement vraie parce qu'il s'en dégage un accent de vérité qui ne trompe pas. L'histoire, dans un chapitre précédent, de l'homme qui a poignardé le bœuf de son employeur malgré qu'il aimait cette bête est également vraie, j'en suis sûr, parce que, lorsqu'il me l'a racontée, cet homme a été pris d'un mouvement de rage et de frustration et il s'est levé de sa chaise pour mieux mimer la scène, s'avançant le bras levé comme s'il avait tenu le couteau dans sa main, tout comme il l'avait fait ce soir-là, il y a très longtemps.

Ce genre de justice est souvent administrée avec une intensité quasi biblique et, en général, de façon tout à fait spontanée, je crois.

Les êtres écrasés par des pressions économiques cruelles et des forces politiques qu'ils ne comprennent pas croiront toujours à la philosophie populiste, selon laquelle les gros et les puissants pilent sur la tête des pauvres et sont toujours favorisés par le gouvernement et son appareil judiciaire.

De telles conditions donneront toujours lieu à des actes de justice brutale.

Bon emploi de goudron

« C'est la seule histoire du genre que j'ai entendue au Canada, de la vraie violence, pis ça s'est passé chez nous, en '33, au printemps, quand un propriétaire a décidé d'augmenter le loyer d'une veuve de $5 à $8 par mois. Il aurait pu tout aussi bien l'augmenter à $50 parce que c'était comme s'il leur avait enlevé de la bouche leur dernière croûte de pain, à c'te famille-là. Une veuve pis ses cinq p'tits. Elle était allée raconter ça au président du syndicat dans son bureau devant quelques mineurs.

« Ce soir-là, une bande de gars sont allés à la maison du propriétaire à la sortie de la ville, une grosse maison entourée d'arbres, pis quand il est venu ouvrir la porte personne a dit un mot, ils l'ont pogné pis ils l'ont traîné dans la ruelle où ils avaient mis le goudron. Chaud mais pas brûlant. Ils lui ont arraché ses vêtements pi ils l'ont couvert de goudron de la tête aux pieds. Au fait, personne était saoul. Personne. Ils lui ont attaché une corde aux pieds pi une autre en-dessous des bras pis ils l'ont roulé pi tiré dans le gravier pi la poussière de sa propre ruelle. Vous avez jamais, jamais vu gâchis pareil.

« Pi un gars s'est penché près de lui et lui a demandé s'il l'entendait pis le bâtard a fait signe que oui. Ça fait que je me suis penché à mon tour pis je lui ai parlé dans face, j'ai dit: 'Augmente pas le loyer de la veuve d'une seule cenne noire. Compris?' Il l'a pas augmenté. »

600 pieds de clôture

« Je me souviens pas de l'année, mais ç'a pas d'importance. Y avait pas de travail dans l'Okanagan, ça fait que j'avais marché de Princeton à Keremeos pis là, j'avais pris ma chance sur la vieille piste à travers les montagnes pis j'avais pu rien à manger pis quand je suis arrivé au Ranch de Douze Milles, j'avais mon voyage.

« Ce ranch-là, laissez-moi vous dire que c'était pas une affaire ordinaire dans le temps, des grosses granges, du bétail de championnat, des chevaux de fantaisie, la grosse affaire. Le propriétaire était un promoteur de mines ce qui fait que c'était pas important que le ranch rapporte ou pas parce qu'il était promoteur, pis ça, dans le temps, c'était comme avoir son hôtel de la monnaie.

« En tout cas, je me suis engagé pour faire les foins avec une bande d'Indiens pis de bums comme moi, pis si vous avez déjà fait les foins, vous savez que c'est pesant pis que c'est fatiguant pis qu'on sue. J'ai travaillé six jours pis j'ai reçu ma paye le samedi soir pis c'était exactement un dollar et vingt sous, je vous mens pas. Ça fait 20 sous par jour avec la pension. La nourriture était bonne parce que ça venait de la ferme pis y en avait en masse. C'était un Chinois qui cuisinait.

« J'ai ragé toute la journée du dimanche pis, le lendemain, le foreman, un petit Anglais boiteux, m'a fait travailler avec des chevaux pour arracher des souches. Pour vingt sous par jour? Oui, pour vingt sous par jour. Il m'a dit de pas perdre mon temps parce que le propriétaire arrivait ce matin-là pis qu'il aimait ça voir que tout le monde travaille. Le palefrenier m'a passé deux maudits bons chevaux, bin forts. Je vous dis qu'i' prenaient soin de leurs bêtes.

« Bin, comme j'étais un jeune pas d'allure je me suis dit que je verrais le propriétaire, ça fait que j'ai commencé à travailler le long de la piste de Hope pis, vers onze heures, le v'là qui arrive sur un beau grand cheval reluisant pis avec une selle de quoi nourrir une famille pendant un an. J'ai fait arrêter mes chevaux pis j'ai marché vers lui pis je lui ai dit respectueusement qui j'étais pis que vingt sous par jour, surtout pour faire les foins pis arracher des souches, c'était juste pas correct. Je lui ai dit que c'était un salaire d'esclave pis que j'étais l'esclave de personne pis il s'est retourné vers un de ses amis qui étaient dans une belle petite charrette pis il a dit que si ça continuait comme ça encore une couple d'années — il voulait dire les temps durs — que du monde comme ça — il voulait dire du monde comme moi — serait content de travailler pour lui toute la journée pour rien pantoute, juste pour de la nourriture pis une couverte.

« J'avais ma réponse. Jésus que j'étais en maudit ! J'ai arraché une autre souche pis j'ai dit que le diable l'emporte. J'avais rien à moi dans le dortoir à part une vieille chemise pis mon rasoir pis j'étais à un demi-mille de là, ça fait que sans trop faire exprès j'ai dirigé ma *time* vers une barrière qu'y avait dans la clôture pas loin, mais la chaîne s'est accrochée au poteau pis quand les chevaux ont senti de la résistance i's' sont mis à tirer, pis le barbelé pis les poteaux de cèdre étaient bin solides mais la terre était molle pis v'là 600 pieds de clôture qui partent comme une pelure de banane. C'était pas mal beau à voir d'une manière. J'ai fait aller les chevaux à fond de train sur la piste — c'était plutôt un chemin à cause de tout le traffic du ranch — pis i's ont tiré c'te clôture-là sur une distance de dix-sept cents pieds, pi c'était tout entortillé autour des arbres.

« J'ai dételé les chevaux, je leur ai mis leur sac à grain, je les ai attachés à un arbre pis je suis parti à pied jusqu'à Hope. Là, j'ai sauté un train qui allait à Vancouver pis j'en ai jamais pu entendu parler.

« Si le propriétaire m'avait pas écœuré bin raide avec ses remarques de maudit morveux pis s'il avait agi en chrétien, il aurait eu le meilleur homme qu'il aurait pu trouver.

« I's étaient comme ça les gros bonnets dans le temps. Quand i's avaient la galette, i' la lâchaient pas pis i's en faisaient plus en fourrant les p'tits. »

Oui, c'est de mes maudites affaires

« Le bureau du Secours direct était dans la cave d'un poste de pompier dans le bas de la ville pis c'est là qu'ils donnaient les chèques. Y avait deux lignes, une pour les hommes pis les femmes mariés, pi l'autre pour les célibataires. Demande-moi pas pourquoi, demande-moi rien à propos de ces temps-là.

« J'étais dans la ligne des célibataires pis y avait bin des femmes dans l'autre ligne mais y avait rien qu'un gars derrière le comptoir, pi c'était le patron, un rat. À midi, c'te p'tit trou de cul, i' frappe sur le comptoir pi i' dit à tout le monde de revenir à 1h 30. Y avait de ces femmes-là qui attendaient en ligne depuis trois heures. Leurs enfants braillaient.

« J'ai demandé où était son assistant, l'autre gars qui s'occupait de ma ligne. Le patron essayait de faire les deux jobs. Une vraie ordure. Il voulait pas me répondre ça fait que je me suis planté devant lui pis i' a dit qu'i' l'avait renvoyé le jour d'avant parce qu'y avait pas assez de travail pour deux pis c'était-ti de mes maudites affaires ?

« Je l'ai pogné par la cravate pis j'lui ai dit que c'était de mes maudites affaires pis qu'y avait assez de travail pour quatre pis qu'i' était pas question qui s'en aille pis qui s'occuperait de ces femmes-là jusqu'à la fin pis que s'i' manquait son dîner pis son souper ça me dérangeait pas un poil. En parlant, je tirais sa cravate pis je faisais rebondir mon poing sur son menton pis i' avait l'air d'étouffer. J'lui ai demandé s'i' avait compris. Tu peux être sûr qu'i' avait compris. J'lui ai dit que s'i' essayait d'appeler la police i' ferait mieux d'appeler l'ambulance aussi parce que, moi, je bougeais pas de là avant qu'i' ait fini de s'occuper de ces pauvres femmes de mineurs pis de leurs p'tits pis, Christ! i'a fait sa job pis tout le monde a reçu son chèque.

« I' a dit qu'i' allait me rapporter pis que je perdrais le Secours direct. J'lui ai dit que s'i' faisait ça je l'étamperais bin raide pis que je le jetterais dans la mine numéro trois. J'étais sérieux.

« I' a dit qu'i' savait qui j'étais, qu'i avait mon dossier pis qu'i' me débarquerait de sur la liste. J'ai dit : 'Je connais ces femmes-là, je connais leurs maris aussi pis quand j'vas leur dire ce qui se passe ici, i' vont venir avec moi ici la semaine prochaine pis quand on va passer par c'te porte-là tu vas avoir mon chèque tout prêt pis tu vas servir ces pauvres femmes qui crèvent de faim pis t'auras beau appeler tous les flics du Cap Breton, ça changera rien pour toi parce que tu vas avoir l'air d'un chat de ruelle qui s'est fait passer dessus par une locomotive.' Pis j'lui ai dit de rengager son assistant.

« Ç'a fini là. Dans ce temps-là, y avait pas assez de ces pauvres maudits chiens battus de mineurs de la Nouvelle-Écosse qui défendaient leurs droits. C'était des temps bin durs. »

Une bien sale histoire

« J'ai toujours trouvé intéressant, même dans le temps, de voir comment l'argent peut changer la personnalité d'un homme, peut même lui dicter tous ses actes. Voici un exemple. C'était autour de 1933, je travaillais dans un moulin à bois au nord de Campbell River. On se faisait environ $35 par mois. On travaillait six jours par semaine, on avait congé à Noël, pis s'ils voulaient qu'on travaille le Jour du Seigneur, eh bien, on travaillait. Y en avait beaucoup qui voulaient ces jobs-là.

« Mon meilleur ami travaillait avec moi, Frank, un gars de Calgary, on était allés à l'école ensemble, on serait morts l'un pour l'autre, on avait grandi ensemble et on avait sauté les trains ensemble.

« On travaillait avec une vingtaine d'hommes et Frank chauffait la chaudière, la huilait et surveillait la pression. Ça le payait pas plus que les autres mais quand l'assistant du foreman s'est fait tuer par un billot, le surintendant a donné sa job à Frank. Je pense que je me faisais une piasse et trente par jour et que l'assistant du foreman se faisait une piasse et quarante, avec beaucoup de travail de paperasse en plus. Pas de syndicat. C'était correct si vous vouliez devenir surintendant un jour, une fois arrivé dans la cinquantaine.

« Le jour où Frank l'a remplacé il est arrivé au travail tout habillé en neuf, un chapeau kaki, une chemise kaki et un pantalon kaki. Sous ce visage rond et jovial, y avait un dictateur. Il a commencé par congédier un vieux bonhomme qui servait pas à grand-chose mais qui faisait toutes sortes d'affaires, il transportait de l'eau, nous faisait des pansements quand on se blessait, coupait des lacets dans de la peau de chevreuil pour nos bottes, des choses comme ça. Y en a toujours un dans tous les camps. Frank l'a mis à la porte comme ça et ç'a fini là.

« Puis il s'est retourné contre moi. Son meilleur ami. Il m'a dit de me grouiller le cul, que je foutais rien depuis des mois. Je lui ai répondu et il m'a pointé du doigt en disant : 'Une autre de même, toi, pis tu vas suivre les traces du vieux Billy.' Il a continué de même toute la matinée jusqu'à ce que tout le monde sache bien comme il faut qu'il était le patron.

« Il nous a rendu la vie misérable et, depuis ce temps-là, j'ai jamais traité les hommes de la même façon. J'ai vu tout le mépris que les hommes, ses égaux et souvent supérieurs à lui, nourrissaient envers lui. C'était comme de soulever le couvercle d'une marmite et découvrir que le rôti est grouillant de vers. Il a jamais compris, non plus. Il poussait, poussait, poussait tout le temps et plus il le faisait plus les gars résistaient et il trouvait toujours toutes sortes d'excuses pour expliquer au surintendant pourquoi on rentrait pas plus de billots.

« Un soir qu'il revenait de la cuisine vers les tentes, quelqu'un l'a pogné par en arrière et l'a quasiment tué. Il est resté étendu dans la boue jusqu'à ce qu'il reprenne connaissance et personne s'est dérangé pour aller voir s'il était encore en vie. Et pourtant, il a jamais compris.

« Il est devenu un homme pas mal important aujourd'hui à Vancouver, on voit son nom dans les journaux des fois et ça me fait toujours réfléchir. Avait-il toujours été un rat et je m'en étais jamais rendu compte, ou bien l'était-il devenu du jour au lendemain parce qu'il voulait se faire dix sous de plus par jour ou encore voulait-il garder sa nouvelle job à tout prix par ambition et il ne savait pas faire autrement ? Le pouvoir. C'est ça qu'il voulait. En tout cas, je sais une chose, c'est qu'il a pas eu à se forcer pour devenir un rat. Ça lui est venu tout naturellement, du jour au lendemain. »

En sortant de prison

« Un jour, c'était à Edmonton, je venais juste de sortir de Prince Albert *(le pénitencier)* pour avoir cambriolé un wagon de marchandises à Estevan. Trois ans, cette fois-là. Pourquoi j'avais faits ça à Estevan, je le saurai jamais, parce que y avait pas de place autour où j'aurais pu vendre quoi que ce soit. Seulement des fermiers. Mais j'ai même pas eu la chance de voir ce qu'y avait dans le wagon. Les bœufs m'ont sauté dessus aussitôt que j'ai brisé le sceau. Ils m'ont relâché à Edmonton parce que c'est ça qui était écrit sur mes papiers mais j'avais pas demandé Edmonton. De toute façon, dans ce temps-là, c'était pareil comme n'importe où ailleurs. Y avait une bonne cuisine à soupe mais j'ai appris que les gars l'avaient démolie.

« Je suis sorti avec un gars nommé Charlie et quand on est arrivés à Edmonton, on s'est faits vérifier deux fois entre la gare du CN et la rue Jasper. Les hommes en bleu semblaient savoir qu'on était en ville.

« Un gars est rentré dans le café en demandant si y en avait qui voulait une job. Il voulait deux hommes pour travailler dans un entrepôt. J'ai dit que j'étais prêt et j'ai dit à mon partenaire d'embarquer avec moi, je voulais de la compagnie, mais personne d'autre a dit oui alors on est sorti et on a embarqué dans le camion du gars, mais avant, on lui a demandé combien il payait et il a dit 35 cents de l'heure. Pis ça, m'sieur, c'était pas pire. Mais fallait voir l'ouvrage qu'on avait à faire. À vous casser le dos. Pire que ça. Vous avez déjà vu un quartier un bœuf. À peu près 150 livres, non? Eh bien, Charlie pis moi, on a transporté ça toute la journée. Même les Hongrois voulaient pas faire ce travail-là. Seulement des hommes blancs. Fallait décrocher ces gros quartiers, se les mettre sur l'épaule, marcher 25 pas jusqu'à la chambre frigorifique — fait froid en maudit là-dedans — et les raccrocher. Pendant six heures de temps.

« À la fin de la journée, on s'est traînés jusqu'au bureau pour se faire payer et le commis a dit: 'Ah, vous êtes à temps partiel'. C'est un monsieur machintruc, j'oublie son nom, qui devait nous payer et il nous a donné son adresse en ville.

« C'était pas tellement loin, on a fait du pouce jusque-là et, en chemin, Charlie a dit qu'y avait quelque chose de louche là-dedans et j'étais d'accord avec lui, surtout quand on est arrivés devant la porte du type en question. C'était un bureau d'emploi, une agence. Un gros type s'est amené au comptoir et il a dit que ça nous faisait une piasse et vingt chacun pour six heures et j'ai dit de la marde! Charlie a dit bien tranquillement: 'M'sieur, six heures à 35 cents, ça fait deux dollars et dix, alors essayez pas.' On savait que l'entrepôt payait cette agence pour nous avoir engagés. Le gros gars a dit: 'C'est deux dollars et dix, mais notre agence prend 15 cents de l'heure là-dessus, alors ça vous fait un dollar et vingt.'

« Il a dû sentir la tension monter chez Charlie parce qu'il s'est retourné et il a crié : 'Pa, viens don' expliquer à ces deux morveux ce qu'il en est.'

« Le p'tit vieux a dit qu'il travaillait pas avec l'entrepôt, qu'il engageait seulement. Charlie a dit que le type dans le café nous avait rien dit de ça. On s'est mis à argumenter et finalement le gros enfant de chienne a dit : 'Merde, la journée est finie. Voici votre argent et foutéz le camp avant que j'appelle la police.' On est parti. On pouvait pas faire autrement. Ça faisait 24 heures qu'on était sortis de Prince Albert et on était déjà dans le trouble ? Fiou !

« En sortant, on s'est dirigés vers un café mais j'ai aperçu le camion du vieux. Charlie aussi. Il commençait à faire noir. Charlie a dit allons-y et on s'est cachés dans la ruelle. Personne pouvait nous voir. On a entendu une porte se fermer et je suis parti d'un côté et Charlie de l'autre. Il a pris le gros, le fils. Charlie était aussi dur qu'un sac de ciment et il a connecté le gars avec un de ces coups de poing juste derrière la mâchoire. Ç'a résonné comme une balle de baseball sur une porte de grange. J'ai même pas donné la chance au vieux de crier. Pif, paf, pouf et il était fini. On a continué à leur donner des coups de pied, juste pour s'amuser, et je vous gage que le gros se frotte encore les os les jours de pluie. J'ai été un peu plus doux avec le vieux, mais je pense que je lui ai cassé la mâchoire avec un coup de pied. J'ai senti quelque chose céder. Et j'ai pilé sur ses doigts pour les briser, sa main droite, celle qui écrivait tous ces jolis chiffres. On a fait leurs poches et leurs portefeuilles. Le vieux avait $400 et son fils autour de $120, si je me souviens bien. On s'est éloigné en vitesse, on a sauté dans un taxi, on a fait environ un mille puis on en a pris un autre. On a ramassé nos valises à la gare et on a marché jusqu'à un hôtel. Le lendemain, les journaux racontaient l'histoire de deux types qui s'étaient fait battre et voler, mais ils étaient corrects. Si la police avait vérifié les deux derniers noms sur la liste de l'agence, ç'aurait rien changé parce qu'on leur avait donné des faux noms.

« Deux jours plus tard, on était sur le train pour Vancouver. »

Moins un milk shake à la vanille

« J'étais pas un mauvais garçon. En fait, on pourrait dire que j'étais un garçon modèle. Je jouais au football. Au hockey aussi, où j'aurais pu aller beaucoup plus loin. Des notes excellentes à l'école. Mais les temps étaient durs, très durs. Je cherchais désespérément du travail, tout le monde cherchait désespérément du travail à Regina et j'en ai finalement trouvé chez un pharmacien du quartier.

« Pas un mauvais gars, en fait. Il payait dix sous de l'heure, je faisais la livraison, balayais le plancher, transportais les caisses vides à l'arrière. J'aurais pu mener ce magasin assez bien si j'étais resté une couple d'années. Des revues, des milk shakes, des cigarettes. Du côté des prescriptions, c'était à peu près nul, ce qui fait que c'était du commerce pur et simple. Au printemps, en été et à l'automne, c'était correct, mais en hiver, c'était l'enfer, en bicycle dans la neige et sur la glace et les rues de Regina étaient toutes en ornières. J'ai même travaillé le jour de Noël, la veille du Jour de l'An et les dimanches. À peu près 25 heures de travail dur et oubliez pas que j'allais encore à l'école. Ça me faisait $2.50 et, des fois, je me faisais 50 sous de pourboires, les jours de fête. Mais $2.50, laissez-moi vous dire que ça faisait toute la différence à la maison.

« Mais monsieur Abercrombie était pas le plus aimable des hommes. Il aurait peler un pou pour avoir sa peau et son suif, comme on disait. On arrive au moment de la grande désillusion. C'était un soir d'été, il était environ minuit, j'avais remonté l'auvent, balayé le magasin, mis tout en ordre et monsieur Abercrombie m'a demandé si je voulais un milk shake. Il a dit que j'avais travaillé fort ce jour-là et j'ai dit oui merci à la vanille s'il vous plaît et il m'en a fait un. Au moment de fermer le magasin, il m'a donné ma paye. Il me payait tout le temps à la fin de chaque journée. J'ai mis ça dans ma poche et, arrivé à la maison, je me suis aperçu qu'il me manquait dix sous. Je comprenais pas pourquoi et monsieur Abercrombie se trompait jamais.

« Le lendemain soir, je lui ai demandé et voici ce qu'il a dit: 'Ben voyons, Dick, c'est ça. Six heures, 60 sous, moins un milk shake à la vanille, 10 sous. Total, 50 sous.' Je l'aurais tué, ou mis le feu à son magasin. Mais j'ai pas dit un mot, j'ai fait mon travail. Je croyais vraiment qu'il m'avait offert ça comme un bonus pour une grosse journée de travail dans les chaleurs torrides du mois d'août.

« J'avais dit ça à Harry Roya, un garçon qui faisait la livraison pour une épicerie, et il m'avait dit que je devrais regagner ça. C'est ce que j'ai fait. Croyez-moi. Pendant des mois. J'ai volé des films Kodak et, quand il était à la toilette dans la cave, je me glissais derrière le comptoir et je chipais des capottes anglaises dans le tiroir secret, et je volais de l'iode et des cigarettes et des cigares et des revues et quand il était pas autour j'ouvrais le robinet de coke et laissais le sirop couler dans l'évier et, mon Dieu, quand j'y pense, je prenais des choses que jamais j'utiliserais. J'aurais pu partir ma propre pharmacie. Je jetais la plupart des choses dans un égoût mais je vendais les cigarettes et je donnais les cigares à papa qui était bien content. J'ai jamais calculé combien j'ai volé, mais ça devait s'élever dans les centaines de dollars sur une période de plusieurs mois.

« Abercrombie ne m'a jamais soupçonné, en autant que je sache. Ensuite on m'a offert du travail à 15 cents de l'heure dans un autre magasin et monsieur Abercrombie a dit que ça lui faisait de la peine de me voir partir parce que j'étais un bon travailleur. Dans l'autre magasin, j'ai jamais volé un seul sou.

« Et tout ça pour un milk shake à dix sous. C'est incroyable quand on y pense, vous trouvez pas? Pour dix sous. Et j'étais un garçon modèle. »

Œil pour œil

« Oui, quand je regarde ça maintenant, je trouve qu'on était pas mal passifs et stupides, un tas de statistiques qu'on regardait une fois par année au Parlement. Nombre X de chômeurs, pourcentage de l'Ontario à la hausse ou à la baisse, avec la cueillette saisonnière mêlée à tout ça pour enjoliver l'image. C'était dur. J'avais 16 ans et j'ai marché jusqu'à Simcoe parce que la récolte de pêches et de pommes avait été bonne cette année-là. Comme je connaissais rien à la culture des fruits, je suis arrivé un mois trop tôt.

« Il était pas question que je retourne à Toronto, chez un père ivrogne, une mère tourmentée et ses cinq enfants, alors je suis allé au bureau du journal et j'ai demandé à la fille si elle connaissait quelqu'un qui engageait. Elle m'a tout de suite montré une annonce qui paraissait ce jour-là et m'a dit que peut-être si je me rendais à la ferme, peut-être. Puis elle m'a offert de me servir de son téléphone et j'ai parlé au fermier, je me suis bien vanté et il m'a dit d'aller le voir. Il doit le regretter aujourd'hui. En fait, il doit être enterré depuis 10, 20 ans aujourd'hui, mais je gage que sa fille s'en souvient. En tout cas, vous allez voir.

« Il avait une belle ferme, du bétail, des fourragères et des acres et des acres d'arbres fruitiers. Il m'a engagé à deux dollars par semaine, nourri, et je pouvais dormir à l'arrière du hangar. Aujourd'hui, deux dollars, c'est rien mais, en 1934, c'était correct. Pas extra, mais correct. J'ai travaillé très fort pendant un mois. Avez-vous déjà fait les foins en juillet dans le sud de l'Ontario, l'après-midi, sans cruche d'eau dans le champ? C'est dur.

« Puis les cueilleurs sont arrivés et j'ai pensé que l'entente avec le fermier était que, quand la cueillette commencerait, je serais payé au tarif des cueilleurs. C'est ce que je pensais. Il m'a vu travailler avec les autres et j'avais ma carte de pointage comme les autres et je me faisais pas mal d'argent, jusqu'à \$3 par jour et je continuais à traire ses vaches, des Holsteins, et ça me prenait pas mal de temps mais je considérais que je lui devais ça. Après tout, quand il m'avait engagé c'était pour ça. Mais il savait que je faisais la cueillette et que j'étais pointé par les vérificateurs. Il le savait.

« Bon. La récolte a duré cinq semaines en tout et quand le grand jour de la paye est arrivé j'étais en ligne avec les autres. Il m'a demandé ce que je faisais là. Je lui ai dit. Il a dit: 'Ah non, ti-gars, t'es un aide de ferme, pas un cueilleur. Tu sais pourquoi je t'ai engagé.' Il m'a remis ma carte mais je l'ai redéposée sur la table, installée sur la pelouse. Il l'a prise et il l'a déchirée en deux, juste comme ça. Jusque-là, j'avais cru que c'était un bon gars mais voilà qu'il essayait de m'enlever au-dessus de cent dollars. Je me souviens lui avoir dit: 'Maudit Sylvester!' Il m'a flanqué son poing dans la face, en plein sur la gueule et je suis tombé.

« Les autres gars pouvaient pas faire grand-chose. La moitié d'entre eux avaient pas encore été payés et il aurait pu appeler la police provinciale en disant qu'il y avait une mutinerie chez lui. Ils auraient tous perdu leur salaire. Il a dit : 'Je vais te payer quand j'en aurai fini avec les autres, et à ton propre tarif. Ensuite, déguerpis et reviens plus.'

« Quand il a eu fini, il m'a donné mes douze dollars et je me souviens clairement qu'il m'a dit : 'Ta semaine est pas finie avant minuit ce soir. Habille-toi proprement et tu aideras au stationnement des voitures derrière la grange puis tu les surveilleras et quand tout le monde sera parti tu sacreras ton camp.' Je me souviens de ces paroles-là. Ce qu'il voulait dire, c'est que sa fille se mariait la semaine suivante et, ce soir-là, il recevait tous ses amis pour une grande danse dans le jardin. On a mis deux heures à installer un plancher de danse qu'il avait loué, à accrocher ces maudites lanternes japonaises et à monter les tables pour la nourriture et la boisson. Les invités ont commencé à arriver vers sept heures. On avait tiré des lignes à la chaux sur la pelouse pour indiquer le stationnement et je suis retourné à mon lit pour prendre mes quelques effets personnels que j'ai fourrés dans mon coupe-vent. Puis je suis allé aiguiser mon grand canif à la forge, aiguiser comme jamais je l'avais fait. Puis j'ai pris un rouleau de ruban adhésif d'électricien.

« Je gage que vous avez deviné ce que je faisais. J'ai caché mon coupe-vent sous la haie et il faisait noir quand j'ai commencé à surveiller les voitures. Y avait des grosses voitures de Brantford et de London, de Toronto et d'Oakville, de Woodstock aussi. Quand la fête battait son plein, j'ai fixé mon canif ouvert à la semelle de mon soulier avec le ruban, bien solidement et je me suis mis à me promener entre les voitures comme celui qui fait son tour d'inspection. Oui m'sieur. J'ai enfoncé la lame de mon couteau plusieurs fois dans tous les pneus de chaque voiture. Quelques bons coups de pied dans chaque pneu. Sssst! sssst! sssst! Ça m'a pas pris plus que 20 minutes. Puis j'ai enlevé le ruban, mis le couteau dans ma poche, j'ai pris mon coupe-vent et je suis parti sur la route en sifflant.

« Quelqu'un m'a embarqué jusqu'à St-Thomas où j'ai passé la nuit dans le parc, puis je me suis rendu à Port Stanley où je suis resté quelques jours. Même là, j'ai entendu parler d'un vandale qui avait crevé 500 pneus sur une ferme dans le bout de Simcoe. Ils se trompaient, j'en avais crevé seulement 192, je les avais comptés.

« C'est la seule fois que j'ai été vraiment méchant dans ma vie. C'était amusant. »

Un chien mort dans le puits

« Y avait des hommes bin méchants qui vivaient dans le Maine dans ce temps-là. Des temps durs. Ils étaient Français comme nous, mais une autre sorte de Français. Ils s'appelaient Franco-américains et ils nous regardaient de bien haut. Pendant cinq, six générations, ils avaient fait partie de nos familles ici, au Québec, mais maintenant ils se pensaient bien spécial. Quand on descendait sur leurs grandes fermes pour ramasser leurs patates, ces gars-là nous appelaient les *Canucks,* comme s'ils nous avaient appelés les *Nègres,* vous comprenez?

« On partait, des familles entières, dans nos charrettes, avec les vieux et les enfants, vous comprenez? La grand-mère s'occupait des bébés et tout le monde travaillait. Même un petit garçon pouvait transporter une chaudière de patates. On apportait notre nourriture, du poisson bouilli et mariné dans des pots grands comme ça, fumé aussi, pis du chevreuil, pis des légumes.

« On pourrait dire qu'ils étaient de nos parents, ils auraient dû être nos amis, vous pensez pas? Mais ils nous trichaient. On travaillait deux semaines à cueillir des patates, du travail dur, pliés en deux toute la journée. Mais ils nous payaient pour la première semaine puis ils nous disaient de rembarquer dans nos charrettes pis de sacrer le camp, qu'ils avaient plus d'argent pour nous. Si on partait pas, ils disaient qu'ils appelleraient les gars de l'Immigration et qu'on nous mettrait en prison. On pouvait rien faire, ça fait qu'on repartait. C'est arrivé souvent.

« Ha! Ils voulaient nous regarder de haut, hein? Ils disaient qu'on irait en prison pour avoir traversé aux États sans permis et qu'ils étaient pas obligés de nous payer. Ils avaient la loi de leur bord. Après ça, ils se demandaient pourquoi leur grange passait au feu ou pourquoi quelqu'un jetait un chien ou un porc-épic mort dans leur puits la nuit. Mais ils devaient pas se le demander bin longtemps, c'était facile à comprendre. »

Les gouvernements étaient embarrassés par les milliers de chômeurs et avaient peur qu'ils ne se révoltent. On établit donc des camps de Secours direct — habituellement éloignés des centres habités — où les chômeurs pourraient obtenir de la nourriture, un abri et un peu d'argent. Une fois dans les camps, on ne les verrait plus dans les rues! On voit ici un camp situé loin dans les forêts intérieures de la Colombie britannique.

(Bibliothèque publique de Vancouver)

Un camp de Secours direct près d'Ottawa.

(Archives publiques du Canada)

Les camps de Secours direct étaient menés de façon quasi militaire. Les hommes travaillaient fort à des tâches dures, serviles et bien souvent tout à fait inutiles.

(Archives publiques du Canada)

Vint un temps où les hommes dans les camps se rebellèrent. Dans ce camp, dans le nord de l'Ontario, les hommes jetèrent tout simplement leurs outils à terre et firent la grève.

(Toronto Star)

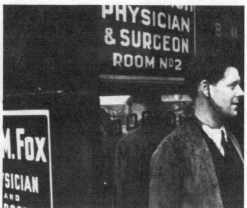

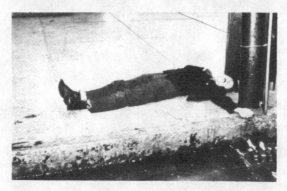

Lorsque les hommes qui avaient quitté les camps se rassemblèrent à Vancouver, la police réagit brutalement. Une émeute balaya la ville, causant plus de 30 000 dollars de dommages et faisant plusieurs blessés.

À travers le pays, les chômeurs décidèrent de marcher sur Ottawa pour présenter au gouvernement leurs revendications. On voit ici des files de chômeurs ontariens marchant dans la campagne près de Toronto.

(Toronto Star)

Des marcheurs et des spectateurs écoutent des discours dans le «Queen's Park» à Toronto.

(Toronto Star)

La marche sur Ottawa mobilisa tellement de monde que les loger et les nourrir posa des problèmes. Mais ces hommes habitués à la vie de vagabond n'avaient pas besoin de grand-chose pour se satisfaire.
(Toronto Star)

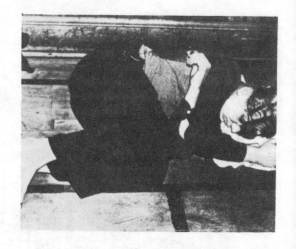

La marche de la Colombie britannique à Ottawa fut de loin la plus spectaculaire. On voit ici des hommes grimper à un train à destination de l'est à partir de Kamloops.

(Archives publiques du Canada)

En arrivant en Alberta, le nombre des marcheurs atteignait plusieurs milliers.

(Archives publiques du Canada)

C'est à Regina que les marcheurs rencontrèrent leurs leaders, de retour d'Ottawa où ils avaient eu un vain entretien avec le premier ministre. Le mécontentement éclata lorsque les policiers voulurent disperser le rassemblement. Dans la mêlée qui s'ensuivit, un policier fut tué (sur le sol, ci-dessus) et plusieurs autres personnes furent blessées.

Quoique ce soit l'entrée en guerre du Canada en 1939 qui ait mis fin à la Dépression, peu d'hommes dans les années 30 s'intéressaient aux événements politiques internationaux. Des parades telles que celle-ci (en faveur de la Brigade internationale se battant contre les fascistes espagnols) étaient rares.

(Bibliothèque publique de Vancouver)

Il commençait à neiger lorsque ce jeune homme, mendiant un soir aux coins des rues King et Yonge à Toronto, fut arrêté.

(Toronto Star)

Chapitre 31

La vie en rose d'une presse timide

Si le nombre d'hommes qui font la queue chaque jour devant une cuisine à soupe augmente chaque mois de six, huit, douze ou quatorze hommes, à quel moment le journal local, à la lumière des statistiques de l'hôtel de ville, déclare-t-il que la ville fait face à une crise de chômage?

Jamais.

Tous ces hommes qui faisaient la queue jour après jour pour manger, la demande sans cesse croissante de vieux vêtements à l'Armée du Salut, la naissance d'un bidonville à la sortie de la ville, la diminution de cinq pour 100 des salaires au moulin à farine, la mise à pied de dix commis au magasin à rayons, tous ces petits faits, en eux-mêmes, paraissaient anodins. Mais dans l'ensemble, ils étaient très importants. Ils révélaient l'approche, ou l'arrivée des temps durs. En fait, ce n'était que des statistiques dans des rapports mensuels ou de fin d'année. Et les journaux n'ont jamais pris l'initiative de relier tous ces faits entre eux. La presse canadienne a joué un rôle bien étrange durant la Crise.

Qui trompaient-ils?

«Peu importe où vous étiez, les journaux canadiens s'inquiétaient de la survie du pays en ce sens que, si le pays s'était écroulé, ils en auraient fait autant. Or le pays était en bien mauvais état, surtout dans les Prairies, au Québec et dans les Maritimes.

«De sorte qu'ils avaient tendance à farder la réalité du mieux qu'ils pouvaient et je suppose qu'on ne pouvait pas les blâmer. Aussi, en 1933 et 1934, quand tout allait très mal, alors que l'économie agricole des Prairies chancelait, que les villes faisaient faillite et que les marchés de la bourse avaient perdu tout leur intérêt, les actions de $40 et de $60 ayant dégringolé à $3 et $4, à ce moment-là, les journaux voyaient la vie en rose.

«Des nouvelles qui en réalité ne méritaient pas plus que trois ou quatre paragraphes ensevelis dans un coin de la page financière faisaient la manchette sur huit colonnes en 48 points gras, des histoires comme la vente de 25 000 boisseaux de pommes à Hawaï ou une augmentation de trois pour 100 de l'exportation du bois via Vancouver, ou le fait que tel ou tel paquebot faisait une escale spéciale à Halifax ou que les expéditions de morue sèche vers la Jamaïque avaient augmenté de $5 000, ou des nouvelles au sujet de la construction d'une annexe de $100 000 dans une usine de chaussures. Des niaiseries.

« On se demande vraiment qui ils croyaient tromper surtout lorsque les véritables indicateurs, tels que les Bourses de New York et du Canada, la Bourse des Grains de Winnipeg, les statistiques du Secours direct, les rapports de révoltes ou de semi-révoltes et les déménagements de vos voisins dans un quartier pauvre de la ville à la suite de la fermeture de l'usine, tous ces indicateurs révélaient que les choses allaient mal. Mais on ne leur donnait pas la même importance qu'à toutes ces petites niaiseries, comme une commande de pommes de l'Okanagan par Honolulu.

« Alors qui les rédacteurs en chef croyaient-ils tromper?

« Pas le public. Ça, j'en suis sûr. Les gens n'avaient qu'à regarder autour d'eux pour voir que les choses n'allaient plus comme avant. Alors que presque tous les cultivateurs faisaient banqueroute, que près d'un quart des travailleurs étaient sur le Secours direct, qu'un autre cinquante pour 100 arrivaient à peine à rejoindre les deux bouts, accusant des baisses de salaires et de leur nombre d'heures de travail et que seulement un quart des travailleurs arrivaient à se débrouiller, tout le monde savait bien qu'il y avait quelque chose qui ne marchait pas. »

À *Moncton, tout allait bien*

« Je crois que j'ai commencé à travailler en 1934. Au journal de Moncton. Je travaillais six jours par semaine. Je commençais à deux heures de l'après-midi, je travaillais jusqu'à cinq heures, je couvrais l'hôtel de ville, le poste de police pour voir qui était en prison, les cours, les hôtels de la ville et parfois les sports. Puis, je m'en retournais au bureau, j'écrivais mes papiers, je rentrais souper à la maison, je revenais à huit heures et je travaillais jusqu'à six heures du matin. Révisions de copies, titrage, mise en page, correction d'épreuves. Je faisais quasiment tout sauf m'occuper des presses.

« Je faisais ça toute la semaine et j'épargnais plus qu'aujourd'hui, toute proportion gardée. Et je donnais $2 à ma mère pour ma pension et il me restait trois dollars.

« Je peux pas dire qu'on couvrait la Crise. On a plutôt grandi avec la Crise. Elle nous est arrivée et elle n'a fait qu'empirer. On pensait même pas que ça pouvait continuer. Les chemins de fer ne faisaient que congédier des hommes — et Moncton était un centre ferroviaire important. L'industrie forestière allait très mal. Tout le monde disait que l'année prochaine les choses iraient mieux. Mais c'était le contraire d'année en année.

« Je me débrouillais bien avec cinq dollars par semaine. Je payais ma pension. Le samedi soir, je me payais un gros repas à 50 sous au café Alcorn. Mes propres vêtements. Tout allait bien. »

On se perdait dans les chiffres

« Durant la Crise, surtout dans les Prairies, les journaux faisaient face au problème et à l'inquiétude de la survie. Ils tentaient toujours de tout enjoliver, quelle que fût la situation. Pour décrire l'affaire du Secours direct, j'ai eu recours à l'expression 'la descente d'une ère glaciaire', parce que c'est arrivé tellement lentement et, une fois arrivé, c'était là, et c'était là, et c'était toujours là, et on pouvait rien y faire. La situation s'est empirée graduellement. Et les journaux n'en parlaient pas.

« Une fois par semaine, le reporter assistait à la réunion du comité du Secours direct où on faisait la lecture du rapport financier et où l'on faisait état du nombre de citoyens recevant le Secours direct. Mais à part ça, il n'y avait pas d'autre reportage. Ça passait à l'Assemblée législative, ça dégénérait en un jeu de chiffres et l'image de la situation se dissipait dans le nombre. Les gens se perdaient dans les chiffres. La pauvreté, le désespoir, la désolation. J'ai vécu toute la maudite affaire comme reporter dans les Prairies et je sais que c'est comme ça qu'on finissait par ignorer la réalité.

« Après la guerre, plusieurs années après, les gens disaient: 'Eh bien, vous étiez là, le Secours direct, comment c'était?' Et je racontais des histoires sur ce que c'était que d'aller au bureau du Secours direct. J'étais devenu une sorte d'amuseur public, Jimmy Gray va maintenant vous raconter ce que c'était que d'être sur le Secours direct. Personne savait, sauf ceux qui avaient souffert.

« Dieu sait qu'un grand nombre ont souffert, mais la Crise était différente selon la région, sur les fermes dans les Prairies, c'était une économie différente de celle de l'Ontario, la partie industrielle du Canada, et c'était complètement différent au Québec et, évidemment, dans les Maritimes, c'était aussi une toute autre histoire. En 1945, on m'a dit que quelqu'un devrait raconter l'histoire de la Dépression et lorsque finalement j'ai apporté mon manuscrit à l'éditeur, les directeurs n'étaient plus les mêmes et la réaction alors a été: 'Mais qui dans le monde veut lire ça?' »

(Le manuscrit en question a finalement été publié en 1966 sous le titre anglais 'The Winter Years'. Le livre de James Gray est bientôt devenu un classique canadien.)

Tout sauf les mauvaises nouvelles

«On couvrait jamais vraiment les nouvelles. Voilà que la Crise s'était écrasée sur nous, et tout autour, et les journaux canadiens ne la couvraient pas. Ils ne l'ignoraient pas, mais ils n'envoyaient pas de reporter dans la mêlée et je crois qu'il y avait quelques raisons à cela. D'abord, la Dépression, surtout dans les Prairies et dans les Maritimes, s'était complètement intégrée au tissu quotidien. Pourquoi aurait-on envoyé un reporter couvrir une éviction ou une querelle sur une ligne de soupe? N'oubliez pas que même dans les endroits les plus durement frappés, comme en Saskatchewan, la vie continuait. Y avait toujours la cour criminelle à couvrir, et l'hôtel de ville, les procès, les hôtels et les gares parce que les gens continuaient à voyager et les journaux avaient beaucoup plus de vaches sacrées qu'ils n'en ont aujourd'hui et ils étaient remplis de beaucoup plus de mondanités et les sports prenaient beaucoup, beaucoup d'espace, les séries mondiales, la Coupe Stanley, les grands combats de Joe Louis, Jimmy McLarnin à Vancouver, et c'était une époque folle. Toutes sortes d'engouements, des courses de bicyclettes, des traversées de l'Atlantique en dirigeable, des expéditions sur l'Amazone, les journaux à l'époque étaient remplis d'histoires comme ça.

«Les gros événements de la Crise étaient couverts, remarquez bien, les conférences des premiers ministres, les discours de Bennett disant que les pauvres étaient tout simplement trop paresseux pour se trouver du travail, l'enquête Rowell-Sirois sur la crise économique du Canada, les maires qui menaçaient de priver tous les vagabonds du Secours direct, la température qui affectait les récoltes de blé, la baisse des prix du blé, enfin toutes les nouvelles comme celles-là.

«Mais pour ce qui était des petits détails quotidiens, tout le monde s'y était habitué. La vie continuait et je crois que je peux dire qu'elle continuait comme avant, sauf que tout le monde avait moins d'argent à dépenser, surtout ceux dont les salaires avaient baissé ou ceux qui avaient perdu leur emploi.

«On couvrait jamais les bidonvilles des vagabonds et les logements faits de boîtes de cartons et de bois. On ne parlait des bidonvilles que lorsqu'il y avait un meurtre ou que la police faisait évacuer les lieux. Les trains en provenance de l'Ontario remplis de vêtements, de fruits et de légumes, on n'en parlait pas. Je crois que personne voulait admettre que l'Est faisait la charité à l'Ouest. J'ai jamais entendu parler qu'un reporter ait été envoyé faire un reportage sur la nourriture qu'on servait aux chômeurs dans les cuisines de soupe. Je pourrais continuer comme ça pendant des heures mais vous voyez ce que je veux dire.

«Les rédacteurs en chef semblaient pas se rendre compte ou alors, s'ils en étaient conscients, ils gardaient ça pour eux pour ne pas bousculer les gros des gouvernements municipaux et provinciaux. Ils s'évitaient ainsi bien des ennuis. Une autre chose aussi, c'est que les reporters eux-mêmes n'ont jamais pensé que les vrais détails de la

Crise valaient la peine d'être couverts. Tous avaient l'attitude du 'foutez-moi la paix, je suis dans le bateau de sauvetage moi aussi.'

« On n'a pas couvert la Crise parce que c'était pas dans l'intérêt des éditeurs et des actionnaires qu'on le fasse, mais je reconnais que les journaux de l'Ouest canadien ont fait un meilleur travail que ceux de l'Est. Mais ils avaient pas le choix, parce qu'ils étaient tellement submergés par la Crise et la sécheresse et les saisies et la misère générale que s'ils avaient fait mine d'ignorer tout ça, c'eut été ignorer que le soleil se levait chaque matin.

« On n'a pas couvert la Crise de la façon qu'un journal de première classe le ferait aujourd'hui, mais à la décharge de nous tous, les gens étaient tellement mauditement écœurés de toute l'affaire que je ne crois pas qu'ils voulaient lire quoi que ce soit à ce sujet. Dans ce sens-là, les journaux remplissaient leur rôle, en reflétant les désirs de leurs lecteurs. C'est fou, n'est-ce pas ? »

Comme la vie était belle !

« Je suis encore émerveillé, en y repensant, par la façon dont la vie poursuivait son cours, comme s'il n'y avait pas eu de Crise, la vie était comme elle avait toujours été. Elle était comme elle avait été bien sûr, et différente tout de même.

« À Vancouver, des hommes, des femmes et des enfants mouraient d'inanition. Je les ai vus morts. De malnutrition, de privation, de faiblesse, d'incapacité à combattre le froid de l'hiver, parce qu'ils n'étaient pas logés. Peut-être un feu de caisses de bois sous le viaduc Georgia ou sur les dunes de False Creek.

« Les journaux ne publiaient pas ces nouvelles-là. Les pages intérieures étaient consacrées aux sports et aux mondanités. Les sports suscitaient énormément d'intérêt. À Vancouver, au Canada, en Amérique, dans le monde. Si vous n'aviez pas votre équipe préférée dans chaque sport et que vous n'étiez pas prêt à vous battre à mort pour défendre cette équipe, les White Sox de Chicago ou les Maroons de Montréal, eh bien, vous n'étiez pas un vrai Canadian pur-sang. Un très grand intérêt dans les sports. C'était tout par substitution, évidemment. Un journal coûtait seulement cinq sous.

« Il y avait beaucoup d'intérêt aussi dans les allées et venues des personnalités. Beaucoup plus que maintenant. Colonnes après colonnes et des dizaines de photos, la Ligue Junior commanditant une exposition canine ou une danse du printemps. Toujours quelque chose. Les ligues féminines étaient populaires aussi. Des journées spéciales aux courses. Des parties de patinage à l'aréna. Des danses et des bals où l'on publiait les noms de toutes les femmes présentes, avec description détaillée de sa toilette. Les femmes faisaient parvenir ces renseignements plusieurs jours avant l'événement. Des bals militaires. Des matchs de cricket. Le Royal Vancouver Yacht Club, où il se passait quelque chose chaque fin de semaine, semblait-il, et beaucoup d'encre.

« Tous les journaux à travers le Canada et les États-Unis présentaient une image fardée de la vie. On ne parlait pas de privation, de marches de la faim, de vitrines de magasins fracassées. Oui, on en parlait, mais il s'agissait 'd'incidents suscités par des agitateurs professionnels hautement rémunérés.' Des communistes. Je connaissais certains de ces agitateurs et plusieurs étaient comme vous et moi. Loin d'êtres des agitateurs professionnels et, pour l'amour du Christ, pas hautement rémunérés. Les nouvelles syndicales, c'était au bas de la page 37, sous les annonces classées.

« Un rédacteur en chef m'a dit une fois que les journaux étaient aussi intéressés que les autres entreprises à faire de l'argent et qu'il leur fallait jouer le jeu de la ville, de l'économie, de l'avenir et, Jésus, je vous dis qu'ils le jouaient à fond.

« Pourquoi? Les grosses affaires. La clique d'hommes d'affaires qui menait chaque ville. Si les journaux jouaient leur jeu, alors ils obtenaient des pleines pages de publicité des grands magasins, des quarts de pages et des demi-pages. Mais si la une du *Vancouver Sun* était sombre et triste, alors c'était le *Province* qui obtenait la publicité et vice versa. Et c'est ainsi que les grosses entreprises s'amusaient avec ces deux merveilles sans cœur au ventre.

« Ils avaient toujours des éditoriaux ronflants, avec des phrases comme: 'La décision de la compagnie ta-ta-tom d'investir $80 000 dans la construction d'une nouvelle annexe peut être considérée comme un monument à l'attitude prévoyante et au haut degré d'optimisme qui font du Canada un pays si progressiste dans un monde hautement compétitif.' Et patati et patata.

« Pas un mot sur la Crise. Des dizaines de milliers sans travail. Dix dollars par mois par famille de quatre du Secours direct. C'est fou ce qu'on va de l'avant. Regardez-nous aller. Cinglés !

« Et puis, évidemment, tous ceux qui avaient un emploi et qui formaient 75 à 80 pour 100 de la main-d'œuvre, savaient rien et ne voulaient rien savoir. Ils ne voulaient pas entendre parler de l'autre 25 pour 100 et des queues devant les cuisines à soupe ou des marches de la faim ou des socialistes tant et aussi longtemps qu'ils recevaient leur salaire mensuel et qu'ils s'en tiraient chaque année avec des diminutions de salaires de pas plus que 10 ou 15 pour 100. C'est eux qui achetaient les journaux. Alors les éditeurs se faisaient applaudir par les grosses entreprises et les amis politiques, tandis que 75 pour 100 des travailleurs, avec des salaires de famine, restaient silencieux comme des tombes. Ils pouvaient pas perdre. Fallait qu'un éditeur soit vraiment sonné pour faire faillite dans ce temps-là.

« On aurait dit que ça ne dérangeait personne. Oh, certains journalistes s'en inquiétaient, ceux qui se rendaient compte tous les jours que la nouvelle était ignorée. Il n'y avait rien de dramatique à ce que des gens crèvent lentement, à ce que des enfants dépérissent de malnutrition, rien de dramatique dans ces longues queues devant les comptoirs de soupe jour après jour, après semaine, après mois, après année. Mais ils étaient conscients et c'est pour ça que les bons se sont embarqués dans le mouvement socialiste et la Fédération coopérative du Commonwealth, lorsqu'elle fut fondée. C'est pour ça que tant de journalistes sont socialisants aujourd'hui. Pas des communistes. Trop de bon sens pour ça. Pas rosâtre non plus. Simplement des gens intelligents avec le sens de la justice sociale et le désir profond d'essayer de redresser les choses.

« Évidemment, leur combat était perdu d'avance.

« Il y avait un chroniqueur qui écrivait bien, c'était Bob Bouchette. Il s'est noyé et on saura jamais s'il l'a fait volontairement ou non. Il faisait partie de ceux dont je parle. Mais c'était : 'Bon, voilà Bob qui reprend son sermon.' Quand il faisait du sarcasme, les imbéciles qui approuvaient le budget publicitaire de leur entreprise pensait qu'il était drôle. Intelligent. N'est-ce pas extraordinaire un journaliste qui écrit aussi bien. Quand ils les attaquaient de front, ils croyaient toujours qu'il parlait de quelqu'un d'autre. Quand il s'en prenait au gouvernement, c'était correct si le parti qu'il critiquait était celui que les gros bonnets n'aimaient pas. Quand il parlait du petit sous la pluie, dormant sous un carton dans une ruelle, on appelait ça de l'intérêt humain. C'était intéressant, mais ça pouvait pas se passer à Vancouver. Il a presque tout inventé ça, n'est-ce pas ?

« Alors peut-être que Bouchette s'est tout bonnement engagé à pied dans la English Bay ce soir-là, qu'il a nagé jusqu'à ce qu'il n'en puisse plus puis qu'il s'est noyé. »

Chapitre 32

L'ordre et la loi

Des policiers retraités m'ont dit que les hommes qui sautaient les trains, les démunis qui dérivaient de ville en ville, étaient ceux qui leur causaient le moins d'ennuis. «Juste de bons enfants, comme les miens, qui voyageaient», m'a dit l'un d'eux.

J'aurais facilement compris que des hommes sans un traître sou dans leur poche ou sans même un manteau à se mettre sur le dos et constamment chassés hors des villes par la loi en arrivent, tôt ou tard, poussés par le désespoir, à mettre la main sur une arme à feu pour dévaliser la banque la plus près, le restaurant chinois ou l'épicerie du coin. Mais cela arrivait rarement. James Gray, écrivain et historien vivant à Calgary, dit que ses nombreuses recherches lui ont fait découvrir que la criminalité avait de fait baissé durant les années de la Crise.

Le Canada n'avait pas de John Dillinger, de Bonnie et de Clyde. Pas de bandes comme aux États-Unis. Pas de ces attaques furieuses et continuelles contre les banques où plusieurs policiers ont été tués.

Mais la contrebande d'alcool battait son plein, évidemment. Des dizaines de millions de dollars ont échappé à la Douane canadienne dans le florissant trafic de rhum vers les États-Unis assoiffés et ce, de l'Atlantique au Pacifique. Mais seuls les pions se faisaient prendre.

Par contre, il y a un genre de crime qui a connu un essor vertigineux, celui de voyager sans payer à bord des trains et de s'introduire sans autorisation sur la propriété des chemins de fer. Plusieurs hommes que j'ai interviewés et qui se souviennent de ces temps-là sont convaincus que le salaire du bœuf des chemins de fer, du flic, était proportionnel au nombre de crânes qu'il frappait de son gourdin.

Pour ces hommes, le crime, c'était le bœuf lui-même.

L'homme à la brique

«C'est mon père, un policier, qui m'a raconté celle-ci. Le quartier-général de la police à Winnipeg était un gros édifice en briques rouges qui ne pouvait être qu'un poste de police. Une nuit, en octobre, voici qu'une immense fenêtre du poste est soudainement fracassée. Les flics accourent et découvrent un petit vieux, debout sur le trottoir, une brique à la main. Le lendemain, il plaide coupable et écope de six mois de prison à Headlingly.

« En octobre de l'année suivante, le premier soir de gel, krak! Voilà de nouveau notre petit vieux prêt à lancer sa deuxième brique. Le lendemain matin, coupable m'sieur le juge, et six ou huit mois en cage.

« L'année suivante, la première nuit froide d'octobre, le sergent en devoir au poste de police place un de ses hommes près de la porte avec l'ordre de sauter sur le premier petit vieux qui s'approche, une brique à la main. Vers dix heures, le voilà qui s'amène, en personne, et le flic l'amène à l'intérieur avec sa brique. 'Bon, dit le sergent, cette année tu passes pas l'hiver au chaud à Headlingly avec tes trois repas par jour. On te mets sur l'autobus de Regina demain matin.' Le petit vieux éclate de rire, s'empare de la brique sur le bureau du sergent et la lance par-dessus sa tête à travers la fenêtre derrière lui, krak! Qu'est-ce qu'on fait avec un type comme ça? Il a passé l'hiver à Headlingly et, l'année suivante, mon père m'a dit qu'il a fait la même chose à Regina. Une façon de survivre. »

Dans les Prairies

« Bien sûr qu'y avait des crimes. Y en aura toujours. La drogue, à l'époque, était la cocaïne. Toutes les pharmacies se faisaient cambrioler deux ou trois fois par année. Mais c'était pas vraiment un problème, pas tel qu'on le voyait à l'époque.

« Les meurtres habituels. Le mari qui tue sa femme. Le voisin qui tue son voisin. Des querelles domestiques, des vieilles haines.

« Il y avait des bandes, formées habituellement dans les prisons, qui faisaient la tournée des petites villes la nuit et commettaient cinq ou six vols une fois que le flic de la place dormait ou avait été assommé, généralement dans l'écurie. On les attrapait toujours, ils laissaient des traces grosses comme celles des éléphants sur un lit de rivière asséchée. Toujours les mêmes, la même engeance.

« Je sais pas pourquoi mais y avait plein de briseurs de coffre-forts dans les Prairies. Ils vous ouvraient ça aussi proprement qu'on pèle une banane. On savait qui ils étaient et, des fois, quand ils étaient trop occupés, on finissait par les piéger. Alors le chef nous décorait pour les avoir attrapés.

« Y avait beaucoup d'infractions à la loi des chemins de fer. Je disais aux jeunes de pas lambiner quand le bœuf des chemins de fer leur disait de déguerpir. Les chemins de fer engageaient pas de bons vieux professeurs pour faire ce travail. Ces gars-là étaient des durs. »

Crucifié dans un wagon

« J'étais pas là mais j'en ai beaucoup entendu parler. Un des bœufs des chemins de fer avait disparu à Regina et des équipes de chercheurs avaient fait le tour des wagons vides. Ils l'avaient trouvé crucifié comme le Christ et avec son gourdin enfoncé dans le cul. On s'est souvent demandé si on lui avait fait ça quand il était encore vivant ou s'il était déjà mort. On avait tu toute l'affaire.

« Je vais vous dire une chose, y a flic et flic, mais ceux qui travaillaient pour le CP étaient les bâtards les plus écœurants sur la surface de la terre. »

Brian, en haut sur la falaise

« Notre premier bébé est mort, le petit Brian, et on a jamais su de quoi. On avait déménagé au nord de Prince George pour cultiver et on avait quasiment rien et le bébé est mort en trois jours. Il est devenu bleu et il est resté comme ça jusqu'à ce qu'il meure. Je pouvais pas aller chercher le docteur parce que ma femme était malade aussi, alors j'avais essayé de le soigner moi-même.

« Je lui ai dit que le petit Brian était en paix sur la falaise, et ma femme s'est mise à pleurer, et je lui ai dit que s'il ne sortait pas de et moi on a décidé de marcher jusqu'à la petite falaise qui surplombait la rivière et où on pouvait voir très loin et c'était paisible. J'ai mis le cercueil sur mon épaule et ma femme a pris la pelle. Quand on est arrivé, on a creusé un trou, on l'a enterré puis j'ai planté des arbrisseaux aux quatre coins, puis on a dit la prière du Seigneur... et c'est ça qui était ça.

« Quelques jours plus tard, la route était redevenue à peu près passable et, comme ma femme allait très mal, j'ai attelé les chevaux et je l'ai amenée en ville. Le médecin était correct et il lui a donné un médicament, il nous a pas chargé pour une grosse bouteille. Avant qu'on parte, il a demandé où était le bébé et je lui ai dit qu'il était mort et qu'on l'avait enterré. Le docteur nous a dit que ça lui faisait de la peine et nous sommes rentrés à la maison.

« Une semaine plus tard, un policier est arrivé chez nous et cet homme était un enfant de chienne. Il était tout prêt à me jeter en prison parce que j'avais pas rapporté la mort de mon enfant et que j'avais disposé de son corps illégalement, tout de la foutaise.

« Je lui ai dit que le petit Brian était en paix sur la falaise, et ma femme s'était mise à pleurer, et je lui ai dit que s'il ne sortait pas de chez moi il y aurait un policier de moins dans le pays. Il est parti.

« En fait, il est parti très vite et je m'attendais à en entendre parler de nouveau, menace à un policier ou quelque chose, mais ç'a été fini. Plus un mot.

« Ces petits arbres doivent être bien grands maintenant. Il y a longtemps de ça.

Le bœuf des chemins de fer

« Oui, j'étais un des bœufs des chemins de fer dont on parle encore. Au CN.

« Faut pas oublier qu'y avait deux sortes de chômeurs dans ce temps-là, et je compte pas le vagabond professionnel. Y avait les hommes mariés qui recevaient leur pitance du Secours direct, tout juste de quoi se payer un repas et deux bières aujourd'hui, et qui restaient plutôt à la maison, et y avait les célibataires, les vagabonds. J'ai vu des jeunes de 12 ans, mais c'était surtout des gars de 19, 20 ans, puis un peu de tous les âges jusqu'à 40. Puis la vie est devenue trop dure. Très dure.

« Bien sûr que je leur parlais. Tout le temps. Y avait beaucoup de désespoir chez eux. Un profond désespoir. On aurait dit qu'ils étaient engourdis par ce qui leur arrivait. Ils étaient tous de bons gars. J'ai parlé à beaucoup d'entre eux. Au gars qui arrivait de Toronto, je disais: 'À quoi tu t'attends en venant ici? Quand l'hiver va arriver, on va te trouver gelé raide dans une ruelle.' Oubliez pas que c'était à Edmonton. 40 sous zéro, en hiver. Oh! ils savaient tout simplement pas où aller. Complètement perdus, y a aucun doute.

« Y avait beaucoup d'amertume aussi, mais je mets ça sur le dos des agitateurs professionnels. Les communistes. Les gars avec la carte rouge. Ils perdaient pas leur temps à l'époque.

« Non, je n'ai jamais décelé un sentiment de révolte imminente. Tout le monde était dans le même bateau. Les gars qui avaient déjà eu une bonne job étaient chômeurs, les gars de la construction, les techniciens, les mécaniciens. Tout le monde était dans le même bateau. Quand vous faisiez la queue devant la cuisine à soupe, qui vous étiez n'avait aucune importance. Un bol de soupe et un bout de pain. Ils avaient tous la même identité. Si on avait eu une révolution, qui aurait-on tué pour son argent? Personne en avait. Rien qui en vaille la peine.

« Y en avait qui parlaient de réformer et de changer le système mais c'étaient les agitateurs professionnels. L'homme ordinaire pensait seulement à l'argent. Où travailler et se faire de l'argent. On réfléchissait pas très profondément dans ce temps-là, surtout au niveau du gouvernement, si vous voulez mon avis. »

Tous des bons gars

« Quand j'ai gradué à Regina *(à l'école d'entraînement de la GRC)* j'ai été affecté à une petite patrouille sur la ligne principale du CP. On avait surtout affaire à des nomades, des hommes, des garçons et quelques filles qui sautaient les trains d'une ville à l'autre. Ç'aurait pu être un travail dangereux parce qu'il nous fallait appliquer la loi des chemins de fer contre eux et les empêcher de sauter à bord des trains. Pas nécessairement parce qu'on y croyait, mais parce que c'était l'ordre qu'on avait.

« La nuit, j'étais souvent seul et je marchais le long des trains avec une lumière de poche seulement. J'ouvrais les portes des wagons et je disais: 'O.K. les gars, sortez, c'est la fin de la ligne.' Ou quelque chose comme ça. N'importe qui aurait pu m'assommer à tout moment ou me sauter dessus par en arrière mais ça m'est jamais arrivé. Même pas une menace.

« Ils étaient tous de bons gars, mais des gars malchanceux, sans travail, et qui allaient et venaient. Ils sortaient en rouspètant un peu mais ils avaient l'habitude et ils savaient que je faisais seulement mon travail. J'aimais peut-être pas ça, mais c'était mon gagne-pain.

« Ils étaient essentiellement bons et honnêtes. La vie leur avait donné un sacré coup. C'est tout. Quand la chance a tourné, ils sont devenus de bons citoyens, de bons Canadiens. »

Pour éviter les camps

« Je me souviens très bien de ceci. J'étais un membre de la police provinciale de la Colombie britannique, avant que la Gendarmerie nous remplace, et je faisais partie d'une escouade chargée de surveiller les célibataires. Les chômeurs célibataires. On les vérifiait souvent et ils avaient leur carte de chômeurs et sur un grand nombre de ces cartes y avait les lettres C-L en haut, dans le coin à droite et je savais pas ce que ces lettres voulaient dire.

« J'avais demandé à une sténographe et j'oserais jamais dire ce qu'elle m'a répondu *(cette entrevue s'est déroulée en direct à la radio de Vancouver)* mais ça voulait dire qu'ils étaient sous traitement dans une clinique. Vous me suivez? Alors on peut dire sans exagérer que plutôt que d'être forcés d'aller vivre dans un des camps du Secours direct du gouvernement fédéral, de travailler toute la journée pour être logés et nourris et recevoir 20 sous par jour, un bon nombre de célibataires s'arrangeaient pour attraper une maladie vénérienne afin de pouvoir rester à Vancouver et se faire soigner dans une clinique. Ils prenaient les grands moyens. Personne voulait aller dans ces camps.

« En restant en ville, ils n'étaient pas payés, mais tout était mieux que d'être envoyé dans un camp. Ça dit tout. »

Un homme bon et gentil

« C'est drôle comme y a des choses qu'on oublie pas. Après toutes ces années, c'est encore là.

« Je me souviens d'être allé à la gare Moncton, un soir, pour rencontrer papa qui arrivait de quelque part. Un train de marchandises était rentré de Montréal et y avait plein de jeunes hommes qui sautaient en bas des wagons et couraient dans toutes les directions. Et y avait un de nos amis, un voisin, un très bon ami à nous que j'aimais beaucoup, qui était en train de pourchasser ces jeunes et il les frappait avec son gourdin comme une grosse brute. J'avais seulement vu son bon côté jusque-là et je pouvais pas en croire mes yeux. Il les battait à tour de bras. Oui, il travaillait pour les chemins de fer.

« Vous savez, des garçons comme ceux-là, j'en avais vu beaucoup chez nous, dormant autour du poêle en hiver. On les hébergeait pour la nuit, des fois y en avait jusqu'à huit à la fois. On n'a jamais refusé personne. Quand ils frappaient à la porte, ils étaient bienvenus. Toujours. Ma mère disait qu'elle refuserait jamais parce que ça pourrait arriver à son fils ailleurs au Canada.

« Je revois encore cet homme que j'avais tant admiré en train de frapper les jeunes avec son gourdin. Comme ça *(dans un grand mouvement du bras)* et comme ça et ça. Horrible.

« Un homme si bon et gentil avec sa famille, ses voisins, les enfants. J'ai jamais pu comprendre. Jamais. »

Chapitre 33

La révolution était-elle possible?

Aurait-il pu y avoir une révolution au Canada? Certaines gens à qui j'ai parlé croient qu'une révolution aurait éclatée au Canada s'il n'y avait pas eu la guerre. D'autre croient le contraire, en disant qu'il n'y avait pas de leader capable d'organiser et d'inspirer une telle révolution. Le Canada n'en avait pas. Quelques-uns ont surgi ici et là, puis ont disparu comme l'étoile du matin.

Le Canada n'était pas prêt à accepter le communisme. On croyait vraiment que tout allait se régler. C'était un mauvais moment à passer. Le bon temps reviendrait. Peut-être l'année prochaine. Ça se résumait à peu près comme ceci: «Qui veut se faire dire quoi faire par des Juifs de Toronto ou par ces Russes communistes?»

Le communisme n'a jamais été une menace — même si le gouvernement a feint de le voir ainsi pour des raisons théâtrales et politiques.

Un journaliste a avancé une hypothèse. En Colombie britannique où la situation était très agitée, il y avait une milice. Ces hommes se faisaient deux dollars par mois à parader et à passer l'été au camp. Si on les avait lâchés contre les marcheurs révolutionnaires, la révolution se serait terminée en moins d'une heure. Et pourquoi? Parce que, en écrasant la révolution, ils s'assuraient de rester dans la milice et de recevoir deux dollars par mois.»

La solidarité dans le champ

«Tout le monde se rassemblait dans les régions où il y avait récolte. Je me souviens avoir campé dans une clairière de pierres avec une bande de gars en attendant le signal de la récolte. C'était en 1934, dans le bout de Portage La Prairie. On se demandait ce que serait le tarif journalier, on en discutait. «En 1928, 1927 et avant ça, on payait $3 par jour pour récolter le blé. Le blé se vendait cher à ce moment-là. On savait qu'on se ferait moins à cause de l'époque qu'on vivait. Le blé valait pas de la merde de baleine. On appelait ça la Dépression, dans le temps, je sais pas quand l'expression est sortie. Y avait de bonnes récoltes à Portage La Prairie, et vous savez que par là c'est parmi les meilleures terres à blé en Amérique du Nord. Un profond terreau. Pour une bonne récolte, ça prenait une partie de cette terre-là, pour quatre parties de granite pulvérisé et de la pluie.

On savait que les temps étaient durs. Très durs. On était entre 60 et 80, et on avait calculé qu'un dollar par jour, nourris, logés, serait suffisant. On voulait être justes. Sauf que les fermiers ont pas voulu être justes — ils ont offert 50 sous par jour. De l'aube au crépuscule.

«On a dit que personne travaillerait pour ça. Enfin, j'ai dit ça. J'étais porte-parole. 'Nous voulons un dollar par jour tout compris, voilà ce que les gars de mon union veulent', j'ai dit. Un type, qui était pas cultivateur mais qui était propriétaire terrien a dit: 'Ah, vous avez votre union maintenant, hein? eh bien, nous, on a la police.' J'ai dit: 'Amenez-la!' On était pas reconnus, affiliés, ni rien. Mais je vous dis qu'à ce moment-là on se tenait plus que n'importe quel syndicat de l'époque. Alors, oui, on a eu un dollar par jour et nous avons tous insisté pour le recevoir chaque soir.

«Y a un fermier qui a refusé et le jour suivant, qui était un lundi, ce qui nous a permis de se passer le mot d'ordre pendant la journée du dimanche, personne s'est présenté chez lui. Une espèce de grève. Or, y a rien qu'un fermier déteste autant que de voir une bande d'hommes qui font rien alors qu'il fait soleil et que la terre est ferme et qu'il ne sait pas ce que lui réserve le lendemain, peut-être de la pluie ou même de la neige. Alors il a cédé.

«C'était peut-être le premier syndicat d'aides de ferme au Canada. Je parle pas d'un parti politique comme les syndicats d'Alberta et d'ailleurs. Ceux-là étaient formés par les cultivateurs eux-mêmes. Je parle de nous, les aides. Les gars voulaient travailler à un dollar par jour et prenaient plus de merde de personne. Ç'a marché cette année-là mais je sais pas si ç'a marché par après. Évidemment, en autant que je sache, quand le blé s'est remis à pousser ils n'ont plus offert 50 sous par jour. Ces fermiers-là nous tenaient à la gorge et il fallait les secouer.»

Pas de leader

«Je me suis souvent demandé pourquoi y a jamais eu de révolution ou même de tentative de révolution. J'ai jamais considéré l'émeute de Regina autre chose qu'une escarmouche, une piètre opération menée par les communistes et, en fin de compte, personne voulait des communistes dans ce temps-là. Ils croyaient vraiment qu'ils avaient le vent dans les voiles, mais en réalité il n'en était rien.

«Non, on a pas eu de révolution. Pour quoi se serait-on battu? Pour le Canada? Le pays était dans un bien mauvais état, même avant la Crise. Les États-Unis étaient mal en point aussi, alors pas d'aide de ce côté-là. Il se passait rien en Europe, non plus. On aurait dit qu'on était tous enfoncés jusqu'à la taille dans la merde et qu'on avait démissionné. Mais il se serait passé quelque chose si on avait eu un vrai leader, je veux dire un vrai Canadien pure laine avec du feu dans les tripes, beaucoup de feu.

« Les C.C.F. étaient des minous, des petits intellectuels, quelques cultivateurs, mais sans espoir. Les Canadiens ont pas mis longtemps à comprendre ça et, même si j'admire ce que le C.C.F. a fait, c'était loin d'être ce qu'il nous fallait. Ce pays avait besoin d'un leader et on a eu Bennett et Mackenzie King, les meilleurs exemples de non-leaders qui soient. L'homme qu'il nous fallait n'était pas là ou, s'il était là, il ne s'est pas montré au moment où on avait le plus grand besoin de lui. En d'autres mots, on avait pas de Roosevelt pour faire les choses d'une façon paisible et légale ou pas d'homme avec un poignard dans les dents pour les faire par la force. C'était une bien triste situation et elle existe encore aujourd'hui.

« Y a pas d'espoir pour le Canada, vous savez. »

L'émeute de Regina : un témoignage

« Je dirais pas que c'était une émeute, pas au début. On était plutôt paisibles ce jour-là à Regina, mais tout à coup les gars de la police d'un bord et ceux de la GRC de l'autre ont traîné les orateurs en bas de la plateforme. Y a eu des coups de sifflet et des chevaux qui fonçaient dans le tas au galop et on pourrait dire que c'est la police qui a fait l'émeute, frappant à gauche et à droite. On l'a pris pendant quelques minutes puis finalement on s'est lâchés contre eux.

« On était peut-être 1 500, tous pas mal écœurés et les reporters qui ont dit qu'on était 4 000 sont fous. On a jamais été plus de 2 000 à la fois, nous, les gars qui voyageaient. Les autres, c'étaient des gens de Regina qui étaient venus sur la Place du Marché pour entendre les discours. Quand les troubles ont commencé, ils ont tous disparu, comme ça. Des citoyens de Regina qui voulaient rien savoir.

« Pour moi, ç'a commencé quand je suis sorti du camp du Secours direct à Deroche, à 50 milles de Vancouver, dans la vallée du Fraser. On avait un lit, des couvertures, les repas, du tabac et 20 sous par jour. Vingt sous par jour pour nos dépenses folles. Le camp était dégueulasse et la nourriture aussi. Oh, j'imagine que c'était de la bonne nourriture mais si mal apprêtée et dans les mêmes casseroles qui n'étaient jamais lavées, jour après jour. Des batailles éclataient pour des niaiseries, pour une partie d'échecs, et les rouges, les communistes, étaient partout. Quand les troubles commençaient, ils étaient faciles à repérer, en fait, ils essayaient pas de s'en cacher. La plupart venaient des vieux pays.

« Je me souviens pas au juste pourquoi j'ai quitté le camp et pris la route vers Vancouver mais c'était en rapport avec les règlements insensés. La plupart des administrateurs étaient des vétérans de la Première Guerre, des amis de politiciens. Toute l'affaire des camps était politique, vous comprenez. Ils voulaient vider les rues de tous les jeunes nomades et nous envoyer dans le fond des bois où on pourrait pas faire de révolution. Quelle farce. On chiâlait en masse mais on faisait pas la révolution. Seulement des mots. On sentait surtout qu'on nous avait traînés dans le fond des bois pour y pourrir et, en plus, la nourriture était mauvaise.

« Quand on est arrivés à Vancouver, on était environ une centaine. On avait dormi dans la salle des Ukrainiens, puis dans une salle de syndicat. Les gens nous apportaient de la nourriture et je crois que la ville avait participé, en tout cas on avait assez à manger.

« Je me souviens pas très bien des détails et j'ai jamais rien cru de ce que j'ai lu dans les journaux. Y avait quelques journalistes qui nous suivaient et on avait bien ri d'eux. Ils essayaient de jouer aux chômeurs, aux vagabonds, mais ils étaient pas habillés comme nous, ils se comportaient pas comme nous et ils connaissaient sûrement pas notre argot. Comment l'auraient-ils su ? Mais on les laissait faire. Les communistes étaient derrière toute l'affaire vous savez, du début à la fin, bien que plusieurs d'entre eux disparaissaient juste avant la tombée du rideau. Ils croyaient pas à ça, eux, la prison.

« Y avait Arthur Evans, Art Evans, mais son problème c'est qu'il arrivait pas à s'entendre avec personne. N'empêche qu'il savait organiser. Je devais avoir 19, 20 ans et, même moi, je voyais bien que ça prenait beaucoup plus qu'un seul homme pour lancer une affaire comme ça. Mais au moins il faisait quelque chose, alors que tous les autres faisaient rien. Dans ses discours, il disait que la seule façon de faire changer les choses c'était d'aller à Ottawa pour parler à R.B. Bennett — voilà un homme qu'on pouvait facilement détester. On voulait travailler. Des salaires raisonnables. Evans insistait pour qu'on se conduise bien. Pas de violence, aucune. Pas de vols, ce qui allait à l'encontre des habitudes de bien des gars. Soyons polis. Remercions les gens qui nous donnent à manger et qui nous permettent de dormir dans leurs vergers. Evans avait raison, évidemment, et même si la majorité des gars étaient pas communistes, ils voyaient bien qu'il avait du bon sens. Il s'agissait de suivre le leader.

« Gerry McGeer était maire de Vancouver et Gerry était un fin rusé. Il était libéral et l'occasion était bonne pour lui d'emmerder les conservateurs et R.B. Bennett et de s'attirer des votes et il voulait débarrasser sa ville de tous ces vagabonds. Qu'Ottawa s'arrange avec eux. Alors le vieux Gerry était allé voir tous ses riches amis et il avait réussi à ramasser $5 000 en une journée, ce qui était beaucoup, beaucoup d'argent dans ce temps-là. C'était une façon de nous faire chanter pour qu'on quitte Vancouver. Alors on était tous partis vers Ottawa, Evans en tête, à bord des trains de marchandises.

« J'ai lu que 1 000 hommes avaient quitté Vancouver et les gens de Vancouver devaient se trouver bien débarrassés. Mille autres hommes ont dû se joindre à nous en cours de route. On avait dormi à Kamloops, un soir, la ville avait organisé un comptoir à soupe pour nous et on nous avait distribué du tabac et tout avait bien été. La même chose, à Golden, puis à Calgary, si je me souviens bien.

« En fait, tout allait bien jusqu'à ce que le CP décide qu'on ne pouvait plus voyager à bord des wagons de marchandises. Quelle blague. Il devait y avoir au moins un million d'hommes qui sautaient les trains à travers le Canada et, tout à coup, c'était fini. Evans et ses amis nous avaient dit que c'était un complot pour nous arrêter, mais ça, on le savait tous. Ce qu'on savait pas, c'est qui, de Bennett ou du CP, était à l'origine de tout ça. Mais ça changeait rien. Les chemins de fer et le gouvernement étaient tellement de connivence qu'y avait pas moyen de faire la différence. Plus tard, j'ai lu que les intérêts que le gouvernement payait chaque année sur la dette du Canadien National pendant la Crise représentaient une somme supérieure à tout ce que le gouvernement a versé aux hommes, aux femmes et aux enfants du pays durant ces années-là pour les empêcher de crever de faim, pour qu'ils puissent se vêtir convenablement, se loger et éviter de devenir fous. On allait donc nous empêcher de voyager à bord des trains et Regina était le dernier arrêt.

« Bon, alors Evans et ses gars sont allés à Ottawa pour voir le vieux bâtard pourri à Bennett et ça n'a pas trop bien marché. En fait, ça n'a pas marché du tout. Evans était une tête chaude et il était incapable de travailler avec des gens qui ne faisaient pas exactement ce qu'il voulait, et vous avez entendu parler de Bennett. Je me souviens qu'Evans avait traité Bennett de menteur et, connaissant Evans, il avait probablement juré en le disant. Alors vous voyez l'affaire. C'est probablement à la suite de ça que Bennett a décidé que c'en était assez.

« On devait avoir une grande assemblée sur la Place du Marché, à Regina. Ça faisait environ deux semaines qu'on dormait sur le sol, qu'on se faisait donner de la nourriture à droite et à gauche et les gars avaient commencer à s'énerver, à cambrioler ici et là, la nuit, et les gens de Regina n'étaient plus tellement bien disposés envers nous.

« Bennett avait donner l'ordre d'arrêter Evans et ses comparses à cette assemblée. C'était le Jour du Dominion. C'était complètement stupide, mais à peu près tout ce que le gouvernement faisait dans ce temps-là était stupide. Dès que l'assemblée a commencé, ils nous ont sauté dessus. Je pense pas que les gars avaient des fusils mais les policiers, eux, en avaient, et il s'en servaient. Ils nous tiraient dans les jambes. On avait même pas de pierres, juste nos mains nues, mais quand on arrivait à tirer un policier en bas de son cheval, on avait nos bottes et il y goûtait. Un policier a été tué et il y a eu quelques blessés et un grand nombre d'arrestations. Ils ont probablement écopé trois mois, pour avoir participé à une émeute.

« Je me souviens même pas de ce qui est arrivé à Arthur Evans. Ils l'ont sûrement mis en prison, je vois pas comment il aurait pu s'éviter ça. En tout cas, c'était pas tellement une émeute. Les journaux avaient grossi l'affaire mais c'était pas tant que ça. Pour bien des gars, ç'avait été l'occasion d'engueuler les policiers, de leur écraser une cigarette dans la figure puis de se sauver en courant le plus vite possible.

« Le Canadien Pacifique a mis un train à notre disposition, ils nous ont triés, puis ils nous ont ramenés sur la côte. Bien des gars ont débarqué en cours de route. Un voyage gratuit. Ç'avait été amusant, ç'avait brisé la monotonie et on s'était laissé aller un peu. »

L'émeute de Regina : un autre témoignage

« J'ai toujours pensé que l'émeute de Regina avait été un coup monté par le gouvernement. C'était une émeute de la police, contre nous, les voyageurs, et croyez-moi quand je vous dis qu'un grand nombre des vitres fracassées et des objets volés ont été l'œuvre des bons citoyens de Regina. Je le sais. Je les ai vus. Des hommes bien vêtus qui ne faisaient pas partie de notre groupe venu de Vancouver alors je peux dire que ceux qui ont pillé étaient des gens de Regina. Pour la plupart, en tout cas.

« Voyez un peu. On était disciplinés. Art Evans nous avait dit qu'il fallait qu'il en soit ainsi, que la seule façon de se gagner l'appui du public était d'être polis, organisés et propres même dans nos vieilles guenilles. Et le public a été avec nous tout le long. Si un de nous s'était fait prendre avec un stylo ou une montre bracelet ou quelque chose comme ça dans sa poche, il aurait tout gâché et il aurait abouti avec cinq, huit ou dix ans de prison. Le vol à l'étalage était le pire crime contre la propriété et, dans ce temps-là, la propriété c'était comme la Trinité, le Père, le Fils et le Saint-Esprit.

« Bien des vitrines ont été fracassées. J'ai lu que la Place du Marché ressemblait à un champ de bataille. Diable, ces reporters-là avaient jamais vu un champ de bataille. Moi, oui, pendant trois ans, de 1915 à 1918. Y a eu des dommages mais, deux jours plus tard, ça ne paraissait plus.

« Je regrette qu'un policier ait été tué et que certains de nos hommes aient été arrêtés. Ç'a fait beaucoup de bruit à travers le pays mais, comme je vous l'ai dit, c'était une affaire montée. Le vieux Bennet voulait que ça éclate et il a eu ce qu'il voulait. Ils ont vidé des camions pleins de policiers sur la Place. Des coups de feu. Devinez qui avaient les fusils ? Il voulait salir notre réputation et il a réussi. Aux yeux du public, on était devenus une bande de rouges. Porteurs de cartes. Mais c'était pas comme ça du tout. On était une bande de gars ordinaires, mais Bennett nous a collé l'étiquette dessus et ça nous est resté. Ce gars-là a fait beaucoup de mal ce jour-là. »

En route vers Regina

« Les gars commençaient à s'énerver. Il se passait rien, et ils erraient à travers la ville puis ils revenaient sur le terrain pour les repas. Ils allaient et venaient toute la journée. Évidemment, les agitateurs communistes étaient derrière eux et il y a eu une bonne bataille avec les gars de la GRC dans un terrain vacant en face de l'hôtel de ville et une bonne engueulade, une autre fois, mais il s'est vraiment rien passé.

«Bien sûr, on connaissait les communistes. Ils se tenaient toujours autour des comptoirs à soupe mais ils faisaient jamais la queue. Ils mangeaient au restaurant et ils mangeaient bien. Puis la bande est arrivée de Vancouver, surtout des jeunes sortis des camps du Secours direct. C'était le début de la marche sur Ottawa. Mais elle s'est arrêtée à Regina, où l'émeute a eu lieu.

«Je pense encore qu'il n'était pas nécessaire que cette émeute ait lieu et que Miller *(le policier)* se fasse tuer. Ils ont tout simplement mal fait ça. Je veux dire que les gars dans le parc Victoria étaient pas du tout prêts à partir une révolution mais Art Evans était décidé à aller jusqu'au bout. Vous savez, j'ai jamais pensé que Evans était vraiment un mauvais acteur, et qui peut dire, 35 ans plus tard, qu'il avait tort? En tout cas, environ 250 des gars au parc Victoria étaient tannés de rester assis à rien faire alors ils se sont joints à la marche, presque tous ensemble, et on est partis vers Ottawa. On a tous sauté un train et je sais pas si le CP avait fait exprès mais seulement les six derniers wagons étaient vides, alors on s'est tous empilés dedans et le train est parti.

«On est arrivés à Medecine Hat dans la nuit, ça criait et ça se bousculait mais personne y a fait attention. C'était toujours comme ça dans les cours de triage mais, au bout d'une heure, les flics sont arrivés et nous ont dit qu'il fallait qu'on débarque. Ce qui était arrivé c'est qu'ils avaient détaché les six derniers wagons et nous avaient laissés là. Ils nous ont conduit comme un troupeau dans un grand entrepôt et nous ont dit qu'on serait accusés d'avoir violé la loi des chemins de fer, d'avoir été trouvés sur la propriété du CP sans autorisation.

«Les gars ont tourné ça en farce, disant qu'ils prendraient part à la prochaine marche, des choses comme ça. Fallait que je reste avec eux, évidemment, et il est rien arrivé. Y a pas eu d'accusation, ils les ont remis sur d'autres trains retournant dans l'Ouest ou leur ont dit de ficher le camp et, en autant que je sache, personne de ce groupe-là s'est rendu à Regina.

«Si quelqu'un s'était servi de sa tête, ils auraient pu faire la même chose à bien des endroits entre Vancouver et Regina, tranquillement, sans s'énerver, et il ne serait rien arrivé. Les agitateurs auraient hurlé mais rien de plus. Mais il y a eu des troubles et Evans et sa joyeuse petite bande, une dizaine en tout, je crois, ont causé beaucoup plus de troubles qu'ils auraient dû. Ils ont rendu la vie du chômeur encore plus dure, croyez-moi.»

Révolution dans la cour

« Mon père était assis avec d'autres hommes dans la cour, y avait des arbres autour, ils buvaient de la bière qu'ils avaient faite et ils jasaient. Ils ont jasé tout l'après-midi. Parle, parle, parle. Politique. Pêche. Ils ont parlé un peu des femmes en ville, vous savez comment sont les hommes. Du blabla.

« Des fois, je m'assoyais avec eux mais j'avais pas de bière. J'en demandais mais le bonhomme disait: 'Jésus! s'i' fallait que le curé arrive, j'aurais les pieds dans les plats.'

« Il est assis là et il se met à se gratter la jambe, puis il relève son pantalon et il me dit d'aller chercher une épingle, puis il se met à se gratter avec son ongle et il se fait un petit trou dans la peau, il se sert de l'ongle de son pouce et voilà qu'il en sort un petit morceau de fer, gros comme un plomb de fusil et il le laisse rouler sur la table, les gars sont ébahis. 'Un petit souvenir d'Allemagne, dit le bonhomme, la guerre, vous savez.' Et les gars branlent la tête. Ils savent que le bonhomme en a mangé une vraie à la guerre mais Jésus! après 15 ans! Qu'est-ce qu'il va faire?

« Le bonhomme trouva ça drôle, il dit qu'il en a déjà la moitié d'un pot à marinade, que ça sort tout le temps, ça commence par le démanger, puis ça fait une p'tite bosse et ça lui fait pas mal quand il l'enlève. Ça le dérange pas. Bin des gars l'ont eu pire que lui, qu'il dit, et les obus c'est pas si pire. Seulement des p'tits morceaux qui restent, qu'il dit.

« Jean, un des gars qui étaient là, il dit que c'est un maudit crime qu'un gars qui va se battre pour son pays revienne travailler dans une fabrique de meubles pis qu'on ferme la fabrique, quand le gars a onze enfants pis pas de Secours direct, pas d'argent qui rentre sauf ce que la bonne femme se fait avec la lessive du séminaire. Une maudite honte, qu'il dit, et il est vraiment en colère. Il se frappe les mains avec son poing, il est vraiment en crisse pi, faisons quelque chose, ç'a pas de sens, un gars qui va se battre pour son pays pis qui se fait botter dessus comme une crotte de chien dans la rue. Ça faisait un bout de temps qu'ils buvaient du vin pis de la bière, voyez-vous. Ils se sont mis à se monter les uns, les autres, pis ça sacrait, pis i's ont dit qu'i fallait aller à Québec parler au premier ministre, qui était un bandit dans ce temps-là. Ha! comme s'ils l'étaient pas tous! Ça parle pas mal fort, les enfants sont revenus de l'école, pis les femmes se mettent à crier aux hommes de se la fermer, bande d'imbéciles, pis y a un gars qui se lève, i' est pas mal saoul, pis i' arrache une planche de la clôture, pogne la hache, fend la planche en quatre, il aiguise les bouts bien pointus, pis i' dit: 'Venez-vous en, les gars, on part encore en guerre. De l'argent pour Henri pis sa femme pis ses onze enfants.'

« C'était complètement fou. Tout le monde était pété.

« Mon bonhomme reste assis là, il en a vu bien d'autres.

« Un enfant court chercher la police et ils arrivent à quatre dans une voiture et tout le monde crie, pour défendre mon père, pour dire à la police de ficher le camp et laisser le pauvre monde en paix et, finalement, le responsable des quatre demande qu'est-ce qu'y a qui va pas, pis le gars qui est saoul, i' dit qu'i's s'en vont à Québec. Pourquoi faire? demande le flic. Parce qu'i's s'en vont chercher une pension, ou bin une job, ou bin queq' chose, pour Henri ici, notre ami, pis qu'i's vont enfoncer leurs piquets dans le ventre des gars du gouvernement. Puis il dit: 'Pis on va commencer avec vous aut', mes bâtards'. Et il fait mine de vouloir foncer sur eux, mais je pense qu'i' fait le fou seulement. Les flics avaient leur gourdin, je pense que c'était fait en caoutchouc, ils accrochent chacun un des amis de mon bonhomme, pis vlan! Ça prenait rien qu'un coup! Mais Jésus! c'était tout un coup!

« Les femmes crient, les enfants braillent. Avez-vous déjà entendu ça, 40 femmes et enfants qui chiâlent en français? Je vous dis qu'i' faut voir ça.

« Ils ont amené les gars et leurs épées au poste de la police provinciale et mon bonhomme attend à peu près une heure, prend un autre verre de vin de carotte, puis il va parler au responsable de la police. Bien sûr qu'i's veulent pas faire de trouble, i's se montent facilement, t'sais, pas de job, les enfants ont faim, i's savent pas ce qu'i' se passe.

« Le flic dit au bonhomme qu'i' faut faire quelque chose, qu'i' faut faire un rapport et le bonhomme, qui est vite sur ses patins, i' dit: 'Dis qu'i's ont arraché une planche de ma clôture et accuse-les de dommanges à la propriété privée. Mets dix jours, sentence suspendue.'

« Le chef dit que personne va croire ça, quatre hommes pour voler une planche et le bonhomme dit que ça fait pas différence, qu'y a personne qui veut savoir ça en autant qu'y a un rapport de fait, et le chef dit d'accord, et ç'a fini là.

« Voilà l'histoire de la grande révolte contre le gouvernement dans mon village. »

60 *livres de dynamite*

« On a eu beaucoup de plaisir avec la Police montée. Ils nous honoraient de leur présence, n'est-ce pas.

« Ils s'infiltraient toujours parmi nous pour découvrir quand on ferait sauter les ponts et les centrales électriques. Mais tout ce qu'ils apprenaient c'était le travail qu'on avait ou qu'on avait pas ou qu'on allait avoir. Oh! on parlait pas mal de Roosevelt parce qu'il faisait quelque chose pour que ça bouge dans son pays. Son *New Deal* nous intéressait beaucoup parce qu'on savait qu'on suivrait les traces des États-Unis de toutes façons. On parlait pas beaucoup de ce que le Canada faisait parce que, pour nous, ce n'était qu'un va-et-vient autour d'un point fixe d'inactivité et de laisser-faire.

« On se moquait de ces cowboys de Regina. On les repérait immédiatement quand ils arrivaient. Ils marchaient comme des flics et on pouvait voir la démarcation à l'endroit où ils avaient laissé pousser leurs cheveux au-delà de la coupe réglementaire. Ils parlaient toujours comme s'ils interrogeaient un suspect. Ils connaissaient pas le jargon de la route.

« On leur disait qu'y avait cent carabines cubaines cachées sous le viaduc Georgia, toutes huilées et bien enveloppées dans une étoffe épaisse et toutes prêtes pour les gars. Une fois, on a dessiné une carte du Canyon Fraser et on a fait un X près de deux gros ponts et on écrit à côté '60 livres de dynamite.' Assez pour faire sauter toute l'affaire. On l'avait laissée dans un endroit où les 'Rubans Jaunes' la trouveraient. Des enfantillages, mais on s'amusait. »

Rien à espérer

« La révolution? Voilà une affreuse question. Y avait sans aucun doute des gens qui auraient aimé avoir une révolution mais qu'est-ce que ça leur aurait donné? Après tout, y avait pas grand-chose qu'on pouvait faire, surtout pas après la grève générale de Winnipeg, en 1919, qu'ils avaient si bien écrasée et avec tous les procès ensuite, ça ne faisait que dix ans de cela. Après la Première Guerre, on a eu une forte immigration britannique, et c'est pas du monde comme ça qui vont faire la révolution. Oubliez pas qu'ils venaient se joindre à des centaines de milliers d'autres également de sang britannique, pour qui il n'était tout simplement pas question de révolution.

« D'ailleurs, le seul endroit où partir une révolution, c'était dans les villes et on était pas tellement urbanisés à l'époque de sorte qu'une révolution de broche à foin aurait pas donné grand-chose. Les cultivateurs, à la campagne, eux, ils voulaient pas en entendre parler.

« De toutes façons, y avait rien à espérer d'une révolution durant la Crise. Y avait pas tellement de gros gras graisseux et personne veut faire la révolution quand on gratte pour son repas de la journée. Ça prend toute son énergie.

« De toutes façons, y avait personne ici qui aurait su comment faire une révolution. Pas au Canada. Aux États-Unis non plus. Oui, y a eu des émeutes. Vous pouvez partir une émeute quand vous voulez, dans un camp, devant la cuisine à soupe, mais c'est pas ça la révolution. C'était tellement paisible, comme question de fait, que les millionnaires américains venaient acheter les îles de la Colombie britannique dans ce temps-là, pour s'y cacher le jour où la révolution arriverait aux États-Unis. »

La forme de leurs têtes

« La raison pour laquelle les communistes ont pas eu plus de succès est toute simple. Ils ont pas fait le grand slam qu'ils auraient pu, vous savez, même s'ils étaient très occupés dans les champs, dans les bidonvilles, à Vancouver et dans les endroits dans l'Est où y avait beaucoup de chômage industriel. Les endroits désespérés.

« Vous voyez, le Canada était en majorité anglo-saxon, les Maritimes, l'Ontario et la côte ouest — et le Québec, évidemment, était le Québec. La plupart des rouges étaient des Ukrainiens et des Juifs. Ils pouvaient changer leurs noms tant qu'ils voulaient, et un grand nombre le faisaient — mais ils pouvaient quand même pas changer leur accent et la forme de leurs têtes. Ils demeuraient des Juifs, des *kikes, yids, hunkies, bohunks, hoonyaks, ukranskies,* appelez-les comme vous voudrez. On les repérait à un mille de distance, même si Rabinovitch était devenu Robinson. Le nom changeait pas l'homme.

« Alors tous les Anglo-Saxons, Anglais, Écossais, Irlandais et les Scandinaves et les Allemands qui étaient considérés anglo-saxons, disaient : 'C'est pas un maudit Bohunk qui va me faire saluer le drapeau rouge et chanter l'Internationale' ; ou encore, ils disaient : 'Y a pas un Juif de Montréal qui va venir me dire quoi faire pis me faire cracher sur le *Union Jack*. Des choses comme ça. Les chômeurs se méfiaient beaucoup des organisateurs et quand ils arrivaient dans un camp, on les enlignait immédiatement.

« Ils ont causé des dommages, l'émeute de Regina, d'autres petites émeutes ici et là mais, ils auront beau dire ce qu'ils voudront, y avait pas de quoi avoir peur des communistes.

« Comme on dit au sujet de la cantatrice, elle connaissait les paroles, mais pas la musique. »

Chapitre 34

1939...
Faire la queue pour mourir

«Quelle façon de commencer une guerre!» disait le vieux soldat.

D'abord, le 1er septembre 1939, on décrète la mobilisation générale. Puis, le Parlement est convoqué, on cause pendant trois jours, et on déclare formellement la guerre à l'Allemagne, le 10 septembre.

Ridicule. Absence totale de préparation. Il y avait plein de fusils, des reliques de la Première Guerre mondiale, pour les 4 000 hommes de l'armée permanente, mais, le 1er septembre, 29 mitrailleuses Bren, 23 carabines antichar et cinq mortiers de trois pouces figuraient à l'inventaire des armes modernes du Canada.

Qui blâmer? Tout le monde et personne. Comment un petit peuple, atteint jusqu'à la moelle par des conditions de vie dont le contrôle lui échappait depuis dix ans, ravagé par l'une des pires sécheresses de l'histoire et miné par des tensions intérieures, comment une nation aussi désespérée aurait-elle pu mettre sur pied une grosse machine de guerre? Il lui restait à peine la force de respirer.

Pourtant, pour les dizaines de milliers d'hommes qui dérivaient sur les routes et échouaient aux coins des rues, complètement vidés d'espoir, la guerre venait mettre fin à leur misère, comme un cadeau du ciel. Du jour au lendemain, ce fut la ruée vers les centres de recrutement de l'armée, de la marine et de l'aviation. Le 30 septembre, l'armée avait enrôlé 45 000 volontaires et manquait d'instructeurs et d'équipements pour les entraîner. Qu'à cela ne tienne, la première division canadienne de 20 000 hommes débarquait en Angleterre, fin décembre.

Des usines barricadées depuis des années rouvraient leurs portes et se lançaient dans la fabrication de munitions et des mille articles nécessaires à la guerre. On se mit à construire de nouvelles usines et les commandes du gouvernement arrivaient sans arrêt. Dix-huit mois plus tard, il y avait du travail pour tout le monde, hommes, femmes, jeunes et vieux et le chômeur n'avait plus d'excuse. Enfin! tout le monde pouvait travailler à un salaire raisonnable. Le chômage avait disparu.

En même temps, comme si le destin avait donné le signal, les vents ont cessé de balayer les Prairies, la pluie est revenue, les récoltes étaient abondantes... et les prix, élevés.

La Crise était terminée.

1939 : faire la queue pour mourir

« Je suis sorti de l'école secondaire en 1936, et je n'ai jamais eu la chance de pouvoir regarder de l'autre côté de la clôture pour voir la terre promise. En sortant de l'école avec mon diplôme, j'ai coulé à pic jusqu'au fond comme tout le monde et je suis resté là, à gratter, pendant plusieurs années. Non, je vous le raconterai pas. Y a pas de quoi être fier, mais je regrette rien, non plus, parce que toute l'affaire se passait quelque part en Europe et à Washington et Chicago et à Ottawa, et le petit peuple savait tout simplement pas de quel côté se retourner.

« N'importe qui peut le raconter mieux que moi, mais la guerre est arrivée. Celui qui dit que c'est pas la guerre qui a mis fin à la Crise sait pas de quoi il parle, parce que c'est bel et bien la guerre qui y a mis fin. Quelqu'un a déjà dit que la guerre, c'est bon de temps en temps pour réduire la surpopulation. C'est peut-être vrai et, celle-là, en tout cas, a vidé les trains et les rues de tous les vagabonds comme nous. Je vivais dans un bidonville à Winnipeg, là où les deux rivières se rencontrent, quand la guerre a été déclarée, en 1939. Un matin, on est partis, toute une bande, pour aller s'enrôler. À la caserne MacGregor. J'ai entendu dire qu'elle avait passé au feu y a quelques années.

« En tout cas, on avait fait du pouce jusque-là, on était à peu près une douzaine et, quand on est arrivés, y avait des centaines d'hommes dans la rue, et les caporaux et les sergents couraient partout en criant des ordres. Ils savaient plus quoi faire. Ils étaient complètement dépassés. Vers dix heures, un sergent a crié : 'Pressez-vous pas, les gars, y a de la place pour tout le monde.' Dieu ! comme il avait raison !

« Continuez à payer la bière et on va continuer à s'enrôler.

« Au début, ils ont pensé nous faire attendre, debout dans la cour, mais y en avait beaucoup parmi nous qui étaient pas tellement en état de se tenir debout. Y en avait de tous les genres. Y avait nous, les gars des bidonvilles, couverts de pous, vêtus par l'Armée du Salut, maudite organisation, et les orteils nous sortaient des bottines. Y avait des hommes en habits et des collégiens, je pense, des enfants qui auraient dû être assis à leur pupitre à l'école. Y en avait des plus vieux qui pouvaient plus attendre de s'enrôler, les gars de la dernière guerre, et c'est eux qui avaient le plus de bon sens. Ils savaient comment exécuter les ordres, comment se mettre en ligne et tout ça et, déjà, ils avaient changé de mine, ils se tenaient tout droits de nouveau.

« J'étais pas patriote. Aucun de mes amis l'était. Tout ce que je voulais, c'était des bons vêtements, une douche chaude, trois bons repas par jour et quelques dollars dans ma poche pour du tabac et de la bière, c'est tout ce que je voulais. Plus tard, j'ai appris que d'autres voulaient autre chose. Certains, parmi les plus vieux, cherchaient tout simplement à fuir une femme plaignarde, un travail dégoûtant ou un patron détestable, des histoires comme ça. Y avait un jeune collégien qui faisait ça pour impressionner sa blonde, lui, il était le plus fou de tous. Les jeunes voulaient l'aventure et, à vrai dire, c'est peut-être ça aussi que tous les gars voulaient en fin de compte. Peut-être pas l'aventure comme telle, mais une nouvelle vie. C'est la même chose.

« En tout cas, ils ont décidé de nous faire attendre sur le trottoir pour qu'on puisse s'asseoir et, ce matin-là, y avait sûrement 500 hommes, étalés sur trois blocs, en bas de la caserne, et toutes les ménagères nous regardaient par les fenêtres, et les livreurs, et tous les photographes de la presse, et on était tous assis au soleil de septembre et on jasait.

« À tous les quarts d'heure, on entendait un cri à l'autre bout de la ligne, on se levait tous, on avançait de 20 pas et on se rassoyait. Ils nous prenaient par groupes de 20 environ. À la fin de la journée, chacun avait fini par connaître les dix ou douze hommes autour de lui, y avait déjà des petits groupes.

« Puis ils nous ont dit de rentrer chez nous et de revenir le lendemain matin. On s'en allait faire la guerre et on pouvait même pas signer. J'ai passé la barrière dans l'après-midi du troisième jour et ce soir-là, je faisais partie de l'armée canadienne. Les enfants d'école ont été refusés, évidemment, mais ils avaient manqué trois jours d'école avec une bonne excuse. Les pauvres petits bâtards, ils ont dû s'embarquer trois ans plus tard, quand c'était pire, bien pire. Dans la merde de poule jusqu'aux yeux. Mon uniforme me faisait, j'ai dormi dans un lit ce soir-là et les choses allaient plutôt bien. Le salaire, j'ai oublié. Quelques dollars par mois. J'avais pas de femme.

« Je me souviens de cette journée-là. On avait pas beaucoup parlé de la guerre et, si on avait su ce qui nous attendait, je pense qu'on serait tous partis en courant. On parlait de ce qu'on parlait toujours, du repas qu'on aurait ce soir-là. Les gars de la ville pouvaient pas croire la vie qu'on vivait sur la route et dans les bidonvilles. Y avait pas beaucoup de gars de la campagne. Occupés, je suppose, avec les récoltes. Tout était complètement désorganisé, mais ils ont finalement mis de l'ordre là-dedans. L'armée y parvient toujours. Ils font jamais ça de la bonne façon mais, finalement, les choses se font.

« Chacun avait un billet numéroté pour éviter que chacun essaye de passer avant l'autre comme pour avoir un meilleur siège. Si seulement on avait su, on aurait bien pu attendre quelques années. On aurait pu se passer de l'affaire de Hong Kong, et de Dieppe aussi, c'est sûr. C'était un massacre, vous savez, et les Allemands savaient qu'on s'en venait. Un officier me l'a dit. Et je me souviens que les petits enfants qui passaient devant nous s'en allaient à l'école pour la première fois de leur vie ce jour-là, et un gars avait dit: 'Ils commencent une nouvelle vie et nous aussi.' J'oublierai jamais ça.

« Beaucoup ont été renvoyés dès le départ, d'autres ont fait Hong Kong et on se faisait trimbaler de bord et d'autre. Un bon nombre parmi ceux-là, les plus futés, sont devenus officiers. Je les ai vus par la suite. Moi, j'ai été caporal. Y a eu bien des blessés, dont moi. Je suis revenu avec cette moitié de jambe. Tranchée nette, à Caen. J'ai vu l'Allemand me tirer dessus. Il s'est levé avec sa mitrailleuse et il me l'a sciée en bas du genou. Seulement cette jambe-là. Je l'ai vu et je pouvais rien faire, et on aurait dit que tout était au ralenti. Un autre l'a eu. Y a bien de nos garçons qui ont été massacrés et bien d'autres aussi qui sont revenus sans une égratignure.

« C'était drôle, de faire la queue pendant des jours pour aller à la guerre et se faire tuer. »

Chapitre 35

Les séquelles

J'ai dit dans la préface de ce livre que la Crise affecte encore notre vie quotidienne aujourd'hui, au Canada. Je crois que c'est vrai — et je crois que les histoires dans ce chapitre sur les séquelles de la Crise le prouvent aussi. Mais la plupart n'en sont pas conscients.

Par exemple, quand je voyageais à travers le Canada interrogeant tout le monde, les gens me disaient: 'Mais pourquoi quelqu'un voudrait-il entendre parler de ces années-là?' Et je répondais: 'Dites-moi seulement ce que vous faisiez,' et aussitôt, une histoire sortait, sans aucune hésitation, tout d'un trait, et racontée avec beaucoup d'intensité comme s'ils attendaient depuis des années le moment de raconter cette histoire, gardée enfouie au fond d'eux-mêmes. L'histoire d'un événement, d'un moment vécu très intensément, un moment traumatisant, honteux, démentiel qui, pour eux, symbolisait toute la Crise. D'autres pouvaient parler sans arrêt pendant 90 minutes — la durée d'un ruban — et regretter que je doive partir parce qu'ils auraient pu se souvenir toute la matinée.

Il y a une constante qui ressort de toutes ces conversations, souvent exprimée avec force mais le plus souvent de façon sous-jacente. On pourrait l'appeler le syndrome de la Crise. Le syndrome de la peur. C'est l'héritage le plus impressionnant et le plus triste que nous a légué la Crise.

Cet homme l'illustre bien qui affirme ne jamais passer la porte sans s'assurer d'avoir cent ou deux cents dollars dans sa poche. Jamais il ne sera fauché à nouveau. Et pourtant, si la pensée d'avoir cet argent sur lui le sécurise, il n'en passe pas moins son temps à tapoter son portefeuille — juste pour s'assurer.

Ce syndrome se révèle aussi dans la frustration ressentie par rapport à la jeune génération, face à ses propres enfants, dans la colère à l'endroit des hippies et dans cette boutade maintes fois entendue: 'Y en a aujourd'hui qui auraient besoin d'une bonne Crise pour les dégourdir un peu.' Le principal conflit de génération est peut-être celui qui existe entre ceux qui se souviennent de la Crise et ceux qui ne s'en souviennent pas.

J'aimerais pouvoir vous offrir la citation de ce livre qui résumerait parfaitement toute la situation. Malheureusement, elle n'existe pas. Après tout, des millions de Canadiens ont vécu ces dix années perdues. Autant d'expériences, autant de points de vue. J'espère que vous prendrez ce livre comme un rapport complet de ces années-là, ces années que nous espérons ne jamais revivre.

Dix sous dans sa poche

« Des centaines de fois par jour, je mets ma main dans ma poche pour toucher mon argent. Pour m'assurer qu'il est bien là, que tout va bien. Ça, c'est une séquelle de la Crise et je gage qu'il y a des milliers d'hommes de mon âge, 55, 60 ans, qui font pareil.

« On avait pas d'argent, c'est simple. Si vous en aviez avant 1930, il a fallu, après ça, vous habituer à ne pas en avoir. Si vous en aviez pas, eh bien, vous ne saviez pas vraiment ce que c'était que de l'argent. Plus que la moitié des gens qui habitaient mon quartier à Ottawa étaient sur le Secours direct, étaient sans travail, et on riait beaucoup et les gens faisaient des choses ensemble et je crois que personne crevait de faim, mais y avait tout simplement pas d'argent. C'est ça que je peux pas faire comprendre aux enfants aujourd'hui. J'ai regardé le manuel d'histoire de ma fille de 9 ans et, sur la Crise, y a trois paragraphes disant que les temps avaient été bien durs, mais y avait des chapitres sur Champlain et sur la fondation de Québec et sur le Rapport Durham, des histoires tout à fait inutiles à mon avis, mais trois paragraphes seulement sur dix années de misère absolue pour les Canadiens. Rien au sujet de l'argent. Essayez de comprendre.

« Y a quelques années, j'étais dans un magasin d'articles de sports avec mon fils qui voulait un gant de baseball de neuf dollars environ, et je lui ai dit que je n'avais pas d'argent et il avait dit: 'C'est correct ça, papa, tu peux le mettre sur ta carte de crédit.' Moi, quand j'avais son âge, 11 ou 12 ans, j'avais jamais vu une pièce de 25 sous. J'avais jamais eu plus de dix sous à mon nom dans ma vie.

« Quand j'étais un peu plus vieux, je faisais la cour à une fille et je lui demandais de venir marcher avec moi, par un beau soir de mai, ce genre de soirée chaude où on pourrait tenir la main d'une fille pendant l'éternité, et on marchait dans le parc, puis en ville, on passait devant la pharmacie et j'avais même pas dix sous dans ma poche. Comment courtiser une fille quand on peut même pas lui offrir un cornet de crème glacée?

« C'est pour ça que je suis continuellement en train de vérifier si j'ai mon argent dans ma poche. Je vais faire ça jusqu'à ma mort, à cause de toutes les fois où j'ai pas pu acheter un cornet de crème glacée à ma blonde. »

Économiser et ne jamais dépenser

« Ça me renverse toujours d'une fois à l'autre et j'en reviens jamais. C'est toujours la même chose et ils sont tous pareils. Des enseignants. Neuf sur dix. Moi, je vais les voir au moment où ils prennent leur retraite vers 65 ans, professeur d'anglais ou d'histoire. Un jour, j'avais eu un filon et j'étais allé jusqu'à Galt. Comme prévu, elle était là dans sa maison, je veux dire la maison qui lui appartenait et je la questionnais. Combien d'argent avait-elle ? Je la félicitais sur son sens de l'économie mais je lui faisais voir que maintenant il s'agissait pour elle de faire travailler cet argent en sa faveur par un administrateur professionnel, de façon à pouvoir jouir de la vie, de ses années de retraite.

« C'est fantastique ! Ils sont tous comme des enfants. Elle peut être propriétaire de sa maison. Avoir $40 000 en bons du gouvernement. Une assurance de $60 000. De quelle assurance une vieille fille peut-elle bien avoir besoin ? Pour $20 000 d'actions chez Massey-Ferguson et $15 000 dans un fonds d'enseignants et, quand vous additionnez tout ça, vous vous rendez compte que cette petite vieille fille dans son salon encombré a environ $100 000 avec quoi s'amuser. Bon, ma tâche, à moi, c'est de faire en sorte que cet argent soit placé dans mon fonds mutuel, mais c'est pas ça la question. Ah oui, elle peut aussi avoir en plus $15 000 à la banque. À la banque, Christ ! À trois pour cent !

« Ce que je veux dire c'est que cette chère vieille demoiselle Latrémouille a commencé à travailler comme institutrice pendant la Crise. Elle travaillait pour des pinottes. Elle a appris très tôt que ce qui se donne peut aussi être retiré. Alors elle économise, économise sur tout et du mieux qu'elle peut. Probablement en suivant les conseils de son gérant de banque. Alors elle économise tout le temps et ne dépense jamais, jamais de voyage en Europe ou au Mexique, elle économise et économise encore et quand finalement elle prend sa retraite de l'école secondaire machinchouette, elle a ses $100 000.

« Ça, c'est la Crise. Dans sa tête, son sang et ses os. Économiser et ne jamais dépenser. Vivre frugalement et ne jamais dépenser. Économiser pour ses vieux jours. »

Les rêves perdus

« J'ai appris quelque chose ici au cours des années, à force de parler à la nuque d'un type ou à sa figure dans ce miroir. La Crise a changé la vie des hommes beaucoup plus qu'ils n'en sont conscients. La plupart n'y ont pas réfléchi beaucoup et il y en a d'autres qui veulent pas l'admettre.

« Ça fait 38 ans que je suis barbier, j'ai mes clients réguliers et, à moins qu'ils déménagent, ce sont des clients à vie. Quand ils sont malades, je vais encore chez eux le soir. Aujourd'hui, on appelle ça du super-service. Dans les années 30, ça faisait partie du métier.

« On finit par connaître ses clients et j'ai une bonne mémoire, j'ai mon fichier dans la tête, et vous pouvez me dire quelque chose aujourd'hui que je pourrais relier à quelque chose que vous avez dit, y a deux, cinq ou même sept ans, et c'est comme faire un mot-croisé, sauf que le mot-croisé, c'est vous.

«Mais venons-en au point. J'ai rencontré bien des hommes, assis dans cette chaise, qui ne sont pas heureux dans leur travail, des hommes de 50, 55 ans et plus. Souvent, il a bien réussi, il a beaucoup d'argent, il stationne sa Chrysler Impériale là, devant ma boutique, il peut être président de sa propre compagnie, mais peut-être que toute sa vie cet homme aurait voulu être marin. Ou encore ce supervendeur, que je connais, qui a toujours voulu faire des films documentaires et cet autre, le joueur de contrebasse qui rêve depuis toujours d'avoir son petit restaurant intime. En voilà trois, des cas authentiques, mais je pourrais vous en donner 20, 40.

«La Crise a fourré tout le monde. Vous perdiez votre travail, mis à pied, usine fermée, et vous vous retrouviez dans la rue avec cinq milles autres gars et tous ces jeunes qui sortaient de l'école secondaire et du collège et, finalement, vous preniez le premier emploi qui se présentait. On sautait dessus. Si c'était du travail, vous le preniez et vous le gardiez le plus longtemps possible et jalousement, comme la tigresse avec son petit.

«Et tout le monde avait peur. Tout le monde. Hommes et femmes. Garçons et filles. On pouvait chercher du travail pendant des mois. Un bon travail respectable, mais du travail. L'homme était fait pour travailler, depuis le temps qu'on nous cassait la tête avec ça! Depuis notre tendre enfance. Si ça rapportait quatre, cinq dollars par semaine, eh bien, les choses allaient sûrement changer. Et on lâchait pas. On existait, jour après jour.

«Puis la guerre est arrivée et, après, les gens changeaient pas beaucoup d'emploi. Ils étaient comme gelés sur place. En rentrant au pays, les vétérans reprenaient souvent le travail qu'ils faisaient avant de partir parce qu'ils se disaient que la Crise reprendrait mais qu'au moins, cette fois, ils auraient du travail. Mais les choses avaient pas changé. Puis on se mariait, le premier enfant, le logement était trop petit, votre femme voulait une maison et vous, vous vouliez une voiture et on retombait dans la même vieille ornière. Ça change pas. Les temps durs vont peut-être revenir.

«Christ, j'ai tout entendu. Toutes les choses qu'ils me disent font un tout. Voilà des hommes qui, pour la plupart, mènent une vie de désespoir tranquille, comme disait Shakespeare, qui a tout dit.

«Et moi? Je vais vous le dire. Ma mère croyait que je ferais un bon avocat. Mon père aussi. Mais après l'école, j'ai vagabondé et quand je suis revenu, vers 1937, mes parents avaient déménagé à Calgary et ma mère connaissait un type qui dirigeait une école de coiffure et qui pouvait me faire entrer gratuitement. Deux soirs par semaine et je prenais des petites jobs ici et là. Un autre jeune avec un diplôme de barbier, et alors? Eh bien, c'était quelque chose et, moi, j'avais rien, et c'est pour ça que je suis barbier. J'aurais dû être avocat. Pensez-y et vous verrez que j'ai raison. Je suis un bon barbier et je suis un bon écouteur et je suis un peu psychologue et philosophe sur les bords, mais un barbier c'est toujours un barbier.»

Maman, j'en ai besoin

« J'étais avec mon fils de 14 ans dans un magasin d'articles de sports en ville pour acheter des gants de ski à sa sœur. D'habitude ils aiment acheter leurs choses eux-mêmes mais cette fois-là c'était plus pratique comme ça. Mon fils a découvert des bottes de montagne faites en Allemagne, environ $25 et il m'a dit: 'Maman, j'ai besoin de ça.' Je lui ai dit que j'avais pas assez d'argent sur moi et il a répondu tout bonnement: 'Eh bien, fais un chèque.'

« Je ne sais pas, quelque chose a flanché en moi, et j'ai crié: 'Maudit! toi, t'aurais besoin de traverser une Dépression.' Et le vieil homme, qui était à côté de moi, a dit: 'Non, madame, non, s'il vous plaît, ne dites jamais ça.'

« J'ai dit à Robby de remettre les bottes en place, et le vieil homme et moi, on s'est mis à comparer et j'ai dit que quand je vivais à Fort William on avait un petit magasin, et en travaillant de huit heures du matin à huit, neuf heures du soir, mon père et ma mère se faisaient environ $25 par mois. Ça, c'est quand ils étaient chanceux. En tout cas, voilà qu'on parlait tous les deux et le vieil homme m'a dit qu'il avait été tailleur. Il avait l'air d'avoir 60 ans, mais il devait en avoir 80, vous voyez le genre de vieux. Il a dit que quand il était chanceux il travaillait un jour par semaine et se faisait à peu près trois dollars et qu'il parvenait à vivre là-dessus. Puis il a dit: 'Mais mon peuple est habitué à l'adversité.' Et là, j'ai su qu'il était Juif.

« On a continué à causer pendant cinq bonnes minutes, ça nous sortait de la bouche, de vieux amis en quelques minutes, et finalement le jeune commis — une jeune homme de 18, 20 ans, pas plus, tout blond et bronzé et parfaitement à sa place comme vendeur d'articles de sport — il a dit: 'Excusez-moi, mais de quoi parlez-vous? Parlez-vous de la Dépression? J'ai entendu ma mère parler de ça.'

« Le vieil homme a regardé le commis et il a dit: 'Fiston, la différence entre ta vie aujourd'hui et la Crise, c'est justement le fils de cette dame qui dit qu'il a besoin de ces bottes à $25 tout de suite et les parents de cette dame qui travaillaient sans arrêt pour faire vivre leur famille avec $25 par mois. C'est ça, la différence, fiston.'

« Il s'est retourné vers moi, il était vraiment très sympathique, et il a dit: 'Madame, si vous avez un petit moment, est-ce qu'un vieil homme pourrait vous offrir un éclair au chocolat et une tasse de café au p'tit café du coin?' J'ai dit oui immédiatement. Il a dit: 'Peut-être que votre fils aimerait une crème glacée?' Il avait un petit rire dans les yeux. J'ai dit que je croyais qu'il préférerait rentrer à la maison, parce qu'il n'avait pas beaucoup de place dans sa vie pour les réminiscences de vieux. Il était d'accord et nous avons passé une heure charmante à rire et à parler des vieux jours.

« Je suis contente qu'on puisse en rire aujourd'hui. »

Avez-vous du change?

«Les jeunes hippies aujourd'hui: 'Avez-vous du change, m'sieur', comme si on allait leur vider nos poches. Pas moi, Ça m'arrive de donner 25 sous s'il a pas l'air trop frais chié, et ça, c'est plus que l'équivalent de dix sous, que je n'avais pas toujours durant la Crise. Dans ce temps-là, si vous mendiiez, c'est que vous aviez faim ou que vous vouliez vous payer un lit dans un taudis pour la nuit. Vous faisiez pas ça pour acheter de la dope ou pour vous acheter un pantalon matelot. Vous mendiiez parce que vous aviez maudimentement faim. Votre ventre croyait que vous aviez la gorge coupée. D'habitude, je donne rien et s'ils sont devant moi, je fonce droit devant. Je regrette mais c'est comme ça que je me sens.»

Comment vendre une maison

«Je vais vous dire quelque chose, et tout agent d'immeubles qui ne sait pas ça devrait pas faire ce métier. Il devrait aller vendre des tondeuses dans une quincaillerie.

«Il y a deux sortes de monde. Ceux que j'appelle les bébés de la Dépression et les bébés de la guerre. J'ai déjà entendu aussi les bébés des bombes. Y a pas une tellement grande différence d'âge. Un enfant né en '35, il a 37, 38 aujourd'hui et sa femme en a 34 ou 35 en moyenne, et le bébé de la guerre, lui, qui est né en '42, '43, il a environ 30 ans. Quand ils m'arrivent, c'est qu'ils ont décidé d'avoir leur maison, dans le genre de celles que je vends, et c'est leur dernier gros investissement. Leur maison de classe, dans un beau quartier, avec des arbres et des voisins gentils. Vous comprenez? Et quand mes clients sont de ces âges-là, d'habitude je peux deviner s'ils sont de la Dépression ou de la guerre. Si je suis pas sûr, je pose quelques questions qu'ils ne soupçonnent pas et j'ai la réponse à ma question.

«Prenons le couple de la Dépression. Ils étaient trop jeunes pour savoir ce que c'était mais ils se souviennent de tout ce que leurs parents disaient, combien c'était dur. Le bœuf haché à sept sous la livre seulement une fois par semaine. Des vieux vêtements usés, pas d'argent, jamais d'argent. Et les gens exagèrent toujours. Et même si leurs parents leur ont pas dit ça exactement, leur façon de vivre a eu le même effet, cette manie d'économiser chaque sou, des vacances à bon marché, et tous ces petits restants qui s'accumulent dans le réfrigérateur pour les jours de pluie.

«Alors, voici le secret: à ces gens-là, je parle beaucoup du coût de la maison, en dollars. Valeur et coût. Je ne perds pas mon temps à vanter le candélabre de la salle à dîner. Je leur dis que la maison a été construite en 1938, qu'elle est solide comme un roc, qu'elle va leur survivre longtemps et qu'y a plus un seul constructeur au pays qui bâtit des maisons comme ça. Le propriétaire de-

mande $40 000 pour en avoir 35 et je les laisse marchander, jusqu'à
$37 000, disons. Coût, coût, valeur, valeur, un bon quartier, sûr. Un
endroit où inviter ses amis, faire rôtir ses poulets dans le jardin,
l'idéal. Et ça marche. Parce que pour eux, le coût et la qualité, ça
veut tout dire.

« Quant aux autres, les enfants de la guerre, ils ne l'ont jamais
eue bien dure. Quand ils sont arrivés, leurs parents étaient en
moyens, la guerre battait son plein et les usines produisaient sans
arrêt, l'argent circulait. Ils se fichent de la Dépression et le prix ne
veut pas dire grand-chose pour eux. Pour eux, c'est comme un
loyer. Ils ne pensent même pas à l'intérêt. Et ils achètent à vue. Je
fais remarquer à la femme combien la salle à dîner est idéale pour
donner une réception. Pour un dîner à la chandelle, n'est-ce pas?
Oh, et puis, ce garde-robe pourrait facilement être converti en une
troisième salle de bain et regardez-moi ce plafond, c'est parfait pour
une salle de jeux dans la cave. Ces tentures ont été faites spéciale-
ment pour cette maison et ces portes hollandaises, madame Chose, y
en a pas d'autres dans le quartier.

« Les petits détails, pour leur créer un décor, une image. Cette
maison va donner du zeste à votre vie, et c'est la maison par excel-
lence pour recevoir le vice-président de la compagnie quand il vient
de l'Est. Je leur fais sentir que je reconnais en eux des gens qui vont
de l'avant, qui savent et veulent grimper dans l'échelle. Ça rate jamais. Presque jamais. En tout cas, je vends beaucoup de maisons et
la bonne vieille psychologie y est toujours pour quelque chose. »

Oublions ces temps durs

« Oh mon Dieu! parlez-moi pas de ces jours-là. C'était quelque
chose. On était dix-sept à la maison et, dans le temps, c'était pas
une si grosse famille. La sœur de ma mère, Marie, elle a eu 21 enfants, tous vivants. Oui, tous. C'était rare mais c'était pas un miracle.

« Mon père croyait pas à ça, le Secours direct. Et y avait pas
de bonus pour les grosses familles. Pas d'aide, non plus. Qui aurait
pu aider quand tout le monde dans la région avait rien? Le curé, il
aidait pas, lui. De toutes façons, personne travaillait à faire partie de
l'église. Alors, de toutes façons, y avait tous ces bébés. Ces longues
soirées d'hiver sans télévision, n'est-ce pas. *(Elle rit.)*

« Quand j'ai eu 13 ans, ma mère m'a dit: 'Finies les folies, tu
sais lire et écrire, alors va travailler.' Dans une famille québécoise,
vous pensez peut-être que c'est le mari qui mène, mais non, c'est la
femme et c'est ma mère qui me disait quoi faire et qui décidait pour
moi. J'avais quatre sœurs et quatre frères qui travaillaient tous dans
une fabrique de vêtements, dans une usine de textile qui appartenait
à des Juifs et mon tour est arrivé. Oui. Dix heures par jour, six jours
par semaine pour quatre dollars parce que j'avais 13 ans, et il faut

sourire bien gentiment à tous les patrons sans quoi vous risquez de tout perdre.

«Comme mes sœurs savent combien je fais, je donne mes quatre dollars à ma mère et elle me donne 50 sous par semaine pour mes billets de tramway, six billets pour 25 sous, une heure pour aller et une heure pour revenir, et elle me donne 30 sous pour m'acheter une liqueur pour boire avec mon lunch. Ça fait 30 sous par semaine, n'est-ce pas, puisque c'est cinq sous par jour. Si j'avais besoin de bas de soie, y avait pas de nylon dans le temps, ça me prenait 19 sous, parce que mes sœurs ne prêtaient jamais leurs bas de soie, même si j'étais invitée par un garçon. Quand j'en avais, moi non plus, je les prêtais pas, ces précieux bas de soie. Le samedi soir, c'était la guerre des bas de soie à la maison.

«Les filles se mariaient pour quitter la maison de leurs parents. On avait cinq chambres et parfois on était 20 là-dedans. C'était comme une baraque de l'armée, du bon et du mauvais temps, mais on mangeait. Après tout, l'argent rentrait. Mes sœurs et mes frères travaillaient, alors on mangeait bien. Pas de fantaisie. De la soupe aux pois, du bœuf bouilli et la bière que mon père faisait dans la cave. On se débrouillait.

«Mais ça s'est jamais amélioré. On a commencé à faire un petit plus d'argent au fur et à mesure que les prix montaient. Ça changeait rien. Y a jamais rien de bon pour le pauvre monde.

«Aujourd'hui, quand je retourne voir ma mère dans le quartier, elle me dit: 'Tu te promènes en taxi maintenant, Colette? La grosse affaire, hein?' Et madame Sylvain, sa meilleure amie, arrive et ça manque jamais: 'Colette, je t'ai vue sortir d'un taxi, hein? Les affaires doivent bien aller. As-tu rencontré un homme riche, un gros bonnet du bas de la ville?' Puis, c'est madame Morel, avec ses seins qui lui viennent jusque-là: 'Quand ta mère va à l'hôpital pour sa piqûre, elle prend tout le temps le métro.' Au fond, elles veulent me dire que je suis une garce de vivre comme je le fais, avec mon appartement, et les taxis, doux Jésus! un petit tour de taxi à $2.50! Et je leur dis à toutes d'aller se faire foutre.

«Mais ce que je veux dire c'est que les gens qui vivent dans ce quartier — ce sont des taudis maintenant — peuvent pas oublier les temps durs. Pour eux, tout le monde devrait encore porter des chaussures avec des semelles de pneus. Moi, j'aime les chaussures à $40 et j'en porte. Trudeau devrait-il porter un pantalon rapiécé? Une femme comme moi ne devrait pas gagner $900 par mois, tous les mois de l'année, parce que quelqu'un pendant la Crise a dit que la place de la femme est à la maison? Je veux pas avoir dix-huit enfants. Ou huit. Je veux même pas un huitième d'enfant.

«Ce que je dis, c'est que les temps sont bons, maintenant, y a de l'argent, de la bonne nourriture, tout est bon, et c'est bon pour nous, mais y a des dizaines et des dizaines de milliers de gens dans cette province, au Québec, et ce pays, excusez-moi, ce maudit pays qu'est le Canada, qui pensent encore aux temps durs et qui pensent

que parce que quelqu'un a connu ce temps-là il faut continuer à vivre de la même façon. Comme s'ils voulaient jeter ce bon argent
dans la rivière. Pourquoi les gens sont-ils comme ça?

«Je me souviens de ces dix années. De la fille à la femme. J'ai
grandi pendant ces dix années et je vois pas pourquoi madame Sylvain ou madame Morel ou madame Jésus Christ, en personne,
viendrait me dire: 'Colette, tu as souffert et tu dois souffrir encore.'

«Ah! qu'est-ce que ça donne? Des fois, ça me fâche.
Excusez-moi.»

Et si les sauterelles revenaient...

«Je peux repérer un gars de la Dépression sur la rue n'importe
quand et je préfère sa compagnie à n'importe quelle autre. Ce sont
des gens prudents, remarquez bien. Ils gardent un oiseau dans leur
main jusqu'à ce qu'il étouffe. Donnez-leur 3% d'intérêt sur leur argent
et ils vont vous aimer jusqu'à leur mort. Offrez-leur un beau morceau
de terre qui sent le profit à des milles de distance et ils vous diront:
'Non merci, j'ai connu une époque où on arrivait même pas à donner
une terre.' Ils avancent péniblement vers leur retraite, payant son dû
au patron et, quand vient le jour de recevoir leur montre en or, ils
en ont les yeux tout mouillés. Ils se marient, font des enfants, pous-
sent un long soupir et crèvent et leurs amis se réunissent au salon
funéraire, boivent le thé de la veuve, et tout est fini, sauf qu'ils ont
vécu honnêtement.

«Le problème, évidemment, c'est que les enfants de la Dépression ont rarement pris conscience de leur vrai potentiel parce qu'ils
sont restés collés à la notion de sécurité. Durant la Crise, des idées
d'envergure ont bourgeonné dans des milliers de cervelles pour
mourir, recroquevillées, sous les brûlures de la sécheresse. Moi, je
quitterais mon emploi tout de suite pour faire ce que j'aime mais je
le fais pas, parce que, dans mon for intérieur, je me dis qu'on est
dus pour une autre plaie de sauterelles. Vous voyez, c'est ça la men-
talité de la Crise.»

Le traumatisme de la Crise

«La raison pour laquelle je ne suis pas millionnaire aujourd'hui, c'est que je suis né durant la Crise, j'étais un enfant
quand ça s'est terminé. Mon bonhomme me l'a rentré dans la tête,
économise ton argent, mets ça de côté, les bons du gouvernement,
la Banque de Montréal, dépense pas, fais-toi jamais prendre au piège
comme moi.

«De la terre. C'est quoi de la terre? Y a 15, 20 ans, personne
en voulait et ma femme et moi on économisait pour s'acheter une
maison. Il nous fallait une maison. Une maudite maison.

« Un ami m'avait dit d'arrêter de jouer au fou et d'acheter des terres autour de Calgary. Ça se vendait pas cher, dans le temps, des petits versements à long terme, à faible intérêt. Aujourd'hui, ces terres-là ont été subdivisées et c'est plein de maisons de $40 000 et $50 000, avec des centres d'achats.

« Jésus Christ, le bon sens me disait d'acheter des terres, mais j'entendais toujours la voix de mon père, me mettant en garde contre les temps durs qui reviennent par cycles, on est dû pour une autre Crise, tu vas te faire prendre, te faire laver. C'est pour ça qu'on a tout gardé dans notre bas de laine alors que j'avais pas de couilles. J'avais le traumatisme de la Crise, c'est une maladie. »

« *Maman, c'est pas ça, la réalité.* »

« J'aurais jamais pu rêver que je vivrais un jour dans une maison de $50 000. Qu'on aurait deux voitures. Y a pas moyen de s'imaginer aujourd'hui qu'on n'a pas besoin de deux voitures. Dès qu'on a quelque chose, on se met à croire que c'est une nécessité vitale. La Crise, les gens ont peine à croire aujourd'hui que c'est arrivé.

« Je vois pas comment mes quatre enfants peuvent comprendre ces temps-là. On ne leur en parle pas à l'école et y a pas de films qui se font là-dessus. C'est tabou. Je ne sais pas comment leur dire ce que c'était. C'est comme la guerre. Faut pas essayer de faire comprendre ça à quelqu'un qui ne l'a pas vécue. Quand j'en parle aux enfants, généralement quand ils veulent avoir quelque chose qui est dispendieux et dont ils se serviront jamais, ils disent: 'Oui, maman, oui, oui, oui, maman.' Et c'est tout.

« Ils semblent pas comprendre que les gens avaient pas de voiture dans ce temps-là. On dirait qu'ils pensent que la voiture existe depuis le début des temps. Alors je leur en parle plus. »

Finnan Haddie? C'est quoi ça?

« Je pense, non, je pense que j'ai rien à dire. Non, vraiment pas, merci.

« Eh bien... y a quelques semaines, un ami m'a invitée à manger au restaurant, à Pictou, pas loin d'ici, en bas de la côte, et leur spécialité, c'est le homard. Un très bel endroit. Des gens très gentils.

« Mais je pouvais pas m'empêcher de penser. On m'offrait du homard à $8.50! J'ai dit à mon ami: 'Te rends-tu compte qu'en sortant de l'École normale, la première école où j'ai enseigné me payait $8.50 par mois? Pas par semaine, non, loin de là, par mois!' Je me suis débrouillée, en vivant dans une belle famille, une fille et un fils que j'aimais bien. J'ai pu me débrouiller cette année-là parce qu'ils me nourrissaient.

« Alors, j'ai demandé à mon ami si ça le gênerait que je prenne du Finnan Haddie. C'est quoi ça? qu'il m'a demandé. Je lui ai dit que c'est de l'aiglefin fumé et que c'est pas très bon mais que c'est ce qui a permis aux gens de survivre durant la Crise plus que n'importe quoi. Alors c'est ce que j'ai mangé. C'était pas bon, mais je pense que j'ai préféré ça à manger un mois de salaire à l'école. Je veux dire $8.50. »

Des soucoupes de restants

« Si vous voulez savoir comment votre mère a passé la Crise regardez dans son réfrigérateur. Si c'est plein de petits restants dans des soucoupes, des petits morceaux de carottes, une ou deux tranches de tomates, un petit pot de cornichons qui est là depuis des années, une tranche de bœuf tout gras qu'un chien voudrait même pas manger, alors vous savez qu'elle a vécu la Crise et qu'ils n'étaient pas riches à la maison. Pauvres, vraisemblablement.

« Ils jettent jamais rien. Garde ça. Pour une fricassée samedi soir prochain, avec de la sauce aux tomates. Garde ça, on va faire un pouding au pain avec toutes sortes d'affaires dedans. Jette pas ça. Tu sais jamais quand tu vas en avoir besoin. Chaque sou compte. Mange tes croûtes, ça fait friser les cheveux. Finis ton gruau, tu sais pas qu'y a des enfants qui crèvent de faim en Chine et qui aimeraient ça manger ce gruau-là. Ce genre de choses-là.

« Des fois, ils parviennent à pincer un cinq sous jusqu'à ce que le castor se mette à crier, et j'ai envie de crier, moi aussi. C'est pas de leur faute. Les temps étaient tellement durs et, pour certains, la nourriture était tellement rare que c'est devenu une routine pour eux maintenant d'économiser. L'habitude. Et, en fait, ce qui arrive, évidemment, c'est qu'à force de remplir leur réfrigérateur de petits pots et soucoupes, il reste plus de place pour le lait, le beurre, la viande et les légumes.

« Il faut que quelqu'un fasse le grand ménage régulièrement. Aux déchets, floup, floup, floup. Je fais ça à toutes les deux semaines environ et, immanquablement, ma mère, cette chère personne, me dit qu'elle gardait quelque chose pour quelque chose. Une fricassée. Un pain à la viande. Un pot-au-feu. Mes parents font de l'argent maintenant et ça fait une éternité qu'on n'a pas mangé de fricassée, de pain à la viande ou de pot-au-feu. Une fricassée? Mon Dieu, mon père en mangerait jamais. C'est drôle, pis c'est pas drôle.

« Je sais que maman a vécu l'enfer mais c'est pas elle qui conservait tout et qui jetait rien et mettait tout de côté. C'est sa mère. Ma grand-mère. C'est d'elle qu'elle a pris ça. En tout cas, c'est ici que la chaîne s'arrête. Avec bibi. »

Ils comprennent tout simplement pas

« Quand j'essaye de raconter à mes enfants comment c'était dans le bois, en Ontario, avec quelques dollars d'une fin de mois à l'autre, dans des conditions de vie pires que celles des Nègres dans le Sud, mes enfants se mettent à faire semblant de jouer au violon et ils jouent tous ensemble un air de mélopée, et c'est encore maman qui nous fait le coup de la Dépression.

« Enfin, je veux dire que j'ai déjà essayé de leur en parler, parce que je trouvais qu'il fallait qu'ils le sachent, que tout le monde, tout le monde devrait savoir ça, mais ça servait à rien.

« Je leur ai raconté que mon petit frère, leur oncle Donald, sa maîtresse l'avait inscrit comme Donalda à l'école, la première année, et qu'elle l'avait pris pour une fille pendant des mois, parce que les seuls vêtements qu'il avait à se mettre, c'était ce qui faisait plus à ses sœurs. Quand je leur ai dit ça, ils se roulaient sur le plancher, alors j'ai dit 'jamais plus'. Y a pas moyen de leur faire comprendre. »

De la nourriture pour une armée

« J'ai un gros frigidaire dans ma cuisine et j'en ai un autre dans la cave et y a un gros congélateur sur la gallerie en arrière, et je me sens pas bien à moins qu'ils soient tous pleins.

« Voilà pour la Dépression. Ma bibitte, moi, c'est la nourriture. Les enfants sont partis à l'université, à Toronto, et j'ai toujours de la nourriture pour une armée. C'est plus fort que moi. Je jette jamais un os. J'ai une demi-douzaine de grosses boîtes à café remplies de soupe congelée. Une soupe merveilleuse. Dieu merci, mon mari est maniaque de la soupe. Je jette jamais rien sans me demander ce que je pourrais bien faire avec ça. C'est ça la bibitte de la Dépression.

« On a eu faim tellement longtemps, pas la famine mais faim, et c'est comme ces hommes qui doivent avoir trois cents dollars dans leur poche, juste au cas où. Parce que, pendant dix ans, ils n'ont rien eu. Rien.

« L'automne, on descend chercher des pommes dans le bout de Kent et on en rapporte des minots, et on est seulement nous deux ici, mon mari et moi. On achète quatre poches de patates, parce qu'on les a à bon prix et que tout ce qui est bon marché est une aubaine, ou l'était. C'est plus fort que moi. On est relativement riches. Depuis des années, l'argent n'a jamais été un problème. Des bibittes. Bien sûr que mon mari est pareil. »

Mais on a survécu

« Je peux raconter ça à ma façon ?

« Dans ce temps-là, sur la ferme près de Swift Current, j'avais 14 ans et je savais pas que ça allait aussi mal, mais j'ai lu, des années plus tard, que de 1929 à 1933, la valeur des produits agricoles en Saskatchewan était tombée de 94 pour 100. Je parle pas à travers mon chapeau. C'est les statistiques.

« Mon propre bon sens me disait de lever le camp et partir et j'ai entendu dire que je pourrais travailler dans les ateliers Baldwin à Montréal. Qui c'est qui achetaient des locomotives en '33 ? Et dans ce même rapport, des années plus tard, on disait que 34 pour 100 de la main-d'œuvre à Montréal était sur le Secours direct.

« Je dis ça à mes petits-enfants, ils m'écoutent respectueusement mais je vois bien qu'ils se disent que le vieux commence à tourner du chapeau.

« J'entends le garçon de 16 ans demander à sa mère de lui donner cinq dollars. Il veut sortir sa blonde. La voiture de son père. Je dis à sa mère que cinq dollars c'était la moitié des $10 du Secours direct pour nourrir une famille de cinq en Saskatchewan, hiver comme été, et elle me dit : 'Oh papa, je sais bien. Bien sûr que je comprends mais pas les enfants.' Au fond, elle me dit de me la fermer. Bin, c'est sa maison, évidemment. Je fais seulement partie des meubles.

« Je suis fier de ce que j'ai fait pendant la Crise. J'ai pas eu à manger de l'herbe, comme on disait. J'ai toujours travaillé et je faisais des salaires de rien, mais j'ai jamais lâché et ça m'a endurci. Ça nous a tous endurcis. Tous et chacun de nous. Vous pouvez le voir sur ma figure et j'essaye pas de faire du drame. Je pourrais pas, même si je le voulais.

« C'est important pour moi que les gens sachent que j'ai vécu ça, que j'ai fait ma part. C'est comme une médaille pour moi, vous savez, comme un galon qui prouve que j'étais là. Comme à la guerre. Y a eu des temps durs, des temps très mauvais, et y a eu du bon temps aussi et nous avons survécu. *Yes, by the Lord Harry !* c'était une guerre et nous lui avons survécu. Nos drapeaux flottent encore. »

Sommaire

Achevé d'imprimer par les travailleurs
des ateliers Marquis Limitée de Montmagny
en mars 1978